HISTOIRE

DE LA

TERREUR A BORDEAUX

HISTOIRE
DE
LA TERREUR
A BORDEAUX

PAR

M. Aurélien VIVIE,

Vice-Président de la Société des Archives historiques de la Gironde,
Lauréat de l'Académie de Bordeaux.

> L'Histoire est un témoin.
> (Voltaire, *Hist. de Charles XII.*)
>
> La vérité exige que tout soit dit, absolument tout. (L. Blanc, *Hist. de la Révol. franç.*)
>
> Pour bien écrire l'histoire, il faut être dans un pays libre. (Voltaire.)

TOME I

BORDEAUX
FERET ET FILS, LIBRAIRES-ÉDITEURS
15, cours de l'intendance, 15

1877

LISTE DES SOUSCRIPTEURS

A L'HISTOIRE DE LA TERREUR

A BORDEAUX.

Son Éminence Monseigneur le Cardinal Donnet, archevêque de Bordeaux.
Sa Grandeur Mgr De La Bouillerie, coadjuteur.
Sa Grandeur Mgr Fonteneau, évêque d'Agen.

Son Excellence Monsieur Jules Dufaure, président du Conseil des ministres, garde des sceaux, ministre de la Justice et des Cultes.
Son Excellence Monsieur le duc Decazes, ministre des Affaires étrangères.

MM.
Devienne, premier président de la Cour de cassation.
Lévy (S.), grand-rabbin de Bordeaux.
Astruc (Aristide), grand-rabbin de Belgique
Hubert-Delisle, sénateur.
Vicomte de Pelleport-Burète, sénateur.
Raoul Duval père, sénateur.
Armand Béhic, sénateur.
Daguenet, sénateur.
Clauzet, député.
Baron Jérôme David, député.
Dréolle (Ernest), député.
Izoard, premier président de la Cour d'appel.
Ferdinand Duval, préfet de la Seine.
Albert Decrais, préfet de la Gironde.
Charles Autran, commissaire général de la marine.
Comte de Gabrielli, procureur général de Bordeaux.
Larouverade (de), procureur général à Rouen.
Baron Jorant, procureur général à Douai.
Vaucher (A.), président de chambre à la Cour d'appel.
Alban Bourgade, président de chambre à la Cour d'appel.
Vouzellaud (E.), président de chambre à la Cour d'appel.
Dupérier de Larsan (E), président de chambre à la Cour d'appel.

MM.
L. de Villers, trésorier-payeur général.
Tambour, secrétaire général de la Préfecture de la Seine.
Henry (A.), auditeur au Conseil d'État, secrétaire général de la Préfecture de la Gironde.
Gellibert (L.), président honoraire à la Cour d'appel.
Bretenet, président du Tribunal civil.
Petiton-Saint-Mard, procureur de la République à Bordeaux.
Tondut, procureur de la République à Blaye.
Rivière-Bodin, vice-président du Tribunal civil de Bordeaux.
Daudin-Clavaud, président du Tribunal civil de Blaye.
Mgr Cirot de La Ville, prélat romain, doyen de la Faculté de théologie.
Abria, doyen de la Faculté des sciences.
Teisserenc de Bort (Edmond), chef du cabinet du ministre de l'agriculture et du commerce.
Chambre de Commerce de Bordeaux.
Bibliothèque de la ville de Bordeaux.
Bibliothèque de la Cour d'appel de Bordeaux.
Archives municipales de Bordeaux.
Cercle Philharmonique.
Cercle du New-Club.
Cercle du Club-Bordelais.
Cercle de l'Union.

A

MM.

Abadie de Villeneuve de Durfort (baron d').
Abert, inspecteur des établissements de bienfaisance de la Gironde.
Achard (J.).
Adolphe (Charles).
Adrien (Albert).
Ailloud père, assureur maritime.
Alary, ancien conseiller de Préfecture.
Alaux, architecte.
Alauze (Paul-Émile), avoué.
Albert (Paul), château Sivaillan.
Albrecht, négociant.
Allain (l'abbé), vicaire à Saint-Louis.
Amanieu (l'abbé), vicaire à Castelnau (Médoc).
Andrault (d'), maire à Saint-Gervais.
Andrieu (Justin).
Andrieu (C.), avoué.
Anglade, avocat à La Réole.
Antoune, agent-voyer à Castelnau (Médoc).
Aradel, rentier.
Archu, inspecteur primaire à La Réole.
Ardouin (Pierre-Félix), conducteur des ponts et chaussées.
Ardisson fils (A.-A.), négociant.
Aren (Alexis), négociant.
Arlaud de Saint-Saud (baron Aymard d'), avocat.
Arnaud, propriétaire.
Arnaud fils, de la maison Cheberry, Raoul Bernard et Cie.
Arnozan, pharmacien.
Astès (P.), docteur-médecin.
Artigue (Paul).
Astruc (Adrien), banquier.
Audubert (Georges).
Auguin, artiste peintre.
Aumont-Gilbert, curé de Champagne-Fontaine (Dordogne).
Avril, ancien membre du Conseil général.
Aymen (L.), conseiller général.
Ayrand, sous-préfet de Saint-Malo.

B

Babilée, pharmacien.
Bachon, conducteur des ponts et chaussées.
Balaresque (Henri).
Balaresque (Charles).
Balet, à Arcachon.
Ballay père.

MM.

Baour (Abel), membre de la Chambre de commerce.
Barailler (L.).
Barbier (L.).
Barbier (A.).
Barboulane, sous-chef de division à la mairie.
Barets (J.-F.).
Baritault (de), conseiller général.
Barrême, sous-préfet à La Réole.
Barroy, avoué.
Bascle (Auguste).
Basquiat (L. de).
Bassié (Vital-Henry), négociant.
Baudit (Amédée), artiste peintre.
Baudoux (Guillaume), propriétaire à Castelnau (Médoc).
Baumevielle (Aristide).
Baumgartner, ingénieur des ponts et chaussées.
Bauré (P.-F.), directeur de la Société générale de la Gironde.
Bayle (Paul), avocat.
Beau (Victor).
Beaufort (baron d'Amieu de).
Beaussant, sous-préfet de Toulon.
Beauvais (F.), avoué.
Beauvais père (F.), agent de la Société des compositeurs et éditeurs de musique.
Béchade, à Arcachon.
Bédiou (É.), notaire.
Bédouret (J.), notaire.
Bédouret (Jacques-Xavier).
Bégué (Chéri), propriétaire.
Bégué (Paul), négociant.
Belleville (l'abbé), curé de Notre-Dame.
Bellier, ingénieur civil.
Bellier, directeur du Grand-Théâtre.
Bellot des Minières (H.), chanoine, secrétaire général de l'Archevêché.
Benassi (V.).
Beneteau (F.), à Arcachon.
Bensac jeune.
Berchon, docteur-médecin, directeur du service sanitaire de la Gironde.
Berge (Hector), homme de lettres.
Berger (Ch.), architecte.
Bergeron (Adrien), à Castelnau (Médoc).
Bernard, propriétaire à Sauternes.
Bertheaud (Léopold), à Arcachon.
Berniard (Émile).
Berniard (François).
Bertin (l'abbé).
Besnard (L.).

MM.
Bethmann (Édouard de).
Beudi.ı (Gustave), à Paris.
Biarnés (Paul), à Portets.
Blaquière (Alphonse), architecte.
Bitot (P.-A.), professeur à l'École de médecine.
Blanchy (J.), armateur.
Boibellaud, notaire.
Boisredon (R. de).
Boisredon (Edmond de).
Boissac (E. de), trésorier de la ville.
Boissac (H. de).
Bonnaffé père, pharmacien.
Bonnald (V.), docteur-médecin.
Bonnet (H. Jean-Baptiste-Hector).
Bonneval (comte de).
Bony (baron de).
Borderia, notaire honoraire.
Borderie, conseiller général.
Bordes de Fortages.
Bordes (Henri), armateur.
Borie (S.) père et fils, négociants.
Boscq fils (A.), à Castelnau (Médoc).
Boscq (baron du), conseiller général.
Boucanus et Labroille.
Boudias, avoué honoraire.
Bouffard (Ferdinand).
Bouffartigue (F.).
Boulan, avoué.
Bounaud aîné (E.).
Bouquier (J.-H.).
Bourbon (l'abbé), vicaire à La Réole.
Bourdeau, directeur des Contributions directes.
Bourget, vice-consul d'Espagne à Albi.
Bourlange (F.).
Bousquet (Charles).
Bousquet (l'abbé), curé de Cantenac.
Bouvier (Léonce).
Bouyer (l'abbé Auguste), curé de Porchères.
Boyer, ancien secrétaire de la ville.
Brandam (Abner).
Brandemburg (Th.), négociant.
Brane (baron de).
Braylens (Camille), conseiller général.
Bréjat (Ferdinand).
Brezets (baron de), avocat.
Brezets (de), propriétaire.
Briol (A.), notaire.
Brivazac (baron de).
Brives-Cazes (E.), jugé au Tribunal civil de Bordeaux.
Brochon (H.), avocat.
Brons-Cézerac (vicomte de).

MM.
Brousse père (Eugène), agent de change honoraire.
Brun (Louis), ancien président du Tribunal de commerce de Libourne.
Brunet.
Bruyère (Philippe), greffier à la Cour.
Bruyère (Auguste), notaire à Lamarque.
Buhan, avocat.
Burdel (Edmond).
Bussereau, secrétaire greffier du Conseil de préfecture.

C

Caboy (A.), notaire.
Callen (N.), conseiller général.
Cambon.
Cambon (J.).
Camiran (Mme de), à Saint-Estèphe.
Campana (Ch.).
Campredon (L.), conseiller municipal.
Cantegril (Léopold).
Cardez (Ferdinand), négociant.
Carenne et Sue, négociants.
Carles (Vve de).
Carton (Adrien).
Carvallo (H^{te}), consul de Perse.
Caspar (A.).
Castaing.
Casteja, conseiller général.
Castelnau d'Essenault (marquis de).
Castillon (Arthur).
Castro (A.), officier d'Académie, ministre du culte israélite.
Castro (G.-H.).
Cathala (Victor), notaire.
Caussade fils, docteur-médecin.
Cayre (J.).
Cazat (Numa), à Castelnau (Médoc).
Cazembroot (Ch. de), négociant.
Cayrou (Alcide).
Cazenave (l'abbé Armand), curé de Moulis.
Cazenave (l'abbé P.), curé de Saint-Augustin.
Chambrelent, ingénieur en chef des ponts et chaussées.
Chaumet (William).
Cerf (Salomon).
Chadu (Ch.), professeur au lycée de Bordeaux.
Chaigneau (Ch.), à Lormont.
Chaix d'Est-Ange (Gustave), conseiller général.
Chalup (comte de).

MM.

Chaleix (Louis), à Paris.
Chambolle, directeur de la Compagnie des messageries maritimes.
Champetier de Ribes, directeur des Domaines.
Champmas, chef de bureau à la Préfecture.
Changeur (Norville).
Chanterre, à Langon.
Chanterre, à Lesparre.
Chappelle (de), docteur-médecin.
Charles (L.).
Charpentier (E.), consul du Honduras.
Chartrou, avoué.
Chassaigne (de La), à Loupiac.
Chassain, greffier à la Cour d'appel.
Château, à Lesparre.
Chauliac (Ch.).
Chaumas (Vve Paul).
Chaumeil, inspecteur primaire à Bordeaux.
Chaumel (Auguste).
Chauvet (l'abbé), curé à Bègles.
Chauvin (A.), négociant.
Chauvin (L.-Ch.).
Chauvot, avocat.
Chavauty (l'abbé), à Libourne.
Chenou, avocat.
Chervin aîné, à Paris.
Chesneau (Jules), avocat.
Chetwode-Brawne, à Arcachon.
Chicou-Lamy (G.), conseiller général.
Choisy (de), conseiller honoraire à la Cour d'appel.
Choucherie.
Chrétien (Alfred).
Christophe (François-Isidore).
Cimetière, ancien conseiller de Préfecture.
Clauzel (Félix), conseiller général.
Claverie, avoué.
Clerc (J.-B.), président du Cercle Philharmonique.
Clossmann (F.), négociant.
Clouet (vicomte de).
Clouzet (F.), conseiller général.
Cluzeau (Paul du), à Castelnau (Médoc).
Cœuret (Charles), vicaire à Notre-Dame.
Collardom (Georges).
Collignan (A.), secrétaire du Comité des chemins de fer du Midi.
Colombier, courtier maritime.
Combes, professeur d'histoire à la Faculté des lettres.
Compaing, inspecteur général des ponts et chaussées.
Constant.

MM.

Couraud (F.), directeur de la Ferme-École de Machorre.
Coutant (A.), vice-président du Conseil de préfecture de la Gironde.
Cosson (G.).
Coste, curé de Soussans.
Coussin.
Couard, directeur de la 35e Circonscription pénitentiaire.
Courty (Ad.).
Coussadière (A.), à Flaujagues.
Coussolle, négociant.
Coutolle.
Cuginaud (Jules).
Cuignoau, docteur-médecin.
Curé, percepteur à Bordeaux.
Custot, directeur de l'Agence Havas

D

Dador (C.).
Daguzan.
Damblat (F.-E.).
Daney (Alfred), membre de la Chambre de commerce.
Daniel (J.-T.-L.).
Dapy et Besse.
Daubèze de Savy-Gardeil (Mme de).
Dauzat (E.-A.).
David.
David (Gaston), avocat.
David, avoué au Tribunal.
David, conseiller à la Cour d'appel.
Debessé (A.).
Debessé (Frédéric).
Deffès (Marcel).
Dégrange-Touzin, avocat.
Delage (Adrien).
Delol, consul général du Paraguay.
Deloynes (P.), professeur à la Faculté de droit.
Delpech (Henri).
Delpit (Jules).
Deltour jeune.
Demay de Certan (Sully).
Demonchy, à Arcachon.
Depardieu (A.), à Castelnau (Médoc).
Depas (E.) et Cie.
Dert.
Deschamps (Marius).
Descor (J.).
Desegaulx de Molet.
Des Grottes (Jules), conseiller général.
Desmaisons, docteur-médecin.

MM.

Desmartis (Alphée).
Despax (L.) père.
Despax (H.), à La Tresne.
Despax (l'abbé Paul), curé de Saint-Martial.
Desplats (J.), à La Réole.
Detraux (Charles-Antoine).
Devier, s.-inspecteur des Enfants assistés.
Deydou (l'abbé Ch.), vicaire à la cathédrale.
Deymet (l'abbé J.), curé de Daignac.
Dezeimeris (Reinhold), membre de l'Académie de Bordeaux.
Dircks-Dilly (E.), avoué.
Dircks-Dilly (Ch.).
Dodin (Mme), rentière.
Doinet (A.), rédacteur en chef du *Journal de Bordeaux*.
Domecq-Cazeaux (Fernand), à Belin.
Domingine (V.).
Dorlhiac (Émile).
Dorr (Charles).
Douat (Raoul), au Carbon-Blanc.
Douaud (L.-A.) père, juge de paix à Bordeaux.
Double.
Drivet.
Drouet (l'abbé R. A.), curé de Naujac.
Douillard de la Mahaudière.
Druilhet-Lafargue, secrétaire général de l'Institut des provinces.
Drouyn (Leo).
Duballen, notaire à Portets.
Duban, ancien adjoint.
Du Bled, sous-préfet de Nontron.
Dubois (Fabien), château du Courras.
Dubois (Paul), négociant.
Dubos (J. Théophile).
Dubosc (F.).
Duboscq (J.), avocat agréé au Tribunal de commerce.
Duboscq, chef de bureau adjoint à la Préfecture.
Duboscq (Stanislas).
Duboul (J.), membre de l'Académie de Bordeaux.
Dubourg, avoué à la Cour.
Dubourg, percepteur à Langon.
Dubreuilh (Ch.), docteur-médecin.
Dubreuilh (Léonidas), docteur-médecin.
Dubreuilh (Théophile), vice-président de la Société d'Horticulture.
Ducarpe Junior, président du comice de Saint-Émilion.
Ducasse (Jules).

MM.

Ducaunnès-Duval, sous-archiviste du département.
Ducher.
Duchon-Doris (H.), courtier maritime.
Ducot (Adolphe).
Ducournau (Georges), agent de change
Ducourneau (C.).
Dudon (E.), docteur-médecin.
Duffour (S.).
Duffourg-Belin, avocat.
Duffourg (W.), agent de change.
Du Foussat de Bogeron (Gaston).
Dufrénoy, directeur de la manufacture des Tabacs.
Dulac.
Dumas (Alexandre), à La Bastide.
Dumeau (Jeantillon).
Dumézil.
Dupac (J. M.).
Dupas (Osmin).
Duperrieu de Tastes, à Ambarès.
Duplessy, médecin principal du 18e corps d'armée.
Dupart, maire de Cadillac.
Dupeyrat (B.), chef de division à la Mairie
Dupont, secrétaire général de la Société d'Agriculture.
Durand (Ch.), architecte.
Durand.
Durand (Pierre).
Durand-Morange, commissaire des monnaies.
Duret (P.-H.) père.
Durodier, à Sauveterre.
Duroy de Suduiraut (G.).
Dusolier père, avoué honoraire.
Dutasta (Émile), ancien chef de division à la Mairie.
Dutauzin (H.).
Duthil (Auguste).
Duthil de La Tuque (baron).
Duviella (A.), sous-chef de division à la Mairie.

E

Escarpit.
Escarraguel (Arthur).
Escarraguel (Dominique).
Estelly.
Etchégoyen (vicomte d'), château d'Olivier, à Léognan.
Etcheverry (baron d'), à Léognan.
Eyquem (P.-F.).
Eyrignoux, négociant.

b

F

MM.

Fabre de La Bénodière, conseiller à la Cour d'appel.
Fabre de Rieunègre, à Bruges.
Fallières, avocat.
Farine (Ch.), conseiller à la Cour.
Fascié (Paul), capitaine de navire.
Faucon (Ch. de).
Faugère fils, avocat.
Faugère, ingénieur civil.
Faure, ancien Commissaire Priseur.
Faurie (E.), juge au Tribunal civil de Bordeaux.
Faux (l'abbé), curé de Saint-Julien (Médoc).
Favière (de).
Faydit, fondé de pouvoirs du trésorier général.
Faye (Antoine).
Faye-Montigny, substitut du procureur de la République.
Fayou, à Lesparre.
Ferbos, conseiller général.
Ferreaud (Henri).
Ferrière (André).
Férussac (A. de), avoué à Lesparre.
Fillol (de), à Capian.
Flinoy frères, directeurs d'Assurances.
Forcade (Ch.).
Fouquier (J.), banquier à Castelnau (Médoc).
Fourché (Paul), négociant.
Fournet (Frédéric), rentier.
Fournet (G.), château Raoul à Cursan.
Fribourg.
Froin, conseiller général.
Fumel (comte de), château Lamarque.

G

Gaborit.
Gachassin-Lafitte, avocat.
Gachet, conseiller général de l'Indre, à Issoudun.
Gaden (Ch.).
Galle, receveur d'enregistrement à Laon.
Garat (J.-J.), docteur-médecin.
Garitey, à Lesparre.
Garnier (Emile), avocat agréé.
Garrau (C.), avoué.
Garres (Vve) jeune et fils.
Garric (Jules).
Gauban (Octave), avocat à La Réole.
Gauban.

MM.

Gaubert, à Villefranche.
Gaulier (Adrien), à Ambarès.
Gault (L.), rentier.
Gaussens (l'abbé E.), archiprêtre, curé de Saint-Seurin.
Gautier (A.) aîné, ancien maire de Bordeaux.
Gautier (A.-J.-J.), fondé de pouvoirs du Crédit agricole.
Gauthier (E.).
Gauthrin (Mme Vve).
Gauzence (Mme Vve A. de).
Gazagne.
Georges (de), négociant.
Gergerès (Aurélien), avocat.
Gères (Jules de), château de Mony.
Germot, à Bègles.
Gervais, conseiller général.
Gervais (l'abbé), vicaire général.
Gilbert-Martin, homme de lettres.
Girard (J.-B.), agréé au Tribunal de commerce.
Godard (C.).
Godbarge.
Godefroy (Antonin), à Paris.
Godefroy (G.).
Gombaud fils aîné, à Castelnau (Médoc).
Gonfreville (E.).
Gontier (Léon).
Goubie (Émile), à Arcachon.
Goudin frères.
Gouget (A.), archiviste du département.
Gourdon (François).
Gourrion (Eugène), à Castelnau (Médoc).
Graby.
Gradis, juge au Tribunal de commerce.
Graff (P.).
Grailly (vicomte de).
Grangeneuve (Aurélien).
Grangeneuve (Edmond), avocat.
Gras (G.), conseiller général.
Grassin.
Graterolles (Maurice).
Griffon (E. de), ancien consul du St-Siége.
Gué (Oscar), peintre.
Guénan, château Suau à Capian.
Guérineau (Achille).
Guestier (Gaston).
Guibert (Gustave), propriétaire.
Guicheteau (l'abbé), curé de Sainte-Marie, Bordeaux-La-Bastide.
Guilbaud (l'abbé), curé de Bégadan.
Guilhou.
Guionie (de).

MM.
Guizerix.
Guttin (l'abbé), curé de Sallebœuf.
Guz (J.-J. de).

H

Halty (A.).
Hauchecorne (A.-P.), courtier.
Hazera (Edouard).
Hazera (l'abbé), vicaire à Saint-Louis.
Hecquet (Paul), à Paris.
Henry, receveur de l'asile des Aliénés.
Hermenk (Angel).
Hermitte-Pelissier, avocat.
Heyet (l'abbé), curé de Tresses.
Heyrim.
Hillairet (J.-B.).
Hospitel-Lhomandie.
Hourtillan.
Hubert (Ernest), directeur de la succursale de la Banque.
Hue, hôtel de France.
Hugon (J.), à Castelnau (Médoc).

I

Icard, docteur-médecin, directeur de l'asile des Aliénés de Cadillac.
Illaret (A.), médecin vétérinaire à Saint-Ferme.

J

Jabouin, ancien adjoint au maire de Bordeaux.
Jacquemart, inspecteur du travail des enfants dans l'industrie.
Jacquier, ingénieur des ponts et chaussées.
Jaumard (Émile), avoué.
Jemain (J.).
Joanne (H.).
Joanne (L.).
Johnston (Nathaniel), ancien député.
Jolivet (Louis), avocat.
Joly (A.), ingénieur en chef des ponts et chaussées.
Journu (Henri).
Jurie, négociant.
Jurquet (l'abbé), archiviste diocésain.

K

Kercado (comte A. de).
Kersaint-Gilly (Charles de).

MM.
Klecker (Alfred), conseiller à la Cour d'appel.
Kolb (M. G.) père, à Arcachon.
Kolb (Émile), à Arcachon.

L

Labadie (Ernest).
Labadie (L.).
Labadie (A.).
Labalette, juge suppléant.
Labat (Gustave).
Labat (Pierre).
Labayle (Alfred), notaire.
Labbé (A.), architecte du département.
Labie.
Labrit, notaire à Cluis (Indre).
Lacaze (de).
Lacaze (Fernand).
Lacaze (Eugène), conseiller général.
Lacaze du Thiers.
Lacoste (Marcelin).
Lacoste (Henri), ancien notaire.
Lacoste (l'abbé J.), vicaire à Saint-Seurin.
Lacou (J.).
Lacouture (L.), à Baurech.
Ladous (Edouard), à Condom.
Lafabrie, avocat.
Lafage, avoué.
Lafargue jeune.
Lafargue (Eugène), greffier à la Cour.
Lafargue (Edmond), à Libourne.
Lafargue (E.), à Bordeaux.
Lafargue (Eugène), docteur-médecin.
Lafargue (Georges), rédacteur à la Préfecture de la Gironde.
Lafargue (J.), architecte, cours de l'Intendance.
Lafargue (H.).
Lafon (D.).
Lafon (Isidore), avocat.
Lagache (Alfred).
Lagrange (Mme).
Lagrange, précepteur au château Latour-Carnet.
Lagrave, juge de paix.
Lajard.
Lalande (Armand), négociant.
Lalande (Ch.).
Lalanne (J.), ancien notaire.
Lalanne (E.), directeur du Poids public.
Lalanne (J.).
Laloubie (l'abbé), curé de Montigaut.
Lamarque de Plaisance, à Arcachon.

MM.

Lamberthod, conducteur des ponts et chaussées.
Landard, notaire à Castelnau (Médoc).
Lanefranque (A. de).
Lang (Vve).
Lanoire (C.), conseiller d'arrondissement.
Lapène (Ferdinand).
Lapeyre, à Castelnau (Médoc).
Laplacette, négociant.
Laporte fils.
Laporte (Mathieu), commandant des sapeurs-pompiers.
Largeteau, avocat.
La Rivière (de), à Mauriac.
Laroche (Oscar de), à Estillac.
La Roche-Tolay (de), ingénieur en chef des ponts et chaussées.
Larouchelle (l'abbé), chanoine honoraire.
Larrard (de).
Larré, avoué.
Larroque, à Arengosse (Landes).
Larroquette, à Arcachon.
Laroze (Georges), greffier du Tribunal de commerce.
Lassime (Mme A. de), à Béguey.
Lassus (J.).
Lataste (A.).
Lataste (E.), vice-président des hospices.
Latour.
Laurent, ingénieur en chef de la voie des Chemins de fer du Midi.
Laussucq (H.), préposé en chef de l'Octroi de Bordeaux.
Lavalette de Monbrun (vicomte), château Cazeaux.
Lawton (Dan.), rentier.
Lawton (Ed.).
Lauga, conseiller d'arrondis¹, à Dieulivol.
La Vergne (comte de).
Le Barillier (Félix).
Le Bègue, directeur de l'asile des Aliénés de Bordeaux.
Lebriat (L.).
Lebrun de Marck.
Leclerc.
Lefebvre, libraire.
Lefranc (Émile).
Lefeuvre, rentier.
Le Four, docteur-médecin.
Le Grand (A.-E.), négociant.
Legrix de La Salle, juge au Tribunal de Bordeaux.
Legrix de Tustal, propriétaire.
Léon (Adrien), ancien député.

MM.

Léon (Alexandre), président du Conseil général de la Gironde.
Leroy de Lanauze, au Rat.
Leroy, conseiller de Préfecture.
Lesca (Léon), conseiller général.
Lescalle (Henry).
Lesnier (Frédéric), conseiller général.
Lespinasse (G.), ancien adjoint.
Le Vavasseur.
Levieux, docteur-médecin.
Levillain (C.), avocat.
Leybardie (Alfred de), propriétaire.
Liacim (Frère), directeur des Écoles chrétiennes de Bordeaux.
Livertoux.
Lomenie (Louis de), propriétaire.
Lopès-Dubec (R.-F.), négociant.
Lory (Henri de).
Loste (H.), notaire.
Lourse fils.
Lulé-Dejardin (Henri), avocat.
Lur-Saluces (marquis de), ancien député.
Lussaud (L.), avocat.
Lutard.
Luytt, ingénieur en chef des mines.
Luze (Ch. de).

M

Mabit, docteur-médecin.
Magnan.
Maignan (Victor).
Maître (Adrien).
Malet (baron de).
Malvezin (Théophile), avocat.
Mandeville (A.), homme de lettres.
Manès, docteur-médecin.
Manières (A.), conseiller à la Cour d'appel.
Marbœuf (Noé).
Mareilhac, ancien maire de Mérignac
Marbotin (Ch. de), ancien secrétaire général de la Préfecture.
Marcellus (comte Édouard de).
Marchand et Ramon.
Marmisse, docteur-médecin.
Maroix (Pierre).
Marquette (l'abbé A.), curé doyen d'Audenge
Martin (Amable).
Martin (Gustave).
Martin, adjoint au maire de Listrac.
Martin (Martin), chef de musique.
Masson.
Massy (A.-J.).
Matabon (Paul), architecte.

MM.
Maubourguet (J.).
Maurel (E.), président de la Société Philomathique.
Mauvezin (baron de).
Mauvezin (marquis Leblanc de).
Mayer (Léon).
Maze.
Mégret, membre de l'Académie de Bordeaux.
Mennesson (P-.Louis).
Méran (Georges), avocat.
Mèredieu (de), avoué.
Mèredieu (Em. de).
Méric (E.), jeune.
Merman (G.), courtier.
Merman (Jules), juge au Tribunal de commerce.
Merzeau, receveur municipal à Arcachon.
Meslon (baron de).
Mestrezat, consul de Suisse.
Meynard, chanoine honoraire, curé de Saint-Michel.
Mialle (Ch.).
Micé (L.), docteur-médecin.
Michau (François).
Miche (Émile).
Michel (Ch.), avoué.
Michel (Auguste), ancien greffier en chef de la Cour d'appel.
Michelot (E.).
Michon, à Sens (Yonne).
Mimoso, avoué.
Minier (Hippolyte), membre de l'Académie de Bordeaux.
Minvielle (Mlle).
Miollis (de), juge d'instruction.
Mirande de Lavergne (Oscar de), à Castelnau (Médoc).
Myre-Mory (comte de La).
Mirieu de Labarre (Jules).
Moizan (Louis).
Molliet (Maxime), à Castelnau (Médoc).
Mongardey (Charles).
Montcenis (l'abbé).
Montcheuil (Moreau de), inspecteur des Douanes en retraite.
Montesquieu (Gérard de).
Moquet (Vve).
Morange (A.), avocat.
Moriac (E.).
Motz (Frédéric).
Moulin (G.), libraire.
Moulins (G. de), chef de division à la Mairie.

MM.
Mounet (E.).
Moustié.
Muller (H.).
Musset, notaire.

N

Nègre.
Nicolet (L.).
Niel, sous-préfet de Nérac.
Noaillan (comte de).
Noguès (L.).
Nolibois (Jean), à Saint-Médard-d'Eyrans.
Noyer, avocat.

O

Oberkampff (baron), Pavé des Chartrons.
Oberkampff (baron Émile), receveur des finances au château Saint-Magne.
Olivié (A.).
Oré (Cyprien), docteur-médecin.
Orza (S. de l').

P

Panel (Adrien), à Cestas.
Panel (Tom), chef de division à la Mairie.
Papin (William).
Parenteau (l'abbé), curé de Sainte-Eulalie.
Paris (E.), avocat.
Pascal (E.), ancien conseiller d'État, ancien préfet.
Pascault (Léopold), avoué.
Pascault (Léonce).
Passemard, inspecteur des Domaines.
Pauly (Paul).
Péchade-Taillefer, ancien juge de paix à Verdelais.
Péhau père.
Peindre (A.).
Pelet d'Anglade (de).
Peletingeas, colonel de gendarmerie.
Péon, docteur-médecin.
Périé frères, architectes.
Périer (Léon), officier d'académie, pharmacien à Pauillac.
Perpignan (Alphonse).
Perrens.
Perrot (Ch.), chef de cabinet du préfet de la Seine.
Perry (L. de), docteur-médecin.
Person (F.-C.).
Péry, notaire honoraire.
Petit-Laroche (J.).

MM.
Petit (Fernand), avocat au Conseil d'État.
Peyrelongue (A.), avoué.
Peyrusse (Gabriel de), au Nizan.
Pezeux, à Arcachon.
Pezinié.
Philiparie, agent-voyer-chef adjoint à la Préfecture.
Picard (Edmond).
Pichard (Armand de), conseiller à la Cour d'appel.
Pichard père (de).
Pichon-Longueville (baron de).
Pierlot (Vve Auguste).
Piganeau (E.), artiste peintre.
Piganeau, banquier.
Pigneguy, à Lamarque.
Piis (de), à La Brède.
Pinchon (A.), directeur des Douanes.
Pineau (Jules de).
Piola, ancien maire de Libourne.
Pohls (H.).
Poinstaud (G.), avocat.
Pommez (Jules), avocat.
Pontac (vicomte G. de).
Pontevès de Sabran (marquis de), conseiller général.
Potié (Albin), ancien secrétaire du maire de Bordeaux.
Poujardieu, à Gradignan.
Pozzi (G.-A.).
Pradet (Émile).
Préaut (Charles).
Prieur (Jules).
Princeteau (Paul) fils.
Prom, négociant.
Prompt, ingénieur en chef des ponts et chaussées.
Proust (Camille).
Pruce, conducteur des ponts et chaussées.
Pujos (E.).
Pujos, docteur-médecin.
Puydebat, docteur-médecin.

Q

Quintin père, ancien notaire.
Quintin (Paul), notaire.

R

Raba (Amédée).
Rabion (J.-E.), notaire.
Raboutet-Chevallier.
Rafaillac, docteur-médecin à Margaux.

MM.
Raffet, courtier.
Ragot (Gustave).
Rancourt (de).
Ransan (l'abbé), curé doyen de Castelnau (Médoc).
Raoul-Bernard.
Rateau, avocat.
Raymond (l'abbé E.), curé de la Cathédrale.
Raymond (Adolphe), contrôleur municipal.
Raymond aîné, ancien maire de Listrac.
Rech (E).
Régis (Ernest).
Régis (F.), président de la Société d'Agriculture.
Reniac (A.), professeur au Petit-Séminaire.
Renouil (Pierre), aîné, maire à Cussac.
Requier, conservateur des hypothèques.
Rey-Gaussen (J.), pharmacien à Libourne.
Rhode, négociant.
Ribadieu (Ferdinand).
Richard (Léonce).
Riffaud (Émile).
Rigondet (A.), membre du Conseil de Prud'hommes.
Roborel de Climens.
Rodes (B.), négociant.
Rosset (A.), notaire.
Roussanne, chef de division à la Mairie.
Rousseau.
Rousseau (Louis).
Roux (Léonce).
Rozat (Ferdinand), notaire.

S

Sabourin (Émile).
Saige (E.), receveur des Domaines.
Saignat, avocat.
Sainsevin, chef de bureau à la Préfecture.
Saint-Germain (de), avoué.
Saint-Jean (Édouard).
Saint-Joseph (comte de).
Saint-Marc, agent de change.
Saint-Pierre (Ivan de), juge au Tribunal civil de Bordeaux.
Salabert.
Saladin (l'abbé Ferdinand), vicaire à Saint-Michel.
Salgues de Geniès.
Salviat, docteur-médecin.
Samazeuilh (G.).
Santa-Coloma (A. de), consul de la République Argentine.
Sarget de Lafontaine (baron).

MM.

Sarrat (G.).
Sarrau de Boynet (vicomte Aurélien de), avocat.
Sarrau de Boynet (comte), directeur d'Assurances.
Sarrail (Adolphe), membre du Conseil de Prud'hommes.
Saurat père.
Sauvat, libraire.
Savès (Paul).
Schad (J.).
Schmit (Georges).
Schacher (G.).
Sclafer (Honoré).
Séba (Isaac).
Séba (Charles).
Secrestat aîné (J.-H.), conseiller municipal.
Seguey, docteur-médecin.
Seignac-Beck, professeur de rhétorique au Petit-Séminaire.
Sellerier (Alfred), à Saint-Médard-en-Jalle, château Belfort.
Sénamaud (Jean), président de l'Institut Confucius de France.
Sens (Henri).
Serieyx (Émile), à Limoges.
Servat (l'abbé), curé de Saint-Nicolas.
Sève (Eugène).
Sève (Henri), directeur du Dépôt de mendicité.
Sèze (Aurélien de), avocat.
Sicher (H.), notaire.
Sicre (François).
Silliman (Ch.), vice-consul de Suisse.
Sollberg, agent de change.
Sorbé (A.).
Sorbet (E.), à Castelnau (Médoc).
Soula, banquier.
Soulacroix.
Soulé fils, docteur-médecin.
Sourget (A.), ancien adjoint.
Souriaux (Léon), conducteur des ponts et chaussées.
Souviron (T.).
Stéhélin (Alfred).
Sudre.
Superville (H.).
Sursol fils (F.).

T

Tafaillé (Bertrand).
Tampier (L.), consul général de Turquie.
Tandonnet (Paul), consul du San Salvador.

MM.

Tastet (Gustave), conseiller général.
Teisseyre (Jules).
Terpereau, photographe.
Tessèdre (Édouard).
Tessier (Clément).
Teynac (Valentin).
Theulier.
Thevenard.
Thiac (Eugène de).
Thibaut (l'abbé Cyprien), à Portets.
Thieffry (Jean-Baptiste).
Thierrée, notaire.
Thierry.
Thierry (Édouard).
Thomas (Prosper).
Thounens, conseiller général.
Tillet (P.), vétérinaire.
Tiphon (l'abbé), curé d'Eysines.
Tischler (Ch.), négociant.
Tougne (Louis), à Castelnau (Médoc).
Toulouse (Adolphe).
Tramasset.
Trancart, sous-préfet de Libourne.
Tregan, à Arcachon.
Tresse, capitaine de frégate, à Rochefort-sur-Mer.
Tresse.
Treyeran, ancien maire de Caudéran.
Trigant de Beaumont (comte Élie-Joseph-Louis-Arthur).
Trubesset (Auguste), consul de Saint-Marin.
Turban, secrétaire de la Mairie de Cussac.

U

Uzac (Joseph), château Fourchateau, à Mérignac.

V

Val (du), notaire, à La Brède.
Valat, ancien recteur.
Valette-Lagavinie, receveur des Hospices.
Van Den Hemele, agent général du *Conservateur*.
Vandercruyce.
Vapaille (Édouard), chef de division à la Mairie.
Varlet (E.).
Varraillon (M.-C.).
Vautrin, percepteur.
Veccheider.

MM.
Vène, archiviste de la Société d'Agriculture.
Verdalle (Henri), médecin.
Verdalle (Gabriel), avocat.
Verdeau (E.) et C¹ᵉ, Assurances maritimes.
Verdier (J.).
Vergez fils (H.).
Vergez (Ad.), négociant.
Vergez père et fils.
Verthamon (marquis de), château du Castera.
Verthamon (baron de).
Verrière fils, à Castelnau (Médoc).
Vézia (Louis), supérieur des Pères Jésuites.
Vézia jeune, négociant.
Viaud, à Gauriac.
Videau (A.).
Videau (Henri).
Vieillard (Albert).

MM.
Vignolles.
Viguier (H.), rentier.
Villiet (Joseph), membre de l'Académie de Bordeaux.
Viros (l'abbé J.-H.), curé de Brach.
Vivès (J.-B.), ancien magistrat.
Vivie (l'abbé Eugène de), curé-archiprêtre de Damazan.
Vivie (Achille de), à Montauban.

W

Wustemberg (Henri).

Y

Youreau (G.), professeur au Petit-Séminaire.

PRÉFACE

Ce livre n'est ni un pamphlet, ni une œuvre de parti.

C'est un livre d'histoire, écrit avec impartialité, sans parti pris, en dehors de tout esprit de coterie, et dans lequel l'auteur s'est surtout attaché à raconter fidèlement les événements dont la ville de Bordeaux a été le théâtre de 1789 à 1794.

Voltaire a dit quelque part : « L'Histoire est un témoin [1]. »

C'est en témoin que l'auteur a écrit. Il use en citoyen de la liberté dont la vérité a besoin [2]; mais il a juré de dire la vérité, toute la vérité, se souvenant, selon la parole d'un de nos grands historiens modernes, qu'il n'y avait rien de plus condamnable lorsqu'on s'était donné spontanément la mission de dire aux hommes la vérité sur les grands événements de l'histoire, que de la déguiser par faiblesse, de l'altérer par passion, de la supposer par paresse, et de mentir, sciemment ou non, à son siècle et aux siècles à venir [3].

---

[1] *Histoire de Charles XII.*
[2] Duclos, *Considérations sur les mœurs.*
[3] M. Thiers.

Certes, il fallait une certaine somme de courage à l'auteur pour entreprendre et mener à fin, dans sa ville natale, une *Histoire de la Terreur à Bordeaux*.

Sur ce terrain brûlant, il risquait de soulever des susceptibilités, de raviver des deuils, de ranimer des passions que le temps a peut-être apaisées, et d'être injustement taxé de jeter des ferments de discorde et de haine au milieu d'une population qui a prouvé son calme, sa modération, sa sagesse au milieu des troubles civils passés ou présents.

Ces considérations n'ont pas eu le pouvoir d'arrêter l'auteur. Il a cru qu'il devait la vérité à ses concitoyens, et il a précisément pensé trouver dans le bon esprit dont ils sont animés un gage d'indulgence et de bienveillance à la fois pour son œuvre présente.

Il s'est rappelé que si l'histoire paraît quelquefois censurer les personnes dont elle s'occupe, c'est bien plus la faute des coupables que celle de l'historien [1], dont le premier devoir est d'effrayer le vice par la crainte de la postérité et de l'infamie [2].

Et il a écrit — honnêtement, sobrement, sans arrière-pensée — le livre qu'il soumet au jugement de ses lecteurs.

« L'Histoire qui punit et qui récompense, » a dit Chateaubriand, « perdrait sa puissance si elle ne savait peindre. » L'auteur a eu le sentiment de ce précepte; mais il n'a pas forcé les couleurs de sa palette, le sujet ne lui ayant pas paru comporter des

---

[1] Fleury.
[2] Tacite, *Annales*, liv. III, chap. LXV.

effets à la Delacroix : il a raconté dans un style exempt des redondances, des subtilités ou des recherches de phrase et de langage d'une certaine école moderne, les événements d'une sombre et terrible époque; il a pensé que s'il restait vrai et s'il n'omettait rien d'essentiel, il aurait, par la force même des choses, atteint le degré de coloris et de peinture qui convient au récit des douleurs de la patrie locale.

L'auteur ne s'est pas dissimulé que des esprits chagrins l'accuseraient de jeter la pierre à la République et de la rendre responsable des atrocités de la Terreur.

Il ne se défendra contre une pareille accusation qu'en affirmant ses principes bien connus d'indépendance et de libéralisme, et en répétant qu'il n'a voulu écrire ni un pamphlet ni une œuvre de parti [1].

Il a, avec d'excellents esprits, de l'amitié desquels il s'honore et qui appartiennent aux partis les plus opposés, reconnu depuis longtemps qu'au point de vue du gouvernement des peuples et de l'autorité, deux seuls principes divisent le monde moderne : la monarchie et la souveraineté populaire. Il accepte ces deux formes de l'autorité humaine, et, sans se prononcer sur leur valeur réciproque, il déclare en âme et conscience qu'il n'est pas homme à reprocher à ces principes les fautes ou les crimes commis durant leur application et qu'il ne leur en fait pas remonter la responsabilité.

---

[1] *Interest reipublicæ cognosci malos.* (Bayle, dans sa dissertation sur les libelles diffamatoires.)

Sans partager toutes les idées de l'éminent auteur de la dernière *Histoire de la Révolution française* [1], il dira avec lui et sans réserve :

« ... Efforçons-nous d'être justes.
» Déplorons du fond de l'âme la Terreur.
» Condamnons énergiquement la dictature en
» principe.
» Vouons au mépris le culte de la force.
» Maudissons les excès et flétrissons les crimes... »

Tels sont les principes généraux qui ont dirigé l'auteur dans la composition de son livre.

Il l'a cru utile; il a pensé que l'heure était venue de recueillir, sans haine et sans crainte, des documents déjà bien dispersés et dont le temps pourrait encore compromettre l'existence; il a écrit sur les pièces officielles, d'après les récits des contemporains, et s'est imposé comme première loi la plus entière impartialité.

A ce point de vue, il demande à signaler comme preuve de cette impartialité la reproduction faite volontairement et dans une large proportion, de documents inédits ou importants qui lui ont paru devoir passer intégralement sous les yeux du lecteur. Il a dû sacrifier parfois, mais sans le regretter, la concision du récit à la nécessité de l'éclairer par les paroles ou les actes des personnages qui ont joué un rôle dans les événements qu'il raconte.

En résumé, l'auteur le dit avec conviction : Son livre manquait, il a composé son livre.

---

[1] M. Louis Blanc.

Il ne terminera pas ces lignes préparatoires sans adresser du fond de son cœur des remercîments sincères aux nombreux amis [1] qui l'ont aidé de leurs conseils et de leurs recherches, soutenu par leurs encouragements et loué de son initiative. Il leur devra d'avoir mené son œuvre à bonne fin.

Toutes nos histoires locales sont muettes, on peut le dire hardiment, sur l'époque de la Terreur à Bordeaux. La lacune sera comblée aujourd'hui; l'auteur l'espère du moins; il n'a pas toutefois la prétention d'avoir épuisé le sujet, et de plus habiles que lui pourront peut-être le compléter plus tard et ajouter des pierres nouvelles au monument qu'il a tenté d'élever, non sans se dissimuler l'imperfection de son œuvre, pour servir à l'instruction de ses concitoyens.

. . . .

Reconnaissance et merci aux amis connus et inconnus qui ont assisté ou qui assisteront l'auteur pour le succès de son livre.

Telle est sa dernière parole avant de se livrer au jugement des lecteurs.

A. V.

7 Avril 1871.

---

[1] Il y aurait ingratitude de notre part à ne pas nommer ici M. Gouget, archiviste du département, et MM. Ducaunnès-Duval et Roborel de Climens, ses deux intelligents collaborateurs. Leurs communications, faites avec une rare obligeance, ont grandement facilité notre travail.

Son Éminence Mgr le Cardinal Donnet, archevêque de Bordeaux, a daigné adresser la lettre suivante à l'auteur de l'*Histoire de la Terreur à Bordeaux* :

ARCHEVÊCHÉ DE BORDEAUX.

« Monsieur,

» Je viens de terminer la lecture de votre manuscrit et m'empresse de vous offrir mes félicitations.

» Vous avez raconté avec exactitude, précision et clarté, les
» faits qui composent l'*Histoire de Bordeaux* pendant la longue
» tourmente révolutionnaire. Nulle part je n'ai vu peinte avec
» autant de vigueur la physionomie de notre ville à cette
» sombre époque, comme aussi je n'ai pas trouvé ailleurs, du
» moins aussi bien groupés, des faits importants dont vous
» indiquez avec une rare sûreté de coup d'œil les causes et les
» conséquences.

» Dans votre étude et vos recherches, vous avez rencontré
» soit à sa formation, soit dans ses développements, le schisme
» officiel qui s'appela l'Église constitutionnelle de Bordeaux et
» vous en avez parlé en catholique. J'ai pris soin toutefois de
» marquer certains passages où votre pensée ne ressort pas
» assez clairement; un mot ajouté, une phrase refaite suffira
» pour dissiper toute obscurité [1].

» Quels documents, Monsieur, que ceux que vous avez
» empruntés aux archives judiciaires! On les lit avec un
» poignant intérêt, mais en même temps avec une sorte d'effroi.
» Les sentences du tribunal révolutionnaire de Bordeaux et les

---

[1] L'auteur a corrigé les légères imperfections signalées par l'éminent prince de l'Église.

» interrogatoires sommaires des victimes frappent de stupeur;
» on se demande comment ont été possibles des monstruosités
» pareilles.

» Mon Dieu, une pareille lecture pourrait-elle ne pas pro-
» duire sur le lecteur une impression salutaire et faudrait-il
» à ce point désespérer de nos contemporains, que le tableau
» des crimes d'autrefois ne leur fît pas flétrir les passions qui
» qui les ont enfantés ? Non, sans doute, et cet espoir fait
» l'utilité et l'opportunité de votre livre.

» Je fais des vœux pour son succès et vous prie de me
» croire, Monsieur, votre bien dévoué,

» FERDINAND, CARDINAL DONNET,
» *Archevêque de Bordeaux.*

» Bordeaux, le 19 février 1872. »

HISTOIRE

DE LA

TERREUR A BORDEAUX

LIVRE PREMIER

BORDEAUX POLITIQUE ET RELIGIEUX DE 1789 A 1792.

CHAPITRE I

BORDEAUX AVANT 1789. — COUP D'ŒIL RÉTROSPECTIF.

Bordeaux sous Louis XVI. — Turgot et la liberté commerciale. — Les négociants bordelais. — Haïti et le port de Bordeaux. — La guerre d'Amérique. — Paix de 1783. — Traité de 1786. — Exportation des vins de Bordeaux. — Le commerce et les beaux-arts. — Académie de Peinture. — Académie de Bordeaux. — Le Musée. — Les belles-lettres à la fin du xviiie siècle. — Le clergé bordelais. — Le maréchal de Richelieu. — Le Grand-Théâtre. — Le Château-Trompette. — La société bordelaise et les salons. — Le barreau. — Le Parlement de Bordeaux. — Michel de Montaigne, La Boëtie et Montesquieu. — Les alluvions.

La ville de Bordeaux était arrivée à l'apogée de sa prospérité sous le règne du roi Louis XVI.

Les événements qui s'étaient accomplis de 1774 à 1783 avaient eu, pour le développement de la richesse publique en France, les plus heureuses conséquences : les idées libérales de Turgot en matière commerciale répondaient à des besoins généraux et furent accueillies avec une vive reconnaissance dans tout le royaume.

Si l'essor de ces idées fut en partie arrêté durant quelques instants par la faiblesse du roi, par les résistances des courtisans ou par l'impéritie du ministre Clugny, ancien intendant de Bordeaux, il n'en est pas moins vrai que le mouvement était imprimé aux esprits, que le commerce avait suivi sa voie, et qu'il n'était pas plus possible de le faire rétrograder que d'obliger le torrent à remonter vers sa source.

Bordeaux, toutefois, n'avait pas à retirer un profit immédiat de l'application des idées de Turgot. Depuis longtemps, en effet, cette ville était devenue le premier port de France, et, grâce à l'activité et au génie commercial de ses habitants, les navires bordelais flottaient sur toutes les mers; ils étaient les instruments d'une richesse incalculable, et la célébrité des négociants de Bordeaux s'étendait jusqu'aux confins du monde, avec une réputation de probité sans tache.

Il était vraiment beau de voir toute une pléiade d'hommes honorables, dont le nom se pesait au poids de l'or, agiter modestement, dans des comptoirs que dédaignerait le luxe de nos jours, les intérêts les plus graves et les plus importants!

Les Aquart, les Gradis, les Bonnaffé, les Leroy et Capelle, les d'Egmont, les Furtado, les Ferrière, les Johnston, les Barton, les Lopès-Dubec, les Journu, les Wustenberg, les Nairac, les Letellier, les Sauvage, les Baour, les Raba, les Fégère-Gramont, les Guestier, les Tarteiron, les Balguerie, et tant d'autres que nous pourrions nommer, formaient l'élite de cette génération puissante qui fut l'honneur de la cité.

Par son immense commerce avec Saint-Domingue, Bordeaux était en quelque sorte « la métropole coloniale du midi de l'Europe ».

Dès 1784, le commerce d'Haïti était accaparé presque

exclusivement par le port de Bordeaux, et près de 200 navires, appartenant tous à des armateurs de cette ville, la mettaient en relation avec tous les ports de Saint-Domingue.

C'était, entre la perle des Antilles et la cité d'Ausone, un échange incessant : le sucre, l'indigo, le café, le cacao, l'acajou abondaient sur notre place et y apportaient la richesse et le mouvement commercial le plus extraordinaire.

La guerre d'Amérique amena toutefois un temps d'arrêt dans ce mouvement; les escadres anglaises couvrirent la mer des Antilles et firent la chasse aux bâtiments marchands; mais la marine royale, commandée par les comtes d'Estaing, de Guichen, de La Motte-Piquet, d'Orvilliers et de Grasse, parut à Saint-Domingue et protégea efficacement les transactions de la marine marchande. Des convois de bâtiments furent à diverses reprises escortés par les flottes de Louis XVI, et c'est à cette protection que le commerce de Bordeaux dut de ne pas péricliter entièrement.

La paix de 1783 vint mettre un terme aux dangers qui menaçaient la prospérité bordelaise.

Trois ans plus tard, le célèbre traité de 1786, conclu entre la France et l'Angleterre et qui consacrait le principe de la liberté commerciale, fut un coup de fortune pour le commerce français et pour celui du port de Bordeaux en particulier : il créa une source inépuisable de débouchés et de transactions dont profitèrent largement à la fois les consommateurs, les producteurs, les négociants et la marine marchande elle-même.

Grâce à ce traité, les vins de Bordeaux purent entrer en Angleterre avec des droits diminués de près de moitié, et les marchandises anglaises, à leur tour, abondèrent sur nos marchés et devinrent accessibles aux bourses les plus modestes.

La ville de Bordeaux, si riche déjà, atteignit alors le plus haut degré de puissance et de prospérité, et durant les dernières années du règne de Louis XVI, ses exportations de vins, pour ne parler que de cette branche importante à coup sûr de son commerce, arrivèrent au chiffre énorme de 120,000 tonneaux par an [1].

C'était dans le port de cette ville une activité qui avait pris des proportions véritablement inouïes jusqu'alors; les quais étaient encombrés d'une manière permanente de marchandises en chargement ou en déchargement; la rivière était couverte d'une flotte pacifique et sans cesse renouvelée qui la sillonnait en tous sens, apportant les plus riches produits coloniaux ou exportant les vins renommés de la Gironde.

Que l'on ne s'y trompe pas cependant : l'esprit commercial n'avait pas éteint chez nos pères ces qualités aimables qui forment, avant tout, le fond de la race méridionale.

Ils ne sacrifiaient pas exclusivement aux nécessités du négoce, aux désirs immodérés du lucre.

La poésie, les belles-lettres, la philosophie, les sciences et l'économie politique étaient en honneur à Bordeaux à la fin du xviiie siècle. Le goût des arts et des choses de l'esprit y était généralement répandu, et de nombreuses associations aidaient au développement et à la diffusion des connaissances humaines dans toutes les classes de la population.

C'est ainsi notamment que l'*Académie de Peinture*, fondée par des artistes et des amateurs, favorisait à Bordeaux, par des cours publics et des expositions solennelles, l'étude des beaux-arts. Le peintre Lacour père en fut longtemps le recteur. En récompense des services qu'elle avait rendus, l'Académie obtint en 1779 la consécration légale de son existence par des lettres-patentes du roi

---

[1] Henri Ribadieu, *Histoire de Bordeaux pendant le règne de Louis XVI*, p. 59 et 60.

Louis XVI. Elle était emportée quelques années plus tard par la tourmente révolutionnaire.

L'Académie royale des Belles-Lettres, Sciences et Arts de Bordeaux, fondée en 1712, et qui a eu l'honneur de compter au nombre de ses membres associés Voltaire et bien d'autres illustrations du xviiie siècle, publiait des travaux importants, stimulait par son exemple les littérateurs et les hommes d'étude, et jetait les fondements d'une réputation justement méritée. Une pléiade d'hommes éminents et distingués à des titres divers continue, de nos jours, les traditions de cette savante compagnie.

En 1783, Duranteau, Saige et Lisleferme créaient, sous le patronage de la reine Marie-Antoinette et sous les auspices de l'intendant Dupré de Saint-Maur, la Société du *Musée,* qui a jeté un vif éclat dans les fastes littéraires de Bordeaux. Tous ceux qui cultivaient les belles-lettres firent partie de cette Société et voulurent contribuer aux dépenses des *cours publics* institués par elle. Le *Musée* tenait ses séances dans une des salles de l'Intendance, gracieusement mise à sa disposition; la littérature et la musique l'occupaient principalement, et on peut lire dans le volume publié en 1787 par la Société, des vers charmants signés par des hommes qu'enrichissait le commerce et qui ne dédaignaient pas de quitter la plume du négociant pour prendre celle du poète.

Des travaux individuels qui ne furent pas sans mérite secondaient d'une manière très soutenue les efforts des associations que nous venons de signaler.

Nous pourrions en donner une longue nomenclature.

Bornons-nous à indiquer les principaux : De Clozanges créait le *Journal de Guienne;* les médecins Barbeguière et Capelle publiaient des mémoires estimés *sur le mesmérisme et le régime des hôpitaux;* Chevalier, Alphonse et Blanc s'occupaient des questions d'établissements publics à Bordeaux ; Cizos-Duplessis écrivait l'*Histoire poétique des Parlements,* qui fut un instant remarquée ; Dégranges fils traduisait l'*Agricola* de Tacite ; Péry, l'*Aminte* du Tasse et la *Jérusalem délivrée,* et l'abbé Jaubert les œuvres d'Ausone.

Vigneron était couronné par l'Académie pour un *Éloge du maréchal de Biron ;* le négociant Laffont de Ladebat employait ses loisirs à composer des ouvrages sur les finances et l'économie politique ; un autre négociant, Dudevant, publiait un essai philosophique, sous le titre d'*Apologie du Commerce ;* Risteau commentait l'*Esprit des Lois,* et Berquin conquérait son nom d'*Ami des enfants et de l'adolescence.*

En 1776, l'abbé Desbiey publiait un remarquable travail sur *les Landes,* et trois ans plus tard l'ingénieur Brémontier illustrait son nom en fixant les dunes voyageuses, en les enchaînant au sol par l'ensemencement des pins.

Pendant le même temps, le savant botaniste Latapie, qui fut l'ami de la famille Montesquieu, écrivait sur le pays bordelais une notice très curieuse et *Un voyage en Italie* qui, malheureusement, n'ont pas vu le jour ; l'infatigable abbé Baurein travaillait avec une ardeur juvénile à ses *Variétés bordeloises* [1] ; Lumière publiait des *Recherches sur le droit public et les États Généraux de Guienne,* et Ferrère préparait son opéra de *Psyché et l'Amour.*

Le clergé était, à cette époque, dignement représenté à Bordeaux. Mgr Champion de Cicé, un prélat éminent et remarquable sous tous les rapports, était placé à la tête du

---

(1) Nos éditeurs, MM. Feret et fils, viennent de publier, avec le concours de M. Georges Méran, avocat, et de M. le marquis de Castelnau d'Essenault, une réimpression des œuvres de Baurein, qui a obtenu le plus légitime succès. Tous les lettrés doivent des remercîments aux intelligents éditeurs et aux promoteurs si distingués de cette publication. De pareils travaux honorent notre province.

diocèse de Bordeaux; des hommes d'un talent véritable et d'une irréprochable vertu l'entouraient : M. Pacareau, très versé dans les matières canoniques et dont l'érudition était recommandable, M. Pacareau qui depuis..... mais alors il était fidèle à sa foi; M. Langoiran, qui fut assassiné en 1792; M. Cauderès, auteur d'un Éloge du comte d'Estaing; M. Dumyrat, dont on connaît une *Oraison funèbre de la princesse Marie Lecʒinska, reine de France;* M. Gourrèges, un prêtre plein d'enjouement et dont le nom se conserve au séminaire de Bordeaux (1). M. Jaubert, que nous avons déjà nommé et dont on a un *Dictionnaire* estimé *des arts et métiers;* M. Piffon, qui fut membre de la Constituante, et une multitude d'autres qui affirmèrent leur foi par l'exil ou dans des publications qui honorent leur courage.

On peut dire, sans crainte de se tromper, que le clergé bordelais de la fin du xviiie siècle était aussi vertueux qu'instruit, et qu'il conservait intact le dépôt des traditions de l'Église.

Le maréchal de Richelieu était alors gouverneur de la province depuis 1758, et sous son administration, on doit le reconnaître, la ville de Bordeaux s'était rapidement embellie. Le vieux courtisan avait le goût des fêtes et des grandes manières; une cour brillante l'entourait, et c'est à lui que nous sommes redevables de plus d'un monument et du degré de magnificence auquel parvint notre cité durant son gouvernement.

L'activité des quais, l'animation des rues, les fêtes, les concerts, les relations fréquentes d'une société élégante et polie donnaient à la ville de Bordeaux une physionomie

---

(1) Il a chanté en vers faciles le *Cuisinier du Séminaire*, en 1767.

qui n'a pas échappé à l'œil des voyageurs. Arthur Young écrivait en 1787 : « La manière de vivre qu'adoptent ici les négociants est très somptueuse; leurs maisons et leurs établissements sont d'un genre dispendieux; ils donnent de grands repas, et plusieurs sont servis en vaisselle plate. »

La recherche du luxe était poussée si loin par les négociants bordelais, qu'ils expédiaient leur linge dans les colonies pour le faire blanchir : cette mode, qui ne tarda pas à être adoptée à Paris, par la cour principalement, constitue un raffinement qui valait la peine d'être noté ici et qui est assurément l'indice d'un haut degré de richesse.

La construction du Grand-Théâtre fut un des actes qui honorent le plus l'administration du maréchal de Richelieu. C'est lui qui fit adopter par le ministre Calonne le plan de l'architecte Louis, et sa volonté ferme et persévérante eut raison des mauvais vouloirs de la jurade et des détracteurs acharnés du grand architecte.

Dès 1780, le Grand-Théâtre ouvrait ses portes au public, et cet édifice *d'un luxe scandaleux,* selon l'expression de remontrances formulées par la Cour des Aides, ajoutait aux magnificences de la ville.

En 1785, le roi ordonna la démolition du Château-Trompette : il s'agissait d'élever sur les ruines de cette forteresse inutile des constructions grandioses dont les plans étaient dus, comme celui du Grand-Théâtre, à l'architecte Louis. Au centre du nouveau quartier devait se trouver une place demi-circulaire, de 900 pieds de diamètre, vers laquelle convergeraient treize rues monumentales, terminées par des arcs de triomphe et portant les noms des treize États-Unis d'Amérique. Une colonne de 180 pieds, la colonne Ludovise, surmontée de la statue de Louis XVI, était destinée à dominer cet ensemble majestueux et à compléter une œuvre qui n'aurait pas eu de rivale. Arthur Young vit ces plans ; il en fut ébloui [1].

La pensée de Louis reçut un commencement d'exécution : quelques remparts furent démolis, des déblaiements assez considérables eurent lieu ; mais les événements politiques arrêtèrent la réalisation de ce magnifique projet.

Quant à Louis, sollicité de toutes parts pour élever de riches hôtels, il en construisit six ou sept [2] qui, s'ils n'ont rien ajouté à sa gloire, ont du moins consacré sa réputation parmi nous.

Ces grandes constructions avaient attiré à Bordeaux des artistes et des ouvriers, comme les fêtes données par le gouverneur y attiraient de toutes parts des étrangers de distinction qui venaient se mêler à l'élite de la société bordelaise.

L'aisance était générale et la prospérité régnait dans toutes les classes : « A Bordeaux, a écrit plus tard Jouannet dans sa *Statistique du département de la Gironde,* vous trouvez une abondance facile, une abondance généralisée, celle qui en donne le sentiment à toute sorte de spectateurs ; on dirait que le Pactole y coule, et coule pour le peuple. »

Par les prodigalités de leur luxe et le grand train de leurs maisons, par la protection qu'ils accordaient aux lettres et aux arts, les hommes distingués placés à la tête des diverses administrations publiques du temps répandaient le bien-être autour d'eux, et prenaient une part naturelle au grand mouvement de la richesse publique qui se faisait remarquer à Bordeaux.

Le duc de Mouchy, les comtes de Fumel et de Brienne, commandants en chef de la ville, les intendants Clugny,

---

[1] De Larouverade, *Les dernières années du Parlement.*
[2] On peut citer les hôtels Sarget, Saige, Rolly, Fonfrède, Lamollère, Fumel, Loriagne, Legrix de Lassalle, etc., etc.

Dupré de Saint-Maur et Camus de Néville, les vicomtes de Noé et du Hamel, maire et lieutenant de maire, un grand nombre de riches jurats et de négociants partagent, avec le duc de Richelieu, l'honneur d'avoir contribué à l'éclat de Bordeaux à la fin du xviiie siècle.

S'il était nécessaire d'invoquer des témoignages à l'appui de cette prospérité, nous rappellerions le mot du comte d'Artois devançant de quelques jours, en 1777, les visites du comte de Provence et de Joseph II, et s'écriant à diverses reprises, devant le panorama surprenant qui se déroulait sous ses yeux : « Je n'ai rien vu de plus beau !... Je n'ai rien vu de plus beau !... (1). »

Gentilshommes et négociants rivalisaient de luxe ; les concerts et les grands repas se succédaient, les salons étaient ouverts, et une société brillante et choisie se pressait partout ; la richesse et le plaisir débordaient.

Parmi les salons les plus remarquables et les plus fréquentés après ceux de la noblesse et de l'aristocratie commerciale, on peut citer ceux de Mme Louis, femme de l'architecte, musicienne très distinguée et l'une des beautés de l'époque (2), de M. Lemesle, où se réunissaient les illustrations du barreau, et enfin de M. Gradis et de MM. Raba frères.

D'un autre côté, Du Paty, Jean de Sèze, Duranteau, Martignac père, Cazalet, Garat, Brochon, Vergniaud, Guadet, Gensonné, Ferrère, Devignes et d'autres encore remplissaient le palais des accents de leur éloquence, ou se préparaient à jeter sur leurs noms l'éclat plus ou moins prochain des luttes politiques.

Le Parlement de Bordeaux ajoutait à cet ensemble qu'on pourrait appeler féerique.

---

(1) *Mémoires de la République des Lettres,* année 1777.
(2) Le portrait de Madame Louis, peint par Robin, le peintre de la coupole de notre Grand-Théâtre, a figuré au Salon de 1776 ou 1777.

Disons quelques mots de ce grand corps judiciaire et du rôle politique qu'il joua durant les dernières années du règne de Louis XVI.

Le Parlement de Bordeaux, qui était devenu l'un des plus importants du royaume par son étendue et par l'illustration de ses membres, comptait à son origine, en 1462, un président et sept conseillers; en 1789, il se composait de cent dix-sept officiers titulaires divisés en cinq Chambres, et tenait ses audiences dans l'ancien palais des ducs de Guienne, au château de l'Ombrière.

Son existence peut être partagée en deux phases distinctes : dans la première, il lutte d'abord avec le pouvoir royal dans l'intérêt du maintien des priviléges du pays bordelais, puis pour son compte personnel, durant les guerres de la Fronde, contre le despotisme insolent des ducs d'Épernon, qui cherchaient à anéantir la puissance parlementaire.

La deuxième phase commence avec le XVIIIe siècle : les intérêts de la France semblent être devenus alors le principal objectif de ses protestations contre les envahissements arbitraires de la cour, contre ses désordres et ses prodigalités, contre les édits bursaux qui opprimaient le peuple en enrichissant les ministres et les courtisans.

La suppression des offices de tous les Parlements, en 1771, le châtia de ses résistances et de sa fermeté [1].

Au milieu des noms illustres que l'on pourrait citer dans ces phases diverses, trois figures au moins se détachent, qui ont jeté un vif éclat sur le Parlement : Montaigne, l'immortel auteur des *Essais;* La Boëtie, son ami, qui a écrit quelques pages d'une haute et admirable philosophie sous le titre *De la Servitude volontaire,* et Montesquieu dont le grand nom dispense de tout éloge.

---

(1) Baron de Brezets, *Essais hist. sur le Parlement de Bordeaux.*

Louis XVI monta sur le trône en 1774, et les Parlements furent rappelés l'année suivante.

L'édit de rappel fut accueilli avec enthousiasme dans toute la province de Guienne, et le Parlement de Bordeaux fut réinstallé le 2 mars 1775 par le duc de Mouchy.

Ce furent pendant trois jours des fêtes de toutes sortes : l'allégresse était générale à Bordeaux ; tandis que les riches négociants donnaient des réceptions brillantes, les notaires faisaient chanter un *Te Deum,* et les francs-maçons fondaient une messe annuelle dans la chapelle du Becquet.

Nous n'entrerons ni dans l'examen ni dans le détail des travaux judiciaires et politiques du Parlement depuis la reprise de ses audiences.

Une importante question doit toutefois nous occuper : celle des alluvions de la Dordogne et de la Garonne, qui pendant cinq ans motiva les débats les plus vifs entre le pouvoir et le Parlement. Un arrêt du Conseil, de 1781, avait prescrit la recherche de toutes les alluvions de ces deux rivières et ordonné leur réunion au domaine de l'État.

Cette décision causa une vive émotion dans toute la province, et, d'accord avec l'opinion publique, le Parlement délibéra des remontrances au roi. Son arrêt fut cassé en 1783. Il persista, mais le ministère lassé fit enregistrer militairement des lettres-patentes annulant les divers arrêts du Parlement et ordonnant l'exécution des arrêts du Conseil relatifs aux alluvions.

Des remontrances itératives furent délibérées par les magistrats bordelais ; on y remarqua cette phrase significative : « *qu'il convenait de rétablir ces assemblées antiques dont la convocation a été trop longtemps attendue* [1]. »

A cette demande non déguisée d'*États Généraux,* la cour répondit par un lit de justice tenu à Versailles en

---

[1] Lettre au roi du 29 janvier 1785.

juillet 1786. Le roi fit transcrire sur les registres du Parlement des lettres-patentes contenant ses dernières intentions.

Les droits des propriétaires riverains y étaient respectés, et ce résultat était dû à l'attitude courageuse des Parlementaires et à leur fermeté.

En juin 1787, le Parlement refusait l'enregistrement de l'édit de création de l'Assemblée provinciale du Limousin et protestait quelques mois plus tard contre l'exil à Troyes du Parlement de Paris. La cour, irritée de ces résistances incessantes, prit une mesure extrême, et, par lettres de cachet, le Parlement fut exilé à Libourne [1]. Il obéit, mais de nombreuses adhésions lui arrivèrent et, fort de l'assentiment public, il déclara qu'il ne reprendrait ses travaux qu'après la cessation de son exil [2].

C'est pendant son séjour à Libourne que le Parlement délibéra tout une série de remontrances, fort admirées alors, et où il abordait les questions les plus élevées de l'ordre politique et social. Toute la province l'encourageait dans cette voie, et les protestations des corps constitués, du clergé et des sociétés savantes elles-mêmes ajoutaient au mouvement des esprits et à l'inquiétude qui se traduisait de toutes parts.

On était en 1788.

Louis XVI venait de publier treize édits demeurés célèbres et dont l'objet principal était de restreindre le pouvoir des Parlements en créant, au-dessous d'eux, des grands bailliages chargés d'une partie des affaires dont la connaissance leur était attribuée, et au-dessus d'eux, une *cour plénière* chargée de l'enregistrement des impôts et des lois pour tout le royaume.

---

[1] Le Parlement de Bordeaux le prit sur un ton si fier, qu'on le transféra à Libourne. (Louis Blanc, *Histoire de la Révolution française*, liv. I, chap. VI.)

[2] De Larouverade, *Les dernières années du Parlement.*

Le 8 mai, ces édits étaient présentés par le comte de Fumel au Parlement. Celui-ci refusa l'enregistrement; menacé dans ses priviléges et dans les attributions politiques qui avaient fait sa puissance, il éclata en remontrances passionnées.

M. de Fumel fit transcrire militairement les édits sur les registres de la Cour et se retira.

Cette résistance qui, pas plus que les précédentes, ne portait atteinte à la fortune commerciale et industrielle de Bordeaux, était l'objet d'une approbation enthousiaste et générale.

Mais, sur ces entrefaites, les États Généraux furent solennellement promis, et une ordonnance du Roi rappela le Parlement exilé.

La rentrée à Bordeaux de cette grande compagnie amena le retour des ovations de 1775. Le premier président Le Berthon, dont c'était le destin, dut se laisser couronner de roses et d'immortelles au milieu des applaudissements de la multitude; l'avocat Garat le décora de la *candeur du sage* et de l'*âme sublime d'un Romain,* et on l'appela pompeusement, en latin, le Père de la Patrie.

Le barreau prit sa part de ces démonstrations; la ville fut splendidement illuminée, et le peuple, après avoir promené une effigie du ministre Loménie de Brienne, la livra aux flammes au milieu des vivats et des imprécations de la foule.

Ce furent les derniers triomphes du Parlement.

Le 23 octobre 1788, il enregistrait sans opposition l'ordonnance annonçant la convocation prochaine des États Généraux; puis le silence se fit autour de lui, et dès le mois de juillet 1789, il se trouvait réduit à l'isolement et à le'impuissance, signes avant-coureurs d'une chute éclatant et prochaine.

Les esprits étaient emportés dans un mouvement général

et vertigineux, et ce qui restait des vieilles institutions féodales s'écroulait au milieu d'un douloureux enfantement.

La grande famille parlementaire était d'ailleurs puissamment riche et jouissait dans la cité d'une influence sans rivale. Elle touchait à tout et à tous ; ses alliances lui avaient créé des relations et des amitiés très nombreuses et très étendues, et ses salons, comme ceux de la noblesse et de l'aristocratie commerciale, réunissaient tout ce que la ville renfermait d'hommes importants par les positions, de familles connues par leur opulence. Les Le Berthon, les Dudon, les Daugeard, les Verthamon, les Leblanc de Mauvezin, les Baritault, les Lalande, les de Gourgues, les Marbotin, les Pelet-d'Anglade, les Lavie, les Pontac occupaient un rang élevé dans la société bordelaise de la fin du xviiie siècle, et les fêtes parlementaires rivalisaient avec celles des gouverneurs, de l'intendant, de la noblesse et du négoce.

Au milieu des traverses que nous venons d'esquisser et où le Parlement affirma plus d'une fois un égoïsme qui contribua à sa chute, Bordeaux restait une ville de plaisirs et de luxe, et Young pouvait écrire : « Malgré tout ce que » j'avais vu ou entendu sur le commerce, les richesses et la » magnificence de cette ville, elle surpassa mon attente. »

Tel était Bordeaux à l'aurore de la Révolution.

CHAPITRE II

ESQUISSES HISTORIQUES DES ANNÉES 1789 A 1792.

Convocation des États Généraux. — Assemblées populaires. — Élection des députés. — Les Quatre-vingt-dix électeurs. — Les aspirations des trois ordres. — L'hiver de 1788-89. — Troubles à Bordeaux. — La prise de la Bastille. — Réunions au Jardin-Public. — L'armée patriotique bordelaise. — Le Château-Trompette est attaqué. — La disette. — Le Comité des subsistances. — Arrêt du Parlement pour réprimer les désordres. — Cet arrêt est déféré à l'Assemblée nationale. — Suppression du Parlement. — Élection des municipalités et des corps administratifs et judiciaires du département. — Les Sociétés populaires à Bordeaux. — La campagne de Montauban. — Vente des biens nationaux. — Fête de la Fédération. — Troubles chez les boulangers. — Scènes de désordre au théâtre. — Mort de Mirabeau. — Évasion du roi. — Élections à l'Assemblée législative. — Commencement du système des dénonciations. — Le duc de Duras. — Proclamation de la Constitution. — Élections municipales. — L'émigration. — L'instituteur Lacombe. — Plantation d'arbres de la liberté. — La patrie en danger. — La statue de Louis XV. — Les massacres de septembre. — Élections à la Convention nationale. — Abolition de la royauté. — La République est proclamée. — Le Tribunal de commerce de Bordeaux.

Des lettres closes du roi, du 24 janvier 1789, convoquaient les États Généraux pour le 5 mai suivant.

Le ministère Loménie de Brienne venait de tomber sous le coup de l'animadversion générale; la résistance unanime des Parlements aux treize édits qui devaient inaugurer un système nouveau avait hâté sa chute.

Depuis quelques mois, l'esprit public éprouvait de telles variations, qu'il était devenu impossible de le diriger : il marchait encore inconscient de sa force, ignorant ce qu'il voulait, mais il marchait. Tous les problèmes sociaux étaient agités, et des milliers de brochures et de pamphlets, où les vérités les plus dures n'étaient pas épargnées au pouvoir, inondaient le royaume. L'esprit public se sentait comme émancipé.

Dans des discussions incessantes, dans des débats où toutes les forces vives de la nation prenaient une large part, dans des publications sans nombre, tout était attaqué, discuté, mis en question, et Mirabeau, de sa voix puissante, s'écriait : « La liberté frappe à la porte, courez au-devant ; elle vous tend la main, sachez la saisir... Le despotisme va fuir comme l'ombre devant l'aurore. »

Par suite et en vue de la réunion prochaine des États Généraux, des assemblées populaires avaient lieu partout : les citoyens de toutes classes et de tous états y venaient discuter librement les questions politiques et sociales que les circonstances mettaient en relief et dont l'actualité s'affirmait chaque jour davantage.

C'était un spectacle étrange à la fois et nouveau de voir une nation de 25 millions d'habitants, courbée jusque-là sous le prestige d'une monarchie de près de quatorze siècles, se lever résolue pour reprendre ses droits que nul n'avait le pouvoir de lui disputer, et pour conquérir sur la faiblesse du gouvernement les libertés dont elle lui avait confié le dépôt. Elle puisait, à son réveil, il faut bien le dire, l'idée de son insoumission dans les résistances dont les Parlements lui avaient donné depuis si longtemps le dangereux exemple ; elle s'essayait dans la voie nouvelle, et sous sa volonté naissante tout pliait déjà ; le pouvoir, devenu pusillanime et réduit aux expédients, reculait, non sans lutter contre l'opinion ; mais la grande explosion approchait. On pouvait entendre et saisir de toutes parts les bruits précurseurs de la chute de l'édifice monarchique, ébranlé dans ses antiques bases.

C'est au milieu de cette émotion générale des esprits, mêlée d'inquiétudes, d'hésitations et de joie en même temps, que, le 18 février 1789, le grand sénéchal Du Périer de

Larsan publia les lettres du roi du 24 janvier; elles furent enregistrées au tribunal de la sénéchaussée de Guienne, et les trois ordres furent bientôt appelés à élire leurs mandataires.

Les opérations préliminaires et définitives de cette élection s'accomplirent, en effet, du 2 au 10 mars.

L'ordre du clergé fixa ses choix sur Mgr Champion de Cicé, archevêque de Bordeaux; MM. Piffon, curé de Valeyrac; Delage, curé de Saint-Christoly, et d'Héral, vicaire-général.

L'ordre de la noblesse nomma MM. Le Berthon, premier président du Parlement; de Lavie, président à mortier; le vicomte de Ségur, maréchal de camp, et le chevalier de Verthamon [1].

L'ordre du tiers-état élut MM. Fisson-Jaubert, médecin; Deluze-Létang, propriétaire à Coutras; Boissonnot, notaire à Blaye; Valentin Bernard, propriétaire à Bourg, pris dans les communes de la sénéchaussée; et MM. Nairac et Gaschet-Delisle, négociants; Lafargue, ancien consul, et de Sèze, médecin, qui représentaient la ville de Bordeaux.

Les députés de la noblesse et du clergé furent nommés directement; l'élection des députés du tiers eut lieu à deux degrés, c'est-à-dire que les assemblées primaires choisirent des électeurs qui procédèrent à leur nomination.

Les diverses corporations de la ville avaient été représentées dans l'assemblée électorale par quatre-vingt-dix électeurs qui ont joué un rôle important, ainsi que nous le verrons bientôt, dans les événements qui ne tardèrent pas à surgir [2].

Chacun des trois ordres devait remettre à ses repré-

---

[1] Laffon de Ladebat présenta une pétition contre la députation noble de Bordeaux (*Moniteur* du 20 au 24 juin 1790, n° 10). Le comité de vérification la repoussa.

[2] *Appendice,* note I.

sentants, séparément et à bref délai, les cahiers de doléances préparés en vue de la réunion des États.

L'opinion publique à Bordeaux, que l'on ne s'y trompe pas, était encore indécise aux premières heures du grand mouvement qui s'opérait; si elle affirmait son existence par les discussions qui s'agitaient de toutes parts, elle n'avait pas trouvé la formule définitive d'un système uniforme : la noblesse rêvait le rétablissement d'États particuliers en Guienne et une sorte d'autonomie pour la province; le clergé voulait le maintien de ses priviléges, et le tiers-état lui-même, imbu de l'esprit local et dont les vues ne dépassaient qu'à grand'peine les limites du pays natal, flottait hésitant entre son attachement aux coutumes anciennes et les aspirations qui l'entraînaient vers un nouvel ordre de choses.

Quoi qu'il en soit, les élus de la sénéchaussée de Guienne étaient des hommes de bien, estimés et connus dans le pays à des titres divers et qui s'étaient distingués dans les fonctions publiques ou par des services rendus à leurs concitoyens; aucun d'eux toutefois ne se recommandait par l'éclat d'un talent incontesté.

L'archevêque de Bordeaux et le premier président Le Berthon avaient seuls une grande notoriété et une valeur reconnue : le premier était un prélat distingué, homme d'esprit et homme d'État, comme il le prouva durant son ministère; le deuxième, vieillard respecté, avait accumulé sur sa tête, qui personnifiait le Parlement, les faveurs de la province tout entière, grâce aux exils de 1771 et de 1788.

Nous pouvons ajouter que le nom des de Sèze, illustré depuis par le défenseur du roi, apparaissait pour la première fois dans les hautes régions de la politique.

Les représentants de la noblesse et du clergé reçurent de leurs commettants des mandats *impératifs;* ceux du tiers furent investis de pouvoirs *généraux et indéfinis.*

Les élus de la sénéchaussée de Guienne partirent pour Paris, laissant la ville de Bordeaux diversement impressionnée par les événements qui s'y accomplissaient. L'hiver de 1788-89 avait été excessivement rigoureux, et le peuple avait eu beaucoup à souffrir; à cette circonstance douloureuse, une autre plus grave et plus terrible venait ajouter ses adversités : les denrées, et le pain surtout, étaient devenus d'une rareté et d'une cherté extrêmes. C'était à coup sûr plus qu'il n'en fallait pour exciter un mécontentement dont profitèrent avec empressement des artisans de désordre pour lancer le peuple dans les voies funestes.

C'est ainsi que, sous le prétexte du froid, des bandes nombreuses se dirigèrent vers les marais des Chartreux et dans les environs de la ville, et se livrèrent à des dévastations; des arbres furent abattus et dépecés, des marchés établis sur place, et le bois fut vendu et emporté par les dévastateurs ou par les femmes et enfants qui suivaient la foule égarée. Ces excès regrettables peuvent être considérés comme le prélude des représailles qui se préparaient.

Quelques-uns des auteurs de ces dévastations furent arrêtés et poursuivis; mais on redouta les suites d'une condamnation, que le peuple aurait certainement mal accueillie, et les coupables furent relaxés après quelques jours de détention.

Les États Généraux s'étaient réunis à Versailles, le 5 mai 1789, dans la salle des Menus-Plaisirs : nous ne raconterons pas les péripéties diverses qui aboutirent au serment du Jeu-de-Paume et à l'Assemblée constituante; c'est de l'histoire générale, et tout le monde connaît ces mémorables événements.

Disons seulement que la grande voix de Mirabeau retentissait en France·et que tous les cœurs battaient aux redoutables accents de l'illustre tribun du tiers-état. Ce transfuge de la noblesse était devenu en quelque sorte la personnification du pouvoir nouveau, et il commençait l'application du mot célèbre que Danton jeta plus tard au sein de la Législative étonnée : De l'audace, encore de l'audace, et toujours de l'audace...

Les provinces ressentaient vivement le contre-coup des agitations de la capitale : la prise de la Bastille en est un remarquable exemple.

La première nouvelle de ce grave événement arriva à Bordeaux le 17 juillet par des lettres du constituant Nairac; elle fut accueillie au milieu d'une effervescence générale, et le 18 au matin les habitants arboraient la cocarde tricolore, dont Lafayette avait dit qu'*elle ferait le tour du monde;* des démonstrations de joie publique éclatèrent de toutes parts, le peuple invita les Quatre-vingt-dix électeurs à adopter les trois couleurs nationales, et une adresse chaleureuse, couverte de milliers de signatures, était en même temps envoyée à l'Assemblée.

Ce ne fut pas tout. Le 21 juillet, 30,000 citoyens se réunissaient au Jardin-Public pour délibérer sur les mesures à prendre dans les conjonctures qui se produisaient et pour assurer dans la ville et dans la province le maintien de la sécurité publique. Cette immense réunion fut admirable d'ordre et de tranquillité : des groupes formés sur tous les points du Jardin discutaient individuellement les événements ou les racontaient avec enthousiasme; des orateurs populaires parlaient à la foule; les femmes, les enfants circulaient joyeux : c'était un délire général, une joie indescriptible, un élan patriotique sans précédent. Aucune violence, aucun excès ne déshonorèrent cette réunion; mais les questions à l'ordre du jour s'y agitaient dans une sorte de confusion et de dispersion des forces vitales de la cité. C'est à ce moment que Fonfrède, s'emparant d'une échelle, l'appuya contre un arbre; du haut de cette tribune improvisée, faisant entendre le langage le plus patriotique, il conseilla l'armement général du peuple pour assurer le triomphe de la liberté.

D'autres orateurs lui succédèrent. Aucun d'eux, toutefois, ne précisa les moyens d'arriver à l'armement populaire. Fonfrède reparut, et, prenant texte d'un désir de la jeunesse de la ville qui, depuis quelques jours, demandait au théâtre la représentation du drame de *Guillaume Tell,* il s'écria : « Ce n'est pas le moment, Citoyens, de songer aux illusions du théâtre ; bien que la pièce de *Guillaume Tell* respire le plus ardent patriotisme, elle ne convient ni à nos habitudes, ni aux circonstances, car elle contient la peinture des mœurs des Suisses au xive siècle, et nous sommes les Français du xviiie. Cette pièce renferme des passages d'une exaltation extrême et qui pourraient offrir des interprétations dangereuses à cette heure. Ne nous exposons pas à être calomniés : renvoyons à d'autres temps la représentation de *Guillaume Tell,* mais imitons ce généreux citoyen; aimons la liberté et soyons armés pour la défendre; et afin de déjouer les complots de la malveillance, plaçons-nous sous le patronage des hommes à qui nous avons confié le choix de nos députés. Pour activer l'armement, désignons par acclamation deux commissaires de chaque paroisse qui se rendront auprès des Quatre-vingt-dix électeurs et les inviteront, au nom du bien public, à se mettre à notre tête. »

Des commissaires furent désignés sur-le-champ aux applaudissements du peuple, et l'assemblée se sépara au milieu d'une ivresse générale.

Les commissaires se rendirent immédiatement à l'Hôtel de Ville, où les Quatre-vingt-dix électeurs étaient réunis, et ils leur firent connaître la mission qu'ils venaient de recevoir du peuple. Ceux-ci, déférant à la demande qui leur était adressée, se constituèrent en assemblée délibérante et déclarèrent accepter la direction du mouvement, afin de le régulariser et de *pourvoir aux soins que nécessitaient les circonstances pour la défense commune et le maintien du bon ordre de la ville.*

L'*Armée patriotique bordelaise*, c'est l'appellation qu'elle reçut, était créée [1].

Dans l'après-midi du 21 juillet, tous les habitants en état de porter les armes se réunirent dans leurs paroisses respectives afin d'être enrégimentés. L'enthousiasme était tel qu'avant la fin du jour douze mille hommes se mettaient à la disposition des Quatre-vingt-dix électeurs. Dès le lendemain, le service était organisé, la garde de la ville était confiée à l'armée patriotique, des patrouilles circulaient dans la ville, et des postes extraordinaires et permanents étaient installés sur divers points pour surveiller les voyageurs, empêcher les attroupements et assurer le maintien de l'ordre public [2].

Au milieu de ces divers événements, le peuple conservait une attitude calme; il semblait avoir le sentiment de sa force.

Quelques démonstrations menaçantes eurent lieu cependant contre certains jurats qui tenaient leur pouvoir de la nomination royale et non du suffrage populaire; mais ces désordres eurent en réalité peu d'importance et furent promptement réprimés.

Armée, à son origine, de fusils de chasse ou de fusils de la garde bourgeoise conservés dans l'arsenal de l'Hôtel de Ville, la nouvelle troupe bordelaise présentait un ensemble singulier et disparate; le zèle des citoyens n'en

---

[1] L'armée patriotique bordelaise comprenait 13 régiments et 266 compagnies. Le duc de Duras en fut nommé généralissime; le 30 juillet 1789, il prêta devant les Quatre-vingt-dix électeurs serment de fidélité à la nation et au roi. Le procès-verbal du serment est signé *Brochon*, vice-président, et *Fadeville*, secrétaire adjoint. (Bibliothèque de Bordeaux, n° 3329 A.)

[2] *Appendice*, note II.

fut pas toutefois diminué. Une circonstance fortuite, et que nous ne pouvons passer sous silence, amena un armement plus régulier.

Des bruits sinistres se répandirent tout à coup; le *Club Breton* de Versailles avait été, dit-on, leur berceau. Le 29 juillet, ils parvinrent à Bordeaux : on disait que des bandes armées parcouraient le pays dans tous les sens, qu'elles dévastaient les récoltes, détruisaient tout sur leur passage et qu'elles approchaient de la ville, menaçantes et grossies par les imaginations. Ces bruits causèrent une vive émotion, et l'alarme fut grande dans la ville. Pour calmer les inquiétudes, les Quatre-vingt-dix électeurs envoyèrent des courriers à Angoulême : les mêmes bruits y circulaient; les craintes étaient générales, mais la tranquillité n'avait été troublée ni dans cette ville ni dans les environs, et les bandes armées y étaient à l'état de fantôme insaisissable. Ces nouvelles ne purent toutefois rassurer les Bordelais; les défiances, compagnes inséparables de la peur, assiégeaient tous les esprits.

Une malveillance occulte ne tarda pas à y ajouter ses traits empoisonnés : on racontait mystérieusement que le Château-Trompette était armé contre la ville, que sa garnison était une ennemie, que les abords du Château étaient minés, et que des approvisionnements considérables avaient été accumulés dans la citadelle [1].

Tout devient vraisemblable aux heures de panique, et les raisonnements demeurent impuissants. C'est en vain que le comte de Fumel, commandant du Château, vint démentir ces accusations. Le peuple se leva en masse, l'armée patriotique demanda à grands cris des armes, et une foule animée et bruyante se dirigea vers le Château-Trompette pour s'en procurer. La garnison crut un moment à une

---

[1] Biblioth. de la ville de Bordeaux, *Catalogue de l'Histoire*, n° 3329 A.

attaque en voyant les flots du peuple qui se répandaient autour du Château ; elle se prépara à la résistance. Le comte de Fumel n'hésita pas dans ces périlleuses circonstances : afin d'éviter une effusion de sang, il remit les clefs de la citadelle aux Quatre-vingt-dix électeurs. Ceux-ci ouvrirent l'arsenal et firent distribuer des fusils à l'armée patriotique. Aussitôt la garnison du Château, la milice bourgeoise et le peuple fraternisèrent; la sécurité reparut, et des compagnies nouvelles, dans lesquelles se firent inscrire les membres du Parlement, furent immédiatement organisées. On assista alors à un spectacle curieux : le peuple jouait au soldat; ce ne furent, pendant bien des jours, que manœuvres militaires entremêlées de fêtes publiques et de réunions où toutes les classes et tous les rangs étaient confondus dans une douce confraternité : la confiance avait succédé à la peur.

Avons-nous besoin de dire que l'agriculture et le commerce ne se ressentaient que trop des agitations de la place publique, des préoccupations de la politique et des terreurs qui, de temps à autre, comme un vent violent dans un champ de blé, venaient courber les têtes sous un souffle destructeur ?

Le commerce jetait son dernier éclat ; il commençait à s'alanguir et à diminuer.

Quant à l'agriculture, elle dépérissait chaque jour.

Ces deux sources de l'antique prospérité de Bordeaux menaçaient de tarir.

La disette du dernier hiver avait créé de profondes préoccupations, et de tous côtés on accumulait dans la cité des approvisionnements en grains et en farines. Devenus étrangers aux travaux de l'agriculture, les habitants des campagnes montaient la garde, et c'est à la ville qu'ils venaient chercher les denrées, au lieu de lui apporter, comme autrefois, les produits de la terre. Si le présent, comme on le voit, n'était pas exempt d'inquiétudes, l'avenir s'annonçait sous de sombres couleurs.

Le Parlement, effrayé comme les citoyens des bruits répandus, des tumultes dont la disette avait été le prétexte et des agitations et des défiances qui jetaient le peuple sur le forum, demanda aux Quatre-vingt-dix électeurs, par l'organe du procureur général Dudon, d'user de leur influence et de leur autorité pour calmer les alarmes publiques et refréner les mauvaises passions. Dudon reconnaissait que le Parlement et les jurats *étaient sans vigueur* et que la persuasion d'ailleurs valait mieux que la répression dans les phases pleines de dangers que traversaient la ville et la province. Les Quatre-vingt-dix électeurs furent frappés des observations du Parlement : tout croulait autour d'eux; ils restaient seuls entourés de la considération et du respect général, et seuls ils pouvaient dominer la situation. Par leurs soins, un Comité de subsistances fut immédiatement organisé, et des mesures furent prises pour conjurer les dangers de l'avenir.

La nuit mémorable du 4 août vint, sur ces entrefaites, creuser à tout jamais l'abîme entre l'ancien régime et la Révolution. Ce fut un entraînement général, mais dont les conséquences échappèrent aux politiques de la Constituante : ils préparaient le suaire de la monarchie.

Cependant le Parlement, qui voyait son prestige s'évanouir et son influence disparaître de jour en jour, se réveilla de son atonie; il voulut paraître de nouveau sur la scène des événements et prendre en mains la défense de l'ordre public. Des troubles sérieux avaient eu lieu sur divers points de la province; on arrêtait la circulation des grains, on incendiait les châteaux, on dévastait les récoltes, et les malfaiteurs semblaient jouir d'une sorte d'impunité. Le commerce et l'industrie couraient à leur ruine. La situation était grave; elle avait même attiré l'attention du gouvernement, et le garde des sceaux Champion de Cicé crut devoir la signaler à l'Assemblée nationale dès le mois de janvier 1790.

Les désordres qui eurent lieu au Grand-Théâtre, à l'occasion du décret sur les Juifs (1), ne furent pas tout à fait étrangers à la résolution du Parlement.

Le 20 février de cette année, le procureur général Dudon lui présenta des réquisitions pour demander la répression de désordres qu'il signalait *comme les premiers fruits d'une liberté publiée avant la loi*. Un arrêt signé Daugeard ordonna qu'il serait informé sur les faits mentionnés au réquisitoire.

Ce document et l'arrêt furent imprimés et reçurent une large publicité.

Dès qu'ils furent connus, des murmures s'élevèrent; les patriotes taxèrent de mensonges et de calomnies les faits révélés par le réquisitoire du procureur général, et le Parlement devint en butte à l'indignation populaire. Les temps étaient bien changés!

Le 25 février, à sept heures du soir, l'Assemblée patriotique du *Café national,* berceau du *Club national* de 1793, faisait brûler, sur un bûcher dressé fossés du Chapeau-Rouge, l'arrêt du Parlement et le réquisitoire de M. Dudon. D'un autre côté, Boyer-Fonfrède dénonçait ces documents au peuple et à la municipalité, et une députation était envoyée à la barre de l'Assemblée nationale pour demander le châtiment de ces écrits, qualifiés de *pamphlets anti-révolutionnaires* (2).

Sur le rapport de M. de Montmorency, l'Assemblée manda à sa barre le président Daugeard, et, après de solennels débats qui eurent lieu dans le courant d'avril, la

---

(1) Séance de la Constituante du 9 février 1790 (*Moniteur* du 11 février 1790, n° 42).
(2) *Appendice,* note III.

suppression du Parlement fut prononcée par décret du 24 avril 1790. Ce grand corps judiciaire, qui avait eu tant d'autorité dans la province et dont l'histoire n'a pas été faite encore [1], précédait sans bruit la chute de la monarchie.

Le 30 septembre 1790, un officier municipal se transportait au palais de l'Ombrière, fermait les salles d'audience et apposait les scellés sur tous les greffes.

Le Parlement de Bordeaux n'existait plus...

Pendant les débats de l'Assemblée nationale dont nous venons de rendre compte, de nouveaux corps constitués étaient élus en vertu des lois nouvelles, dans toutes les villes, dans tous les districts, dans tous les départements. A Bordeaux, la municipalité était installée le 2 avril, et l'antique jurade, qui avait survécu jusqu'à ce moment au mouvement de 1789, disparaissait pour toujours.

Les Quatre-vingt-dix électeurs cessaient en même temps leur mission conciliatrice et tutélaire.

Dans les deux mois qui suivirent, les diverses autres autorités administratives et judiciaires furent successivement organisées.

On doit reconnaître que les choix furent heureux dans ces circonstances. On remarquait, en effet, parmi les élus, comme maire, M. de Fumel, lieutenant-général en Guienne depuis trois ans; *comme procureur général syndic du département*, M. Barennes, professeur de droit français, l'esprit le plus éminent et le plus distingué que possédât alors l'Université, ainsi que le disaient ses élèves Laîné et Ferrère; *comme procureur de la Commune*, Gensonné et d'autres encore; d'un autre côté, dans les conseils du département ou de la Commune, on voyait figurer, ici Vergniaud, Guadet, Roullet, Buhan, Duranthon, Sers,

---

[1] L'Académie de Bordeaux va publier très prochainement une *Histoire du Parlement,* laissée en manuscrit par le regretté M. Boscheron Des Portes, ancien président de chambre à la Cour d'appel.

Journu; là Duranteau père, Martignac père, Jaubert, Albespy, etc., dont les noms grandissaient avec les événements [1].

On peut dire que les gloires de la Gironde se levaient avec les dangers qui menaçaient la patrie.

Le mouvement des esprits était très accentué à ce moment; à l'exemple de Paris, on créait des sociétés populaires, des clubs, des assemblées qui se mettaient en relation avec les réunions de la capitale et entretenaient parmi les citoyens une agitation de tous les instants. C'est alors que fut fondée à Bordeaux la Société des *Amis de la Constitution,* qui siégeait dans une des salles du couvent des Dominicains et que présida longtemps Duvigneau, dont nous aurons à raconter plus tard le supplice. Les *Amis de la Constitution,* qui se faisaient remarquer par leur esprit de modération, se composaient d'hommes honorables appartenant à la bourgeoisie ou au commerce; ils repoussaient les exagérations des clubs de la capitale, et ils eurent le courage de répudier toute alliance avec les Jacobins de Paris, quand ceux-ci eurent chassé Barnave et les Lameth, pour les remplacer par Legendre, Marat et Robespierre.

A côté de cette Société, et créée dès le début de la Révolution par Desfieux [2], il en existait une autre que nous avons déjà nommée. C'est la Société du *Café national :* elle se composait de commerçants ruinés ou peu honorables, de médecins, hommes de loi et procureurs sans clientèle, de prêtres de mœurs ou de doctrines suspectes, et de religieux qui s'étaient empressés de jeter le froc. C'était un assemblage hétéroclite où dominaient les idées démagogiques et où bouillonnaient les plus mauvaises passions.

---

[1] H. Chauvot, *Le Barreau de Bordeaux.*
[2] *Appendice,* note IV.

C'est dans un café du cours du Chapeau-Rouge que se réunissait cette Société.

D'autres assemblées moins importantes avaient lieu sur divers points de la ville; on put voir les femmes du Grand-Marché, organisées en *Société des Amies de la Constitution,* prendre part aux affaires publiques.

Des divisions profondes existaient dès 1791 entre les diverses Sociétés populaires bordelaises. Nous en trouvons la preuve dans une lettre d'un contemporain, un avocat qui paraît n'avoir pas été l'ami de Guadet. «..... Depuis plusieurs jours, écrit-il, nous sommes ici dans la plus grande agitation, relativement à une Société nouvelle qui voulait s'établir sous le nom d'*Amis de la Patrie.* Cette Société faisait profession de principes si raisonnables, qu'elle aurait porté le coup le plus mortel aux Jacobites, pour peu qu'on lui eût laissé de liberté dans les assemblées. Tous les honnêtes gens s'y réunissaient en foule, et dès la première séance, nous nous trouvâmes plus de 500 membres; mais pour se délivrer de rivaux aussi dangereux, il n'est point de calomnies atroces qui n'aient été vomies par ces scélérats, à la tête desquels est le vertueux Guadet.... Les patrouilles ne cessent pas, les canons sont chargés à mitraille; tout le monde porte des pistolets comme si nous vivions avec des brigands, et presque aucun de nous ne peut se montrer sans risque dans les lieux publics : toutes ces circonstances nous ont décidés à nous séparer provisoirement [1].... »

Nous aurons à reparler des sociétés populaires dont l'action fut si redoutable pendant le cours de la Révolution. Mais nous pouvons dès à présent faire connaître la part que prirent les Amis de la Constitution et la Société du Café national aux mesures prescrites par la nouvelle municipalité au sujet des troubles de Montauban.

[1] Lettre de Lafargue, avocat, à Campagnac père. (Voir le dossier Lafargue, archives du greffe de la Cour, fonds révolutionnaire.)

L'élection des nouveaux corps constitués s'accomplit à Bordeaux et dans le département de la Gironde au milieu d'un calme général; il n'en fut pas de même au chef-lieu du Tarn-et-Garonne.

La formation d'un corps municipal fut, en effet, l'occasion de désordres sérieux à Montauban.

Cette ville avait été depuis Louis XIV l'un des boulevards du protestantisme en France; des divisions n'avaient cessé d'y exister entre les habitants appartenant à la religion catholique et au culte réformé. Ces divisions, sourdes et latentes pendant de longues années, éclatèrent avec une violence regrettable lorsqu'il s'agit de former une municipalité nouvelle. Les protestants l'emportèrent et furent en majorité au pouvoir. L'exécution des décrets relatifs à la fermeture des couvents servit de prétexte à des collisions entre citoyens et à des troubles à la faveur desquels M. de Montbrun, commandant de la ville et protestant, fut percé de trois coups d'épée.

« A ce signal, dit M. l'abbé O'Reilly, le fanatisme
» aveugle et longtemps comprimé des classes inférieures
» de la société catholique éclata en mille désordres...
» pénibles à décrire (1). »

C'est le 11 mai 1790 que les Amis de la Constitution et la Société du Café national furent informés des troubles de Montauban. La nouvelle s'en répandit promptement, et le patriotisme des citoyens et de la garde nationale s'émut au récit de ces tristes événements. On résolut, d'un accord unanime, d'aller au secours des victimes, et la municipalité bordelaise fut invitée à régulariser les moyens d'exécution d'une intervention due à l'initiative généreuse de ces sociétés et de la population.

La municipalité adhéra sans réserve à cette demande; le

---

(1) Tome Ier, 2e partie, p. 48 et suivantes.

14 mai, elle prit un arrêté pour offrir un asile et des secours aux citoyens de Montauban qui croiraient leur sécurité compromise. Ayant appris le lendemain que les troubles continuaient, elle délibéra que le duc de Duras, généralissime des gardes nationales de Bordeaux, serait prié de diriger sur Montauban, afin d'y concourir au rétablissement de la tranquillité publique, 1,500 hommes de garde nationale et 80 grenadiers et chasseurs de la garnison, et que ce détachement s'arrêterait à Moissac pour attendre les ordres de l'Assemblée nationale, qu'on avait prévenue par un courrier extraordinaire.

Les 17 et 18 mai, le détachement partit pour Montauban au milieu des démonstrations de la joie publique, sous le commandement du major-général Courpon.

Quatre mortiers, des bombes et des munitions de toute espèce furent expédiés de Bordeaux.

En cinquante-deux heures, le détachement et le matériel de guerre arrivèrent à Moissac.

« La municipalité de Montauban, déterminée à repousser la force par la force, donna ordre à M. d'Esparbès, commandant de la garnison, d'aller attaquer la première colonne de l'armée bordelaise... Le détachement de cette garnison en quartier à Moissac se prononça pour ses frères d'armes de Bordeaux, et, indigné de ce que les officiers se refusaient de donner des cartouches, il menaça de passer avec armes et bagages au régiment de Champagne, qu'il croyait incorporé dans l'armée bordelaise. Témoin de ces mouvements et convaincu de l'antipathie de ses soldats, M. d'Esparbès se hâta de rentrer à Montauban. Le calme se rétablit peu à peu dans cette malheureuse ville, et le commissaire du roi, M. Dumas, en y arrivant, trouva que les déplorables scènes de persécution religieuse et de meurtre avaient cessé devant les conseils des hommes sages et la juste crainte de châtiments bien mérités. Le commissaire se rendit auprès des troupes bordelaises, les félicita de leur zèle et de leur patriotisme empressé, et pour éviter une collision qui pourrait avoir de regrettables suites, il les engagea à rentrer dans leurs foyers (1). »

Le major général Courpon déféra à cette invitation et ramena ses troupes à Bordeaux, où elles firent leur entrée le 8 juin suivant. Elles furent accueillies avec des transports de joie par le peuple et par les corps constitués.

Telle fut la *campagne de Montauban*, diversement appréciée alors, et qui, si elle se termina sans coup férir, n'en constitue pas moins un exemple louable de solidarité entre cités voisines et amies.

Elle occasionna une dépense de 64,862 livres, payée au moyen d'une souscription volontaire ouverte à Bordeaux et qui produisit 50,523 livres; le reste fut soldé par la municipalité de cette ville.

Cependant la vente des biens nationaux, commencée en 1790, et qui, vers la fin de cette année, avait produit près de 2 millions, ajoutait un élément de trouble à ceux qui existaient déjà; on espérait que le total des adjudications dans le seul département de la Gironde atteindrait le chiffre de 30 millions; mais bien des consciences étaient émues de ces ventes, et les acheteurs de biens nationaux étaient vus d'un mauvais œil par une certaine partie de la population.

Au milieu du trouble général des esprits, la municipalité s'efforçait de maintenir la tranquillité dans la ville; elle n'obtenait que des résultats imparfaits : des causes de division sans cesse renaissantes existaient entre les citoyens; des passions haineuses surgissaient de toutes parts, et l'autorité se consumait en efforts qui ruinaient son prestige.

Les clubs et les sociétés populaires alimentaient sans cesse l'agitation publique.

---

(1) *O'Reilly*, t. Ier, 2e part., p. 52.

La fête de la Fédération, célébrée au Jardin-Public le 17 juin 1790, fit toutefois oublier pendant quelques instants les dissentiments et rallia les cœurs dans une commune et patriotique démonstration [1]. On aurait pu croire au retour de la paix et de la fraternité! Ces illusions, hélas! ne furent pas de longue durée. Un malaise général ne tarda pas à se manifester : les vivres étaient rares et chers, le numéraire avait disparu, les assignats étaient tombés dans un discrédit à peu près complet, le commerce et l'industrie n'existaient plus que de nom. Il avait suffi de deux années pour changer la face d'une des villes les plus riches du royaume!

Les besoins devenaient pressants, la misère s'étendait et des rassemblements se formèrent bientôt devant les boutiques des boulangers. Le peuple demanda la diminution du prix du pain et la punition des accapareurs qui cherchaient à affamer la cité. Des propos séditieux circulaient, et les excitations, comme toujours, ne manquaient pas dans ces tristes circonstances. Quelques boulangers devinrent victimes de violences populaires, malgré les soins pris par la municipalité pour calmer l'irritation du peuple et pour empêcher des attroupements dont le moindre inconvénient était d'aggraver les maux dont on avait à souffrir.

Ajoutons que la caisse municipale était vide, le Trésor public ruiné, les capitaux enfouis, les lois sans force, et que l'anarchie approchait terrible et menaçante.

C'est sous ces douloureux auspices que se présentait l'année 1791.

Le mal faisait des progrès rapides; il gagnait de proche en proche; les administrations ne semblaient plus à la hauteur des circonstances : le peuple ou, pour parler plus vrai, les meneurs taxaient les autorités de *modérantisme;* on voulait des hommes dont les opinions fussent en

---

[1] *Appendice,* note V.

harmonie avec l'esprit nouveau. Les injures et les diffamations furent mises en œuvre afin de lasser les administrateurs et d'arriver ainsi à se débarrasser des honnêtes gens, pour leur substituer les agents de la démagogie. On alla même jusqu'à menacer de coups de canne certains membres de la municipalité bordelaise.

Pendant que la situation s'accentuait et se tendait chaque jour davantage, l'impuissance de l'autorité devenait de plus en plus évidente; son action était tout à fait énervée.

C'étaient, au théâtre, des scènes de désordre assez fréquemment renouvelées et où l'audace des uns s'augmentait de la faiblesse des autres; c'étaient les exigences du *Club du Café national* s'accroissant sans cesse, et d'autant plus qu'elles étaient plus facilement accueillies. Le principe d'autorité disparaissait; il allait n'y avoir bientôt plus rien, ni respect, ni religion, et la souveraineté populaire triomphait et s'affirmait à l'encontre de la raison et des lois.

Le 5 avril 1791, on apprit à Bordeaux la mort de Mirabeau. Un voile de deuil se répandit sur la ville. La patrie de Guadet, de Martignac et de Gensonné ne pouvait rester indifférente à la disparition de l'illustre orateur de la Constituante.

La municipalité prescrivit à cette occasion la célébration d'un service funèbre dans l'église métropolitaine, et pendant trois jours les représentations théâtrales et les amusements publics furent suspendus.

L'évêque constitutionnel Pacareau officia dans cette circonstance, et il inaugura ses fonctions épiscopales par une apothéose du géant de la Révolution à son début.

Les clubs et sociétés populaires entendirent l'éloge mille fois répété de l'adversaire redoutable qui ne *pouvait plus empêcher l'abbé Maury de parler.*

Deux mois plus tard, une nouvelle foudroyante éclatait:

une lettre de MM. Nairac et de Sèze en informait le Directoire du département.

Dans la nuit du 20 au 21 juin, le roi s'était évadé des Tuileries et l'Assemblée nationale avait envoyé des courriers dans toutes les directions. Une anxiété profonde s'empara de tous les esprits, et les plus sinistres prévisions jetèrent l'effroi parmi les citoyens. Ce fut à Bordeaux une panique, passagère il est vrai, car l'arrestation de Louis XVI à Varennes fut immédiatement annoncée, mais cette panique n'en fut pas moins vive, la royauté comptant beaucoup de partisans dans cette ville. Le Directoire crut devoir adresser une proclamation au peuple; il lui recommanda le calme et la modération et fit, en même temps, appel à son courage pour défendre la patrie si elle venait à être attaquée : « Nous n'abandonnerons pas le poste où votre confiance nous a placés, disait-il, et nous ne cesserons pas un instant de veiller sur la chose publique [1]. » Il prescrivit, en même temps, toutes les mesures propres à assurer le maintien de l'ordre et la sécurité des habitants.

Mais les émotions de la première heure ne tardèrent pas à s'effacer, et la fête de la Fédération et de l'anniversaire de la prise de la Bastille fut célébrée le 14 juillet, au Jardin-Public, avec un éclat inaccoutumé. Le modèle de la Bastille, offert par le patriote Palloy au Département, figurait en tête du cortège. L'allégresse était générale; les citoyennes de Bordeaux ajoutèrent à l'éclat de la fête par leur présence, et défilèrent devant l'autel de la patrie au bruit des applaudissements d'une foule innombrable.

On assure que le curé constitutionnel de Saint-Louis donna ensuite la bénédiction nuptiale à des couples qui se présentèrent à l'autel.

Cette fête nationale fut, dit-on, l'occasion de grandes

---

[1] Proclamation et arrêté du Directoire du département du 24 juin 1791.

pompes et de réjouissances auxquelles la masse de la population prit une large part. « Ici, nous sommes dans le délire, écrivait l'avocat Lafargue, et tout à la fois dans la consternation; il y aurait beaucoup à dire sur la tyrannie des clubs.... »

Le 30 septembre 1791, l'Assemblée constituante terminait ses travaux, et le peuple était appelé à élire les députés qui devaient former l'Assemblée législative.

Convoqués pour le 24 août, les électeurs des districts se réunirent à Bordeaux, et leurs choix se fixèrent sur MM. Barennes, Ducos, Gensonné, Grangeneuve, Jay (de Sainte-Foy), Journu-Aubert, Lacombe, curé de Saint-Paul, Laffon de Ladebat, Sers, Servière, Vergniaud et Guadet. Garrau fut nommé député suppléant.

Les députés du département de la Gironde étaient des hommes d'ordre, partisans de la paix et de la liberté, et qui, dès le début de la Révolution, s'étaient jetés dans le mouvement et avaient adopté les principes nouveaux.

Parmi eux figuraient des orateurs éminents qui avaient fait leurs preuves et devant qui s'ouvraient un théâtre nouveau et les vastes champs de la politique. Les noms de la plupart d'entre eux étaient appelés à briller d'un vif et passager éclat, et leur souvenir est conservé parmi nous avec un respect qui n'exclut ni les devoirs de l'affection ni les droits de la critique et de l'histoire.

L'Assemblée législative se réunit à Paris le 1er octobre 1791. Nous n'avons pas à raconter le rôle de cette Assemblée, étouffée en quelque sorte par les travaux gigantesques de la Constituante et les saturnales sanguinaires de la Convention.

Durant son existence, la situation générale s'aggrava; l'émigration prit des proportions inquiétantes et le pouvoir royal vit disparaître son prestige. « Tout est perdu, » s'était écrié Louis XVI, à la suite de la séance royale du 7 octobre.

Dès cette époque, le système de dénonciations, si largement exploité en 1793, commença à faire son apparition à Bordeaux. C'est ainsi que le duc de Duras, commandant général de la garde nationale et qui avait donné des preuves de patriotisme depuis le commencement de la Révolution, fut dénoncé comme ayant fait des enrôlements clandestins et contre-révolutionnaires. Il fut arrêté le 17 septembre, et une procédure s'instruisit contre lui. La loi d'amnistie, votée par la Constituante avant sa séparation, le sauva du danger qui le menaçait. Rendu à la liberté, le duc de Duras protesta fièrement qu'il cédait à la force, mais redoutant avec juste raison les excès de la Révolution, il quitta la France [1].

Quelques jours plus tard, le 25 septembre, on proclamait avec apparat la nouvelle constitution dans tous les quartiers de la ville, et le soir, au milieu des illuminations générales et de la joie publique, les citoyens se réunissaient dans des bals improvisés et célébraient cette œuvre de laquelle M. Thiers a dit quelque part « qu'il ne faut exiger des hommes et des esprits que ce qu'ils peuvent à chaque époque ».

L'année 1791 se termina par le renouvellement des divers corps constitués et par l'entrée en fonctions, le 6 décembre, d'un corps municipal nouveau.

Les partis se dessinaient dans l'Assemblée législative; ils commençaient à se compter, et le peuple, indifférent aux nuances qui lui échappaient d'ailleurs, divisait les députés en *aristocrates* et en *patriotes*.

Mais nous l'avons indiqué déjà, le danger du moment était l'émigration, qui appauvrissait le pays et irritait les populations. « Le vertige de l'émigration est incompréhensible, » disait l'abbé de Montgaillard.

---

[1] *Appendice,* note VI.

Dès les premiers mois de l'année 1792, le désordre et la confusion régnaient un peu partout. Les clubs entretenaient entre eux et avec les sociétés de la capitale une correspondance suivie : les esprits s'exaltaient et s'excitaient dans un échange de lettres qui remuaient les mauvaises passions. Un inextricable réseau, ourdi par les Jacobins, s'étendait peu à peu de Paris sur tout le royaume.

Les premières sociétés populaires de Bordeaux, modérées au début dans une certaine mesure, avaient suivi les progrès des idées. Les *Amis de la Constitution,* qui avaient changé leur nom contre celui de *Société des Amis de la Liberté et de l'Égalité,* avaient vu leur personnel se modifier assez profondément; les principes d'ordre et de conservation y dominaient encore toutefois, et l'influence des *Girondins* y était prépondérante.

Quant au *Club national,* à qui nous donnerons désormais cette appellation, il s'était renforcé de tout ce que la cité renfermait de démagogues tarés, et son audace, bien des fois essayée avec succès, lui avait fait reconnaître son pouvoir. Une figure sinistre se détachait au milieu de ce club : c'est celle de Lacombe, un instituteur déconsidéré que Martignac père, étant membre de la jurade, avait condamné à la prison pour escroquerie. Lacombe, homme audacieux et sans principes, parleur facile, chassé du *Musée* en 1787 par Péry, et des *Amis de la Liberté et de l'Égalité* en 1792 par Grangeneuve, s'était jeté à corps perdu dans la démagogie et se faisait remarquer par l'exagération de ses opinions. Jeune encore, ayant une certaine instruction et servi par des passions basses et cupides, il avait l'ambition de parvenir, et il parvint. Nous le retrouverons bientôt à la tête du tribunal révolutionnaire.

Une autre Société, les *Surveillants de la Constitution,* n'était qu'une pâle copie du *Club national.*

Celui-ci était devenu une véritable officine de libelles, de pamphlets, de dénonciations; il était à la tête de tous les mouvements révolutionnaires qui agitaient Bordeaux. On le verra plus tard seconder l'action des proconsuls de la Convention.

La garde nationale, recrutée dans le principe parmi les citoyens de la ville en état de porter les armes, s'était graduellement affaiblie; les honnêtes gens s'en éloignaient, et composée désormais d'éléments détestables, elle n'offrait plus de garanties pour le maintien de l'ordre sans cesse troublé. Les proclamations des corps constitués étaient sans influence; on les lacérait publiquement. Dans cette confusion, le *Club national* ne gardait plus de mesures; il agissait en maître, il imposait ses volontés au peuple et aux magistrats. Sans cesse il obtenait des concessions nouvelles. Un jour, il demandait la suppression des *derniers vestiges de l'esclavage*, selon ses expressions, et dès le lendemain, les livrées des suisses de l'hôtel des Monnaies, de la Comédie, de la Douane, de l'Hôtel de Ville, etc., disparaissaient; un autre jour il exigeait l'inauguration du drapeau national dans la salle du Grand-Théâtre; il voulait *que les citoyens qui s'y rassemblaient puissent avoir continuellement sous les yeux ce signe de notre régénération et de notre liberté*. La municipalité déféra à cette exigence; on joua la pièce de *Brutus*, le drapeau fut inauguré et une foule immense et enthousiasmée assista à cette victoire du *Club national* sur l'autorité. Pendant deux jours, ce triomphe fut célébré par des fêtes populaires.

Cette action des clubs était incessante; elle apparaissait dans toutes les circonstances et se montrait dans toutes les questions. Nous le verrons plus complètement en traitant la question religieuse.

Au milieu de ces conflits divers, la misère du peuple était grande, mais elle avait ses alternatives; les subsistances étaient à peu près assurées, grâce aux mesures prises par les Quatre-vingt-dix électeurs au temps de leur existence : on souffrait, on ne mourait pas encore de faim.

Le 15 juillet 1792, on planta un arbre de la liberté sur la place Royale. Toute la population assista à cette plantation; des orchestres furent organisés, et des danses auxquelles prirent part les membres de la municipalité, se prolongèrent toute la nuit autour du symbole de la puissance populaire.

On dansait !...

Cependant le roi venait de renvoyer un ministère pris dans le parti de la Gironde, les Prussiens menaçaient le Rhin, et les justes alarmes de la nation exigeaient une preuve de vigilance et d'énergie : le 12 juillet, l'Assemblée législative déclara *la patrie en danger*. Les conseils généraux des communes, des districts et des départements se mirent immédiatement en permanence et prirent les moyens d'assurer la déclaration de l'Assemblée [1].

Le patriotisme des Bordelais s'affirma dans cette circonstance : ce fut une fièvre d'enrôlements et de souscriptions pour les défenseurs de la patrie.

Mais la journée du 10 Août éclate, le roi est suspendu, une Convention nationale est convoquée...

Ces graves événements furent accueillis avec joie à Bordeaux; la masse, surexcitée par les clubs, considérait comme un triomphe populaire la chute de la royauté. Les hommes d'ordre, toutefois, n'envisageaient pas l'avenir sans crainte; tout s'écroulait...

Le 15 août, des volontaires nantais et bordelais fraternisaient dans un banquet donné au Champ-de-Mars (le Jardin-Public était ainsi appelé depuis la fête de la Fédération). Au milieu de l'allégresse générale, le bruit se répandit tout à coup que le peuple se portait en foule

---

[1] Arrêtés du Directoire du département des 16, 24 et 26 juillet 1792.

vers la place Royale pour renverser la statue de Louis XV, chef-d'œuvre du sculpteur Lemoyne.

Les autorités constituées se réunirent à la hâte et délibérèrent; la force armée fut envoyée sur les lieux. On chercha à apaiser les esprits afin de conjurer les désordres et le peuple fut prévenu que le lendemain il n'y aurait plus de statues de rois dans Bordeaux. Cette assurance ramena le calme, et la foule se retira sans avoir commis d'excès.

Le 20 août, et en vertu d'un arrêté de la municipalité, la statue de Louis XV, dont la Ville possède au Musée de peinture une remarquable réduction, fut détruite, et les municipaux écrivirent aux députés de la Ville à Paris : « Les Bordelais ont voulu prouver, comme les Parisiens, qu'ils savaient punir l'orgueil des rois et leur apprendre à respecter le peuple par lequel ils étaient devenus souverains. »

C'en était fait, on le voit, de la monarchie; elle s'en allait à pas de géant, et l'œuvre de démolition entreprise depuis 1789 était sur le point d'être accomplie. Oublieux des services passés, on proscrivait tout ce qui pouvait rappeler l'ancien régime : les fleurs de lys et les armes de la maison de Bourbon étaient partout enlevées ou effacées. La démocratie triomphait et déjà son avénement s'annonçait terrible, comme une force longtemps comprimée et qui éclate enfin.

Les massacres de Septembre souillèrent à jamais le berceau de la République, et le sang répandu dans ces néfastes journées creusa un abîme infranchissable entre les divers hommes politiques qui se disputaient le pouvoir échappé des mains royales.

A ce moment même, la Commune de Paris, par l'organe de Panis, Sergent et Marat, engageait les municipalités et les sociétés populaires à suivre l'exemple du peuple de Paris et *à adopter ce moyen si nécessaire au salut du peuple* ⁽¹⁾. L'âme indignée se soulève en présence de pareilles abominations. Disons, à la louange des Bordelais, qu'ils restèrent insensibles aux excitations de l'*Ami du Peuple* et de ses coryphées sanguinaires.

Du 2 au 12 septembre, l'Assemblée électorale, réunie à Libourne, nommait les députés du département à la Convention nationale ⁽²⁾.

La députation devait se composer de douze titulaires et de quatre suppléants. MM. Vergniaud, Guadet, Gensonné, Grangeneuve, Jay (de Sainte-Foy), l'abbé Siéyès, Condorcet, Ducos fils, Garrau (de Sainte-Foy), Boyer-Fonfrède, Deleyre et Duplantier furent élus députés titulaires; Lacaze, Emmerth, Berthon et Bergoenig, députés suppléants. Lacaze et Bergoenig remplacèrent Siéyès et Condorcet, qui n'avaient pas accepté ⁽³⁾.

Le 21 septembre, la Convention se réunissait; le même jour elle proclamait l'abolition de la royauté et décrétait la République.

Bordeaux accueillit par des acclamations joyeuses la double mesure de la Convention. « Nous vous annonçons, disait le Conseil général du département dans une proclamation à ses concitoyens, nous vous annonçons, dans les vifs transports de l'amour de la patrie et de la liberté, que la France n'aura plus de Roi ⁽⁴⁾. »

La lecture du décret de la Convention nationale fut faite publiquement et à son de caisse dans les principaux quartiers de la ville, et notamment place d'Aquitaine, devant la Maison commune, place du Marché-Neuf, place Royale et place Dauphine ⁽⁵⁾. C'était le dernier glas de la monarchie.

---

(1) *Appendice,* note VII. (Cette note contient la liste des électeurs du département qui ont nommé les membres de la Convention.)
(2) *Id.,* note VIII.
(3) *Id.,* note IX.
(4) *Id.,* note X.
(5) *Id.,* note XI.

Le 2 octobre 1792, les vingt-huit sections de Bordeaux adhéraient au gouvernement républicain.

Quelques semaines après, on organisait de nouveaux directoires de district et de département; le tribunal civil était renouvelé, et la municipalité installait solennellement le tribunal de commerce, en remplacement de l'antique juridiction consulaire, dont l'institution remontait à l'année 1563.

L'ancien régime s'en allait pièce à pièce, et le peuple, entraîné dans un mouvement vertigineux, applaudissait à la rénovation politique et sociale qui semblait s'accomplir à son profit.

Durant ce temps, le roi était prisonnier de la Convention; celle-ci préparait le spectacle étrange d'un jugement qu'a flétri l'histoire, et la *Terreur* apprêtait ses sanglantes expiations.

Mais avant d'entreprendre le récit des calamités des années 1793 et 1794, arrêtons-nous et faisons un retour en arrière, afin d'écrire l'histoire religieuse de Bordeaux depuis 1789 jusqu'en 1792. Cette histoire se lie trop intimement à notre sujet pour que nous puissions la passer sous silence.

CHAPITRE III

LA CONSTITUTION CIVILE DU CLERGÉ A BORDEAUX ET DANS LA GIRONDE.

Analyse de la Constitution civile du clergé. — Mgr Champion de Cicé, archevêque de Bordeaux. — Le club du Café national lui écrit. — Le serment constitutionnel. — Le *Prône d'un bon curé*. — Le clergé assermenté. — L'abbé Landard et le clergé insermenté. — Invitation faite à celui-ci d'assister aux cérémonies du culte constitutionnel. — Vers sur Mgr Champion de Cicé. — Évêché métropolitain du Sud-Ouest. — Élection de M. Pacareau en qualité d'évêque. — Il est sacré dans l'église Saint-André. — Élection des curés constitutionnels de Bordeaux. — Le curé Toucas-Poyen. — Arrestation de sept prêtres à Nérigean. — Lettre de M. Pacareau au Souverain Pontife. — Un pamphlet anti-religieux de Marandon. — Il est dénoncé à l'autorité. — Lacombe dans l'église des Récollets. — Fermeture des églises conventuelles. — Lettre de Mgr Champion de Cicé à M. Pacareau. — Panégyrique et vers en l'honneur de M. Pacareau. — Le curé Dominique Lacombe. — Ses pamphlets et ses sermons. — Il est nommé député à l'Assemblée législative. — L'abbé Daguzan, curé et maire de Bègles. — Le vicaire-général Hollier. — Le jacobin Pinon et l'avocat Lisleferme. — Écrits relatifs au serment. — L'abbé Réaud, curé et maire de Léognan. — Le serment rectifié. — Le clergé du Blayais. — Les Amies de la Constitution font chanter un *Te Deum* à Saint-André. — Ovations au clergé constitutionnel. — Les prêtres réfractaires et le club du Café national. — M. Plas de Saint-Georges. — Le chevalier de Pichon. — La femme du maire de Lesparre. — Persécutions contre les prêtres dans le Libournais. — L'abbé Langoiran. — La Noël en 1791. — On ferme trois églises louées aux catholiques. — Profanation sacrilège au cimetière Sainte-Eulalie. — On demande l'expulsion des prêtres réfugiés à Bordeaux. — Suppression des congrégations religieuses et des ordres religieux. — Pamphlets et caricatures. — Le Bon Dieu dans une giberne. — Troubles à Labarde (Médoc). — Assassinat des abbés Langoiran et Dupuy. — L'argenterie des églises est déposée à la Monnaie. — Circulaire du ministre Roland aux pasteurs des villes et des campagnes.

Un décret de l'Assemblée constituante du 12 juillet 1790 avait établi la *Constitution civile du clergé*. Il nous paraît indispensable de donner ici une brève analyse des principales dispositions de ce décret :

« Chaque département devait former un seul diocèse, et

chaque diocèse devait avoir la même étendue et les mêmes limites que le département.

» Tous les autres siéges non compris dans cet article étaient supprimés.

» Le royaume était divisé en dix arrondissements métropolitains, dont les siéges furent : Reims, Rouen, Besançon, Rennes, Paris, Bourges, Aix, Bordeaux, Toulouse et Lyon.

» Lorsque l'évêque diocésain prononçait dans son synode sur des matières de sa compétence, il y avait lieu au recours du métropolitain, lequel devait prononcer dans le synode métropolitain.

» La paroisse épiscopale ne devait pas avoir d'autre pasteur que l'évêque; tous les prêtres établis pour la desservir étaient ses vicaires et en faisaient les fonctions.

» Tous chapitres, canonicats, prébendes et bénéfices généralement quelconques étaient supprimés.

» La Constitution établissait un seul mode de pourvoir aux évêchés et aux cures : *les élections par la voie du scrutin et à la pluralité absolue des suffrages; les élections devaient se faire dans la forme prescrite et par le corps électoral indiqué par le décret du 22 décembre 1789, pour la nomination des membres de l'Assemblée du département.*

» L'élection de l'évêque ne pouvait se faire ou être commencée qu'un jour de dimanche, dans l'église principale du département, à l'issue de la messe paroissiale, à laquelle seraient tenus d'assister tous les électeurs.

» Au plus tard dans le mois qui suivrait son élection, celui qui aurait été élu à un évêché devait se présenter en personne à son évêque métropolitain, et s'il était élu pour le siège de la métropole, au plus ancien évêque de l'arrondissement, en justifiant du procès-verbal de son élection et de la proclamation qui en aurait été faite, et il le supplierait de lui accorder la confirmation canonique. Le métropolitain, ou l'ancien évêque, aurait la faculté d'examiner l'élu, en présence de son conseil, sur sa doctrine et sur ses mœurs. S'il le jugeait capable, il devait lui donner l'institution canonique; s'il croyait devoir la lui refuser, les causes du refus étaient données par écrit, signées du métropolitain et de son conseil, sauf aux parties intéressées à se pourvoir, par voie d'appel, devant le tribunal du district.

» L'évêque à qui la confirmation était demandée ne pouvait exiger de l'élu d'autre serment, sinon qu'il faisait profession de la religion catholique, apostolique et romaine.

» Le nouvel évêque ne pouvait s'adresser au Pape pour en obtenir aucune confirmation, mais il était tenu de lui écrire comme au chef visible de l'Église universelle, en témoignage de l'unité de la foi et de la communion qu'il devait entretenir avec lui. Sa consécration ne pouvait se faire que dans son église cathédrale, par son métropolitain ou, à défaut, par le plus ancien évêque de l'arrondissement de la métropole, assisté de deux évêques des diocèses les plus voisins, un jour de dimanche, pendant la messe paroissiale, en présence du peuple et du clergé. Avant que la cérémonie de la consécration commençât, l'élu était tenu de prêter, en présence des officiers municipaux, du peuple et du clergé, le serment solennel de veiller avec soin sur le troupeau qui lui était confié, d'être fidèle à la Nation, à la Loi et au Roi, et de maintenir de tout son pouvoir la Constitution décrétée par l'Assemblée nationale et acceptée par le roi.

» L'évêque avait la liberté de choisir les vicaires de son église cathédrale dans tout le clergé de son diocèse, mais à la charge par lui de ne pouvoir nommer que des prêtres qui auraient exercé les fonctions ecclésiastiques au moins pendant six ans, et il ne pouvait les destituer que de l'avis de son conseil et par une délibération prise à la pluralité des voix, en connaissance de cause.

» Les vicaires supérieurs et les vicaires directeurs des séminaires étaient nommés par l'évêque et son conseil ; ils ne pouvaient être destitués que de la même manière que les vicaires de l'église cathédrale.

» L'élection des curés devait avoir lieu par les électeurs, dans la forme prescrite pour les évêques, etc. Elle ne pouvait se faire ni être commencée qu'un jour de dimanche, dans la principale église du chef-lieu de district et à l'issue de la messe paroissiale, à laquelle tous les électeurs étaient tenus d'assister. L'élu devait se présenter en personne devant l'évêque, avec le procès-verbal de son élection, à l'effet d'obtenir de lui l'institution canonique. Si l'évêque croyait devoir la lui refuser, la cause du refus devait être donnée par écrit, signée de l'évêque et de son conseil, sauf le recours des parties à la puissance civile. Les curés élus et institués ne pouvaient exercer les fontions curiales avant d'avoir prêté le serment.

» Les évêchés et les cures étaient réputés vacants jusqu'à ce que les élus eussent prêté le serment.

» Pendant la vacance du siége épiscopal, le premier, ou à son défaut, le second vicaire de l'église cathédrale, remplaçait l'évêque tant pour les fonctions curiales que pour les actes de juridiction n'exigeant pas le caractère épiscopal; mais, en tout cas, il était tenu de se conduire sur l'avis du conseil. »

Les dispositions du titre III sont relatives aux traitements des évêques, des curés et des vicaires. Celui des évêques, fixé à 12,000 fr. dans les villes d'une population de 12,000 âmes et au-dessous et à 20,000 fr. pour les autres siéges, fut porté à 50,000 fr. pour la métropole de Paris. Le traitement des curés et des vicaires n'excédait pas celui que l'État leur alloue aujourd'hui.

Le titre IV, relatif à la résidence, est curieux; il mérite d'être reproduit *in extenso*:

» La loi de la résidence sera observée régulièrement, et tous les membres du clergé y seront tenus sans aucune exception, ni distinction.

» Aucun évêque ne pourra s'absenter, chaque année, plus de *quinze jours consécutifs,* que dans le cas d'une véritable nécessité, et avec *l'agrément* du Directoire du département dans lequel son siége sera établi; il en sera de même pour les curés et vicaires, qui devront, en outre, obtenir l'agrément de leur évêque et *de leur district,* les vicaires la permission de leurs curés respectifs.

» Si un évêque ou un curé s'écartait de la résidence, la municipalité du lieu en donnerait avis au procureur général syndic du département, qui l'avertirait par écrit de *rentrer dans son devoir,* et après une seconde monition, le poursuivrait pour le faire déclarer déchu de son traitement pour tout le temps de son absence, etc. (1). »

Telle était l'œuvre des constituants.

Sanctionnée par le roi le 23 août 1790, elle rencontra une improbation et une résistance générales de la part du clergé, et provoqua de terribles orages.

Sa Sainteté le Pape avait écrit à Louis XVI, en réponse aux conseils que ce prince lui demandait : « Si le roi a pu renoncer aux droits de sa couronne, il ne peut sacrifier par aucune considération ce qu'il doit à l'Église, dont il est le fils aîné. » Les évêques et une partie des curés avaient trouvé dans ces paroles du Souverain Pontife un encouragement à refuser de se soumettre au décret du 12 juillet. Le 26 novembre 1790, le Comité ecclésiastique de l'Assemblée dénonça leur conduite en les accusant « d'apprendre au peuple à braver les lois, de le façonner à la révolte, de dissoudre tous les liens du contrat social et d'exciter à la guerre civile. » — Le lendemain 27, l'Assemblée décrétait

---

(1) *Essai sur la constitution civile du clergé,* etc., par M. Sénemaud aîné. (Ouvrage manuscrit.)

« que les évêques, curés, vicaires, fonctionnaires publics seraient tenus de jurer fidélité à la Nation, à la Loi et au Roi, et de s'obliger à maintenir la Constitution de tout leur pouvoir; que les réfractaires seraient remplacés; que les prêtres qui violeraient leur serment seraient poursuivis comme rebelles à la loi, et que le serment prescrit serait prêté par les membres de l'Assemblée. »

Retenu par des motifs de haute prudence, le roi ne donna sa sanction à ces dispositions que le 26 décembre.

Toutefois, devançant le jour fixé par le décret, soixante-cinq prêtres, sur trois cent un membres du clergé que comptait l'Assemblée, vinrent, l'abbé Grégoire en tête, prêter le serment à la tribune : les autres, invités le 4 janvier 1791 à remplir cette formalité, répondirent par un refus unanime.

Ce fut le signal d'un schisme dans toute la France.

Bordeaux fut, après Paris, une des villes où les questions religieuses suscitées par la constitution civile du clergé et par le serment soulevèrent le plus de controverses et agitèrent le plus les esprits.

Le siége archiépiscopal de cette ville était occupé en 1789 par Mgr Champion de Cicé, originaire de Rennes. Ce prélat, qui avait été vicaire général de son frère, évêque de Troyes, et plus tard vicaire général à Auxerre, fut nommé évêque de Rodez, et transféré le 4 février 1781 à l'archevêché de Bordeaux.

Député de l'ordre du clergé de Guienne aux États Généraux, il y fit preuve d'une grande modération, mais en même temps d'une tendance prononcée en faveur des idées nouvelles. Il fut un des premiers qui se réunirent aux représentants des communes.

On cite de lui un remarquable rapport fait à l'Assemblée au mois de juillet 1789 sur un projet de constitution.

Ses principes et son attitude lui avaient mérité l'affection des habitants de Bordeaux, qui accueillirent avec joie en 1790 sa nomination au ministère de la justice, devenu vacant par la retraite du garde des sceaux Barentin.

Le poste était difficile : la Révolution marchait rapidement, les décrets se succédaient, le mouvement devenait universel et l'agitation s'accentuait chaque jour davantage.

Mgr Champion de Cicé était obligé, en sa qualité de ministre de la justice, d'apposer les sceaux de l'État aux lois sanctionnées par le roi, bien que quelques-unes n'eussent pas toujours son approbation personnelle.

Dans ce nombre figure notamment la loi sur la constitution civile du clergé, qui ne tendait à rien moins qu'à établir le presbytérianisme en France. Le parti philosophique de la Constituante, représenté par Camus, Fréteau, Treilhard, les protestants Barnave et Rabaud Saint-Étienne, les Mirabeau, les Lameth et tous les encyclopédistes, avait usurpé dans cette constitution sur le spirituel et bouleversé l'Église et son antique discipline.

L'archevêque-ministre reconnut plus tard son erreur devant ses diocésains et l'Europe catholique; il l'expia par l'exil, par les larmes et par le repentir.

Il se démit d'un ministère qui lui avait laissé des remords, et le 21 octobre 1790 il reprit dans l'Assemblée constituante une place que peut-être il n'aurait jamais dû quitter.

Dès 1791, Mgr Champion de Cicé s'était expliqué sur le serment constitutionnel, et ses sentiments étaient bien connus. On savait qu'il manifestait une vive opposition à la constitution civile du clergé; aussi, le Directoire du département de la Gironde et les Sociétés populaires s'empressèrent-ils de le représenter comme l'ennemi du nouvel ordre de choses, comme le partisan dévoué des vieux préjugés.

A sa sortie du ministère, Mgr Champion de Cicé avait cru devoir écrire à la municipalité de Bordeaux pour lui expliquer sa conduite à l'Assemblée et demander la continuation de la confiance de ses commettants.

Les membres du club du *Café national* ayant eu connaissance de cette lettre, en éprouvèrent une vive irritation; ils osèrent, sans y avoir été autorisés par la municipalité, écrire au prélat, le 30 novembre 1790, une réponse dont nous allons reproduire les passages les plus audacieux.

Après avoir rappelé à Mgr Champion de Cicé qu'il avait été leur évêque et qu'il jouissait de la considération attachée à sa dignité, à son pouvoir et à sa fortune immense, ils continuaient en ces termes :

« Vous aviez des flatteurs, des courtisans; vous n'aviez pas d'amis. Les personnes impartiales qui n'attendaient de vous ni protection, ni faveur, ni bénéfices, vantaient votre esprit, vos talents, la facilité de votre élocution; mais de là à l'éloge que mérite un vrai pasteur, la distance est considérable. »

Lui rappelant ensuite que ses premiers pas avaient été ceux d'un citoyen zélé pour la patrie, qu'il avait travaillé à ramener les ordres de la noblesse et du clergé à l'égalité avec le tiers-état, et qu'il avait donné l'exemple d'une réunion que commandait le salut du royaume, ils ajoutaient :

« Ce moment, Monsieur, fut le plus beau de votre vie. Votre élévation au ministère parut une juste récompense de vos sentiments, et l'on ne douta point que votre nom ne fût destiné à purifier le sceau de l'État, qu'avait souillé la main de votre prédécesseur...

» Votre lettre à la municipalité vous peint exempt de tout reproche dans le cours de votre administration : la France entière, Monsieur, en a jugé tout autrement.... Un ministre doit, comme la femme de César, être non seulement à l'abri du blâme, mais du soupçon. »

Puis, les clubistes disaient à l'archevêque que son

civisme et même son humanité étaient suspects ; que l'on était en droit de le croire d'après sa correspondance avec le maire de Montauban au sujet des troubles dont cette ville avait été le théâtre, et l'attitude qu'il avait prise en faveur de quelques fonctionnaires gravement compromis, par suite de ces troubles, dans l'opinion publique. Après avoir énuméré certains griefs se rattachant aux affaires de Montauban : « Joignez à cela, écrivaient-ils, des plaintes de la capitale et de toute la France sur le retard de l'envoi des décrets et sur l'altération du texte de quelques-uns, vous *sentirez* combien on a dû mettre de la sévérité dans les jugements qu'on s'est permis de porter contre vous... Cependant vous désirez la confiance des Bordelais, et si nous sommes forcés de dire qu'il pourra vous être difficile de l'obtenir, nous devons convenir que cela n'est pas impossible...

» Quelque solides que soient les écrits que vous mettez sous les yeux du public, le public n'y croira pas... Revenez dans l'Assemblée nationale ce que vous étiez à l'ouverture des États Généraux : l'ennemi de toute distinction, de tout privilége, de tout abus qui pèse sur le peuple... Prouvez enfin à la France, à l'Europe, que l'évêque d'Autun n'est pas le seul qui sache faire à la vertu, au bien public, le sacrifice de ses richesses et de ses titres. Les citoyens, Monsieur, ont droit d'être étonnés de vous voir prendre encore le titre inconstitutionnel d'archevêque. Si vous êtes soumis en effet à cette constitution que le roi a acceptée, que vous avez scellée du sceau de l'État et que vous avez juré d'observer, pourquoi tardez-vous si longtemps à vous y conformer ?... »

Cette lettre agressive et violente est un indice certain de la mauvaise disposition des esprits et de l'accentuation du mouvement révolutionnaire dès cette époque.

Après la clôture des travaux de l'Assemblée constituante,

Mgr Champion de Cicé ne parut pas à Bordeaux, mais il y avait laissé des représentants sûrs et fidèles, qui recevaient ses ordres et les communiquaient au clergé du diocèse.

On annonçait des élections ecclésiastiques dans tout le royaume pour les mois de février et mars 1791.

Dès le mois de janvier de cette année, l'archevêque de Bordeaux crut devoir s'expliquer avec plus de développement qu'il ne l'avait fait déjà sur le serment constitutionnel dans deux lettres adressées, l'une au Directoire du département, et la seconde à M. Toucas-Poyen, curé de Talence [1].

« Je ne peux prêter le serment exigé, écrivait-il aux administrateurs du département, sans reconnaître que le pouvoir civil s'étend sur les objets spirituels, sur le gouvernement de l'Église et sa discipline, et qu'il a droit d'y statuer sans l'intervention de l'autorité ecclésiastique; or, c'est ce que les principes dans lesquels j'ai été élevé ne me permettent pas de reconnaître. »

Dans sa lettre au curé de Talence, savant et vénérable prêtre qui a été longtemps curé de l'église Saint-Pierre de Bordeaux, Mgr Champion de Cicé disait : « J'ai adhéré à l'*Exposition des principes* formulée par les évêques, avec presque tous mes collègues de l'épiscopat. Lorsque, après ma sortie du ministère, le serment a été décrété, je n'ai pas attendu qu'il me fût demandé, ou à aucune autre personne de mon diocèse; je me suis adressé au département lui-même et à tout mon clergé diocésain, pour leur manifester que ma conscience ne me permettait pas de prêter le serment. »

Ces deux lettres sont catégoriques; elles prouvent que les calomnies perfidement répandues sur le compte de Mgr Champion de Cicé étaient entièrement dénuées de

---

[1] Ces lettres sont imprimées.

fondement, et que ce prélat n'avait jamais prêté le serment constitutionnel.

On avait espéré, à la faveur d'un mensonge habilement répandu, entraîner le clergé dans la voie du schisme. Cet espoir fut déçu.

Dans le mois de janvier 1791, et comme pour ajouter à l'effet produit par les lettres du vénérable prélat, lettres devenues publiques, il parut une brochure qui contribua beaucoup à entretenir l'agitation dans les esprits. Cette brochure, ayant pour titre : *Prône d'un bon curé sur le serment civique exigé des évêques, des curés,* etc. (1), causa une vive sensation dans le public et préoccupa l'autorité.

Gensonné, alors procureur de la commune, dénonça cette brochure à la municipalité, qui, par un arrêté, en ordonna la suppression « *comme étant séditieuse,* attentatoire à la souveraineté de la nation, et aux décrets de l'Assemblée nationale sanctionnés par le roi, défendit d'imprimer et de distribuer cet écrit, ou tout autre semblable, tendant à altérer le respect à la loi, à alarmer les consciences et à détourner les ecclésiastiques fonctionnaires publics de l'obéissance qu'ils doivent à la loi, sous peine, par les auteurs et imprimeurs, d'être poursuivis comme perturbateurs du repos public, réfractaires à la Constitution et aux lois du royaume (2). »

Le corps municipal commit un grave abus de pouvoir en prenant cet arrêté; il n'avait pas le droit de supprimer les écrits, et anticipait sur les attributions de l'autorité judiciaire, qui seule pouvait, par un jugement, ordonner une pareille suppression. La municipalité n'y regarda pas de si près. Les abus de pouvoir étaient presque de droit commun à cette époque, surtout quand il s'agissait des prêtres non assermentés.

(1) *Spicilège bordelais.* L'auteur de la brochure n'est pas connu.
(2) Archives municipales de Bordeaux.

Voulant remédier à la sensation produite par le *Prône d'un bon curé,* la municipalité lui opposa une autre brochure qu'elle fit publier sous le titre d'*Instruction sur la constitution civile du clergé.* C'était son droit assurément, mais elle ne s'arrêta pas là; elle ordonna que cette instruction serait lue à l'issue de la messe, dans chaque paroisse de Bordeaux, par le curé ou son vicaire, et, en cas de refus de ceux-ci, par un officier municipal.

Le clergé fut très mécontent de cette usurpation sur le pouvoir spirituel, et les Bordelais s'égayèrent aux dépens des théologiens du Conseil général de la commune.

La mesure, d'ailleurs, ne ramena aucun prêtre à l'amour de la constitution civile, et la municipalité, ne sachant plus quel moyen employer pour triompher de la résistance opposée au serment par le clergé dissident, se réunit quelques jours après sous la présidence de M. de Fumel, maire de Bordeaux, afin de délibérer sur les mesures à prendre. On discuta longtemps, et l'on finit par décider que le 30 janvier le corps municipal entier se rendrait à l'église Saint-Martial pour y entendre la messe et le sermon.

On prit en même temps un arrêté qui défendit à tous les prêtres dissidents de se réunir pour *combiner* et *préparer* le refus d'obéissance aux décrets sanctionnés par le roi; l'arrêté plaça sous la sauvegarde de la loi spécialement tous les ecclésiastiques sans distinction d'opinions et tous les autres citoyens; il fit d'expresses inhibitions et défenses de troubler les ecclésiastiques dans l'exercice de leur culte et de leur ministère, etc. [1].

Cet arrêté fut imprimé, publié et affiché; le corps municipal assista à la messe paroissiale et au sermon, et les choses continuèrent comme auparavant.

---

[1] Archives municipales de Bordeaux.

On marchait vers un but fatal et inévitable.

La désorganisation religieuse allait de pair avec la désorganisation politique ; les mauvais prêtres, il y en eut malheureusement à cette époque, entretenaient le trouble dans les esprits et les consciences ; les clubs s'agitaient avec audace, et une partie du peuple, entraînée par des excitations coupables, méconnaissait l'autorité de ses anciens pasteurs.

C'est ainsi que M. l'abbé Landard, notamment, éprouva les vicissitudes que nous allons raconter.

Les prêtres constitutionnels, forts de l'incurie de l'autorité et de sa faiblesse, que nous avons suffisamment indiquées, faisaient surveiller par leurs partisans les insermentés, et lorsque l'un de ces derniers entrait dans le domicile d'un malade qui l'avait appelé, on voyait aussitôt une bande d'émeutiers l'attendre à sa sortie, le suivre, l'injurier et se porter à des violences sur sa personne.

Le fait suivant en donnera une idée :

L'abbé Landard, ex-vicaire de Saint-Michel, sortant de la maison d'un malade, fut assailli par une bande qui le guettait, et poursuivi à coups de pierres. Le pauvre abbé échappa avec peine à ces furieux et parvint à se réfugier à l'Hôtel de Ville, où il demanda secours et protection. *Invité* par les officiers municipaux à signaler les coupables, il lui fut impossible d'en désigner aucun. Il quitta l'Hôtel de Ville pour rentrer chez lui ; mais à peine parut-il dans la rue, qu'une autre bande, cachée aux environs, l'entoura ; et sans la prompte intervention d'un poste de gardes nationaux, il eût été infailliblement égorgé.

Ce poste était commandé par le capitaine Risteau, qui dégagea le malheureux abbé et le conduisit brutalement devant le maire, en sommant les magistrats, au nom de la garde nationale et des amis de la patrie, d'ordonner la punition de ce prêtre, accusé d'être un perturbateur de la paix publique, ajoutant que si l'on n'en faisait justice, *on aurait beau* le requérir à l'avenir pour apaiser le désordre et les rassemblements. Le maire lui représenta vainement que la loi respectait les opinions, et que nul ne pouvait être inquiété pour ses principes religieux; Risteau continua à vociférer contre les réfractaires, demandant à haute voix une punition prompte et sévère contre l'abbé Landard. L'émeute grondait au dehors. A la fin, le maire mécontent dit sèchement à l'énergumène qu'il changeait la liberté en tyrannie; il lui signifia qu'il mettait dès ce moment l'abbé Landard sous la protection de la municipalité et des administrateurs du département. Cette protection n'était peut-être pas fort rassurante contre l'anarchie; toutefois l'abbé Landard put, grâce à l'énergie du maire dans cette circonstance, rentrer en sûreté quelques heures plus tard dans son domicile.

Telle était alors la situation du clergé dissident.

M. O'Reilly constate toutefois, dans son *Histoire de Bordeaux*, que « les prêtres persécutés intéressaient tous ceux qui avaient la foi : c'étaient leurs confesseurs, leurs parents, leurs amis, dont le seul tort consistait à s'en tenir à leurs devoirs religieux, à leurs vœux et à leur conscience. »

M. Barennes, procureur général syndic du département, voulant remédier au mal, s'imagina qu'une invitation fraternelle pourrait décider les prêtres insermentés et leurs ouailles à se rendre aux processions et aux autres cérémonies du culte constitutionnel : « Nous vous prions, Messieurs les Administrateurs, disait-il aux membres du département, de les y inviter par un arrêté qui annonce tout à la fois à vos concitoyens votre amour et votre respect pour la religion, et à Messieurs du clergé, votre juste confiance dans leurs vertus religieuses et patriotiques. »

Le Directoire du département prit un arrêté conforme qui fut publié et affiché; mais l'invitation fraternelle ne fut pas accueillie comme M. Barennes l'avait espéré, et les catholiques ne parurent point dans les églises constitutionnelles, qui restèrent désertes comme auparavant. L'administration et les auditeurs assidus des clubs et sociétés populaires y parurent seuls, ainsi qu'aux autres cérémonies religieuses.

Le schisme s'accentuait, et l'absence de l'archevêque semblait ajouter peut-être aux difficultés de la crise affligeante que traversait l'Église.

Nous devons cependant reconnaître que Mgr Champion de Cicé était vénéré par les catholiques de son diocèse : on le désirait et on l'attendait avec impatience dans sa ville archiépiscopale; mais il jugea prudent de ne pas y paraître parce qu'il craignit que sa présence n'y augmentât l'agitation religieuse et les troubles que redoutait le Directoire du département.

Dans un recueil de pièces sur le clergé de Bordeaux, on lit les vers suivants qui lui furent adressés pour hâter son retour; ils sont médiocres, il est vrai, mais ils montrent la vénération du troupeau pour son pasteur :

> Cicé, viens dans nos murs où t'attend notre hommage;
> Montre un père, en ces lieux, trop longtemps inconnu;
> Reviens, et qu'à jamais Bordeaux te dédommage
> Du prix dont l'injustice a payé ta vertu.
> De ces longues erreurs tu perdras la mémoire;
> Autant que ton esprit, ton cœur fut toujours bon,
> Et je te vois encor, voulant placer ta gloire,
> Par de nouveaux bienfaits, à sceller le pardon.
> Du sort de ses brebis que le pasteur dispose,
> Et que chacun s'écrie en bénissant tes soins :
> Ce prélat, de son peuple, a défendu la cause,
> Tandis que ses secours soulageaient nos besoins [1].

Nous l'avons dit, Mgr Champion de Cicé ne reparut pas à Bordeaux; il préféra l'exil aux triomphes de la popularité

---

[1] Bibliothèque de Bordeaux, n° 27058.

et garda pure de toute apostasie la doctrine de l'Église catholique, apostolique et romaine.

Son siége fut déclaré vacant.

Le procureur général syndic du département convoqua pour le 13 mars l'assemblée électorale chargée de procéder à l'élection de l'évêque métropolitain du Sud-Ouest.

Cet évêché, dont le siége était à Bordeaux, avait pour évêchés suffragants les siéges de Luçon (Vendée), de Saintes (Charente-Inférieure), de Dax (Landes), d'Agen (Lot-et-Garonne), de Périgueux (Dordogne), de Tulle (Corrèze), de Limoges (Haute-Vienne), d'Angoulême (Charente) et de Saint-Maixent (Deux-Sèvres).

Quelques jours avant l'élection, M. Pacareau, chanoine de la cathédrale, fit paraître une brochure intitulée : *Réflexions sur le serment civique du clergé, ou Lettres adressées à un commissaire du Roi dans un département de France* [1].

Ces réflexions sont datées du 1er mars 1791. M. Pacareau, après avoir déclaré qu'il écrit avec toute l'impartialité que l'on doit attendre d'un homme droit et sincère qui aime l'ordre et la paix fondés sur la vérité, pose cette question :

Le clergé peut-il et doit-il prêter le serment civique?

Il y répond en disant que le serment peut et doit être prêté. Il discute ensuite longuement le principe des élections et le droit de l'autorité civile d'ériger ou de supprimer les évêchés, attendu que l'Église n'a point de territoire, que son règne, comme celui de son Divin Maître, n'est pas de ce monde, mais qu'il est purement spirituel, etc., etc.

Puis il termine ainsi : « Paix désirable, fille du ciel, descends au milieu de nous; viens nous apporter et nous faire goûter les fruits salutaires que le Dieu des miséricordes a promis aux hommes de bonne volonté. »

---

[1] 1791, 21 p. in-8º, Bordeaux.

Cette brochure, pleine d'erreurs savamment exposées, ne dut pas être étrangère au résultat des élections dont nous allons rendre compte.

Le 13 mars 1791, l'assemblée électorale se réunit dans l'église Saint-André. Après la messe, célébrée par le curé de la paroisse, les opérations commencèrent : Guadet fut élu président; Duvigneau, secrétaire, et MM. Daroles, administrateur du département, Daguzan, curé de Bègles, et Bernon, archiprêtre de Gradignan, scrutateurs.

De nombreux discours furent prononcés; les scrutateurs prêtèrent serment; puis on donna lecture de plusieurs décrets relatifs aux qualités requises pour être éligible aux évêchés et mis au nombre des fonctionnaires publics ecclésiastiques [1].

Un premier tour de scrutin eut lieu le 14 mars, sans résultat. On comptait 433 votants.

A la séance du matin, le 15, 484 électeurs prirent part au vote : la concurrence s'établit entre M. Pacareau et M. Constans, religieux jacobin, professeur en l'Université, et il n'y eut pas encore d'élection.

Enfin, un troisième tour de scrutin eut lieu à la séance du soir : 481 votants y prirent part, et M. Pacareau fut élu.

Ce résultat, immédiatement annoncé par Guadet, fut accueilli par des applaudissements universels et aux cris plusieurs fois répétés de : *Vive la Nation! Vive la Loi! Vive le Roi!*

Des commissaires, députés vers M. Pacareau pour lui porter la nouvelle de son élection, rentrèrent bientôt après annonçant qu'il acceptait, et que si son grand âge ne s'opposait pas aux vœux de son cœur, il serait venu avec

---

[1] L'élection des évêques se fera dans la forme prescrite et par le corps électoral indiqué par le décret du 22 décembre 1789 pour la nomination des membres de l'assemblée du département. (Art. 3, titre II de la loi du 12 juillet 1790.)

eux pour exprimer sa reconnaissance à l'assemblée électorale et lui présenter ses hommages.

Le lendemain 16 mars, la cérémonie de la proclamation de l'évêque métropolitain du Sud-Ouest était célébrée à la cathédrale. Ici, nous croyons devoir céder la place au procès-verbal officiel :

« A neuf heures du matin, l'assemblée électorale s'est rendue dans la chapelle de l'évêché, en même temps que ses commissaires recevaient dans l'église métropolitaine de Saint-André les corps invités à la cérémonie de la proclamation de M. l'évêque métropolitain du Sud-Ouest.

» Il avait d'abord été arrrêté que l'assemblée électorale irait en corps chez M. l'évêque, pour le conduire à Saint André; mais cette visite devant occasionner une marche rétrograde d'où pourrait résulter du désordre, vingt-quatre commissaires ont été chargés d'aller chez M. l'évêque et de le conduire dans le sein de l'assemblée. Ces Messieurs partis à l'instant, sont rentrés bientôt après, accompagnant M. l'évêque, qui a été accueilli avec les plus vifs applaudissements et toutes les démonstrations d'une joie universelle.

» Alors, l'assemblée électorale a dirigé sa marche vers le lieu de la cérémonie; M. l'évêque était à la tête, ayant le président de l'assemblée à sa droite et le secrétaire à sa gauche; une foule immense s'est portée avec empressement sur les pas du nouveau prélat; des applaudissements unanimes, des cris d'admiration et de joie l'ont accompagné jusqu'aux portes de la cathédrale.

» L'intérieur de l'église offrait l'aspect le plus imposant; la nef était entièrement occupée par les corps invités, placés de manière que lorsque chaque électeur a eu pris son rang, le corps électoral environnait tous les autres d'une triple enceinte; un peuple immense remplissait toutes les tribunes et l'espace qui sépare la nef du chœur; il circulait sans cesse dans les galeries intérieures et extérieures et occupait, jusque sur les combles, tous les points d'où il pouvait contempler l'auguste cérémonie.

» Un clergé, cher au peuple par son patriotisme et ses vertus chrétiennes, attendait à l'autel.

» Au moment où M. l'évêque a paru dans l'enceinte accompagné et soutenu de MM. Guadet et Duvigneau, président et secrétaire de l'assemblée électorale, les voûtes ont retenti d'applaudissements qui se sont prolongés jusqu'à ce qu'il ait pris la place qui lui était destinée; à ces acclamations, à ces transports civiques et religieux, a succédé bientôt un profond silence; alors M. Guadet, président de l'assemblée, est monté en chaire pour y faire la proclamation; il a dit : « Citoyens, et vous tous que la
» cérémonie la plus auguste réunit dans ce temple ! l'as-
» semblée électorale vient de donner un évêque à ce
» département. Que les amis de la Patrie et de la Religion
» se réjouissent, la voix de Dieu s'est fait entendre : c'est
» elle qui a inspiré le choix de votre pasteur; oui, c'est elle,
» car la voix du peuple est la voix de Dieu. Citoyens,
» l'érudition la plus vaste, l'attachement le plus constant
» à ses devoirs, la charité la plus active, l'humilité la plus
» profonde, le patriotisme le plus éclairé, telles sont les
» vertus qui caractérisent notre nouvel évêque. Il nous est
» donc permis de l'espérer : toutes les haines vont se taire,
» toutes les discussions vont s'éteindre, et les ouvriers vont
» rentrer dans la vigne du Seigneur. Eh! comment pour-
» raient-ils refuser d'y suivre celui que, pendant quarante
» ans, ils regardèrent comme leur guide et leur flambeau ?
» Et vous, vénérable vieillard, ministre respectable d'une
» religion sainte, recevez aujourd'hui le prix de soixante
» années de vertus. Cédez, nous vous en conjurons, cédez
» au vœu d'un peuple immense qui demande votre prompte
» consécration; le pauvre attend en vous son père, le
» faible son appui, et la religion le restaurateur de sa

» gloire. Citoyens, à ces traits vous reconnaissez sans
» doute M. P. Pacareau, que je proclame, au nom de
» l'assemblée électorale, évêque métropolitain du Sud-
» Ouest. »

» A peine ce discours était-il achevé, que le peuple, y retrouvant tous les sentiments qui l'animaient, toutes les expressions de son enthousiasme, s'est livré aux plus vifs transports, et au même instant où le président de l'assemblée électorale reprenait sa place au bruit de longs et éclatants applaudissements, au même instant où le nom du nouvel évêque de Bordeaux retentissait dans le temple de l'Éternel, toutes les cloches de la ville et les canons de la rade l'annonçaient aux peuples du département.

» M. l'évêque a voulu exprimer au peuple les sentiments qui remplissaient son âme; il est monté en chaire, où il a prononcé le discours suivant :

« Mes Frères et chers Concitoyens, que ma langue ne
» peut-elle exprimer les mouvements dont mon cœur, dans
» ce moment, est agité, partagé entre les sentiments de la
» plus vive reconnaissance, de crainte, d'espérance, de
» frayeur! Vous venez de faire un grand ouvrage, *magnum*
» *opus;* mais sera-t-il avoué du Seigneur? Pourrons-nous
» dire : *A Domino factum est istud?* Vos intentions sont
» pures, et le désir que j'ai d'y répondre est ardent; mais
» peut-être qu'une ombre de quelques vertus, le son pas-
» sager d'une réputation aussi peu solide que l'air qui la
» transmet, a trompé le désir sincère du bien que vous
» attendez. Dieu seul, scrutateur infaillible des cœurs, peut
» discerner les vertus et leur donner le prix; il faut espérer
» qu'il bénira nos efforts; que, secondé de vos dispositions
» chrétiennes et civiques, après avoir eu le bonheur de
» faire votre consolation sur la terre, vous serez ma gloire
» et ma couronne dans les cieux. »

» Ce discours, vivement applaudi, a paru augmenter

encore l'amour et le respect du peuple pour son nouveau pasteur.

» M. l'évêque ayant repris sa place, la messe a commencé; elle a été suivie d'un *Te Deum*, et le peuple a mêlé à ce cantique les cris répétés de : *Vive la Nation! Vive la Loi! Vive le Roi!*

» Après la cérémonie, M. l'évêque, accompagné du président, du secrétaire de l'assemblée et de vingt-quatre commissaires, s'est rendu dans le sanctuaire, où l'attendaient avec la plus vive impatience MM. les curés de Saint-Mexant et de Saint-Nicolas, MM. les doctrinaires et plusieurs autres ecclésiastiques officiants; ils sont tous accourus au-devant de lui, les yeux mouillés de larmes. Après l'avoir longtemps serré dans leurs bras, après lui avoir prodigué mille témoignages du plus tendre attachement, de la plus profonde vénération, ils l'ont conduit aux marches de l'autel, où l'attendaient, avec leurs ornements sacerdotaux, MM. Bernon, Daguzan, Guieux de Charence et Latapy, curé de Lucmau, par qui la messe avait été célébrée; M. l'évêque les a embrassés, il a fait le tour du sanctuaire; reprenant ensuite la route de son domicile, il a été accueilli sur la porte de l'église et précédé jusque chez lui par un détachement de la garde nationale et de la musique militaire. Ce cortége, mais surtout les citoyens qui se portaient en foule sur les pas de ce prélat vénérable, et les applaudissements, les bénédictions dont ils le comblaient, ont rendu cette marche vraiment triomphale.

» Un acte aussi touchant que sublime, digne à la fois du respect religieux qu'inspirent les vertus de M. Pacareau et sa simplicité patriarcale, devait terminer ces moments glorieux. En rentrant dans son appartement, une jeune fille vient au-devant de lui; elle se met à genoux; puis, levant les yeux et les mains vers le vieillard auguste, elle lui présente une corbeille de fruits et une couronne de fleurs;

son geste, ses regards, tout en elle semblait dire : « En adressant cette offrande à votre vertu, je crois l'adresser au ciel même, et lui rendre un hommage digne de lui. »

» Tandis que M. l'évêque était reconduit dans sa maison, les corps invités quittaient la cathédrale et défilaient dans le plus grand ordre. Cette solennité n'a été heureusement troublée par aucun de ces événements si fréquents dans tous les lieux où les citoyens se portent en foule; ce grand jour n'a été témoin que de la joie du peuple; les temples et les airs n'ont retenti que d'actions de grâces; le fanatisme et l'erreur même ont fait taire leurs murmures séditieux; le nom de Pacareau semble avoir levé tous les doutes, rassuré toutes les consciences et dissipé tous les partis : pas une bouche n'a osé s'ouvrir pour blâmer cet acte de la souveraineté du peuple, qui élevait à l'épiscopat le plus digne prêtre, le plus fidèle des serviteurs de Dieu. »

Dans la soirée de ce jour, M. Pacareau se présentait à l'assemblée électorale pour lui offrir les témoignages de son respect et de sa reconnaissance. « Monsieur l'évêque, lui répond Guadet, un grand peuple célébrant par des acclamations le choix d'un évêque qui est son ouvrage, est un spectacle digne des regards du Ciel, et c'est celui que vous nous avez offert aujourd'hui. Il y a bien des siècles que les fidèles avaient perdu le droit d'élire leurs pasteurs : de là peut-être tous les maux de l'Église et la plaie profonde faite à sa gloire. Nous l'avons enfin reconquis ce droit précieux, et nous avons prouvé, en vous nommant, que nous étions dignes de cette conquête. Aux ennemis de notre Constitution, qui accusent l'Assemblée nationale de renverser la religion, nous opposerons M. Pacareau, élu, par les représentants d'une portion du peuple français, évêque métropolitain de la Gironde. »

Cette élection fut la première application, dans notre ville, des dispositions de la constitution civile du clergé.

L'élu était octogénaire.

M. Pacareau (Pierre), né à Bordeaux le 27 septembre 1711, avait embrassé la carrière ecclésiastique et obtenu un riche canonicat dans l'église primatiale de Saint-André. Son influence dans le chapitre était grande, et à la mort de Mgr d'Audibert de Lussan, archevêque de Bordeaux, ses confrères l'avaient choisi pour l'un des trois vicaires généraux capitulaires pendant la vacance du siége. Doux, modeste et très charitable, M. Pacareau écrivait et parlait plusieurs langues étrangères, outre le grec, le latin, l'hébreu et le syriaque. Il avait publié avant la Révolution plusieurs ouvrages oubliés aujourd'hui [1]. Il avait manifesté des opinions favorables au jansénisme, et lorsque la Révolution éclata, il en embrassa les principes avec ardeur, et applaudit vivement aux changements qu'elle devait amener; il favorisa toutes les institutions schismatiques de l'Assemblée constituante et fut un des premiers à prêter le serment exigé par la constitution civile du clergé.

Son élection à l'évêché métropolitain du Sud-Ouest peut être considérée comme une récompense de la ligne qu'il avait suivie depuis 1789. Sa conduite affligea les vrais catholiques, mais n'étonna personne [2].

Il était, dit-on, l'auteur de divers noëls patois très connus, que l'on chantait tous les ans, à la messe de minuit, dans les églises de Bordeaux ainsi que dans quelques églises du diocèse.

M. Pacareau se fit sacrer le 3 avril 1791 dans l'église métropolitaine de Saint-André, par M. Saurine, évêque constitutionnel des Landes, assisté de MM. Barthe, évêque du Gers, Robinet, évêque de la Charente-Inférieure, et Pontard, évêque de la Dordogne.

---

[1] *Considérations sur l'usure et le prêt à intérêt.* — *Mémoire sur les droits du chapitre Saint-André*, etc.
[2] O'Reilly, *Histoire de Bordeaux*, t. Ier, 2e partie, p. 118.

Après avoir préalablement prêté serment entre les mains de la municipalité, il fut installé par Vergniaud, qui présidait ce jour-là l'assemblée chargée d'élire les ecclésiastiques du second ordre, les curés constitutionnels des cures vacantes du district de Bordeaux [1]. Vergniaud adressa aux électeurs une allocution chaleureuse; il signala d'abord les défections de quelques prêtres qui avaient porté la consternation dans la vigne du Seigneur : « Mais cette vigne, dit-il, ne sera pas frappée de stérilité; il s'est présenté des ouvriers dignes d'elle, qui la travailleront avec ardeur. De nouveaux époux iront consoler l'Église que la crainte d'un veuvage avait affligée. Déjà le peuple a nommé des évêques qui n'ont pour tout cortége, pour tout luxe que de longs travaux, de grandes lumières et leurs vertus. On ne pourra les remarquer qu'à leur simplicité vraiment évangélique et à leur tendre sollicitude pour les troupeaux confiés à leurs soins. Voyez-les dans ce jour solennel, assis au milieu de nous comme des pères dans le sein de leurs familles : ainsi les Mathias, les Jacques, les Cyprien méritèrent l'amour des fidèles dont le suffrage les porta sur les chaires pontificales; ainsi ils devinrent la gloire de la primitive Église... » Nous nous bornons à la reproduction de ce passage de l'allocution de Vergniaud, comparant MM. Pacareau, Barthe, Robinet et Pontard aux gloires de la primitive Église.

Le sacre du nouvel évêque remplit de joie les partisans de la constitution civile du clergé, et des armateurs de Bordeaux, que nous pourrions citer, s'empressèrent de donner le nom de *Pacareau* à un de leurs navires appelé *La-Saintonge*, qui, le même jour, arbora le pavillon national.

---

[1] L'élection des curés se fera dans la forme prescrite et par les électeurs indiqués dans le décret du 22 décembre 1789 pour la nomination de l'assemblée administrative du district. (Art. 25, titre II de la loi du 12 juillet 1790.)

Le jour du sacre de M. Pacareau fut en même temps celui, comme nous l'avons indiqué, où l'assemblée électorale du district procéda à l'élection des curés constitutionnels des églises de Bordeaux.

Ces élections, qui eurent lieu dans tous les districts du département, furent l'occasion d'une recrudescence de persécution contre les membres du clergé fidèle.

Celui-ci comptait dans ses rangs un prêtre respectable M. Toucas-Poyen, curé de Saint-Genès de Talence, homme très savant et jouissant de l'estime publique. Il avait un grand nombre d'amis, même parmi les patriotes modérés; ses liaisons avec l'abbé Langoiran, un des prêtres les plus compromis pour son courage à confesser la vérité catholique, ne lui avaient pas nui dans l'esprit des autorités, qui cherchaient, au contraire, à le gagner au clergé constitutionnel. On mit tout en œuvre pour le décider à prêter le serment; on alla même jusqu'à le laisser libre dans les restrictions qu'il voudrait y apporter. Sa conquête était désirée par M. Pacareau, qui faisait agir auprès de lui les membres de la Société des Amis de la Constitution; elle était d'autant plus importante pour le schisme, que tous les dissidents partageaient ses principes et marchaient avec lui.

Ce prêtre refusa constamment de faire un serment que repoussait sa conscience, malgré les restrictions dont on le laissait maître. Il monta en chaire un dimanche, et déclara formellement que sa conscience lui défendait ce serment, qu'elle seule le dirigeait dans son refus, et qu'il n'était guidé par aucune considération humaine.

Deux notables de la paroisse, gens ignorants ou de mauvaise foi qui assistaient à l'office divin, furent courroucés d'entendre cette déclaration si franche et en même temps si nette, bien qu'ils n'en eussent pas saisi le sens. Ils pensèrent qu'elle était dangereuse pour le salut de la patrie, et ils se décidèrent à dénoncer leur curé. « Il avait déclaré en plein public, dirent-ils à l'officier municipal qui reçut leur dénonciation, qu'il ne reconnaîtrait jamais Pacareau pour son évêque, et que si lui, curé et pasteur légitime, était remplacé par un intrus, ses paroissiens alors pourraient faire chez eux leurs prières, qui seraient aussi bonnes qu'à l'église. » Ce sont leurs expressions.

M. Toucas-Poyen fut traduit devant le tribunal du district et interrogé par M. Desmirail, président; il déclara n'avoir pas tenu les propos que lui imputaient ses paroissiens, qui n'avaient pas compris les paroles qu'il avait prononcées du haut de sa chaire : « J'ai déclaré, il est vrai, que je ne communiquerais jamais avec M. Pacareau, parce que je ne puis le regarder comme le chef spirituel du diocèse de Bordeaux; mais j'ai ajouté que j'étais prêt à reconnaître qu'il était l'évêque d'après la loi de ceux qui partageaient sa croyance; j'affirme que je n'ai jamais prononcé dans la chaire de Talence, ni ailleurs, des discours de nature à provoquer la désobéissance aux lois et à troubler le repos public. »

Le tribunal n'ayant pas vu dans les faits dénoncés le délit de provocation à la rébellion ni à la désobéissance à la loi acquitta, le 19 avril 1791, le curé de Talence, malgré les murmures des constitutionnels, et aux applaudissements universels des fidèles, qui avaient assisté à l'audience ou se tenaient aux portes du Palais-de-Justice.

M. Toucas-Poyen n'étant pas en sûreté, quitta Bordeaux lorsque la République fut proclamée, et se retira à Orthez, d'où il passa à l'étranger. Rentré en France sous le Consulat, il fut appelé par Mgr d'Aviau à la cure de Saint-Pierre.

Nous trouvons dans les archives de la Gironde [1] les détails suivants sur l'arrestation de sept prêtres insermentés dans une commune voisine de Libourne.

---

[1] Archives départementales, série L, carton 60.

Le club des Cordeliers de cette ville écrivait, le 6 avril 1791, au Club national de Bordeaux :

« Frères et amis, au mépris des décrets qui défendent les attroupements d'ecclésiastiques, une demi-douzaine, ou plus, se rassemblaient depuis quelques jours chez le sieur Bordes, curé de Nérigean, dans des vues sans doute très peu canoniques. Les habitants du lieu, témoins de ces rendez-vous, en ont prévenu leur municipalité, qui a requis immédiatement la troupe nationale de l'endroit, qui les a pris en flagrant délit et les a conduits dans nos prisons. Un d'eux leur a offert vingt-cinq louis d'or ; mais ces braves soldats ont préféré l'honneur à l'argent. Ces ecclésiastiques sont : MM. Bordes, curé de Nérigean, Couprie, curé de Cursan, Gudes, ci-devant chanoine à Génissac, Rivière, curé de Saint-Germain, Loménie, vicaire à Saint-Germain, Eyquem, curé du Pout, et Pinaud, aussi curé. Tous ces curés sont de l'Entre-deux-Mers. Voilà un assez bon coup de filet. Le temps n'est plus où les gens de campagne regardaient leurs curés comme des envoyés de Dieu, sur lesquels ils n'auraient osé *imposer* (sic) les mains parce qu'ils les prenaient pour des êtres d'une nature toute différente de la leur. Nous sommes, etc. »

Le Club national répondit à cette communication, le 13 avril : « Nous avons fait imprimer votre dernière lettre. Cette nouvelle a fait plaisir à tous les bons citoyens ; le peuple surtout s'empressait *d'en* acheter, et, comme vous le dites, il ne craint plus comme autrefois *la soutane et la calotte.* Il sait que la plupart des prêtres abusaient de leur faiblesse ; il sait qu'au nom de Dieu et par les menaces de l'enfer, ils obtenaient d'eux ce qu'ils voulaient ; il sait que la plupart d'entre eux sont hypocrites et sacrilèges, et qu'ils se croient autorisés à commettre toutes sortes de crimes sans crainte d'être punis ; il sait enfin qu'il est libre, et que, comme tel, il n'est plus sujet que des lois.

» Dimanche dernier, nous avons installé nos nouveaux curés avec pompe ; chaque régiment a pris les armes et gardé sa paroisse respective... On ne vit dans nos églises aucun des ci-devant curés ou vicaires ; ils étaient sans doute rassemblés et pleuraient ensemble la perte de leurs bénéfices. Peut-être, et pour mieux dire, ils tramaient de nouveaux complots ; mais nous les surveillons plus que jamais, et nous ne les épargnerons pas si nous les surprenons en flagrant délit.... »

L'esprit dont est animée cette correspondance démontre à la fois l'influence délétère et l'audace du Club national, et peint mieux que nous ne pourrions le faire ces temps de persécution contre les membres du clergé resté catholique. Leurs personnes, nous l'avons vu déjà, n'étaient guère en sûreté, et cependant des temps plus sombres les attendaient : les prisons, la déportation, l'exil, l'échafaud devaient être bientôt leur partage.

Revenons à M. Pacareau.

L'article 19 de la Constitution civile du clergé exigeait que l'évêque élu écrivît au Pape une lettre de communion.

M. Pacareau, pour obéir à cette disposition, adressa le 12 avril au Souverain Pontife la lettre suivante :

« Très Saint-Père,

» Aussitôt que, par un décret de la divine Providence et par les suffrages du peuple, j'ai été élevé au siége épiscopal métropolitain de la Gironde, mes premiers soins ont été d'accourir, en signe de communion, au siége apostolique, comme à l'arsenal et au temple de la vérité, comme au centre de l'unité, où la foi de Pierre est et sera toujours en vigueur. Ne dédaignez pas, Très Saint-Père, ne frustrez pas l'attente de celui qui, dès ses plus tendres années, étroitement attaché à la pierre angulaire, a toujours honoré et respectera jusqu'à ses derniers soupirs, dans ceux qui vous ont précédé, les successeurs du Prince des Apôtres, et dans vous, Très Saint-Père, qui tenez, heureusement avec tant de sagesse, le timon de l'Église au milieu des ravages qui l'agitent de toutes parts. Tels ont toujours été et tels sont mes sentiments.

» Que des bouches perverses répandent à torrents le fiel de la calomnie, il n'est pas moins vrai qu'il ne s'est rien passé dans notre Assemblée nationale, qu'on n'a sanctionné aucun décret qui puisse porter atteinte au dogme de la foi et à ses divins préceptes. Nous ne connaissons qu'un Dieu, une foi, un baptême, un Christ, prêtre éternel, chef invisible de l'Église, dont vous êtes le chef visible comme premier vicaire de son amour, et le premier des évêques que le Saint-Esprit a établis pour gouverner l'Église de Dieu.

» Tels sont les points fondamentaux et inébranlables de notre croyance; il n'en est pas ainsi de la police ecclésiastique : elle varie au gré des circonstances, des lieux et des temps; elle peut changer de mieux en mieux, sans préjudice aux saintes règles de la foi et des mœurs.

» C'est ce que nous faisait pressentir le Roi-Prophète dans cet admirable cantique où, parlant de l'Église sous l'emblème de l'épouse du roi Salomon, il nous la représente assise à la droite de son céleste époux, revêtue d'une robe diversifiée des plus riches couleurs et brillant de l'éclat le plus pur. C'est ce que l'Apôtre insinuait aux Corinthiens, en leur promettant de régler les autres articles de discipline, lorsqu'il serait rendu près d'eux.

» Très Saint-Père, vous ne connaissez que trop la situation où l'Église est réduite en ces jours malheureux. Ah! combien de fois, personne ne l'ignore, répandant votre âme aux pieds des saints autels et mêlant vos larmes aux gémissements de la colombe, vous avez conjuré le Père des miséricordes de dissiper les ténèbres qui nous cachent la vérité, de répandre sur nous les lumières de sa grâce, et de rendre à l'or pur de la religion son antique splendeur!

» En attendant avec confiance que le Dieu de paix et de consolation nous accorde ce bienfait et qu'il achève la grande œuvre qu'il a commencée parmi nous, daignez, Très Saint-Père, accorder votre bénédiction apostolique au plus humble de vos serviteurs.

» † PIERRE,
» *Évêque métropolitain de la Gironde* (1). »

On verra bientôt que cette lettre ne reçut l'approbation d'aucun des partis qui divisaient l'Église.

A quelques jours de là, un fait scandaleux vint attrister les âmes honnêtes. Marandon, rédacteur du *Courier* (sic) *de la Gironde,* osa publier dans son journal (2) un pamphlet impie, qu'il fit réimprimer et vendre dans ses bureaux.

---

(1) *Spicilége de Bordeaux.*
(2) N°s 78 et 79 du 18 mai 1791.

Ce pamphlet était intitulé : *Relation véritable et remarquable du grand voyage du Pape en paradis.*

Plusieurs habitants de Bordeaux, et entre autres M. Ferrère, avocat, qui a acquis parmi nous une réputation si éclatante et si justement méritée, adressèrent à l'accusateur public, à raison de la publicité donnée à ce pamphlet, une dénonciation dont voici les principaux passages :

« Nous, citoyens actifs de la ville de Bordeaux [1], avons l'honneur d'exposer à M. l'accusateur public qu'il est de certains crimes qui s'exécutent et se consomment dans un seul instant par des actes publics de violence et de force et deviennent incontinent notoires aux magistrats préposés au maintien de l'ordre et de la sûreté publique. Mais il est d'autres crimes qui ne peuvent, par leur propre nature, produire que des effets progressifs et ne se manifestent que lentement. De ce genre sont les libelles et écrits scandaleux et impies. Il faut un certain temps pour qu'ils se répandent et se propagent au point d'opérer une rumeur et une fermentation publiques qui parviennent aux oreilles des ministres de la loi...

» Nous nous faisons donc aujourd'hui, dans l'intérêt de la religion, des mœurs et de la société, le devoir de vous apprendre que, depuis quelques jours, on voit circuler à Bordeaux et dans tout le département, le libelle le plus scandaleux, le plus exécrable qu'ait enfanté l'esprit d'irréligion, de blasphème et d'impiété. Cet infâme écrit a produit une indignation si générale et si vive, que nous assurons, avec la plus vive confiance, qu'en le dénonçant à la justice nous ne faisons que seconder les vœux de tous les citoyens honnêtes de la ville; nous n'en exceptons ni les luthériens, ni les calvinistes, ni les juifs, et il ne doit pas paraître étonnant que la différence de culte ou de religion n'en ait produit aucune dans la sensation qu'a fait naître cet abomi-

---

[1] Cette dénonciation est signée par 129 citoyens notables de Bordeaux.

nable libelle, car il livre l'Être Suprême à la dérision la plus effrénée et la plus impudente, et anéantit, par conséquent, toutes les religions pour y substituer l'athéisme, cette peste cruelle de toutes les sociétés.

» Le rédacteur du journal de Bordeaux et du département de la Gironde, qui ne s'était déjà que trop fait connaître par la licence de sa plume, soit contre les particuliers, soit contre les autorités publiques, vient de se signaler en insérant dans sa feuille de mercredi 18 du présent mois de mai, n° 79, un pamphlet aussi insolent que grossier, sous le titre de *Relation véritable et remarquable du voyage du Pape en paradis*. Cet horrible écrit n'eût-il d'autre objet que de déverser le mépris et l'opprobre sur le Pape, serait toujours de nature à provoquer la sévérité de la loi... Après un dialogue infâme, on fait dire à Jésus-Christ : *C'est bien assez d'avoir été lanterné une fois, sans m'exposer à l'être une seconde.* Pour terminer dignement cet ouvrage infernal, on devait mettre aussi sur la scène le Saint-Esprit : « Le Pape entra dans un cabinet où il vit un beau pigeon blanc perché sur un bâton de perroquet, et le Pape lui adressa l'hymne *Veni Creator spiritus, car j'ai besoin de votre âme.* » Vient là-dessus un colloque digne de ce qui précède, et le Saint-Esprit finit en disant : « Je me souviens trop bien du décret sur la chasse et je n'ai pas envie de me faire mettre du plomb dans les f..... »

» Le rédacteur dira-t-il qu'il n'a point composé ou publié cette production comme un ouvrage sérieux ; qu'il l'a simplement donnée sous le titre de facétie ? Cette réponse n'offrirait qu'une dérision de plus. D'une part, il n'est jamais permis de plaisanter sur la religion, et d'autre part personne n'ignore que c'est principalement par les armes du ridicule que les impies et les gens sans mœurs attaquent une religion qui n'aurait rien à craindre d'une attaque sérieuse et réfléchie...

» Plusieurs particuliers qui avaient entendu parler de cette attaque du journal de la Gironde, en avaient fait demander des exemplaires à l'imprimerie, et comme il n'en restait plus, on leur répondit qu'ils pourraient revenir dans deux ou trois jours, parce qu'il allait paraître une seconde édition de l'article. On vient de nous faire parvenir des exemplaires de cette édition, preuve trop certaine du progrès que cet exécrable écrit fait dans le public, et le succès enhardit l'amour-propre et la cupidité de l'auteur.

» Par ces raisons, nous, citoyens actifs de Bordeaux, avons l'honneur de demander acte de notre dénonciation, etc.

» Fait à Bordeaux, le 28 mai 1791. — Signé : Cambon, Touzar, Ferrère, homme de loi, Duvergier et cent vingt cinq autres citoyens. »

Marandon irrité, écrivit en réponse un factum rempli d'injures contre les signataires de la dénonciation, et particulièrement contre M. Ferrère [1]. Il y fait parade d'un patriotisme effréné, mais il finit cependant par reconnaître qu'il avait eu tort de publier son opuscule : « Je l'avoue, dit-il, je n'aurais pas dû peut-être, dans les circonstances actuelles, choisir une plaisanterie qui pouvait blesser des *objets* consacrés par la vénération de nos pères, et sur laquelle de lâches fanatiques ne pouvaient manquer de verser par torrents le poison de leur rage; mais si c'est une faute, elle fut involontaire de notre part, et je le prouverai; je l'ai réparée, au reste, autant qu'il était en mon pouvoir. »

On ne trouve pas dans les archives les suites de cette affaire, qui peut-être ne fut pas soumise au tribunal par l'accusateur public.

Quant à Marandon, qui se montra constamment, dans son journal et dans les actes de sa vie privée, l'ennemi du clergé non assermenté et de la religion, il finit tragiquement

---

[1] *Observations préliminaires.* Bordeaux, 1791, 15 p. in-8°. Prix, 6 sols.

en 1793, et nous le retrouverons devant le tribunal du sanguinaire Lacombe.

Puisque le nom de ce dernier, dont nous avons signalé précédemment l'apparition à Bordeaux, revient sous notre plume, racontons un fait spécial le concernant. Le jour de Pâques de l'année 1791, il assistait dans l'église des Récollets à un sermon dont le sujet était emprunté aux persécutions exercées contre la primitive Église. Le prédicateur avait à peine commencé à en exposer le texte, quand tout à coup un homme l'interrompit impudemment. C'était Lacombe. Il apostropha le prêtre et lui reprocha de prêcher *inconstitutionnellement*. Ce fut un grand scandale : les assistants indignés se levèrent en masse, et Lacombe et les obscurs acolytes qui l'accompagnaient furent ignominieusement chassés au milieu des huées et des menaces.

Le Club national ne tarda pas à intervenir, et ses réclamations déterminèrent la fermeture de toutes les églises conventuelles et la conservation des seules églises desservies par les prêtres constitutionnels.

L'esprit d'irréligion avait fait d'immenses progrès, et les violences contre le clergé étaient à l'ordre du jour.

Nous en donnerons bientôt des preuves.

Cependant le Saint-Siége avait fulminé un bref d'excommunication contre tous les ecclésiastiques, de quelque rang hiérarchique qu'ils fussent, qui auraient revêtu le ministère pastoral sans l'autorisation ni l'aveu de l'Église.

Mgr Champion de Cicé adressa à M. Pacareau le bref du Pape par une lettre à la date du 1er juin 1791, dans laquelle il lui rappelait son serment et ses devoirs; elle est longue et parfaitement écrite [1]. Nous en reproduisons quelques passages :

« C'est à vous surtout, Monsieur, qu'il est important de

---

[1] Cette lettre est datée de Saint-Amand, sans nom d'imprimeur ni lieu d'impression; elle a 16 pages in-8°.

faire connaître le bref de Notre Saint-Père le Pape, du 13 avril dernier. Les dispositions de la puissance publique ne permettant plus une publication légale, c'est à votre conscience que je crois devoir l'adresser.

» Vous y verrez, Monsieur, l'approbation que donne le Saint-Père aux principes exposés par les évêques de France; vous y verrez le jugement qu'il porte du serment exigé par l'autorité temporelle, des élections faites en conséquence du refus de le prêter, et les censures que ce bref contient contre ceux qui ont envahi le ministère pastoral.

» Vous n'êtes pas expressément dénommé dans ce bref parce que votre élection n'était pas encore connue du Saint-Père; mais vous ne pouvez vous dispenser de vous appliquer à vous-même toutes les dispositions de ce bref, qui ont pour objet MM. Expilly, Marolles et autres... »

Mgr Champion de Cicé, parlant de Jésus-Christ comme le principe et la source de la mission des pasteurs, dit : « C'est lui-même qui a établi le sacerdoce, ses degrés, sa hiérarchie. Cette constitution a eu lieu dès la naissance du christianisme; elle a été une vigueur, elle a reçu des formes plus étendues au milieu des nations infidèles et sous le fer de la persécution; c'est cette constitution antique et vénérable qui établit la nécessité de la mission divine pour les pasteurs et l'impossibilité de faire son salut hors de l'Église et de la soumission aux pasteurs légitimes... On prétend que les décrets dont il s'agit se bornent à des objets temporels, et l'on veut les justifier par le principe que l'Église n'a de droits que sur les choses purement spirituelles. Nous n'avons jamais pensé que le pouvoir tout spirituel de l'Église s'étendît sur le temporel; mais il s'exerce nécessairement sur des choses mêlées de temporalité. Tels sont les sacrements et leur forme d'administration, le culte divin, les lois de l'abstinence et du célibat des prêtres. Il n'est donc pas nécessaire qu'un objet soit *purement* spirituel pour être soumis au pouvoir de l'Église. Ainsi, la loi du jeûne est une loi de l'Église parce que sa destination est dans l'ordre du salut... »

Le vénérable prélat dit ensuite à M. Pacareau : « Nous gémissons avec tous les fidèles de ce qu'un grand nombre d'ecclésiastiques, égarés par l'esprit du siècle, ont déserté les voies antiques. Mais c'est vous surtout, Monsieur, vous qui êtes à la tête du schisme qui s'introduit dans mon diocèse, qui élevez autel contre autel, et arborez, dans l'Église même où vous étiez fonctionnaire, l'étendard de la rébellion dans l'Église! Quoi! vous, Monsieur, parvenu à l'âge où la nature vous avertit du compte prochain que vous allez avoir à rendre au souverain Juge, vous ne craignez pas de charger votre conscience d'un si effrayant fardeau! Vous vous êtes volontairement engagé dans une route où vous êtes condamné à emprunter le langage et les sophismes de tous les partisans de l'erreur que l'Église a foudroyés!... »

Mgr Champion de Cicé termine ainsi sa lettre : « Prévenez, je vous en conjure, Monsieur, au nom de tous les droits que me donne sur vous mon titre, et surtout de ceux de la charité évangélique, prévenez, par un juste et prompt retour sur vous-même, les anathèmes dont vous êtes menacé; montrez-vous enfant de l'Église, soumis à notre mère commune, et consolez-la par votre repentir après l'avoir affligée par votre chute. »

Cette lettre ne changea pas les dispositions de M. Pacareau. Il crut pouvoir garder le siège épiscopal qu'avaient si glorieusement occupé des prélats tels que saint Delphin, saint Seurin, Bertrand de Goth, Pierre Berland, les Sourdis et tant d'autres.

Les prêtres constitutionnels célébraient d'ailleurs à l'envi l'ardent patriotisme de leur évêque; ils proclamaient ses vertus et sa science. Ils trouvèrent toutefois sa lettre au

Saint-Père trop *timide;* ils auraient voulu, disaient-ils, un *ton* plus accentué. De leur côté, les catholiques la persiflaient, tout en regrettant la persistance du vieillard dans son erreur.

Un M. Mollin écrivit le panégyrique du métropolitain, et après avoir adressé des injures aux prêtres *non conformistes* (c'est ainsi qu'on désignait ceux qui avaient refusé le serment), il déclarait que le Seigneur avait béni l'élection du nouvel évêque; il adressait à Dieu des actions de grâces et engageait tous les fidèles à demander la conservation d'un élu qui, malgré son grand âge, sacrifiait tous les instants de sa vie à rétablir le bon ordre, à édifier ses diocésains et à confirmer l'heureux choix de MM. les électeurs. « Le peuple, dit-il, grâce au nouveau régime, choisira ses pasteurs et son évêque; puisse, en tout lieu, la Providence leur accorder un bonheur semblable au nôtre! »

Non content de célébrer en prose son métropolitain, M. Mollin, qui se croyait sans doute poète, adressa à M. Pacareau, sur l'air : *Vous m'entendez bien,* de mauvais vers dont nous citerons seulement deux couplets :

> Vive l'évêque de Bordeaux !
> Oh! que ses mandements sont beaux!
>   Ce n'est pas un emblème
>   Hé bien?
>   Il les fera lui-même...
>   Vous m'entendez bien!

> Que Dieu conserve Pacareau
> Pour le bonheur de son troupeau.
>   En lui tout vous invite
>   Hé bien?
>   A chanter son mérite...
>   Vous m'entendez bien!...

En France, le ridicule tue, et M. Mollin compromettait certainement, par ses burlesques inepties, le caractère de M. Pacareau.

Son âge avancé ne permettait pas à l'évêque constitutionnel de donner à son Église les soins et la direction qui lui manquaient. Elle avait besoin d'un chef, il s'en présenta un : ce fut Dominique Lacombe, qui occupa plus tard le siége métropolitain de Bordeaux [1].

Dominique Lacombe, né le 26 juillet 1749 à Montréjeau, ancien diocèse de Comminges, entra en 1766 chez les Doctrinaires de Tarbes. Après avoir terminé ses études dans le collége qu'ils y dirigeaient, il remplit différentes places dans la Congrégation, et devint, en 1788, recteur ou principal du collége de Guienne à Bordeaux. Il embrassa avec ardeur la Révolution, et n'hésita pas à prêter le serment imposé par la constitution civile du clergé. Dominique Lacombe était instruit, savant même, mais ses principes l'inclinaient vers le jansénisme; son orgueil et son ambition, joints à une indomptable opiniâtreté, le précipitèrent dans le schisme. Il venait d'être élu curé constitutionnel de Saint-Paul de Bordeaux, et il se hâta de faire imprimer ses productions en faveur de la constitution civile, dont il fut, jusqu'à son dernier soupir, le défenseur le plus ardent. Quelques-uns de ses écrits paraissent annoncer une secrète tendance vers l'hérésie.

Ce prêtre fut la cheville ouvrière de l'épiscopat de M. Pacareau. Il se fit aider par Lalande, sous-principal du collége de Guienne, qui avait été élu curé constitutionnel de Saint-Michel. Ce Lalande n'était pas toutefois très rassuré sur le bon accueil de ses nouveaux paroissiens, car dans son discours d'installation, il s'écria : « Je redoute comme un malheur tout ce qui a pu apporter quelque changement dans ma *situation* et me faire occuper une place dans le sanctuaire. J'ai eu le courage d'affronter les périls de la situation en acceptant la cure constitutionnelle

---

[1] En 1797.

de Saint-Michel; mais, hélas! je ne sais que trop que mes nouveaux paroissiens me refuseront tout accès auprès d'eux, et cette pensée verse déjà l'amertume dans mon âme. »

Après son élection, Dominique Lacombe débuta par un pamphlet intitulé : *Adresse au clergé inconstitutionnel*. Il y prodigue les invectives les plus odieuses aux insermentés, qu'il ose appeler *fanatiques, lâches, vils, traîtres, perfides* : « Dépouillés, écrit-il, de leurs titres chimériques, ils réclament, au nom de la religion, les honneurs d'une monstrueuse inégalité. Ministres de Jésus-Christ, leur dit-il, vous avez trahi son Église; il remet aujourd'hui ses intérêts aux mains du peuple, c'est par lui qu'il vous déclare sa volonté. »

Dominique Lacombe accuse ensuite les cardinaux de l'Église romaine d'être la cause de tous les maux de la patrie et du monde; et, remontant à la collation des bénéfices, il prétend que les abbayes étaient possédées par des personnes indignes, que les bénéfices étaient le fruit de la simonie : « Comment de tels pasteurs sont-ils arrivés à ces postes, demande-t-il? Par la protection d'un homme de qualité, d'une femme, par des conventions secrètes et honteuses, des préventions en cour de Rome... Enfin, des intrigues de tout genre ont introduit le prêtre dans le sanctuaire, et les richesses de l'Église sont devenues l'apanage d'une multitude d'*êtres* qui ne croient même pas en Dieu qui les nourrit. Le sacerdoce est devenu un état humiliant pour qui n'a pas l'adresse d'envahir l'encensoir, et le pauvre prêtre avili rampe indignement sous des maîtres orgueilleux. Un corps, dit-il en parlant du clergé, parvenu à un certain degré de corruption périt plutôt qu'il ne se régénère lui-même; il faut que le Ciel l'y contraigne, et le seul prodige que nous devons en attendre, c'est la *Révolution française*. »

Puis, passant à un autre ordre d'idées, il applaudit à la confiscation des biens du clergé et approuve le mode des élections ecclésiastiques par le peuple : « Il n'est pas dans l'ordre des choses que ceux qui gouvernent fassent les lois... Si les évêques et les conciles, indépendamment de la foi et des mœurs, ont le droit de faire des lois sur la discipline, les peuples ont le droit d'accepter celles qui leur conviennent et de rejeter celles qui ne leur conviennent pas. »

Telles sont les aberrations de langage et de pensée auxquelles se livrait un prêtre égaré par l'orgueil et par l'ambition.

Mais ce n'est pas tout; montant en chaire, un dimanche, Dominique Lacombe débita un long sermon pour établir que la juridiction des évêques et des curés était subordonnée à la volonté du peuple. « Prêtres, vous ne pouvez pas nous prêcher, si nous ne voulons pas vous entendre, et nous ne pouvons pas vous recevoir, si vous ne voulez pas nous prêcher notre foi. Il faut donc en ce sens que les peuples et les prédicateurs concourent à l'établissement de l'Évangile... Comme il est libre à chacun de choisir le directeur le plus sage, un département entier a le droit de choisir le pasteur général ou l'évêque qui mérite le plus sa confiance. »

Dominé par la colère contre les prêtres insermentés, il s'écria : « Les prêtres réfractaires seront justement dépouillés de l'exercice de leur autorité; l'homme ne doit pas obéir à l'homme qui ne veut pas obéir aux lois... Sachez, peuples, que si les pasteurs ont le droit de rappeler à la vérité les pécheurs qui s'égarent, vous avez également le droit de rappeler à leurs devoirs les pasteurs qui pourraient les oublier... Et vous, sages représentants de la nation, dont la main hardie a détruit l'édifice que l'orgueil avait élevé pour nous donner des fers et nous tenir dans l'esclavage, ne cessez de veiller contre les ennemis d'une religion sainte qui appelle les hommes à une véritable liberté. »

Puis il termina son sermon par l'éloge du nouvel évêque, dont il vanta les vertus et les talents ; il le représenta comme un anachorète des premiers temps de l'Église, et même comme un saint.

Dominique Lacombe n'en resta pas là. Il monta quelques jours après en chaire, à Saint-Paul, et y prononça un discours violent contre le Souverain Pontife, au sujet de la bulle d'excommunication contre les évêques et les ecclésiastiques qui prêteraient le serment ; il y entassa des arguments tous plus répréhensibles les uns que les autres pour combattre la suprématie du Saint-Siége ; il y prodigua les invectives au Souverain Pontife, tout en protestant de son respect pour le vicaire de Jésus-Christ. Il feignit de croire que la bulle n'était pas l'œuvre du Saint-Père, mais d'un écrivain hérétique et ignorant ; qu'elle était puérile, entachée d'hérésie, renversait d'une main téméraire les bases de l'autorité la plus juste, en insultant à la *Déclaration des droits de l'homme,* de ces droits que l'on ne pouvait violer sans outrager la Divinité qui en avait doué sa *créature.* Tout le discours de ce malheureux prêtre respirait la haine et le mépris pour le Siége apostolique.

En voici le début :

« *Cum autem venisset Cephas Antiochiam in faciem ei restiti, quia reprehensibilis erat :* Céphas étant venu à Antioche, je lui résistai en face parce qu'il était répréhensible. (*Epist. Pa. ad Gal.,* caput II, v. 9.) — Tandis que fermant l'oreille aux cris de la rébellion, fidèles à Dieu et à la patrie, vous accourez dans ce temple, devenu plus majestueux par votre piété ; tandis que la plus douce et la plus intime confiance s'établit entre le pasteur et le troupeau ; que mes brebis commencent à distinguer ma voix, à chérir mes conseils ; que je connais leurs besoins, leurs ennemis, leurs ressources ; tandis, enfin, qu'une abondante moisson flatte mes espérances, et, en confondant nos ennemis, absoudra peut-être de témérité le cultivateur qui a osé se charger d'un travail au-dessus de ses forces, faut-il, *mes très chers Frères,* que de nouvelles alarmes viennent troubler vos voies, et jeter entre moi et vous de nouvelles incertitudes! J'entends retentir de toutes parts les noms effrayants de bulle, de schisme, d'excommunication! Vous venez vous-mêmes me demander avec terreur si les pâturages où je vous conduis ne sont pas des herbes mortelles, si les fontaines où je vous fais désaltérer ne sont pas des sources empoisonnées?... J'avais prévu, en me mettant à votre tête, les blasphèmes des impies, les outrages des méchants, vous le dirai-je? les anathèmes de la politique romaine et jusqu'aux éclats de ses foudres. Oui, j'ai prévu qu'elles gronderaient sur ma tête; et, appuyé sur mes principes, sur les éternels principes de la raison et de la vérité, *j'ai osé les braver.* Eh! n'avons-nous pas été accoutumés à les entendre, toutes les fois qu'on a voulu restreindre dans les justes limites l'autorité des Souverains Pontifes? Attentifs à profiter du sommeil des peuples et des rois pour étendre leur domination, sitôt que les peuples et les rois se sont éveillés et ont voulu ressaisir leurs priviléges, les Papes ont eu recours à leurs armes sacrées; ils ont fait parler les *anges* et les *saints,* pour imposer silence aux justes réclamations, et ils ont été cacher dans le sein de la Divinité les larcins qu'ils faisaient sur la terre...»

Après ces outrages au Saint-Siége, le curé constitutionnel de Saint-Paul ose parler de son respect et de son amour pour la papauté, et ajoute : « Cependant, mes très chers Frères, nous prononçons malheur et anathème contre les chrétiens qui, à l'aspect de *tant d'iniquité, diminueraient* le respect qu'ils doivent à la chaire de Saint-Pierre. L'univers doit fléchir le genou devant cette pierre fondamentale, sur laquelle repose inébranlablement l'Église de Jésus-Christ. C'est le point central d'où partent et auquel aboutissent tous les rayons de la vérité évangélique; c'est le tronc qui, planté par le Sauveur des hommes, a jeté de profondes racines et étendu sur toute la terre ses branches protectrices; c'est le gouvernement qui dirige l'arche sainte au milieu des flots de l'erreur et de l'iniquité, qui viennent battre et se briser contre elle. Mes très chers Frères, vénérons le Siége apostolique où se sont assis tant de grands saints, etc., etc. [1]. »

Nous ne reproduisons pas les autres passages de ce sermon; Dominique Lacombe y dénature souvent les faits historiques et les altère pour représenter les papes comme les ennemis des peuples, usurpant une puissance supérieure à celle des conciles et des rois. Il les accuse de provoquer dans la chrétienté des crimes, des enlèvements, des *meurtres;* il insulte à la mémoire des Souverains Pontifes les plus vénérés, et déclare *calomnieuse* la bulle qu'il signale en même temps comme séditieuse et puérile; il pousse l'extravagance jusqu'à dire que le Saint-Siége était étranger à ce *libelle obscur.*

Le curé constitutionnel de Saint-Paul montait souvent en chaire pour inviter ses paroissiens à surveiller les prêtres insermentés : « Le Ciel est pour le clergé constitutionnel, disait-il; les réfractaires sont des loups, et Dieu ne permettra pas que les fidèles deviennent leur proie. » Il parlait de lui-même en ces termes : « Je n'ignore pas que je vais être parmi vous un sujet de scandale pour les méchants et de doute pour les fidèles; la mauvaise foi interprètera mes démarches et dénaturera mes intentions; mais n'importe, ma conscience a parlé, je dois surmonter les périls et braver les tempêtes, etc. »

Dominique Lacombe, on le comprend facilement, jouissait

---

[1] *Discours sur la bulle et les menaces d'excommunication au sujet de la Constitution civile du clergé,* prononcé par Lacombe, prêtre doctrinaire et curé constitutionnel de Saint Paul. — Bordeaux, 1791, 16 pages.

de la plus haute considération parmi les patriotes de Bordeaux, et les assermentés le considéraient comme la pierre angulaire du schisme. Quant à M. Pacareau, il était complètement effacé par le curé de Saint-Paul, homme ambitieux et bruyant sur qui se portaient tous les regards. Celui-ci daignait cependant faire l'éloge de son évêque; il vantait dans ses sermons, nous l'avons dit, sa science, ses vertus et ses grandes qualités épiscopales.

L'Assemblée constituante allait terminer sa session et faire place à la Législative. Les électeurs primaires furent convoqués pour élire ceux qui devaient nommer les nouveaux députés. Jaloux de s'élever, Dominique Lacombe profita de cette circonstance et se hâta de publier une *Instruction chrétienne* adressée aux assemblées primaires de Bordeaux. Cette publication lui fut utile auprès des électeurs, qui l'envoyèrent à l'Assemblée législative. Il ne voulut pas partir pour Paris avant d'avoir fait ses adieux à son troupeau, ainsi qu'il l'appelait dans tous les sermons dont il ne le laissait pas manquer. Après s'être modestement comparé à saint Paul, s'adressant aux habitants de Milet : « Je puis aussi me flatter, dit-il, d'avoir sacrifié le repos de mes jours au bonheur de mon troupeau; je puis aussi attester, pour garants de mon zèle et de ma tendresse, ma conduite au milieu de vous, les tribulations que j'ai souffertes, les sollicitudes de toute espèce dont vous avez été la cause et l'objet; mais les traverses qu'on m'a suscitées ont été pour mon âme un sujet d'allégresse, parce que je souffrais pour vous, parce que je trouvais au fond des cœurs fidèles le dédommagement de tous mes sacrifices. »

Cet exorde terminé, il continue et se désole d'être obligé de rompre les doux liens qui l'unissent d'une manière indissoluble à son cher troupeau : « Malheureux qui attribuerait mon départ à une vaine ambition! Si j'ai consenti à m'éloigner de vous, c'est pour mieux assurer votre félicité sous le double rapport de la religion et des lois sociales. Qu'il est beau, en effet, et qu'il est intéressant pour vous le nouvel apostolat dont la cité vient de me revêtir !... De quel abîme de maux ne puis-je pas vous garantir en sortant de cet étroit bercail, pour consacrer mes soins à la nation entière !... etc. »

Dominique Lacombe avait une haute opinion de son importance parmi le clergé constitutionnel de Bordeaux, et il se croyait de très bonne foi un personnage indispensable à l'Assemblée législative; il y fut profondément ignoré et ne parut pas à la tribune, où d'ailleurs il n'aurait pas brillé d'un bien vif éclat. Après la chute de la monarchie, il se retira à Bordeaux et se fit oublier pendant la Terreur.

Les discours dont on vient de lire des extraits n'étaient pas de nature à modérer le mouvement des esprits.

Il faut ajouter d'ailleurs que la presse révolutionnaire attaquait journellement la religion et le clergé. Chose triste à dire, elle avait pour collaborateurs quelques prêtres républicains étrangers au diocèse de Bordeaux et de rares ecclésiastiques qui se déshonorèrent par la remise de leurs lettres de prêtrise ou par l'apostasie; ils publièrent de nombreux écrits sur la constitution civile du clergé et sur le serment. Voici les titres de quelques-uns de ces écrits :

Discours prononcé le 5 juillet 1790 dans la cérémonie qui a terminé les travaux de l'Assemblée électorale de la Gironde, par M. Daguzan, maire et curé de la paroisse de Bègles [1].

Ce prêtre, qui fut l'ennemi acharné de l'abbé Langoiran, parle dans ce pamphlet le langage le plus exalté; il fait une peinture exagérée des maux incalculables sous lesquels gémissaient les Français, « accablés et opprimés par le despotisme assis sur un trône de fer, qui pesait cruellement

---

[1] Bordeaux, 1790, 12 p.

sur le peuple le plus digne de vivre libre...; » il foudroie en termes ampoulés « les milliers de tyrans qui avaient asservi les Français après les avoir avilis...; » il finit en déclarant que « les grandes villes sont d'immenses ateliers d'esclaves forcés au travail par d'autres esclaves. » Ses arguments pour défendre la constitution civile du clergé et le serment ne sont qu'une ennuyeuse répétition de ceux qui avaient paru depuis longtemps dans des publications émanées de plumes plus distinguées que la sienne.

Daguzan fut récompensé de son patriotisme par les électeurs, qui le nommèrent curé constitutionnel de Saint-Louis de Bordeaux. Le 5 frimaire an II, il renonça à ses fonctions et fit la remise de ses lettres de prêtrise.

M. Hollier, chanoine de Saint-Émilion, devenu vicaire général de M. Pacareau, se signala par ses discours républicains, et publia une adresse aux ouvriers des villes et aux habitants des campagnes en faveur de la constitution civile du clergé. Ses pamphlets respirent la haine des rois, des évêques et de toutes les classes supérieures de la société.

L'un d'eux, intitulé : *Les Chicanes de la Théologie sur la Constitution civile du clergé ramenées aux principes de la Raison et de l'Évangile* [1], est un recueil d'injures à l'adresse du clergé insermenté.

Un religieux jacobin, nommé Pinon, ne craignit pas de publier sous le titre de : *Lettre de consolation au clergé sur la perte de ses biens,* un pamphlet odieux et lourdement écrit, qui ne contient que d'insipides et inconvenantes railleries adressées au clergé dépouillé.

Enfin, l'avocat Lisleferme fit imprimer contre les prêtres fidèles plusieurs opuscules remplis d'invectives, et qui ne valent pas l'honneur d'une analyse.

La question religieuse était à l'ordre du jour durant

---

[1] Bordeaux, 1791, 44 p. in-8º.

l'année 1791; la ville de Bordeaux fut inondée de brochures de toute espèce sur ce grave sujet. Les clubs, on l'a vu, n'y restaient pas étrangers : le Club national et les Amis de la Constitution étaient de ce nombre. Un jour, ces derniers envoyèrent au Directoire du district un sieur Concordau pour lui offrir, au nom de la Société, divers écrits relatifs au serment exigé des ecclésiastiques fonctionnaires publics. Le Club national ne voulut pas rester en arrière : il envoya en même temps une députation qui présenta au Directoire, *avec grâce,* dit le registre, plusieurs exemplaires d'une brochure qu'il était dans l'intention de publier, au sujet de la question du serment; il y joignit les *Observations* de M. Lecoz, évêque de Quimper et procureur-syndic du district.

Le Directoire agréa ces offres avec une grande satisfaction, félicita le sieur Concordau, *ex-religieux dominicain,* de son patriotisme, ordonna le dépôt des brochures dans ses archives, et remercia les deux Sociétés.

Mais une lettre qui causa au Directoire la plus vive *admiration,* ce fut celle de M. Réaud, curé et en même temps maire de la commune de Léognan, lui annonçant qu'il allait procéder à la réception du serment de ses vicaires, et que lui-même le prêterait ensuite entre les mains d'un officier municipal, à l'issue de sa messe paroissiale. Le registre du district l'analyse ainsi : « Un style doux, une érudition profonde, quarante-trois ans de ministère sans reproches, tout, dans cette lettre, paraît propre à ramener dans le sentier du devoir et de la vertu les ministres de la religion qui, dans une circonstance si délicate, ont eu la faiblesse de se laisser égarer... Les administrateurs, ajoute le registre du Directoire, jaloux de la gloire et de l'honneur de leurs pasteurs, et convaincus qu'ils ne peuvent leur offrir un modèle plus parfait que M. Réaud, ont arrêté unanimement que sa lettre serait imprimée et publiée non seulement dans la ville de Bordeaux, mais encore dans toutes les communes du district. »

Une députation qui devait tempérer la joie du Directoire fut admise, vers cette époque, devant lui. MM. Montmirel, curé de Saint-Michel, Philippot, curé de Saint-Pierre, et Cornet, curé de Puy-Paulin, avaient été sollicités et pressés de prêter le serment; ils s'y étaient toujours refusés. Voulant en finir, ils firent demander au Directoire une audience qui leur fut accordée; ils se présentèrent devant les administrateurs, et M. Montmirel prit la parole : « Nous venons, dit-il, vous témoigner tous les regrets que nous éprouvons d'être forcés d'abandonner le troupeau qui nous a été confié; mais quels que soient notre patriotisme, notre amour pour la paix et notre obéissance aux lois, nous ne pouvons nous soumettre à celle qui prescrit le serment aux ecclésiastiques. Nous vous proposons l'interprétation de cette loi et de nous autoriser à prêter ce serment en y faisant des modifications dont nous vous laissons les maîtres; nous sommes prêts à rendre publiques nos dispositions à prêter le serment *rectifié*. Nous attendons votre délibération sur cette proposition, que nous sommes prêts à vous faire notifier par un acte authentique. »

Le Directoire entendit cette proposition dans un *morne silence,* dit le procès-verbal de la séance, et le président déclara que l'exécution des lois était recommandée aux municipalités, dont le zèle et la fidélité à leurs devoirs étaient connus et garantissaient qu'elles sauraient les faire exécuter. « Nous allons délibérer sur votre demande, ajouta le président, et, dans tous les cas, nous vous ferons connaître nos résolutions dernières. »

Les trois curés se retirèrent, et le Directoire embarrassé députa M. Duranthon, procureur-syndic, et deux de ses membres pour se concerter avec le Directoire du département sur la mesure à prendre. L'Administration départementale applaudit à la prudence et à la sagesse du District, et promit de le seconder dans cette affaire [1].

On ne trouve pas aux Archives la suite donnée à la demande des trois curés; mais il est certain que le serment rectificatif ne fut pas autorisé, puisque MM. Montmirel, Cornet et Philippot furent démis de leurs cures et remplacés par les électeurs.

Il est vrai que les administrateurs avaient, d'autre part, des compensations. Ainsi, la constitution civile compta quelques partisans dans le clergé de Blaye, et la municipalité de cette ville adressa au Directoire du département une liste des prêtres de son district qui avaient prêté le serment : en tête, figurait M. Duvergier, ci-devant chanoine de Saint-Sauveur de Blaye, devenu maire de la ville. Il parut dans la chaire le 7 février 1791, après avoir célébré la messe :

« Messieurs, dit-il à ses auditeurs stupéfaits, déjà comme maire et notable de la cité et comme citoyen je vous ai donné des preuves de mon zèle, de mon dévouement et de mon patriotisme; il me reste à vous en donner comme prêtre. » Un officier municipal se présenta alors, et Duvergier prêta entre ses mains le serment de fidélité à la Nation, à la Loi, au Roi et à la Constitution civile du clergé. Quatre autres prêtres suivirent son exemple : ce furent MM. Siozard, curé de Saint-Romain, Lavergne, ex-prieur de Saint-Romain et aumônier de l'hôpital Saint-Nicolas à Blaye, et deux autres curés.

Quelques jours après, le curé de Branne écrivit à ses confrères pour les engager à prêter le serment; il s'élevait dans sa lettre contre le despotisme des évêques et déclarait qu'il avait fait son serment *avec plaisir, sans contrainte* [2].

La municipalité de Blaye, triomphante, écrivit à l'As-

[1] Archives de la Gironde, série L, liasse 186.
[2] *Id.*, district de Blaye.

semblée nationale pour la rassurer sur la ville et les campagnes du district, qui n'écoutaient ni les conseils, ni les séductions des prêtres réfractaires : « Rendez-nous justice, disait la municipalité, l'égarement de nos prêtres n'a pas influé sur nos cœurs; nous sommes et nous avons toujours été dignes de vous. Nos prêtres frémissent à l'idée de l'abîme où les entraînait la perfidie de M. Delage, curé de Saint-Christoly, membre de l'Assemblée nationale, siégeant au côté droit; plusieurs parmi eux ont fait le serment; leur exemple sera suivi. » La liste des ecclésiastiques ayant prêté le serment fut en même temps envoyée à l'Assemblée.

Ces défections, toutefois, n'entraînèrent point les autres ecclésiastiques du Blayais, et pour manifester leurs sentiments d'une manière plus éclatante, ils adressèrent aux administrateurs de la Gironde une déclaration dont nous reproduisons les passages suivants :

« C'est un crime, disait un empereur chrétien, à ceux qui ne sont pas inscrits sur les catalogues des saints évêques, de s'immiscer dans les affaires ecclésiastiques... Quelque talent, quelque connaissance qu'ait un laïque, il ne cesse pas d'être brebis pendant qu'il demeure dans l'ordre des laïques..... Pleins de confiance en la grâce de Dieu et en son infinie miséricorde, nous jurons et promettons de vivre et mourir dans la foi de la religion catholique, apostolique et romaine, seule véritable, seule digne de l'homme, seule capable de le conduire en paix à l'heureux terme de sa carrière, religion dont nous sommes les apôtres et demain les martyrs, s'il le faut.... Nous ne devons ni ne pouvons faire d'autre serment que celui qui est dans le cœur de tout Français, et plus particulièrement dans le nôtre..... Nous jurons et promettons d'être soumis à la Nation, à la Loi et au Roi, dans tout ce qui concerne l'ordre civil et politique..... Fidèles aux devoirs du catholicisme et du sacerdoce, nous refusons *expressément* notre adhésion à la constitution civile du clergé, décrétée par une Assemblée purement civile et politique, promulguée sans le concours de la puissance ecclésiastique et par des formes inusitées jusqu'à nos jours; nous attendons avec autant de fermeté que de respect la décision de l'Église, et jurons d'avance de nous soumettre à son jugement, etc. [1]. »

Cette déclaration fut signée par dix-neuf curés de la ville de Blaye et de diverses communes. Parmi les premiers, on remarque M. Delage, député à l'Assemblée constituante.

La congrégation, consultée sur cette manifestation, déclara qu'elle n'avait pu lire sans attendrissement les différents sentiments qui y étaient exprimés; elle y avait reconnu avec la plus grande satisfaction les principes qu'elle avait constamment professés.

L'approbation est signée par M. Delaporte, vicaire général, président, et par tous les membres de la congrégation. Cette déclaration fut approuvée par trente-six curés et vicaires de la ville de Bordeaux et signée par trente-trois ecclésiastiques du Blayais, tous ayant charge d'âmes. D'autres adhésions à la déclaration portèrent à cent quatre-vingt-neuf le nombre des membres du diocèse de Bordeaux qui refusèrent le serment. On doit y ajouter M. Villars de La Chataigneraie, curé de Guillac, et M. de Gerlin, curé de Grayan, qui rétractèrent leur serment comme ne l'ayant prêté que par surprise.

Tous les autres ecclésiastiques du Blayais et du diocèse qui n'avaient pas adhéré à la déclaration n'en restèrent pas moins fidèles à leurs devoirs; ils firent même imprimer une adresse collective contre le serment. L'autorité les menaça, ainsi que les signataires de la déclaration du Blayais, de les poursuivre comme perturbateurs du repos

---

(1) *Déclaration des curés et vicaires du Blayais à MM. les administrateurs de la Gironde.* Imprimé à Bordeaux, 1791, 8 p.

public; quelques-uns eurent peur et rétractèrent leur signature, mais en petit nombre. Les catholiques comptèrent avec peine parmi ces transfuges MM. Valcanel et Girodeau, curés de Saint-Sauveur et de Villeneuve en Bourgès.

Ici nous devons indiquer comme un signe des temps et de la perturbation morale qui régnait dans les esprits, l'immixtion des femmes dans les affaires publiques. La manie de la politique les avait chassées du gynécée et faisait des ravages, surtout dans la classe moyenne. Paris en offrait des exemples, Bordeaux les suivit : on voyait les femmes abandonner leurs ménages, les soins à donner à leurs enfants et aux affaires domestiques, pour se réunir sur les places publiques, où les plus audacieuses haranguaient la foule ébahie et parlaient sur toutes les questions à l'ordre du jour avec une volubilité qui émerveillait les auditeurs. C'était un spectacle à la fois risible et déplorable.

Ces femmes obtinrent de la municipalité la permission de se réunir aux Augustins pour y tenir un club sous le nom d'*Amies de la Constitution*. Elles élirent un bureau et leur réunion acquit une renommée qui engagea les autres femmes à se présenter au club et à s'y faire admettre. Elles étaient jalouses de mériter le titre de bonnes citoyennes, et leur nombre dépassa bientôt deux mille.

Ces citoyennes résolurent de donner à M. Pacareau un témoignage public d'attachement et de vénération pour sa personne et ses vertus; elles arrêtèrent en assemblée générale le programme suivant, programme extrêmement curieux :

« Article premier. — Les citoyennes dont les noms sont inscrits ci-après se trouveront, le 28 de ce mois (juin 1791), à huit heures du matin, au Champ-de-Mars, pour de là se rendre dans l'église Saint-André.

» Art. 2. — Le même jour, dans ladite église, il sera célébré une messe et chanté le *Te Deum*, en actions de grâces envers l'*Être* suprême (1), de ce qu'il lui a plu d'accorder à ce diocèse le bonheur d'avoir pour chef un citoyen non moins recommandable par sa piété que par ses lumières, et pour demander au Ciel la conservation des jours précieux de cet illustre prélat.

» Art. 3. — Après cette cérémonie religieuse, toutes les citoyennes qui pourront y assister prononceront le serment civique ci-après :
« Nous jurons, en présence de l'Être suprême : 1° d'être fidèles à la
» Nation, à la Loi et au Roi, et de maintenir de tout notre pouvoir
» la Constitution décrétée par l'Assemblée nationale; 2° d'élever nos
» enfants dans ces principes et de ne rien négliger pour leur inspirer
» l'amour de la liberté et des lois; 3° de nous opposer de toutes nos
» forces aux projets des ennemis de la Constitution, et de dénoncer,
» aussitôt que nous en aurons connaissance, les manœuvres qu'ils
» oseraient tenter dans le coupable but de la renverser ou d'y porter
» la moindre atteinte; 4° de ne point souffrir en notre présence, sur
» le compte de notre respectable prélat, ni sur celui des autres
» prêtres constitutionnels, des propos injurieux *tendant* à affaiblir le
» respect qui leur est dû comme *fonctionnaires publics,* mais en
» même temps de nous abstenir de toutes voies de fait contre ceux
» ou celles qui pourraient s'égarer au point de se livrer à de pareils
» excès, et de nous borner à les dénoncer aux administrations et
» aux tribunaux, afin qu'ils soient poursuivis et punis suivant toute
» la rigueur des lois; 5° de ne jamais rien entreprendre qui gêne la
» liberté des opinions religieuses et la facilité que la Constitution
» donne à tout citoyen d'exercer tel culte que bon lui semble,
» pourvu qu'il respecte l'ordre public établi par la loi.

» Art. 4. — Ce serment sera lu à haute et intelligible voix dans l'église Saint-André; ensuite toutes les citoyennes se lèveront et dirons : *Nous le jurons.*

» Art. 5. — Après la prestation de serment, nous nous rendrons, par députation et avec le plus d'ordre *qu'il nous sera possible,* mais sans bannière, sans drapeau, dans la maison de Pierre Pacareau, pour lui offrir un bouquet et lui remettre la présente délibération, dont un double a déjà été remis à MM. les Maires et officiers municipaux.

» Art. 6. — Quatre d'entre nous se transporteront le 27, devant MM. les administrateurs du département et du district, devers MM. les maires et officiers municipaux, les corps civils et militaires,

---

(1) Les philosophes du xviiie siècle avaient mis à la mode plusieurs noms pour désigner la divinité : c'était l'*Éternel,* le *Souverain Ordonnateur des mondes,* l'*Être des Êtres;* on arriva enfin à l'*Être suprême,* dont la Convention nationale, devancée en cela par les dames de Bordeaux, voulut bien plus tard décréter l'existence.

MM. les curés de la ville, vicaires de l'évêque, etc., pour les prier d'assister à l'auguste cérémonie qui vient d'être décrite.

» Art. 7. — La fraternité et l'égalité étant la base de la présente résolution, toutes les bonnes citoyennes, les mères de famille ou leurs filles, qui désireraient être admises parmi nous, le seront sans difficulté, et à la suite des noms de celles qui seront présentées, on inscrira ceux des citoyennes qui ne pourront y assister, soit pour cause de maladie, etc.

» Art. 8. — Chacune de nous versera, suivant ses facultés, ou 26 sols ou 12 sols, ou même *quelque chose de plus ou de moins,* dans la caisse commune tenue par Mme Dubois, et le montant de cette souscription servira aux frais de la fête ; le surplus sera distribué aux pauvres ; cette distribution est confiée à Mmes Gentil et Dubois.

» Signé : F. Gentil, *présidente;* Dubois, *trésorière;* Thiévent, *secrétaire* (1). »

Cet arrêté fut porté à la municipalité par une députation des citoyennes clubistes. Le maire, après l'allocution de la femme Gentil, mit l'affaire en délibération, et le Conseil général prit l'arrêté suivant :

« Considérant que les sentiments patriotiques des citoyennes bordelaises méritent les plus grands éloges; que le devoir des officiers municipaux les porte à favoriser le développement du patriotisme; que, d'ailleurs, cette généreuse démarche de la part des citoyennes de Bordeaux ne saurait avoir trop d'éclat, ni être marquée par une approbation trop manifeste de la part des citoyens,

» Arrête que le Corps municipal se rendra, le 28, au Champ de Mars; que là, il se mettra à la tête des citoyennes de Bordeaux pour les conduire à la cathédrale; qu'après la cérémonie religieuse M. le maire recevra le serment patriotique de ces bonnes dames; que M. le commandant général sera requis, au besoin, de commander un fort détachement des troupes sous ses ordres pour escorter le cortége depuis le Champ de Mars jusqu'à Saint-André, et pour maintenir le bon ordre dans l'intérieur de cette église.

» Bordeaux, le 27 juin 1791.

» Signé : SAIGE, *maire* (2). »

Le même jour, la députation de ces citoyennes se présenta à la Société des Amis de la Constitution et y fut reçue au

(1)-(2) Archives municipales de Bordeaux.

milieu des applaudissements de l'assemblée. La femme Larmée, son orateur, prononça le discours suivant :

« Monsieur le Président, Messieurs, pénétrées des sentiments que vous ne cessez de montrer pour le bonheur de la patrie, nos cœurs reconnaissants s'empressent de vous en féliciter. Bientôt, Messieurs, vous ne verrez plus en nous des femmes uniquement occupées d'objets frivoles; notre plus doux plaisir sera de couronner vos vertus et de les imiter. Fidèles aux devoirs que la société nous a assignés, notre soin le plus précieux sera d'élever nos enfants dans les principes de la Constitution, et c'est au milieu de vous que nous viendrons les former; là, ils apprendront à vivre libres, à connaître les droits de l'homme, à ne point s'abaisser devant d'autre pouvoir que devant celui des lois et de la vertu. On ne verra plus enfin un sexe que la nature a formé pour donner à l'exemple l'attrait le plus séduisant de la persuasion, oublier les devoirs sacrés qu'elle lui impose.

» Voilà, Messieurs, les sentiments qui nous animent; nous espérons que vous voudrez bien ajouter à l'éclat de la fête de demain par la présence de vos députés. »

Ce discours fut suivi d'acclamations générales; M. Ducos fils, président de la Société, y répondit par une allocution vivement applaudie [1].

« Le lendemain, 28 juin, à huit heures du matin, dit le *Journal de Bordeaux,* les citoyennes composant la Société des Amies de la Constitution se sont rendues, au nombre de près de 2,000, au Champ de Mars. La municipalité, M. le maire à la tête, le département, le district, les tribunaux, l'état-major de la garde nationale, les députations des Amis de la Constitution et du Club national, sont arrivés successivement. Le cortége s'est rendu à l'église

---

(1) *Journal de Bordeaux,* 1791, n° 81.

métropolitaine, en défilant dans le plus grand ordre entre une haie de la garde nationale. Le vénérable Pierre Pacareau, évêque constitutionnel de la Gironde, pour qui la fête était préparée, était à la petite fenêtre de sa petite maison, environné de son clergé. Des applaudissements universels, des cris de joie, des bénédictions sans nombre ont porté jusqu'aux cieux l'hommage que les bons citoyens rendaient à ses vertus. Deux orchestres étaient placés dans l'église métropolitaine : la messe a été célébrée avec pompe, et M. Roch a dirigé la musique. Après la célébration du sacrifice, le *Te Deum* a été chanté. Les citoyennes ont ensuite prêté, entre les mains du vicaire, le serment d'être fidèles à la Nation, à la Loi et au Roi, d'élever leurs enfants dans les principes de la Révolution, de vivre libres ou de mourir. M. l'évêque a été ensuite reconduit à sa maison; là, ces dignes citoyennes lui ont présenté un bouquet, et ont reconduit la municipalité jusqu'à la maison commune.

» Nous nous hâtons, dit le journaliste, de donner la première annonce de cette fête touchante, qui a porté le dernier coup à l'aristocratie. »

Mises en goût par les compliments qu'elles avaient reçus en cette circonstance, et flattées dans leur orgueil par le rôle principal qu'elles y avaient joué, les citoyennes Amies de la Constitution jugèrent à propos de renouveler, mais avec moins de solennité, la fête du 28 juin.

Dans le mois suivant, en effet, elles allèrent complimenter M. Tymbaudy, curé constitutionnel de Sainte-Eulalie, puis le curé de Saint-Michel, et pour ne pas faire de jaloux sans doute, elles visitèrent tous les curés assermentés de la ville et remirent à chacun d'eux des bouquets d'immortelles mêlées de laurier, accompagnés de discours et de dithyrambes en leur honneur. « C'était, dit l'abbé O'Reilly, une compensation du respect et de l'estime que les catholiques leur refusaient. »

Ces *bonnes dames*, comme les appelait le maire, se signalèrent aussi par leur enthousiasme lors de la fête de la Fédération, célébrée à Bordeaux le 14 juillet 1791.

Pendant que M. Pacareau et son clergé étaient l'objet des ovations que nous venons de raconter, les mesures prises par les autorités de Bordeaux contre les prêtres non conformistes présentaient graduellement un caractère plus rigoureux. Le Club national et les autres Sociétés populaires mettaient en mouvement la population infime de cette grande cité, qui obéissait à leurs ordres et donnait la *chasse,* suivant le langage du temps, aux réfractaires.

Les prêtres constitutionnels voyaient avec désespoir leurs églises désertes, tandis que celles accordées, d'après la loi, aux insermentés regorgeaient des fidèles accourus de tous les quartiers de la ville et même des campagnes voisines, qui repoussaient les intrus et fuyaient leurs églises.

Cet abandon presque général piqua l'orgueil et le patriotisme de l'autorité, qui fit fermer les églises des non-conformistes. Ce fut, de sa part, un abus de pouvoir et une grave violation de la loi; cette mesure, loin de produire le résultat espéré, eut pour conséquence d'augmenter l'agitation et d'accroître le mécontentement contre les prêtres constitutionnels, auxquels on imputait, non sans raison, d'avoir sollicité la fermeture des églises rivales. Les passions étaient d'ailleurs exaltées par les événements politiques, qui prenaient chaque jour une teinte plus sombre, et l'on redoutait une collision entre les gardes nationaux, que divisaient profondément les opinions religieuses. On tremblait de voir se renouveler à Bordeaux les scènes qui avaient affligé Nîmes et Montauban.

La presse démagogique signalait journellement les réfractaires comme les ennemis les plus dangereux de la patrie et du nouvel ordre de choses. L'agitation gagnait les villes et les campagnes du département de la Gironde; la pièce suivante, publiée par le Club national, n'y contribua pas médiocrement ⁽¹⁾.

« Messieurs, l'amour du bien public, qui nous a réunis en société, nous amène en ce jour auprès de vous pour mettre sous vos yeux le nouveau sujet de nos alarmes, car sans cesse occupés à veiller, à garantir l'édifice imposant de la Constitution, nous prenons ombrage de tout ce qui pourrait tendre à l'ébranler.

» Plusieurs ecclésiastiques réfractaires à la loi, tournant contre elle-même le précieux bienfait de la liberté qu'elle nous a rendu, font édifier chez eux des chapelles, les unes dans l'enceinte de nos murs, les autres à la campagne... Sans chercher à interpréter leurs intentions, nous ne pouvons néanmoins nous les dissimuler, d'après leur rébellion soutenue. Plus pervers dans leur égarement que les dix tribus infidèles, non seulement ils rompent l'unité du culte, mais, en abandonnant la maison de Dieu, ils la dépouillent pour décorer leur nouveau temple de Samarie et les autels qu'ils dressent sur les hauts lieux ; ils y transportent les ornements et les pierres sacrées sur lesquelles se fait la célébration de nos saints mystères. Une fois possesseurs de ces précieuses et intégrantes parties de nos autels, ils ne manquent pas de dire à des ouailles déjà trompées par leur séduisante hypocrisie que nos mystères n'ont de réalité qu'autant qu'ils sont offerts sur ces pierres sacrées, et que les nouveaux évêques, qu'ils traitent d'intrus, n'ont pas le pouvoir d'en *élever* d'autres, etc. ⁽²⁾. »

Le Club fait intervenir la religion, criant à ces mauvais prêtres qu'ils abusent du caractère sacré dont elle les a

---

(¹) *La Nation, la Loi et le Roi, adresse du club du Café national à MM. les Administrateurs du département de la Gironde, concernant les manœuvres des mauvais prêtres et l'enlèvement des pierres sacrées et des ornements.* Bordeaux, de l'impr. du Club national, l'an II de la liberté.

(²) On est presque heureux de voir les énergumènes du club du Café national parler ainsi avec componction des saints mystères de la religion.

revêtus. La prosopopée de ce factum a trois pages; les lignes suivantes la terminent : « C'est ainsi, Messieurs, que parle notre religion en s'adressant à ces mauvais prêtres; mais, semblables à l'aspic, selon l'expression de l'Écriture, ils se boucheront les oreilles du cœur pour ne pas l'entendre. »

Les clubistes demandent ensuite aux administrateurs de faire vérifier promptement les inventaires de chaque église et de s'assurer que les pierres sacrées n'ont été ni changées ni enlevées; d'ordonner à toutes les municipalités du département de faire *sceller* ces pierres saintes, après la célébration de l'office par le prêtre constitutionnel de chaque paroisse respective; et déclarent que leurs observations ne sont dictées que par leur dévouement à la chose publique; ils les soumettent, disent-ils, à la sagesse du Directoire, qui saura trouver les moyens de *dissiper* les perfides complots des ennemis de la patrie.

Si la publicité donnée à cette pétition excita la haine des hommes de désordre contre les prêtres non-conformistes, la lettre suivante dut en revanche flatter les Bordelaises qui ne faisaient pas partie du troupeau. Elle est au moins curieuse et nous a paru devoir être reproduite. C'est un jeune patriote qui s'adresse aux dames; il débute ainsi : «Aimables concitoyennes, serait-il vrai que vos cœurs si tendres et si compatissants se fussent ouverts à l'esprit de parti, cette source inépuisable de malheurs? On le dit, mais à peine puis-je le croire. Eh! que vous importent les criailleries de quelques hommes qui, sous le vain prétexte qu'on les dépouille de ces biens dont ils faisaient souvent un si mauvais usage, veulent aujourd'hui tout bouleverser et mettre leur bonheur à la place du bonheur public?... »

Le jeune patriote continue en assurant à ses concitoyennes que l'amour et les hommages des hommes leur sont nécessaires, et que, s'ils ne devaient plus les aimer, elles ne seraient *presque rien sur la terre;* et après trois ou quatre pages écrites dans ce goût douteux, il brûle de l'encens en faveur de M. Pacareau et termine sa galante épître en ces termes : « Pardonnez si j'ose vous dire des vérités peut-être trop fortes, mais les motifs qui les ont dictées ne sauraient vous déplaire. J'ai espéré vous ramener aux vrais principes et pouvoir conserver encore dans mon cœur les sentiments que votre sexe m'inspire. Mais si je ne réussis pas à vous persuader, si vous persistez encore dans vos erreurs, *je me condamnerai jusqu'à vous haïr,* car je préfère ma patrie à *vous,* lors même que je vous préfère *à tout le reste* [1]. »

Tout était mis en œuvre en faveur du clergé constitutionnel; on le caressait, on le flattait, on le soutenait par tous les moyens possibles.

Quant aux prêtres insermentés, ils étaient expulsés de leurs presbytères par les intrus; ils abandonnaient leurs familles et leurs paroisses qui ne leur offraient plus de sécurité, et ils erraient dans les campagnes sans avoir un asile où ils pussent reposer leur tête [2].

Encore si leurs misères s'étaient bornées là! Mais ces persécutions étaient accompagnées de violences, à Bordeaux et dans le département.

Nous allons grouper ici quelques-uns des faits principaux dont nous avons retrouvé la trace dans les documents contemporains et dans les archives publiques, et que nous avons dû négliger au courant de notre récit afin de ne pas en altérer la clarté par une surabondance de détails.

A Bordeaux, le corps municipal, le Directoire de district, les clubs soutenaient M. Pacareau; mais la grande majorité des catholiques ne reconnaissait pas le clergé constitu-

---

[1] Ces fragments sont extraits d'une brochure intitulée : *Adresse d'un jeune patriote à ses concitoyennes sur la conduite de quelques prêtres.* Bordeaux, 1791.

[2]   *Nos patriæ fines et dulcia linquimus arva;*
        Nos patriam fugimus!...   (Virgile, *Bucoliques.*)

tionnel et repoussait le nouvel évêque métropolitain du Sud-Ouest. Les prêtres non-conformistes, nous l'avons dit, étaient seuls accueillis par les fidèles; on ne s'adressait qu'à eux pour en recevoir les sacrements de l'Église; les constitutionnels voyaient avec désespoir leurs temples déserts, et en conservaient contre leurs confrères dissidents une animosité qu'ils ne pouvaient dissimuler et qui augmentait l'agitation des esprits. La population, en général, ne les regardait qu'avec mépris et ne leur cachait pas l'indignation qu'ils lui inspiraient.

Le Directoire du département avait accordé aux dissidents, conformément aux décrets, l'église conventuelle des Cordeliers; ces religieux avaient évacué leur couvent. Les dissidents se proposaient d'y faire célébrer leur culte par un prêtre insermenté : c'était leur droit. Les patriotes du Club national étaient loin de l'entendre ainsi; ils furent très irrités de cette concession de la part de l'autorité et se promirent de s'opposer à ce qu'elle reçût son exécution. Au fond, ils ne tenaient à aucun culte, mais ils détestaient les prêtres réfractaires et les catholiques, parce qu'ils les regardaient comme des ennemis du nouvel ordre de choses. Le premier jour de la réunion dans l'église accordée par le Directoire, il se forma des attroupements nombreux devant la porte. On vociférait contre les prêtres et les aristocrates rassemblés dans l'église. Un nommé Brouet, espion, dit-on, du Club national, entra effrontément et commit des irrévérences qui troublèrent l'office divin. Les fidèles redoutant un conflit dont on les avait rendus responsables, prirent le parti de se retirer. Ils écrivirent le lendemain au Directoire du département pour lui rendre compte des faits et demander qu'il leur fût permis de jouir d'un droit légal et de pratiquer leur culte dans l'église qui leur avait été assignée. On signala la conduite de l'émissaire du Club national et on invoqua la liberté des cultes proclamée par l'Assemblée nationale. Cette demande si juste, non seulement ne fut pas accueillie, mais l'église des Cordeliers fut fermée. Le Directoire était impuissant à faire exécuter les lois.

M. Plas de Saint-Georges, propriétaire à Cenon la Bastide, avait dans sa maison une chapelle autorisée par Mgr Champion de Cicé, et il y entendait la messe, célébrée par un prêtre insermenté.

Le conseil général de la commune, offusqué de ce qu'il appelait un privilége et stimulé par le curé constitutionnel du lieu, nommé Maubourguet, qui plus tard remit ses lettres et abdiqua la prêtrise, prit un arrêté pour que M. de Plas eût à exhiber à la municipalité la permission qui l'autorisait à faire célébrer le service divin dans sa maison. On lui signifia qu'à défaut par lui de justifier de l'autorisation épiscopale, sa chapelle serait interdite, aux termes des statuts synodaux. M. de Plas répondit par la lettre suivante à l'injonction de la municipalité : « Il me semble que le décret de l'Assemblée nationale dit en termes formels que nul ne sera troublé dans ses opinions religieuses. Les musulmans ont leurs mosquées, les juifs leurs synagogues; le chrétien apostolique et romain serait-il le seul à prier Dieu dans sa chambre, lorsque les protestants prient dans leurs temples? Les titres de ma chapelle émanent du pouvoir de mon légitime évêque; en conséquence, je vous préviens qu'on n'y dira pas la messe, plutôt que de la faire célébrer par une permission que je crois très illégitime. La force peut m'ôter le droit de faire célébrer dans ma chapelle la sainte messe, mais elle ne m'obligera pas à en entendre une à laquelle je ne croirai jamais [1]. » Les choses en restèrent là.

A Lormont, les habitants étaient divisés d'opinions sur

---

[1] *Journal de Bordeaux*, 1791, n° 60.

la légitimité des pouvoirs du curé nouvellement élu; une grande partie de la population ne voulait pas en entendre parler. M. le chevalier de Pichon, riche propriétaire de la commune, s'était attiré des inimitiés en refusant de reconnaître le prêtre *jureur,* ainsi qu'il l'appelait. Vers le milieu du mois de juin 1791, une centaine de paysans précédés par un tambour, se saisirent de M. de Pichon, le hissèrent sur un âne et le promenèrent dans le bourg. Des citoyens voulurent le faire descendre de sa monture, mais il n'y consentit pas et cria à haute voix « qu'il ne pouvait ni ne voulait entendre parler des prêtres jureurs; que ces prêtres, excommuniés par le Saint-Père, n'avaient plus de pouvoirs. » Les paysans irrités allaient se porter à des violences sur M. de Pichon, mais on réussit à le tirer de leurs mains.

Les mêmes faits étaient à l'ordre du jour dans un grand nombre de communes, dont les populations étaient exaltées souvent par leurs curés constitutionnels. On lit dans le *Journal de Bordeaux,* qui enregistre ces violences avec complaisance, le récit suivant écrit par A. Jay, citoyen soldat à Lesparre : « Frère et ami, il vient de se passer dans notre ville une scène assez remarquable pour mériter une place dans votre journal patriotique. L'épouse du maire de Lesparre, dévorée d'un zèle ardent pour la Constitution, voyait avec douleur depuis longtemps une tourbe de dévotes qui abandonnaient leur curé conformiste, pour venir entendre leur ci-devant pasteur réfractaire et anti-constitutionnel. Aujourd'hui, une douzaine de ces béates étaient encore venues au bercail non-conformiste, lorsque la femme du maire, s'armant d'un long fouet, à l'exemple de notre divin Sauveur, a purgé et nettoyé les parvis du temple saint, devenu l'asile de l'hypocrisie et du fanatisme. La vigueur de son bras ne s'est ralentie que lorsque nos dévotes effrayées ont eu prêté serment de ne plus abandonner le pasteur donné par la Constitution. Alors l'héroïne, remettant son fouet en écharpe, a traversé la ville de Lesparre avec une démarche fière, et a reçu sur son passage les applaudissements des vrais patriotes. Vous auriez vu dans ce moment certains ci-devant et leurs femmes se grouper pour censurer cet acte de police correctionnelle; mais ils eurent beau se démener de toutes les manières, la Constitution sera inviolée et *ça ira*. Comme des personnes mal intentionnées pourraient donner un tour tragique à cet acte du pouvoir exécutif féminin, je vous prie, au nom de votre patriotisme, d'insérer ce fait dans votre intéressante feuille (1). »

Ce que le citoyen soldat Jay ne dit pas, c'est ceci : les femmes maltraitées résolurent de se venger; quelques jours après, et le soir, elles s'embusquèrent, armées de verges, se saisirent de la femme du maire, entourèrent sa tête d'un mouchoir, la bâillonnèrent et, retroussant ses jupes, lui administrèrent, malgré ses cris, une vigoureuse flagellation, puis se sauvèrent en laissant sur les lieux les verges, instrument de la correction. La nuit empêcha la flagellée et les voisins, accourus trop tard, de reconnaître les coupables. Des chansons en coururent le pays et ne mirent pas les rieurs du côté de la femme du citoyen maire.

La ville de Libourne eut ses scènes de violence.

L'abbé Turenne, ancien curé de Saint-Sulpice, prêtre habitué de Saint-Michel et aumônier du régiment patriotique de la même paroisse, avait refusé le serment et colportait des brochures contre la constitution civile du clergé. Son zèle n'étant pas tempéré par la prudence, il fut arrêté à Sainte-Foy dans les circonstances suivantes : la municipalité de Castillon, ayant appris qu'il avait vendu à plusieurs prêtres des brochures qu'elle soupçonnait être contraires

---

(1) *Journal de Bordeaux* du 10 août 1791.

au culte constitutionnel, le dénonça à l'autorité municipale de Sainte-Foy, où il s'était dirigé en quittant Castillon. La municipalité de Sainte-Foy se transporta de suite à l'auberge où l'abbé Turenne était descendu et visita ses malles; elle y trouva un ballot de brochures, qualifiées d'incendiaires dans le procès-verbal de saisie. C'en fut assez pour déterminer son arrestation et sa conduite devant l'accusateur public du tribunal de Libourne. Ce magistrat le fit jeter en prison et le dénonça au tribunal, qui commença une instruction. L'abbé Turenne fut interrogé, et, sommé de désigner ceux de qui il tenait les brochures saisies, il déclara être prêt à faire le sacrifice de sa liberté plutôt que de nommer les personnes qui l'avaient chargé de les distribuer; mais il ajouta en même temps en avoir vendu plusieurs au ci-devant curé Fayotte, parce que la médiocrité de sa fortune ne lui permettait pas d'en faire un pur don; il déclara aussi qu'il n'avait vendu ces livres au sieur Fayotte qu'après avoir su de lui qu'il avait prêté le serment civique.

Cette affaire fit beaucoup de bruit à Libourne, et la Société des Amis de la Constitution de cette ville se hâta d'en prévenir les frères et amis de Bordeaux par une lettre qui raconte les faits (1) : « Vous jugerez, frères et amis, des scrupules de l'abbé qui a refusé le serment. Le sieur Turenne ayant été interrogé de nouveau, a déclaré tenir ce ballot du sieur Raynal, vicaire de Saint-Michel; que le sieur Montmirel, curé de la dite paroisse, lui avait donné la lettre que *le sieur Champion* avait adressée aux administrateurs du département, et qu'il avait vendu au curé de Saint-Sulpice, près Mornas, quelques-unes de ces brochures pour 13 livres. »

---

(1) Lettre de la Société des Amis de la Constitution de Libourne à celle de Bordeaux, au sujet de M. Turenne, vicaire de Saint-Michel. Bordeaux, 1791, chez Levieux, imprimeur de la Société des Amis de la Constitution. 4 pages in-8°.

Les correspondants ajoutent que le sieur Turenne, à son arrivée à Sainte-Foy, avait rendu une visite au sieur abbé de Ségur, ci-devant vicaire général, et à un autre de Ségur ci-devant major du second régiment de Languedoc, tous deux soupçonnés de tenir des conciliabules aristocratiques et d'être, disent-ils, « les auteurs d'une insurrection féminine *qu'il y a* dans la ville; ce qui prouve que l'abbé Turenne est l'agent d'une correspondance *entre* les ennemis de la tranquillité publique. »

La Société termine ainsi sa lettre : « On aura pu vous faire différentes versions sur les motifs de sa détention. Ce qui autorise cette idée, c'est que déjà votre municipalité a fait passer des attestations en faveur dudit Turenne, et qu'un vicaire de Saint-Michel et un officier de la garde nationale sont venus rendre des témoignages avantageux sur son compte. C'est pourquoi nous croyons devoir vous fixer positivement sur les véritables causes qui donnent lieu à l'instruction que notre tribunal fait de cette affaire. Nous trouvons qu'il est difficile à des amis de la Constitution de trouver le sieur Turenne innocent. Nous vous ferons part des suites de la procédure, etc. »

Le recueil que nous avons sous les yeux ne fait pas connaître ce résultat (1); on peut penser que les faits à raison desquels l'abbé Turenne fut poursuivi ne constituant ni crime ni délit, il dut être remis en liberté.

Quelques citoyens de Libourne se signalèrent par des violences plus graves contre deux malheureux prêtres.

Le P. Albert, récollet, âgé de soixante-quatorze ans, avait rétracté son serment; il n'avait pas charge d'âmes, et par conséquent le décret ne le plaçait pas dans la classe des fonctionnaires publics astreints au serment. Le peuple s'empara de ce vieillard, l'assit sur un âne et lui fit parcourir

---

(1) Recueil de pièces sur le clergé de Bordeaux (1787 à 1848). Bibliothèque de Bordeaux, n° 27058.

ainsi toutes les rues de la ville au milieu des imprécations et des huées de la populace ivre et furieuse. L'infortuné, épuisé de fatigue, tomba trois fois, et trois fois on le replaça sur sa monture. Il fut enfin reconduit dans son couvent; le lendemain, il était mourant et on l'administra.

Dans la soirée de ce même jour, un pauvre prêtre, curé de la paroisse de Saillans, ignorant les violences dont le P. Albert avait été victime, arriva à Libourne. Ce curé avait refusé le serment, et les anarchistes le détestaient; ils le reconnurent, se saisirent de sa personne, le hissèrent sur la même monture et le firent promener dans la ville. Un citoyen, ému de pitié, ne put retenir quelques murmures en voyant ainsi maltraiter un prêtre sans défense; on lui fit un crime de ces murmures, et, saisi à son tour, il subit les mêmes traitements que les deux prêtres.

On réservait une promenade identique aux Ursulines de la ville; elles furent heureusement prévenues et se réfugièrent à Bordeaux.

Ces scènes de violence ne furent ni les seules ni les dernières. Un sieur Blanc-Montasset, habitant Libourne, ancien garde national, était signalé aux partisans du culte constitutionnel par son attachement au clergé insermenté. La même populace se transporta devant sa maison, le 2 juillet 1791, et l'en fit sortir de force malgré la résistance qu'il opposa aux assaillants, en les menaçant d'un couteau dont il s'était armé; on le dépouilla de son habit de garde national et on lui fit parcourir sur un âne les rues de la ville, la tête nue et accompagné des huées de la multitude.

La Société des Amis de la Constitution de Libourne rendit compte de ces incidents aux frères et amis de Bordeaux; mais ce n'était pas encore assez pour les partisans du culte constitutionnel: un autre prêtre fut la quatrième victime qu'ils livrèrent à la risée publique.

Nous reproduisons la lettre suivante que les clubistes de

Libourne adressèrent au club du Café national de Bordeaux. Nous en respectons le style et l'orthographe :

« Frères et amis, le courrier était parti avant que nous eussions fini notre correspondance, et nous n'avons pu vous faire passer la présente aussitôt que nous l'aurions désiré; mais nous nous sommes récupérés par la nouvelle *cène* qui est arrivée hier soir, qui n'est pas moins intéressante que la première, dont voici les détails. Le sieur Tournier, fils de cordonnier, natif de notre ville, ci-devant curé d'une commune voisine de Libourne, résidait en cette ville depuis plusieurs années, après avoir résigné sa cure à un prêtre patriote de cette ville. Pendant tout le temps qu'il a demeuré dans sa cure, il a été le chef d'une troupe de contrebandiers, métier qui lui fit gagner beaucoup d'or.

Depuis qu'il était *résident* en cette ville, il a augmenté considérablement sa fortune en faisant le métier d'agioteur et d'usurier de première force. La garde nationale, ignorant alors ses mauvaises manœuvres et s'en rapportant au faux patriotisme qu'il montrait, le nomma son aumônier. Bientôt après, il ne tarda pas à se dévoiler ce *qu'ils étaient*. Le décret qui portait que tous les fonctionnaires publics *devait* prêter le serment d'être *fidèle* à la Nation, à la Loi et au Roi et d'instruire les fidèles confiés à leurs soins sur la nouvelle constitution du clergé, montra la noirceur de son âme dans son grand jour... Le moment arrivé pour prêter le serment, au lieu de faire cet acte de civisme auquel l'obligeait son grade d'aumônier de la garde nationale, il se transporta dans tous les couvents et chez tous les prêtres de la ville pour les soulever, les corrompre et les rendre fanatiques comme lui; mais il n'y gagna rien, car la presque totalité de nos prêtres prêtèrent serment le dimanche suivant et ne manquèrent pas de dévoiler ses démarches séditieuses.

» La garde nationale s'assembla et le dégrada de sa

qualité d'aumônier. Depuis cette époque, il n'avait cessé de fomenter le trouble et la discorde ; *il s'exerçaient* tous les jours en propos séditieux ; en menaçant les patriotes que chacun aurait son tour ! Les patriotes, excédés de ses menées, le sommèrent de quitter la ville s'il ne voulait subir le sort qu'il méritait. Voyant qu'il n'y avait plus à balancer, il partit le lendemain matin en laissant après lui trois ou quatre dévotes avec qui *il étaient* extrêmement lié, qui ont rempli au mieux, pendant son *apsence*, la mission dont *il les avaient* chargées. Depuis plusieurs jours, deux de ces dévotes, sachant sans doute que leur champion devait revenir en cette ville, *était allée* le rejoindre à Bordeaux pour rendre le cortége plus brillant et la rentrée plus triomphante ; mais, hélas ! le sort, toujours favorable aux patriotes, les a mal *servi*. L'abondance de la *pluye* et l'obscurité de la nuit *obligea* les deux dulcinées de coucher en route. Il n'en fut pas de même du courtois *courier*, accoutumé à braver la tempête, comme les dieux ; il affronta le vent et la pluie et résolut de profiter des moments où *Morphée tenait tous les patriotes dans ses bras* ; il s'embarqua pour cette cité, laissant derrière *ses femmes* et son équipage.

» Ce fut hier, lundi, à dix heures du soir, qu'arriva le sieur Tournier. Un particulier, patriote sans doute, qui avait voyagé avec lui depuis Bordeaux jusqu'à la séparation des landes de Caudéran, étant arrivé *à* bonne heure en cette ville et connaissant vraisemblablement ledit Tournier, se hâta de prévenir les patriotes de son arrivée et de la *voye qu'il avait pris* pour arriver. Aussitôt s'assemblent les jeunes patriotes, *allèrent* chercher l'âne, l'amenèrent *sur la rivière,* et dès que le *batteaux* fut arrivé, malgré l'abondance de la *pluye* qui tombait, on se saisit de Tournier, et, après l'avoir monté sur l'âne, on se mit en marche *accompagné* de plus de 100 *falaux*.

» La promenade a duré plus de trois heures, toujours la

pluye sur le corps, et à tous les coins de rue on s'arrêtait pour lui reprocher sa mauvaise conduite, ses indignes manœuvres et son incivisme. Vous *devois* imaginer que les croisées étaient bien garnies et bien illuminées. Enfin, pour finir la cérémonie, on le mena sur une petite place, on le fit monter sur un banc de boucher, et on l'obligea de danser *en chantant : A ça ira; on le descendit et on l'obligea d'embrasser l'âne entre les deux oreilles, de remercier les patriotes de leur indulgence, et on le soma de dévariser* ses meubles le lendemain pour '*évaquer* la ville dans le plus court délai, sous peine de tout le châtiment qu'il mérite (1). »

Nous ne ferons aucune réflexion sur ces violences, qui restèrent impunies : la municipalité feignit de n'en avoir pas eu connaissance!

Mgr Champion de Cicé avait quitté la France; mais avant son départ, il avait préposé à l'administration de son diocèse des vicaires généraux et M. Boyer, chanoine de Saint-Seurin, qui eut le soin d'adresser des instructions pour l'exercice du saint ministère dans les oratoires particuliers; on en comptait plusieurs à Bordeaux. Une lettre écrite avec une rare modération et une extrême circonspection accompagnait ces instructions.

« Lorsqu'à raison de la gravité des circonstances, disait l'abbé Boyer, la prudence ne permettra pas de continuer l'exercice des saintes fonctions dans les oratoires particuliers, les ministres feront choix d'une ou deux maisons pour y déposer les objets consacrés au culte : la plus grande prudence est spécialement recommandée aux ministres; le chant ou des rassemblements de nature à attirer l'attention et à faire remarquer les maisons annonceraient un zèle bien mal entendu, qui, en compromettant la sûreté de tous les ministres, compromettrait l'œuvre commune à laquelle ils

---

(1) Archives de la Gironde, série L, carton 60, liasse 2, 1791.

sont consacrés, et priverait les fidèles des secours les plus nécessaires dont il est instant qu'ils ne puissent jamais manquer.

» Les saints mystères ne peuvent être célébrés sur les autels portatifs consacrés par des *évêques intrus;* ces autels, s'il s'en trouve, doivent être brisés et, à raison de cette consécration, les fragments doivent être enfouis dans un lieu décent. Si l'on a la faculté de se servir d'une église pour les exercices de la religion, il faudra examiner si l'on ne s'en serait pas servi pour faire le temple de la Raison, ou bien s'il ne s'y serait pas passé des faits qui, selon les dispositions du droit canonique, en auraient produit la profanation; dans ce cas, avant d'y célébrer les saints mystères, il sera préalablement indispensable de la réconcilier, après en avoir obtenu l'autorisation du préposé au gouvernement du diocèse. »

Ces instructions, que suivirent ponctuellement les prêtres fidèles, parvinrent à la connaissance des intrus, de la municipalité et du Directoire du district; elles devinrent un thème pour les membres du Club national, qui se distingua par ses fureurs anti-chrétiennes pendant toute la durée de la Révolution.

Nous devons dire ici quelques mots de l'abbé Langoiran.

Fils d'un riche armateur de Bordeaux, M. l'abbé Langoiran (Jean-Simon), avait été nommé par Mgr d'Audibert de Lussan, archevêque de Bordeaux, dignitaire du chapitre Saint-André, quelques années après conseiller de l'Université, puis professeur de théologie, et enfin prieur de Mortagne. Les revenus de ce prieuré étaient considérables, et l'abbé Langoiran les distribuait généreusement aux pauvres, sans en rien réserver pour lui.

Sa réputation s'étendit hors des limites du diocèse de Bordeaux; l'évêque de Dax lui conféra le titre honorifique de vicaire général; mais Mgr Champion de Cicé l'appela pour diriger, sous son autorité, l'administration de son diocèse; il fut revêtu des pouvoirs d'official métropolitain et sa juridiction s'étendit sur toute la province ecclésiastique de Bordeaux.

Mgr Champion de Cicé, en partant pour Paris où il allait siéger aux États Généraux, confia aux abbés Langoiran et Boyer le soin de son diocèse : les prêtres qui avaient refusé le serment à la constitution civile du clergé furent fortifiés et encouragés par eux. L'abbé Langoiran publia plusieurs écrits contre le schisme et fut l'objet de la haine acharnée des clubistes de Bordeaux, dont ses écrits vigoureux faisaient le désespoir.

La municipalité et M. Duranthon, procureur-syndic du district, le signalèrent aux patriotes comme un prêtre fanatique et dangereux pour l'ordre de choses nouveau. Des pamphlets, des libelles, des menaces lui étaient adressés journellement, mais ne le firent pas dévier un instant de la ligne qu'il s'était tracée ni des devoirs que lui imposaient sa conscience et sa mission de vicaire général [1]. Le Directoire du district osa même, par un arrêté qu'il fit afficher, lui défendre la prédication le jour de Pâques (1791), parce qu'il n'avait pas prêté le serment comme fonctionnaire public, et que, par conséquent, il était *en révolte* contre la loi. Cet arrêté lui fut signifié avec des menaces de la part de M. Duranthon de le traduire devant les tribunaux en cas de désobéissance [2].

Excitée par les clubs, une certaine partie du peuple mettait en péril les jours de M. l'abbé Langoiran; les prêtres constitutionnels, qui le regardaient comme leur adversaire le plus redoutable, ne dissimulaient pas leur animosité contre lui. On l'avait prévenu des dangers qu'il

---

[1] La Bibliothèque de Bordeaux possède la collection complète de tous les écrits qui parurent dans notre ville à l'occasion de la constitution civile du clergé et du serment.
[2] Archives de la Gironde, série L.

courait, et on lui avait offert plusieurs retraites où il pourrait attendre en sûreté des jours meilleurs. Il se savait surveillé et suivi depuis quelque temps par les agents de la municipalité et par les espions du Club national, qui s'informaient de toutes ses actions et de ses moindres paroles.

Redoutant un attentat contre sa personne, il fit un jour porter une caisse remplie de papiers et de brochures chez un sieur Garrigues, négociant, qu'il croyait son ami. Celui-ci, qui n'ignorait pas la position périlleuse de l'abbé, craignit de se compromettre et refusa de recevoir la caisse; les espions en arrêtèrent le porteur et elle fut déposée au greffe du Directoire du district. Après examen, le Directoire prit l'arrêté suivant :

« Attendu qu'il n'existe pas *encore* de délit prouvé, ladite caisse et la lettre signée *Langoiran* seront envoyées à la municipalité, pour que, en présence des sieurs Langoiran et Garrigues, elle procède à l'ouverture de ladite caisse et à l'inventaire des titres de chaque brochure et fasse de suite l'examen de chacun desdits écrits, afin de s'assurer s'ils sont de nature à nuire à la tranquillité publique, et dans ce cas être par le procureur général syndic, sur le rapport de la municipalité au Directoire, dénoncés aux tribunaux, et dans le cas contraire, remis au propriétaire [1]. »

L'abbé Langoiran et Garrigues ayant été mandés à la municipalité, on fit, en leur présence, l'ouverture de la caisse, où l'on trouva des brochures religieuses et politiques dont la publication remontait à deux ans. Il y avait aussi des journaux et une collection des brefs du Pape sur la constitution civile du clergé, adressés aux évêques de France.

Le Directoire du district vit là un délit grave, et chargea M. Duranthon, son procureur-syndic, de dénoncer à l'accusateur public l'abbé Langoiran comme coupable

---

[1] Cet arrêté, à la date du 19 avril 1791, est signé : Monnerie, président, et Duranthon. (Archives de la Gironde.)

« d'avoir publié des ouvrages provoquant à la désobéissance aux lois, à l'avilissement des pouvoirs constitués, à la résistance à leurs actes, à la *subversion, par la force des armes,* de l'ordre public établi par les lois, et comme tendant à troubler l'État par une guerre civile religieuse [1]. »

L'abbé Langoiran se cacha.

Nous aurons bientôt à reparler de lui.

Mgr Champion de Cicé était toujours, aux yeux des catholiques romains, le légitime archevêque de Bordeaux ; il fit imprimer et publier vers la fin de 1791, pour l'année 1792, l'*Ordo* de son diocèse, sous ce titre : *Ordo divini officii recitandi,* etc., *ad usum diocesi Burdigalensis.*

La brochure porte qu'elle a été imprimée par ordre de Mgr Champion de Cicé, *archevêque de Bordeaux, primat d'Aquitaine,* etc. Cette publication émut profondément M. Pacareau, qui dépêcha au Directoire du district une députation au sujet de cet *Ordo,* dont un exemplaire fut déposé sur le bureau. Les députés exposèrent que « le sieur Champion de Cicé s'était permis de se donner un titre qu'il n'avait plus et de prendre des qualifications illégales ; qu'il n'avait plus d'autorité spirituelle dans le département de la Gironde, et que ces expressions *diocèse* et *archevêque* n'étaient pas reconnues par la loi. Ils demandèrent, en conséquence, que le Directoire prît des mesures à cet égard. »

L'assemblée délibéra longuement sur cette proposition et nomma deux commissaires pour faire un rapport. On ne trouve pas les suites de cette affaire sur les registres du Directoire ; mais l'*Ordo* de Mgr Champion de Cicé n'en fut pas moins suivi par tous les catholiques du diocèse, au grand désespoir de M. Pacareau et de tous les prêtres constitutionnels [2].

---

[1] Archives municipales de Bordeaux et Archives de la Gironde.
[2] Archives de la Gironde : Registre du Directoire du district de Bordeaux (année 1791).

L'agitation religieuse qui régnait à Bordeaux vers cette époque inquiétait les administrateurs de la ville, quoique la tranquillité publique n'y fût pas encore gravement compromise; mais ils redoutaient, à l'occasion des messes de minuit qui allaient être bientôt célébrées, des troubles dans les églises conventuelles desservies, aux termes des décrets, par les prêtres insermentés. Les constitutionnels, de leur côté, craignant avec raison de voir leurs temples déserts, voulurent empêcher les réunions des catholiques romains et firent agir auprès de M. Duranthon, procureur-syndic du district; celui-ci, ennemi déclaré des non-conformistes, présenta au Directoire un volumineux réquisitoire rempli de déclamations contre eux : « Rappelez-vous, citoyens, disait-il, cette longue lutte avec l'autorité publique enfin renaissante et l'autorité expirante du clergé; cette longue et convulsive agonie de deux ordres (la noblesse et le clergé) qui, après s'être longtemps attaqués et combattus, succombent sous le poids des anathèmes d'une grande nation, et réunis, enlacés dans une chute commune, forts l'un par l'autre, couverts l'un par l'autre, ont failli entraîner dans leur ruine la ruine de l'empire; lutte heureuse cependant aux yeux de l'homme sage, aux yeux de l'homme véritablement religieux et chrétien, car nos prêtres, par leur incivisme, ont plus fait dans six mois, pour la destruction des préjugés, pour la liberté et peut-être pour l'*indifférence des cultes,* que n'en auraient pu faire les philosophes des diverses nations dans deux siècles de recherches, de combinaisons et de combats. Ils n'ont pas voulu voir ce que nous leur avions annoncé à l'origine de ces déplorables disputes, que le refus du serment civique forcerait la nation à prendre des mesures dignes d'elle et capables de la garantir également et du reproche de persécution et des dangers d'une trahison persévérante de la part de ses fonctionnaires publics.

» Rappelez-vous l'évasion du roi, et son arrestation, et sa situation; ce qu'il fallut *dans* tous les points de la France de prudence et de sagesse pour prévenir une nouvelle désorganisation, pour empêcher que le parti vaincu ne fût victime de sa folle joie, de ses *sanguinaires espérances,* de ses subversives entreprises; que le parti vainqueur ne se déshonorât par des vengeances qu'il pouvait bien croire nécessaires et des sacrifices que le danger aurait pu excuser, mais que la nécessité même aurait à peine expiés, etc. [1]. »

Nous ne continuerons pas les extraits de ce discours virulent, où M. Duranthon parle de l'arrestation et de la détention du roi, du retour de Varennes, comme en parlaient à cette époque les journaux démagogiques et les clubs; il y tient le langage d'un ennemi du clergé et de la royauté, dont il devait être plus tard le ministre.

Le discours de M. Duranthon eut un grand retentissement à Bordeaux; il vint en aide au projet de M. Pacareau et du clergé constitutionnel.

On avait imprimé et publié une lettre sous ce titre : *Prière pour un temps de calamité publique.* Cette lettre, écrite par un vénérable prêtre, servit merveilleusement les constitutionnels. Le 23 décembre 1791, une dizaine d'entre eux se présentèrent au Directoire du département, et armés de cette pièce, ils prétendirent que la publicité qui lui avait été donnée et la gravité des circonstances ajoutaient aux craintes conçues sur le maintien de la tranquillité publique, qui serait infailliblement troublée si l'on permettait l'*ouverture* de toutes les églises sans exception, et ils prièrent les administrateurs de prendre ces craintes en très sérieuse considération.

Le Directoire, après en avoir délibéré, édicta le même jour, sur le réquisitoire du procureur général syndic, un

---

[1] Archives de la Gironde, série L, liasse 178.

arrêté ainsi conçu : « Considérant que dans les moments où il est si important de conserver l'heureuse tranquillité dont jouit cette ville, l'administration doit redoubler d'*attention* pour prévenir tout ce qui pourrait la troubler; que la célébration de la messe de minuit, pendant la nuit de Noël, et le nombre considérable des personnes que rassemble dans l'obscurité cet acte de religion, exige toute la surveillance de la patrie, et que cette surveillance ne pourrait facilement se porter dans tous les lieux où elle serait nécessaire, si les églises succursales conventuelles et autres que les églises paroissiales étaient ouvertes;

» Arrête que les *seules églises paroissiales* pourront être ouvertes pendant la nuit de Noël; que les officiers municipaux veilleront à l'exécution du présent arrêté... [1]. »

Le triomphe du clergé schismatique fut complet, et les églises louées au culte furent fermées pour les fêtes de la Noël. Les églises constitutionnelles n'en furent pas moins désertes pendant les messes de minuit, et la très grande majorité des habitants de Bordeaux se trouva ainsi privée d'entendre ses pasteurs légitimes.

C'est sous ces auspices affligeants pour le clergé fidèle que se terminait l'année 1791.

L'Assemblée législative, qui s'était réunie le 1er octobre 1791, s'occupa beaucoup, pendant sa courte session, des matières ecclésiastiques et du clergé réfractaire, contre lequel elle décréta des mesures rigoureuses. Les événements politiques se succédaient rapidement; la monarchie était battue en brèche, et la royauté expirante ne pouvait protéger les malheureux prêtres catholiques romains contre les attaques incessantes de leurs adversaires excités par les constitutionnels. Aussi l'année 1792 vit-elle la continuation des persécutions.

---

[1] Archives de la Gironde, anné 1791.

Les attroupements étaient fréquents dans la ville, les esprits étaient surexcités par les clubs et sociétés populaires et l'autorité veillait sans succès (car elle était impuissante et débordée) au maintien de la sécurité publique.

Il y avait, aux cloîtres des Jacobins de Bordeaux, une chapelle destinée aux exercices de piété des Frères de la Congrégation du Rosaire, qui l'avaient décorée à leurs frais. Les congréganistes firent enlever de cette chapelle le mobilier qui leur appartenait et en opérèrent la vente; entre autres objets, ils vendirent à un ecclésiastique de la ville une statue de la Vierge *en bois doré*. Celui-ci la fit enlever par un portefaix; mais le pauvre homme, chargé de la statue, fut arrêté par deux gardes nationaux et conduit devant un juge de paix. Le magistrat, après l'avoir interrogé, le mit en liberté, et ordonna le dépôt de la statue dans les bureaux de la municipalité. Le bruit répandu qu'un prêtre insermenté avait fait enlever un objet mobilier au préjudice de la nation, amena un rassemblement considérable, et le domicile de l'ecclésiastique fut envahi par la foule, qui ne voulut entendre aucune explication et visita tous les appartements pour trouver la statue. L'affaire se termina par l'arrivée de quelques municipaux, qui déclarèrent que l'objet enlevé était la propriété légitime de l'ecclésiastique; l'attroupement se dissipa, et la statue de la Vierge fut enfin remise entre les mains de son propriétaire. Les congréganistes publièrent la narration de ce qui s'était passé, et réfutèrent avec indignation un article du *Journal de Bordeaux,* qui avait raconté les faits en les dénaturant, suivant sa coutume : « Et vous, sieur Marandon, dit la brochure, qui avez saisi cette circonstance avec tant d'avidité pour orner d'un supplément le n° 18 de votre *Courrier de la Gironde;* vous qui, dans ce supplément, avez dénaturé tous les faits de cette affaire, quoique vous en fussiez instruit; vous qui, par la manière irrévérentielle avec laquelle vous avez parlé de votre Dieu et de la Vierge, en *distinguant* cette irrévérence en lettres italiques, avez fait prendre le change sur les sentiments de piété que nous avions cru jusqu'ici reconnaître en vous; qui vous êtes attaché à persiffler et à livrer au ridicule un prêtre respectable qui avait acheté la statue; qui avez affecté de charger de tout votre mépris le ci-devant Frère de l'École chrétienne lorsque les uns et les autres, par la pureté de leurs mœurs, méritent tout au moins l'honneur de votre considération; lorsque celui que vous qualifiez de *bête* et d'*ignorantissime,* sans avoir besoin d'aller à votre école, en saura toujours assez pour ne jamais s'écarter des sentiers de la vertu, nous vous prions d'avoir plus de charité pour vos concitoyens, d'être à l'avenir plus réservé, plus circonspect, lorsque vous parlerez des choses qui touchent de si près notre sainte religion qui est la vôtre, et nous ne cesserons de faire des vœux pour que Dieu vous en inspire le goût et l'idée [1]. »

Les catholiques romains de Bordeaux avaient demandé au nom de la loi, aux administrateurs de la ville, la concession à titre de location des trois églises conventuelles de la Merci, des Minimes et de Saint-Maixant, et le Directoire, par son arrêté du 24 février 1791, leur avait loué ces trois églises, en rappelant les citoyens au respect dû à la liberté religieuse. La municipalité avait exprimé par un avis imprimé et affiché sa résolution inébranlable de *mourir* plutôt que de souffrir qu'il fût porté la moindre atteinte à la liberté des cultes. Les citoyens locataires de ces églises en avaient pris possession et y faisaient célébrer paisiblement leur culte, sous la surveillance de l'autorité municipale, sans que l'on pût leur adresser le moindre reproche; mais les énergumènes du Club national ne purent souffrir un culte rival. Ils envoyèrent dans les églises des

---

[1] Cet écrit est signé : Magonty, Gilbain, etc.

bandes d'émeutiers, qui y firent entendre des cris séditieux et outrageants pour les célébrants, et en chassèrent par la frayeur les fidèles assemblés.

Impuissante à mettre un frein à ces violences, la municipalité se contenta de rédiger des procès-verbaux qui ne furent pas poursuivis.

Mais le Club national ne s'en tint pas aux actes d'intimidation que nous venons d'indiquer; il présenta au Directoire du département une pétition pour demander la clôture des églises concédées; il en exposait les raisons en ces termes : « Il n'y a pas deux églises catholiques. Nous avons des temples, disaient-ils, les mêmes dogmes, les mêmes cérémonies, le même culte; il n'y a qu'une obstination sans motifs raisonnables qui puisse faire demander des églises différentes de celles du culte constitutionnel, » et on déclarait au Directoire que les patriotes n'y consentiraient pas. Les opinions religieuses : mais leur manifestation ne devait pas nuire à l'ordre public. Les commissaires des églises y appelaient le tumulte; ils criaient à la persécution et attaquaient les prêtres du peuple et de la liberté. Leurs prêtres étaient des conspirateurs, des fanatiques, et Bordeaux en était le réceptacle. Ces prêtres parlaient au nom d'évêques chassés par la Constitution; ils composaient et distribuaient des ouvrages contraires à la constitution du clergé.

« Ce sont, ajoutait la pétition du Club, les sentinelles des tyrans, les dépositaires de leurs complots; ils ont des tables de proscription et sont prêts à faire couler le sang des hommes au nom du Ciel; leur nombre à Bordeaux s'élevait à 2,000 pour trois ou quatre oratoires, etc. »

Cette pétition ne contenait que des dénonciations dénuées de preuves; elle n'en fut pas moins accueillie par le Directoire. Il prit, à la date du 27 janvier 1792, un arrêté ordonnant la clôture provisoire des trois églises louées aux catholiques. Ceux-ci présentèrent une pétition pour démontrer l'injustice et l'illégalité de l'arrêté (1), mais leurs efforts furent vains. Le Directoire, après avoir pris l'avis des administrations secondaires, déclara que les circonstances qui avaient motivé la clôture provisoire des églises de la Merci, des Minimes et de Saint-Maixant étaient *toujours les mêmes,* et qu'il y avait lieu à maintenir l'arrêté du 27 janvier.

Le Club national, hâtons-nous de le dire, ne se trompait pas d'ailleurs sur le nombre des prêtres réfractaires présents à Bordeaux. Chassés de toutes parts et espérant trouver un asile dans cette ville, ils s'y étaient réfugiés en foule; déguisés les uns en marchands ambulants, les autres en ouvriers chargés de leurs outils, ils erraient, fuyant les persécutions; quelques-uns même avaient revêtu des costumes de gardes nationaux. Les fidèles les recueillaient et leur prodiguaient tous les secours en leur pouvoir. On assure que, dans les premiers mois de 1792, leur nombre pouvait s'élever à 2,000 environ (2).

Nous raconterons tout à l'heure les dénonciations dont ils furent l'objet.

Quelques jours après la pétition du Club national au Directoire du département, une profanation sacrilége (on doit donner cette qualification au fait suivant) eut lieu dans le cimetière de Sainte-Eulalie. Une dame pieuse, attachée au clergé insermenté, et qui n'avait jamais voulu reconnaître le curé constitutionnel de cette paroisse, mourut, et son corps fut présenté à l'église et ensuite au cimetière. On connaissait l'antipathie de la décédée et celle de sa famille pour le culte constitutionnel, et l'on savait que quelques

---

(1) Observations présentées aux corps administratifs par les citoyens pétitionnaires des églises de la Merci, des Minimes et de Saint-Maixant, sur une pétition du 27 février 1792, remise au Département. — Bordeaux, le 19 mars 1792, 16 pages.
(2) Lettre de Ch. Géraud, du 28 février 1792.

jours avant sa mort, cette dame avait demandé à être inhumée dans l'un des couvents de religieuses de Bordeaux, ce qui n'avait pu avoir lieu.

Tout à coup le bruit circula dans la paroisse que le cercueil présenté à l'église ne contenait qu'une bûche et que le corps de la défunte avait été transporté ailleurs. Soixante à quatre-vingts femmes de la classe du peuple se réunirent et pénétrèrent dans le cimetière, où le curé disait les dernières prières. Elles lui affirmèrent qu'il avait été induit en erreur et qu'il n'avait enterré qu'une bûche; elles l'invitèrent à rentrer dans l'église en lui déclarant que leur intention était de faire l'ouverture du cercueil avant qu'il fût descendu dans la fosse. Le prêtre, loin de résister à cet acte d'inqualifiable violence, leur répondit : « Faites ce que vous voudrez, » et se retira. Ces forcenées brisèrent le cercueil, écartèrent le suaire et reconnurent le corps de la morte. Elles se retirèrent alors...

L'indignation publique força le procureur de la commune à dénoncer cette odieuse profanation, et le tribunal du district condamna à la prison quatre de ces malheureuses signalées comme ayant brisé le cercueil.

Mais revenons aux deux mille prêtres qui s'étaient réfugiés à Bordeaux. Le clergé constitutionnel et ses adhérents connaissaient leur présence dans la ville; ils n'hésitèrent pas à porter une plainte au Club national, qui, fort de son audace et de ses succès antérieurs, ne tarda pas à faire présenter au Directoire du district, par une députation, une pétition signée par 1,500 personnes environ, pour obtenir l'expulsion de ces ecclésiastiques et leur renvoi devant leurs municipalités respectives.

Cette pétition, conçue en termes violents, menaçants même, expose qu'il existe à Bordeaux deux mille prêtres au moins, tous insermentés, évidemment ennemis de la loi et perturbateurs de l'ordre public, et qu'une réunion aussi nombreuse de prêtres concourant tous au même but, ayant le même esprit, les mêmes passions, ne peut être que très suspecte et très dangereuse dans une grande ville.

« Considérez principalement, Messieurs, disent les clubistes en terminant, que le peuple, menacé de toutes parts, frémit et s'indigne de recéler dans son sein un ramas d'étrangers qui entretiennent des intelligences secrètes avec ses ennemis, et concertent les moyens de l'asservir. Repoussez loin de lui tous ces hommes dangereux; ordonnez un recensement et renvoyez tous les prêtres insermentés dans leurs municipalités respectives.

» Administrateurs, vous venez d'entendre la voix du peuple; en ce moment peut-être il s'irrite sous le frein de la loi, mais ne croyez jamais qu'il le brise; nous respecterons toujours la loi, parce que nous chérissons toujours notre bonheur, notre gloire, et que des hommes libres savent mourir plutôt que de fausser leurs serments. Administrateurs, le peuple ne cessera aussi de vous aimer et de vous respecter, parce que vous êtes les organes de la loi, parce que vous avez toujours, dans la balance de la justice et de vos devoirs, les intérêts, les vœux et le salut du peuple. »

Cette phraséologie révolutionnaire ne suffit pas aux patriotes du Club: pour appuyer leur pétition et prouver qu'elle était bien l'expression de l'opinion générale, ils eurent recours à un moyen assez étrange.

Les meneurs du Club chargèrent un nommé Galard, président d'un autre club *(les Surveillants de la Constitution)* d'enrégimenter les femmes patriotes des *Amies de la Constitution,* de les exercer aux mouvements militaires et de leur faire demander dans leurs exercices l'expulsion des prêtres réfractaires. Galard agit et fit agir en conséquence; la proposition de faire l'exercice parut admirable aux femmes patriotes. Elles se munirent de piques, d'autres armes, et quelques-unes même de fusils, et pour témoigner à Galard leur reconnaissance de son heureuse idée, elles lui firent écrire pour l'en remercier, par une fille Lée, — clubiste exaltée, une lettre dont nous reproduisons quelques passages : « Vous êtes prié, Monsieur le Président, de délibérer sur ce fait important (1). On désire que la mesure de la pique soit, pour la hauteur, comme celle que M. Moulinié a présentée; quant au fer, cela devient égal pourvu qu'il perce bien... N'oubliez pas surtout, Messieurs, de nous défaire de cette *vermine empoisonnée*... Redoublez vos efforts pour que *ces serpents de prêtres réfractaires,* habillés de toutes les couleurs et sous toutes les métamorphoses que leur lâcheté leur suggère, sortent du sein de notre département et de la ville de Bordeaux. Le salut de la patrie dépend des actes rigoureux qu'on doit prendre à leur égard. Comptez toujours sur le courage et la force des bons citoyens et citoyennes, jaloux de vous imiter, et qui marchent de front avec vous pour cueillir les lauriers de la liberté... Je voudrais, dit la fille Lée, que tous les départements fissent la dépense d'embarquer tous les prêtres pour les aller vendre au roi de Maroc. Ce roi achète toutes les... (2) de l'Europe; on pourrait lui vendre de meilleure marchandise (3). »

Cette lettre peint parfaitement la démoralisation des classes inférieures de la ville de Bordeaux; les Bordelais, stupéfaits, virent les *Amies de la Constitution* parader sur les places publiques, armées de piques qu'elles agitaient en criant : *A bas les réfractaires!*

Le fait suivant est une preuve de plus de l'influence détestable des doctrines propagées par les sociétés populaires et de l'anarchie qui régnait dans la population bordelaise.

---
(1) Il s'agissait de l'armement complet des citoyennes.
(2) Nous supprimons le mot énergique tracé par la citoyenne Lée.
(3) Archives de la Gironde, série L.

Un bataillon de gardes nationaux de Libourne, caserné au Château-Trompette, dressa, de son autorité privée, une liste de dix-sept prêtres non-conformistes que l'on savait être cachés à Bordeaux, et forma le projet de les arrêter. Des soldats, sortis du fort à quatre heures du matin, s'embusquèrent aux coins des rues et arrêtèrent six ecclésiastiques, qu'ils conduisirent à l'Hôtel de Ville au milieu d'un attroupement composé de la populace de cette grande cité et de femmes, parmi lesquelles on remarquait, armées de leurs piques, les *Amies de la Constitution,* se signalant par leurs vociférations. Ces pauvres prêtres furent amenés au Palais de Justice, devant un juge de paix qui, après avoir fait subir à chacun d'eux un interrogatoire, les fit mettre en liberté ; mais seulement après le départ des gardes nationaux.

Ceux-ci d'ailleurs ne se contentèrent pas de cette capture ; ils forcèrent les maisons de plusieurs habitants honorables pour y découvrir des prêtres réfractaires, en fouillèrent tous les appartements, s'emparèrent de plusieurs lettres dont ils firent publiquement la lecture à la multitude ameutée ; puis ils finirent par se retirer. Ces excès causèrent la plus vive indignation à Bordeaux, mais l'autorité impuissante ne chercha même pas à les réprimer [1].

Elle avait d'ailleurs une tendance marquée pour le clergé constitutionnel.

Nous allons en donner une preuve. Le 25 mars 1792, un grand nombre d'honorables citoyens s'adressaient au Directoire du département pour demander la réouverture des églises louées au clergé fidèle [2]. Le Directoire renvoya la pétition au district, qui, lui-même, crut devoir consulter la municipalité. Les avis furent unanimes, et le 29 du même mois, le Directoire, « considérant que les circonstances qui avaient déterminé la clôture des églises louées provisoi-

---

[1] Archives municipales de Bordeaux. *Histoire* de M. O'Reilly, 2ᵉ partie.
[2] *Appendice,* note XII.

rement par les pétitionnaires n'ont point changé; que d'ailleurs la loi permet à tous prêtres, assermentés ou non, de dire la messe dans les églises consacrées au culte salarié par la nation, ce qui laisse aux pétitionnaires la faculté de suivre leurs scrupules sans faire scission, » fut d'avis qu'*il n'y avait lieu de statuer.*

Mais un événement plus grave allait atteindre l'Église.

Le 6 avril 1792, M. Torné, évêque constitutionnel de Bourges, député à la Législative, parut à la tribune et demanda la suppression de toutes les congrégations religieuses et séculières d'instituteurs, de missionnaires, de sœurs hospitalières et autres associations semblables. L'Assemblée s'empressa d'adopter cette proposition, qui fut convertie en motion. M. Lecoz, évêque d'Ille-et-Vilaine, prit en vain la défense des congrégations religieuses :

« La Constitution, dit-il, est pour ainsi dire sanctionnée de ruines; voulez-vous détruire encore ? L'esprit de conquête et l'esprit d'innovation sont le germe de la destruction des empires. Des législateurs amis de l'humanité examinent, avant de renverser un établissement public, quels sont les motifs de le détruire; enfin, ils examinent si l'on peut mettre à sa place quelque chose de meilleur... Les congrégations pacifiques, celles qui sont vouées à l'instruction de la jeunesse, sont-elles contraires à la Constitution? Je crois que les congrégations qui exercent en ce moment les fonctions de l'instruction publique, ne sauraient être supprimées sans qu'il en résultât un grand préjudice pour la société. Je distingue donc, parmi les congrégations qui doivent être conservées, les *Doctrinaires,* qui sont de la plus grande utilité pour la classe la moins aisée. Dans beaucoup de cantons et même dans les villes, ce sont ces sociétés qui donnent aux enfants les notions préliminaires. En les supprimant, vous ôtez à 60,000 enfants les moyens d'apprendre à lire et à écrire, etc. »

M. Lecoz défendit avec courage les ordres religieux, mais M. Torné insista et soutint qu'une saine politique demandait l'abolition, non seulement des congrégations, mais encore de toutes les communautés religieuses, et comme il était aussi ennuyé de son habit que dégoûté de sa profession, il demanda que le décret à intervenir abolît le costume religieux, ainsi que le *port de tout signe de la religion*. L'Assemblée vota avec enthousiasme le décret suivant : « Les congrégations connues en France sous le nom de congrégations séculières ecclésiastiques, celles de l'*Oratoire de Jésus,* de la *Doctrine chrétienne,* de la *Mission de France ou de Saint-Lazare,* des *Eudistes de Saint-Jacques,* de *Saint-Sulpice,* de *Saint Nicolas du Chardonneret,* du *Saint-Esprit,* des *Missions étrangères,* des *Missions du clergé,* des *Mulotins,* des *Missionnaires de Saint-Laurent,* du *Saint-Sacrement;* les sociétés *de Sorbonne* et *de Navarre,* les congrégations laïques, telles que celles des *Frères de la Doctrine chrétienne,* des *Hermites du Mont-Valentin,* des *Hermites de Saint-Jean-Baptiste,* de tous les autres *Frères hermites,* des *Frères tailleurs,* des *Frères cordonniers;* les congrégations de filles, telles que celles de la *Sagesse,* des *Écoles chrétiennes,* des *Vatelotes,* de *Sainte-Agnès,* de l'*Union chrétienne,* de la *Providence,* et généralement toutes les congrégations séculières d'hommes et de femmes, ecclésiastiques ou laïques, même celles vouées uniquement au service des hôpitaux et au soulagement des malades, sous quelque dénomination qu'elles existent en France, soit qu'elles ne comprennent qu'une maison, soit qu'elles en comprennent plusieurs, sont éteintes et supprimées à compter du jour de la publication du présent décret. »

M. Torné insista pour l'autre décret sur l'abolition du costume ecclésiastique et du port de tout signe religieux ; sa motion ne fut pas même discutée, et l'Assemblée législative rendit un décret conforme.

Plusieurs évêques constitutionnels, membres de l'Assemblée, s'empressèrent de faire acte de patriotisme en approuvant ce décret. M. Gay Vernon, évêque de la Haute-Vienne, déposa sur l'autel de la patrie sa croix d'or, dont le prix servirait, dit-il, à l'entretien d'un volontaire, et il ajouta : « Quand je serai dans mes fonctions, je porterai une croix d'ébène. » M. Fauchet, évêque du Calvados, qui sans doute n'avait pas de croix, se hâta de mettre sa calotte violette dans sa poche. M. Grégoire, évêque de Blois, prêcha sur l'abolition des ordres religieux, qu'il approuva, ainsi que le décret sur le costume ecclésiastique : « Jésus-Christ, disait-il, ne portait pas de costume particulier; ses disciples devront s'en abstenir. »

Ces deux décrets de la Législative comblèrent de joie les ennemis du christianisme; ils publièrent des pamphlets, des caricatures, des chansons qui plaisantaient grossièrement, comme on peut le croire, sur l'expulsion des religieux des deux sexes des monastères où ils avaient passé leur vie, et, mêlant la raillerie à la cruauté, ils disaient à ces malheureux, la plupart sans asile : « Il vaut mieux être citoyen qu'abbé. »

Ces écrits les travestissaient en gardes nationaux chargés d'apprendre l'exercice; les gravures leur prêtaient les positions les plus grotesques; on leur faisait dire aux officiers : « *Avec la patience, nous en viendrons à bout; avec le temps nous marcherons comme les autres, et la Nation nous fera devenir bons citoyens.* »

D'autres libelles s'adressant, là à un évêque, lui disaient : « *Après une si longue et si grande indigestion, les médecins de la Nation vous mettent à la diète;* » ici à des prêtres : « *Hum! si nous l'avions prévu!* » à d'autres enfin : « *On nous a réduits qu'à ne prier Dieu.* »

On vendait une gravure représentant un obélisque tumulaire, entouré d'ornements d'église et de vases sacrés, avec cette épigraphe :

ICI REPOSE CE GRAND CORPS
QUI MANGEAIT LES VIVANTS ET LES MORTS.

L'abolition du costume ecclésiastique et de tout signe religieux nuisit beaucoup au respect dû au clergé. Les prêtres montaient la garde comme les autres citoyens ; les railleries et les quolibets s'adressaient surtout aux prêtres constitutionnels, tous empressés de prouver leur patriotisme par leur exactitude au corps de garde. Les journaux ne tarissaient pas sur le compte de ces ecclésiastiques, et si l'on veut connaître la considération qui s'attachait aux schismatiques, l'article suivant d'un journal du temps pourra en donner une idée. Nous le reproduisons malgré son inconvenance.

Il est intitulé : *Le bon Dieu dans une giberne.*

« Je rencontrai hier un de mes amis, prêtre de son métier. Il était en uniforme de garde national, et voici mot pour mot notre conversation : — Tu montes la garde aujourd'hui, dit-il, mais tu ne sais pas ce que j'ai là dedans (en montrant sa giberne). — Ce sont apparemment des cartouches ? — C'est quelque chose de mieux que cela. — Je ne connais rien au-dessus des cartouches dans le temps présent. — Ce que j'ai là est de tous les temps. — Est-ce quelque chose qui tue ? — Au contraire, c'est quelque chose qui donne la vie, c'est le principe de toutes choses. — Le principe de toutes choses dans ta giberne, c'est un peu fort ! — C'est ma vérité de prêtre. — En ce cas, explique-toi catégoriquement, car je ne sais pas deviner les énigmes ; voyons, quel mystère renferme ta giberne ? — Mon ami, c'est en effet un grand mystère : c'est le *bon Dieu !* — Le *bon Dieu !* — Oui le *bon Dieu*. J'étais au corps de garde ; on est venu me requérir pour le porter à *un de mes fidèles* qui se dispose à faire un grand voyage, et pour me conformer à l'arrêté très sage de la Commune, je remplis mes fonctions de prêtre en habit de citoyen, attendu que, pour cette mission particulière, il faut que je sorte du temple. J'avoue d'ailleurs qu'il est plus commode et *plus décent* d'être vêtu en citoyen-soldat que d'être en *masque funèbre,* et d'aller épouvanter un mourant et faire agenouiller les petits enfants et les bonnes femmes dans les rues. — Ton langage se ressent bien de ton habit; je te pardonne d'être prêtre, et s'il le faut absolument, puissent-ils tous te ressembler ! Adieu [1]. »

Ce fait, vrai ou faux, prouve quel chemin avait fait l'irréligion depuis la constitution civile du clergé. Les prêtres assermentés accolaient ensemble l'Évangile et la Constitution et n'étaient plus que des *officiers de morale,* ainsi que les appelait Mirabeau. « Ils transformèrent la chaire en tribune, le serment en acte patriotique et la charité en philanthropie. Ces prêtres entretenaient des correspondances politiques avec les hauts fonctionnaires, ou avec ceux qui étaient bien avec le peuple. Ils firent au catholicisme ce que les Girondins firent à la Monarchie, et ils creusèrent l'abîme qui les engloutit [2]. »

Revenons aux décrets de la Législative provoqués par M. Torné; leur conséquence immédiate fut d'augmenter le nombre des malheureux réfugiés dans les grandes villes pour y chercher de précaires asiles et une sécurité qui les fuyait sans cesse.

La perturbation, déjà si grande dans le camp catholique, s'accrut encore, et le désarroi devint général.

L'agitation religieuse, d'ailleurs, était entretenue à Bordeaux et dans la majeure partie des communes de la

---

[1] *Journal du Salut public,* année 1792.
[2] A. Challamel, *Histoire-musée de la République.*

Gironde par les prêtres constitutionnels, que la présence des non-conformistes dans leurs paroisses exaspérait. Un décret de l'Assemblée constituante autorisait ces derniers à célébrer la messe dans l'église d'une paroisse lorsqu'il n'y en avait qu'une seule, et ordonnait que les vases sacrés et les ornements fussent fournis par le curé constitutionnel. Ce décret s'exécutait notamment dans la commune de Saint-Martin-de-Labarde, en Médoc, malgré le mécontentement du curé élu; mais ce ne fut pas pour longtemps.

Le 9 juillet 1792, M. Mathieu, ancien curé de cette église, démis par refus de serment, se disposait à y célébrer la messe, conformément à la loi, pour les habitants de la paroisse de Macau, qui ne reconnaissaient pas leur curé constitutionnel, lorsque les paroissiens de Saint-Martin de Labarde, excités et poussés par leur prêtre schismatique, pénétrèrent en grand nombre dans la sacristie où M. Mathieu s'habillait, et le menacèrent de lui rompre les bras s'il persistait à dire la messe dans leur église. M. Mathieu invoqua les dispositions du décret, mais ce fut en vain; il fut contraint de se retirer pour éviter les violences dont il était menacé. Un officier municipal le fit prévenir de ne pas rentrer dans son domicile et de ne pas passer dans les rues de la commune, parce qu'il pouvait y courir des risques pour sa vie. Le pauvre prêtre fut obligé, pour rentrer furtivement chez lui, d'attendre la nuit dans la maison de l'un de ses anciens paroissiens.

Ce ne fut pas tout : le lendemain, la garde nationale de la commune envahit le domicile de son ancien curé, et le somma de prêter le serment. Sur son refus, on le menaça de le lui faire prêter par force. Il déclara être prêt à subir tous les traitements plutôt que de faire un serment que sa conscience repoussait. La municipalité intervint et signifia au curé qu'il eût à quitter la commune de Labarde *s'il ne voulait être assommé*. M. Mathieu fut contraint de céder à la violence et d'abandonner son domicile; il adressa sa plainte au Directoire et au tribunal du district, mais on ne lui répondit pas, et il ne put obtenir ni aide ni protection pour être réintégré dans sa maison.

Nous pourrions rapporter d'autres faits de cette nature et multiplier le récit des actes de persécution dont le clergé fidèle fut alors la victime. Bornons-nous à citer l'un de ceux qui ont laissé la trace la plus douloureuse dans les annales de l'histoire religieuse de Bordeaux.

Nous avons raconté les tribulations dont M. l'abbé Langoiran avait failli devenir la victime; cette persécution et l'irritation populaire fomentée par les clubs donnèrent des inquiétudes à ce digne ecclésiastique, ainsi qu'à deux vénérables prêtres comme lui insermentés. Le 14 juillet 1792 approchait et l'on se préparait à célébrer l'anniversaire de la prise de la Bastille par la plantation d'un arbre de la liberté à Bordeaux.

L'abbé Langoiran, qui avait déjà établi son domicile chez un ami, dut bientôt songer à le quitter pour échapper aux périls qui le menaçaient. Il accepta une retraite à Caudéran, dans une petite maison de campagne appartenant à un zélé catholique, M. Lajarthe : il y trouva deux prêtres, M. Dupuy, bénéficier de Saint-Michel, et M. Pannetié, grand-carme, qui s'y étaient réfugiés depuis quelque temps. Ils y célébraient la messe dans le plus grand secret, mais les espions attachés à leurs pas parvinrent à les découvrir dans cette retraite, et le 13 juillet, la garde nationale de Caudéran envahit la maison de M. Lajarthe et y arrêta ses trois hôtes, qui furent conduits à Bordeaux et présentés à un juge de paix. Ce magistrat entendit les témoins, interrogea les trois prisonniers, et les faits ne lui paraissant constituer ni crime ni délit, il ordonna leur mise en liberté.

Les gardes nationaux, auxquels s'étaient joints des hommes armés, méconnurent l'ordre du juge et amenèrent leurs prisonniers au Directoire du district. Arrivés sur la place Dauphine, ils furent entourés d'hommes sinistres en haillons et de femmes de mauvaise vie, qui proférèrent des cris de mort contre les trois prêtres. La bande portait au bout d'un bâton une affiche sur laquelle on lisait cette inscription homicide tracée en caractères rouges : *On recommande Langoiran aux bons patriotes.*

Le Club national était-il étranger à cette mise en scène ? On pourrait penser qu'il l'avait préparée...

Afin de laisser au récit qui va suivre sa physionomie la plus exacte et la plus vraie, nous allons reproduire la relation qu'en a donnée le P. Pannetié lui-même.

« Après quatre heures du matin, raconte-t-il, un grand nombre de gens armés investirent la maison, frappèrent rudement à la porte, avec menaces de l'enfoncer si l'on refusait de l'ouvrir. On ne put s'empêcher de les introduire. On nous menaça d'abord de nous couper la tête si l'on trouvait des armes à feu ; ils firent la visite et n'en trouvèrent pas. Ils nous obligèrent alors de les suivre et nous amenèrent devant la municipalité du lieu ; le maire et les officiers ne virent aucun motif suffisant d'arrestation ; nous étions sur le point d'être mis en liberté, quand on accusa M. Langoiran d'avoir voulu corrompre un des soldats en lui donnant un écu de 6 livres.

» Cette imputation fausse, dénuée de preuves, suffit pour déterminer la cohorte armée à nous conduire tous les trois, MM. Langoiran, Dupuy et moi, chez le juge de paix. Celui-ci fit lire le procès-verbal et déclara qu'il n'y avait aucune raison de nous arrêter ; mais le capitaine, sans vouloir écouter le juge, se jeta sur M. Langoiran, le saisit au collet, et nous fûmes traînés par la même escorte à la prison de Caudéran. Elle est obscure et malsaine ; nous n'y trouvâmes même aucun siége ; nous demandâmes pour

M. Langoiran une chaise qui nous fut refusée. Nous n'étions éclairés que par un trou d'un pied carré, par où nous entendions les plus horribles imprécations. Durant l'espace de douze heures que nous séjournâmes dans cette prison, nous ne fûmes occupés que de la prière et d'entretiens de piété relatifs à notre situation; nous nous abandonnâmes aux décrets de la Providence; nous acceptâmes les souffrances qu'elle nous destinait, et nous aimions à nous rappeler ce beau passage des Actes des Apôtres : « Ils sortaient » du conseil, se réjouissant d'avoir été trouvés dignes de » souffrir des outrages pour le nom de Jésus-Christ. » M. Langoiran répétait souvent ces paroles; il ajouta que Dieu lui faisait la grâce d'éprouver les sentiments de saint Ignace lorsque, pensant aux tourments qui lui étaient préparés, il s'écriait : « Lorsque je serai exposé aux bêtes » de l'amphithéâtre, elles m'épargneront comme d'autres » martyrs; je les exciterai à me dévorer pour devenir le » froment du salut. » Bientôt après, il nous pria d'entendre sa confession et la fit avec des sentiments de la componction la plus vive; puis, ayant écrit avec un crayon les sommes qu'il avait en dépôt, pour secourir les prêtres réduits à la misère, il me remit cette note que je plaçai dans mon portefeuille. Vers les sept heures du soir, on nous fit sortir de prison pour nous conduire au Département. Dans la route, nous essuyâmes mille injures. Arrivés à la cour du département (palais épiscopal), on joignit les coups aux menaces et aux imprécations. Alors, je ne sais ni pourquoi ni par quel mouvement, je m'avançai vers une salle; Dieu favorisa cette tentative irréfléchie, personne ne m'arrêta. Je trouvai quelqu'un à la porte qui m'accueillit et ferma la porte sur moi. Depuis ce moment, je ne vis plus rien de ce qui se passait (1). »

(1) *Un Martyr bordelais*, par l'abbé Pioneau, professeur de rhétorique. Bordeaux, 1851.

Ici finit la relation du P. Pannetié ⁽¹⁾.

La foule, qui s'était considérablement accrue dans le trajet de la place Dauphine au Département et qui remplissait la place, demandait à grands cris la mort de l'abbé Langoiran et celle de ses compagnons; elle faisait des efforts pour arriver jusqu'à eux; mais la garde nationale résista courageusement et parvint à faire entrer les prisonniers dans la cour du Département. — La foule irritée empêcha de fermer les portes; elle criait : « On veut les sauver et les soustraire à la vengeance du peuple. » *A mort! à mort!* hurlaient mille voix furieuses. Le rassemblement pénétra dans la cour, écarta violemment les soldats, se saisit des deux victimes et les égorgea sous les yeux de la garde impuissante.

« On vit alors, dit l'abbé Pioneau, une preuve éclatante de l'empire qu'exerce la vertu jusque sur les âmes les plus dépravées. Ces hommes, qui depuis longtemps se familiarisaient avec l'idée du meurtre, qui étaient encore couverts du sang de leurs victimes, ces hommes parurent cette fois étonnés de leur *audace;* ils demeurent muets, immobiles, et il se fit un grand silence dans l'assemblée. Ceux qui entouraient les martyrs purent saisir quelques paroles que murmuraient les lèvres mourantes de l'abbé Langoiran : c'était une prière pour ses bourreaux! »

Ce premier mouvement de stupeur fut bientôt dissipé. Les assassins, enhardis par les cris de la foule, décapitèrent le cadavre de l'abbé Langoiran, mirent sa tête au bout d'une longue perche et la portèrent dans les rues aux cris de : *Vive la Constitution! Mort aux prêtres! A bas les réfractaires!* Cette horrible promenade dura depuis huit heures du soir jusqu'à deux heures après minuit. A la fin, les meurtriers s'arrêtèrent dans la rue Bouffard, devant un

---

(1) Le P. Pannetié ne trouva pas grâce devant Lacombe plus tard; il fut condamné à mort et exécuté.

cabaret, y entrèrent, et après s'être enivrés, ils jetèrent leur sanglant trophée sur le pavé et s'enfuirent.

« Il fallait que tout fût odieux dans cette affaire, dit M. l'abbé O'Reilly : on alla prévenir le juge de paix de la section, qui arriva sur le théâtre du meurtre avec son greffier, auquel il dicta gravement son procès-verbal constatant les faits, et puis se retira en regardant froidement les deux cadavres exposés dans la cour [1]. »

On se demandera peut-être où était la force publique de la cité, et ce que faisait, pendant cette scène de carnage exécutée en plein jour, l'autorité municipale à laquelle incombait le soin de la prévenir ou d'en arrêter les auteurs? La garde nationale et le corps municipal de Bordeaux plantaient un arbre de la liberté sur la place Royale et dansaient autour de ce symbolisme républicain au son de deux orchestres! Un prêtre, l'abbé Thomas Langoiran, frère du vicaire général, dansait, mêlé à la foule, pendant que l'on égorgeait son frère à quelques cent mètres de la place Royale [2] !

L'autorité ne fit pas de recherches pour découvrir les auteurs de ce double meurtre, ou bien elles furent infructueuses; on n'arrêta personne et on chercha à ensevelir le crime dans un profond silence. Les registres de l'Hôtel de Ville en rendent compte dans les termes suivants : *Le 14 juillet 1792, mort de l'abbé Langoiran et autres, tués par des gens égarés.*

Les cadavres mutilés restaient toujours dans la cour du Directoire du département; il fallait cependant leur donner la sépulture, et le district écrivit à la municipalité : « Il y a une heure que *quelqu'un* est venu nous dire de votre part que vous alliez envoyer une bière pour enlever les

---

[1] *Histoire de Bordeaux*, 2ᵉ partie, t. Iᵉʳ, p. 217.
[2] Archives municipales. Thomas Langoiran parut plus tard devant la Commission militaire et fut acquitté.

corps qui sont dans la cour de l'administration ; personne n'a paru, et les corps sont toujours là. Veuillez nous dire si vous avez donné des ordres à ce sujet. M. le procureur général syndic vient de *nous observer* qu'il serait *très intéressant* que ces cadavres fussent enterrés de manière à ce qu'on sût le moins possible où ils l'ont été. Vous *sentirez* quelles sont les raisons qui ont suggéré cette observation à M. le procureur-syndic, et nous croyons qu'elle doit être prise en très grande considération. Vous savez de quoi sont capables des *fanatiques*. — 16 juillet, une heure du matin. — Signé : Couzabd. »

Les réflexions se présenteront en foule à la lecture de cette étrange lettre. Une seule chose semblait préoccuper les administrateurs de notre grande cité : c'était d'inhumer dans un lieu secret les cadavres des deux victimes égorgées sous leurs yeux, pour prévenir les entreprises dont *les fanatiques étaient capables!*

Pas de blâme pour les assassins, pas un mot de pitié pour les victimes !

Une pieuse et respectable légende est encore répandue dans la classe populaire de Bordeaux. On raconte que lorsque la tête de l'abbé Langoiran fut jetée par les meurtriers dans la rue Bouffard, l'un des pavés garda pendant quelques jours l'empreinte en profil du visage du martyr. En vain voulut-on le laver, l'empreinte y restait ineffaçable, et la foule accourait de tous les points de la ville pour s'assurer de ce fait merveilleux. Afin de prévenir des rassemblements dangereux pour l'ordre public, la municipalité fit enlever ce pavé, qui fut enfoui dans les décombres de l'Hôtel de Ville actuel.

L'assassinat des abbés Langoiran et Dupuy causa une vive émotion. « Toute la population, dit Bernardau, manifesta l'indignation la plus profonde pour ce crime affreux..... » Puis il ajoute immédiatement : « C'est le seul qui ait été commis à Bordeaux dans le cours de la Révolution. » Bernardau était à coup sûr optimiste! Les prêtres fidèles redoublèrent de prudence pour échapper aux recherches de leurs ennemis, et les prêtres constitutionnels se félicitèrent tout bas de la disparition de leur plus dangereux adversaire.

Quant à M. Pacareau, malade, infirme et confiné dans *sa petite maison,* il ne donna pas le plus léger signe de vie dans cette triste et douloureuse circonstance. Le vieil évêque ne jouit pas longtemps de son pouvoir; il tomba dans l'enfance et mourut oublié le 5 septembre 1797 [1].

L'abbé Langoiran avait été assassiné le 14 juillet 1792 : un mois après, la Monarchie succombait dans la journée du 10 août...

La Législative, au milieu des embarras que lui créaient la détention du roi et les massacres de Septembre, qui avaient épouvanté la France, la Législative, disons-nous, trouva le temps de décréter « *que les ecclésiastiques salariés par l'État qui recevraient un casuel, sous quelque dénomination que ce soit, seraient condamnés, par les tribunaux de district, à perdre leur place et leur traitement* » [2].

On pourrait affirmer que cette loi était une superfétation, car tout culte allait bientôt disparaître et s'abîmer, grâce à l'esprit d'irréligion qui avait fait d'immenses progrès dans tout le pays.

Au mois d'octobre 1792, la municipalité faisait remettre à la Monnaie 2,387 marcs 7 onces et 3 gros d'argent provenant de l'argenterie des douze églises paroissiales de Bordeaux...

On marchait vers le culte de la *Raison!*

---

(1) *Appendice,* note XIII.
(2) Loi du 7 septembre 1792.

Durant ce temps, la Convention s'était réunie, et après avoir proclamé la République, que le ministre Roland recommandait par circulaire *aux Pasteurs des villes et des campagnes* [1], elle commençait, poussée par les circonstances et les événements, l'application du régime terrible qui a marqué de flots de sang les pages de notre histoire nationale en 1793 et en 1794.

[1] *Appendice,* note XIV.

LIVRE II

LES PROLÉGOMÈNES DE LA TERREUR.

CHAPITRE I

LES PREMIERS MOIS DE L'ANNÉE 1793.

Souffrances des Bordelais au commencement de 1793. — Scission entre la Gironde et la Montagne. — Les amis des Girondins s'apprêtent à les défendre. — Adresse du Département à la Convention. — Le gouvernement cherche à surexciter le patriotisme des citoyens. — La *Société de la Liberté et de l'Égalité* fait un appel aux marins. — La manie des publications. — La citoyenne Dorbe et le drapeau tricolore. — On remplace la municipalité. — M. Saige reste maire. — On forme un corps de volontaires pour la défense de la Convention. — Condamnation de Louis XVI. — Le Département félicite la Convention. — Adresse des *Amies de la Constitution*. — Lettre de Fasileau-Duplantier au Département. — Mesures contre les prêtres et les émigrés. — La question des subsistances. — Troubles à ce sujet. — Le pain à Bordeaux. — Arrivée du conventionnel Mazade. — Envoi de bataillons bordelais en Vendée. — Attaque de Desfieux contre les Girondins. — Mise hors la loi des prêtres réfractaires. — Les conventionnels Paganel et Garrau viennent remonter l'esprit public. — Leur proclamation au peuple bordelais. — Agitation des sections. — Arrestations à Libourne. — Lettre de la municipalité au ministre de l'intérieur. — La Convention accorde deux millions à la ville de Bordeaux. — Le *Club national* interrompt ses séances. — La trahison de Dumouriez. — Visites domiciliaires et gens suspects. — Une séance du Conseil général du département. — Adresse de ce Conseil à la Convention en faveur des Girondins. — Proclamation aux Bordelais. — La municipalité félicite le Département de son énergie. — Elle se rend chez les Conventionnels. — Discours de Saige et réponse de Garrau. — Lettre de Boyer-Fonfrède à la municipalité. — Lettre de Sers, président du département, relative à la trahison de Dumouriez. — Paganel et Garrau mettent les côtes du département en état de défense. — Ils requièrent les chevaux de luxe pour le service des armées. — Prêtres conduits à Bordeaux pour être déportés. — Le Château-Trompette et la citadelle de Blaye. — Arrêté des Conventionnels sur la disette des subsistances et la défense générale. — Ils quittent Bordeaux après avoir investi le Département de pouvoirs spéciaux.

L'état des esprits de la population bordelaise était des plus affligeants dans les premiers jours de l'année 1793.

On souffrait, et la misère était générale.

Malgré les efforts constants des autorités constituées, la confiance diminuait chaque jour et la crainte assiégeait tous les cœurs.

Seules, les sociétés populaires s'agitaient audacieusement et, grâce à leurs manœuvres, un semblant d'opinion publique paraissait approuver les actes de la Convention.

En réalité, les administrateurs du département et la partie saine de la population répudiaient en secret certaines mesures de la trop célèbre Assemblée.

Ce qui inquiétait surtout à Bordeaux les hommes en état de suivre et de juger le mouvement politique qui s'accomplissait, c'était la scission qui s'opérait et s'accentuait plus profondément de jour en jour entre la Gironde et la Montagne.

Le sang de Septembre séparait ces deux factions rivales, et la lutte s'annonçait déjà comme devant se terminer par la chute inévitable et retentissante de l'une d'elles.

Les esprits étaient dans l'attente. Résolus de soutenir les représentants que le département avait envoyés à la Convention, les administrateurs, amis et anciens collègues des chefs de la Gironde, voyaient approcher le danger et cherchaient à le conjurer par leurs actes et par leurs paroles ; mais ils étaient obligés, pour ne pas provoquer la suspicion de la Convention et multiplier les périls de ceux qu'ils voulaient défendre, de dissimuler leur pensée sous des ambiguïtés de langage. C'est ainsi, notamment, que dans leurs publications ils parlaient toujours de l'Assemblée en général, quand leur véritable objectif était, à vrai dire, la représentation girondine.

Tous les efforts de leur habileté devaient bientôt se briser contre la volonté toute-puissante de la Montagne.

Inquiets des écrits, des pétitions, des démarches des Jacobins à la barre de la Convention, des discours même de certains membres de l'Assemblée, les administrateurs du département ne tardèrent pas à formuler une adresse qui fut lue à la séance du 4 janvier, et dont nous croyons devoir reproduire les principaux passages :

« La souveraineté nationale, y disaient-ils, est attaquée par ceux qui s'en disent les défenseurs. Qui ne gémirait pas de voir qu'on vous fatigue par des pétitions qui insultent la Nation ? Qui ne gémirait pas de voir que Paris est inondé d'écrits qui invitent au massacre, au pillage, qui prêchent l'anarchie ?... Quel peut être le but de ces manœuvres ? Ne serait-ce pas pour donner à Louis un successeur qu'on appellerait dictateur, protecteur, etc. ?... Ne souffrez plus cette lutte entre vous et des hommes qui veulent égarer le peuple et renverser la République. Quiconque ose prêcher une insurrection est un traître. Les Français n'en veulent plus. L'insurrection du 10 août leur a assuré la liberté ; une nouvelle la leur ferait perdre. Occupez-vous, législateurs, de nous donner des lois qui préservent la France de toute tyrannie [1]. »

Tel était le langage très sensé à coup sûr des administrateurs du département. Leurs sages conseils ne faisaient qu'effleurer la Convention, qui, pressée par les événements, n'y ajoutait qu'une médiocre importance. Selon le mot des livres sacrés, la voix criait dans le désert.

On décrétait l'impression et l'envoi des documents de cette nature aux départements ; une satisfaction était donnée en apparence, mais c'était tout...

[1] *Moniteur* du 7 janvier 1793.

Quant au pouvoir exécutif, étranger aux luttes de l'Assemblée, mais exécuteur de ses ordres, il préparait de toutes parts les armements nécessaires pour résister aux ennemis de la naissante République, et toute sa politique consistait à surexciter la fibre patriotique et nationale.

Les ministres entretenaient des correspondances suivies avec les clubs et les sociétés populaires, pour leur demander de seconder les efforts du gouvernement et d'accélérer l'armement des citoyens.

La Société des *Amis de la Liberté et de l'Égalité,* pour répondre à un désir de cette nature que lui avait manifesté le ministre de la marine, rédigeait, par la plume de Duvigneau, un appel aux marins :

« Citoyens, leur disait-elle, vous vouliez marcher aux frontières, la patrie vous a retenus. Dévoués dès votre jeunesse au service de la mer, la patrie vous réservait pour faire respecter sur les flots les couleurs nationales; mais enfin, camarades, votre moment est arrivé... *Aux armes*, braves marins, *aux armes!...* Le roi des Anglais s'apprête de toutes parts, il nous provoque, nous insulte et menace Brest, Rochefort et Toulon de descentes et de bombardements; levez-vous! etc... »

Ces appels étaient entendus, et la Gironde envoyait sans hésiter ses enfants aux frontières ou sur les flottes de la République.

Les sociétés populaires et les citoyens écrivaient beaucoup à cette époque. C'était une manie qui gagnait tous les esprits et que développait le système de gouvernement du pays par le pays. L'amour-propre aidant, on se faisait imprimer, et la ville était inondée de brochures relatives à tous les sujets.

« Il n'était pas de chétif et obscur habitant de Bordeaux, dit M. l'abbé O'Reilly, qui ne se crût appelé à régenter la République et à lui donner le canevas de ses lois. Les femmes, aussi bien que les hommes, avaient ce travers ridicule, et les cartons des Archives municipales sont remplis des élucubrations des Morin, des Benjamin père, des Martin, des Dorbe, Thounens et autres (1). »

La publication de ces écrits pourrait être certainement curieuse; mais l'historien a le devoir de respecter ses lecteurs et, en racontant à grands traits les événements, il a le droit de négliger les détails inutiles à l'ensemble de son œuvre ou qui toucheraient à la puérilité.

Et cependant, nous ne pouvons passer sous silence les lyriques accents de la citoyenne Dorbe cadette, à la suite d'un banquet qui eut lieu chez le restaurateur Battut, vers les premiers jours de janvier. M. Fenwick, consul des États-Unis, jeune alors et que plus d'un de nos contemporains a pu connaître, assistait à cette agape démocratique qui se termina dans le temple de l'Être suprême au milieu d'une foule considérable.

Après un couplet patriotique de la composition de la citoyenne Dorbe, chanté par l'assemblée sur l'air de l'*Hymne des Marseillais,* comme on disait alors, cette citoyenne, s'adressant au drapeau tricolore, s'écria dans un accès d'enthousiasme :

« O drapeau tricolore, reçois aujourd'hui l'hommage de ce peuple nombreux, et vous, citoyennes et citoyens, répétez avec moi ce cri de gloire et de bonheur : Vive le drapeau de la République française !

» O drapeau tricolore, sois, s'il se peut, sensible à mes accents; frémis, agite-toi à la voix de ces femmes, de ces enfants, de ces guerriers, élevant vers le ciel leurs mains et leurs hommages.

» Trophée immortel, je te salue. Je vous salue, bannières augustes, guides du courage, gage assuré de la victoire; je

---

(1) O'Reilly, *Histoire de Bordeaux*, t. Ier, 2e part., p. 263.

vous salue au nom de toutes ces républicaines dont je suis l'organe; je vous salue et je vous consacre dans ce temple de la Liberté, où chaque jour les Bordelaises viennent brûler un nouvel encens [1]. »

Tel était, au milieu des souffrances du peuple, le diapason de l'esprit public : un souffle patriotique après tout l'inspirait. Mais nous sommes de ceux qui pensent que la femme est faite pour le gynécée et pour la vie de famille et non pour les clameurs de la place publique; nous ne pouvons aussi que regretter l'immixtion des femmes, en 1793 et toujours, dans les actes de la vie politique d'un peuple. Elles y perdent le charme délicat qui nous attache à elles et peuvent devenir des mégères, comme les tricoteuses du tribunal révolutionnaire et de l'échafaud parisien, ou de monstrueuses exceptions, comme Charlotte Corday, que Lamartine, dans son langage poétique et coloré, n'a pas craint d'appeler l'*Ange de l'assassinat* [2].

La municipalité élue le 6 décembre 1791 ne semblait plus à la hauteur des circonstances. On la remplaça le 12 janvier 1793 : M. Saige resta maire; mais le corps municipal recruta des hommes nouveaux dans le parti avancé. On peut citer le négociant Oré, le vitrier Boulan, le parfumeur Sabrier, Lamarque, le cordier Delas, Charles Lemesle; le parti modéré y comptait Pierre Baour, Jean-Cyprien Lassabathie, André Plassan, Gabriel Séjourné, Martignac père, Duranteau, Azéma, le courtier Delmestre, Brawer, Ferrière-Colck, Gressier et d'autres encore.

La nouvelle municipalité ne tarda pas à se trouver en présence de difficultés graves, que nous aurons à raconter tout à l'heure.

L'opinion publique, à ce moment, était gravement préoccupée de la situation du roi : on ignorait jusqu'à quels

---

[1] Archives municipales de Bordeaux.
[2] *Histoire des Girondins*, t. VI, liv. xliv.

excès pourrait arriver la Convention; on les pressentait toutefois, et les bons esprits s'effrayaient à juste titre des conséquences d'une détention et d'un jugement qui pouvaient exposer la France à de dangereuses représailles. Les rois de l'Europe étaient attentifs, et la cause monarchique avait en eux des défenseurs intéressés : une conflagration générale était imminente.

Au milieu des dangers qu'ils prévoyaient, les citoyens se serraient autour de la Convention, devenue le centre du pouvoir et le cœur de la défense nationale. Était-ce de leur part une menace? Était-ce un acte de confiance? Nous ne saurions rien affirmer.

Ce que nous pouvons constater, c'est que le 21 janvier, sur l'initiative prise par la Société des *Amis de la Liberté et de l'Égalité* de Bordeaux, le Conseil général du département, dans une assemblée où avaient été appelés des commissaires du district et de la municipalité, et le général Courpon, commandant de la garde nationale, décidait la formation d'un corps de 500 volontaires, pris parmi les citoyens composant cette garde. Ce corps devait être envoyé à Paris pour y être à la disposition de la Convention.

Le Conseil général du département profitait de cette circonstance pour adresser à ses concitoyens une proclamation en faveur de la Convention, qu'il appelait le *temple même de la Liberté*.

Les volontaires devaient prêter le serment de maintenir l'unité et l'indivisibilité de la République, de combattre et de poursuivre jusqu'à la mort quiconque proposerait ou tenterait d'établir en France la royauté, ou tout autre pouvoir attentatoire à la souveraineté du peuple, sous quelque dénomination que ce soit [1].

Pendant que ceci se passait à Bordeaux, la Convention

---

[1] Archives de la Gironde, reg. du département, n° 4, série L.

condamnait à mort, le 20 janvier, l'infortuné Louis XVI ; le lendemain 21, la *machine à meurtres,* selon l'expression d'Alfred de Musset, se purifiait ce jour-là au contact d'un sang royal, et le fils de saint Louis montait au ciel...

La nouvelle de la condamnation et de l'exécution du roi fut connue en même temps dans les provinces. La stupeur et la consternation furent profondes dans notre ville : un silence funèbre accueillit cette horrible nouvelle de la décapitation royale; il semblait que la conscience publique allait répudier l'holocauste suprême offert à la souveraineté populaire. Ce n'était pas l'affaire des démagogues : ils s'exaltèrent, et pour contre-balancer la douleur et l'effroi général, ils témoignèrent bruyamment leur joie et firent des adresses à la Convention pour la féliciter de son énergie et de sa résolution patriotiques.

Les autorités constituées ne pouvaient, sans péril, rester étrangères à ce mouvement. Dès le 5 février, elles adoptaient à leur tour une adresse ainsi conçue :

« Citoyens législateurs, Louis avait indignement abusé de la générosité de la Nation. Ses nombreuses perfidies avaient mis la patrie à deux doigts de sa perte. Vous avez appelé sur la tête de ce grand coupable la peine que vous avez jugé que méritaient ses crimes... Vos décrets sont sacrés pour nous : notre devoir est de les faire respecter; nous le remplirons au péril même de notre vie.

» Vainement, les malveillants tenteraient-ils, pour exciter des troubles parmi nous, de mettre à profit la différence d'opinion qui a eu lieu momentanément entre les meilleurs citoyens, non sur l'existence et l'atrocité des crimes de Louis (toute la France déposerait contre lui), mais sur le genre de peine à lui infliger. Pour faire cesser toute division, nous n'aurons qu'à répéter avec vous : « *Toutes les opinions ont des motifs honorables.* » Nos concitoyens connaissent trop bien la voix de la justice et de la raison pour ne pas rendre hommage à cette vérité ; ils respectent trop la liberté des opinions pour faire un crime à aucun de nos représentants de celle qu'il a énoncée dans une cause qui pouvait être envisagée sous tant d'aspects différents. Le crime serait d'avoir opiné contre sa conscience. Eh! quel est l'homme assez téméraire pour prétendre lire dans la conscience de son semblable? S'il existe encore de pareils hommes parmi nous, ce sont les plus cruels ennemis de la liberté, les fauteurs du despotisme, les vils suppôts de la tyrannie.

» De ce nombre était sans doute l'infâme assassin qui a porté ses mains meurtrières sur un représentant de la nation et qui a causé le deuil de la patrie. Nous vous rendons grâce, citoyens législateurs, d'avoir pris les mesures nécessaires pour que le scélérat n'échappe point au supplice dû à son exécrable forfait et pour les monstres capables de l'imiter.

» Citoyens législateurs, comptez sur notre vigilance *pour faire régner dans nos cités et dans nos campagnes l'amour et le respect des lois.* Mais permettez-nous de vous le dire encore : le meilleur moyen pour y parvenir est dans vos propres mains, c'est de les faire régner autour de vous (1). »

Cette adresse est intéressante à plus d'un titre : elle prouve l'agitation morale causée par la mort du Roi ; elle indique les discussions que provoquaient les votes des Représentants, elle se termine par un appel plein de dignité à la concorde et à l'union au sein de l'Assemblée.

Deux jours après, les *Amies de la Constitution* prenaient à leur tour la parole, et disaient aux conventionnels :

« Représentants du peuple français, trop lâche pour résister à la volonté nationale, le traître Capet ourdissait dans l'obscurité la trame fatale dont il voulait nous enlacer.

(1) Archives de la Gironde, reg. du département, n° 4, p. 80, série L.

Trahissant tour à tour les amis de la patrie et les transfuges de Coblentz, il appela, pour combler le déficit, cette nation généreuse qu'il venait de ruiner sans pudeur. Bientôt, craignant qu'elle ne reprît un pouvoir usurpé par des siècles de tyrannie, il veut dissoudre une souveraineté supérieure à la sienne; il environne de baïonnettes menaçantes les représentants de vingt-quatre millions d'hommes : leur fermeté n'en est point ébranlée. Tranquilles au poste qui leur avait été assigné, ils attendirent la mort en ne souscrivant point à l'esclavage. Mais le despote avait trop compté sur l'aveugle obéissance des soldats éclairés par l'amour de leur pays; ce n'étaient plus des êtres passifs, mais autant de citoyens prêts à défendre leurs frères, leurs concitoyens.

» Le vœu public s'était prononcé. N'espérant plus reprendre ouvertement un pouvoir arbitraire et un sceptre odieux, couvert du sang des vainqueurs de la Bastille, il accepte le pouvoir légal que lui confèrent les députés de la Nation; il promet de la rendre heureuse en faisant exécuter les lois faites par elle; mais en secret, soudoyant ses ennemis avec ce même or qu'il tenait de sa munificence, protégeant des prêtres factieux qui semaient dans l'intérieur le trouble et la discorde, il payait au dehors les émigrés rebelles; une garde licenciée, mais toujours à ses ordres, les a trop bien exécutés le 10 août. Était-ce pour leur indiquer de nouvelles victimes, qu'abandonnant ses complices sanguinaires, il esquive le combat ordonné par lui-même, et porte dans le sanctuaire des lois une tête coupable? Il croyait sans doute les voir bientôt paraître dégouttants du sang des Français, porter leurs mains, exercées aux forfaits, sur les Pères de la patrie, éteindre avec leur vie, la liberté, l'égalité, tous les fruits de la Révolution! semblables à ces hordes barbares qui plongèrent les sénateurs romains, vieillards désarmés, sans défense, dans la nuit du tombeau! Car quel crime peut coûter à celui qui tourne les armes contre sa patrie, à celui qui ordonne le carnage de ses sujets? Et la déchéance eût assez puni tant de forfaits! Et la réclusion ou le bannissement eût assez puni celui qui fit verser tant de sang! celui dont les haines perfides nous ont entourés d'ennemis! Non!!! sa tête devait tomber.

» Représentants, vous avez rempli le vœu de la République; vous avez été justes, et la tyrannie n'est plus.

» Signé : Arias, présidente; Papon, vice-présidente; Béchade-Thounens, secrétaire; Souriac, sous-secrétaire [1]. »

On ne nous demandera pas de faire l'appréciation d'une pareille adresse : la lire, c'est la juger....

Que se passait-il cependant à Paris? Les représentants de la Gironde étaient inquiets. L'assentiment de leurs concitoyens ne leur avait pas sans doute paru assez complet par la démarche du Conseil général du 5 février, car le 14 du même mois Fasileau-Duplantier écrivait au Département :

« Frères et amis, parmi les nombreuses adresses qui arrivent journellement à la Convention nationale pour applaudir au juste châtiment de Louis Capet, j'en cherche vainement de la commune de Bordeaux et des autres villes marquantes de notre département. L'ardeur patriotique des habitants des bords de la Gironde n'est sans doute pas éteinte, mais on la croirait assoupie en voyant qu'ils se laissent devancer par les communes des autres départements. Citoyens, vous qui êtes en possession de donner à tout ce qui vous entoure l'exemple du plus pur et du plus zélé patriotisme, apprenez-leur qu'on ne peut être républicain à demi et que les vrais patriotes doivent se distinguer par une prompte et franche adhésion aux grandes mesures prises par la Convention nationale, en qui repose tout l'espoir de la patrie... [2]. » .

---

[1] Archives municipales de Bordeaux.
[2] Archives de la Gironde, série L.

Le département dut rassurer Duplantier sur les sentiments dont étaient animées les communes de la Gironde.

Cependant la Convention, saisie de temps à autre de la question religieuse qui créait des embarras sans nombre au gouvernement, décrétait qu'il serait accordé, à titre d'indemnité et de récompense, la somme de 100 livres à quiconque découvrirait et ferait arrêter une personne rangée par la loi dans la classe des émigrés ou dans la classe des prêtres devant être déportés; elle autorisait, en outre, ses commissaires dans les départements à suspendre les fonctionnaires publics qui n'auraient pas fait exécuter ponctuellement les lois relatives aux émigrés et aux prêtres dont la déportation devait être faite [1].

C'était une recrudescence de sévérité contre une partie notable de la population.

Le supplice du roi avait fatalement jeté la Convention dans une voie où elle ne devait pas reculer. Elle restait debout sur les ruines de la Monarchie, et par son attitude énergique elle devait à tout prix imposer silence au sentiment public et arriver à le dominer même par la terreur, si c'était nécessaire.

La force des circonstances la conduisit à ce dernier et déplorable système.

La ville de Bordeaux avait obtenu des secours de l'Assemblée nationale pour faire face à la cherté des grains et à la disette. La Convention supprima subitement ces secours, et la municipalité, privée des ressources sur lesquelles elle avait compté, se trouva dans l'impossibilité de continuer le paiement des indemnités qu'elle accordait depuis près de deux ans aux boulangers de la ville.

Ceux-ci déclarèrent que si l'indemnité leur était retirée ils ne feraient plus de pain.

---

[1] Décret du 14 février 1793.

Les grains et farines circulaient alors avec des difficultés inouïes, et la situation empirait chaque jour. La préoccupation d'une guerre générale dont la France était menacée ajoutait aux dangers de l'intérieur : le commerce était tout à fait arrêté, l'industrie n'existait plus et l'agriculture était abandonnée.

Vers le même temps, les Anglais avaient capturé vingt-trois navires chargés de blé acquis par le gouvernement; la nouvelle s'en était promptement répandue, et la famine se dressait menaçante. Il fallait aviser.

On modifia la composition du pain afin d'épargner les approvisionnements de farine; mais cette mesure ne produisit pas les résultats qu'on en attendait; la population était irritée et murmurait, et la municipalité, pour prévenir des désordres, dut rétablir l'indemnité aux boulangers.

Seulement les ressources de la Ville s'épuisaient d'autant plus par l'application de ce dangereux système, qu'on venait de toutes parts s'approvisionner à Bordeaux et y chercher le pain qui devait servir à la nourriture de ses habitants.

Vainement on multipliait les entraves pour remédier aux abus; ils surgissaient sans cesse, et la faim, l'implacable faim, surmontait tous les obstacles.

Réduite enfin aux dernières extrémités, la municipalité fit un appel aux sections et réclama leur concours.

Elle leur fit connaître qu'elle était dans l'obligation impérieuse, faute de ressources suffisantes, de supprimer aux boulangers l'indemnité qui, durant les dernières années, avait imposé à la Ville un sacrifice annuel de 1,500,000 livres, et comme cette suppression avait pour conséquence immédiate l'augmentation du prix du pain, elle supplia les sections, en vue des troubles qu'elle redoutait, d'éclairer les citoyens sur la nécessité de la mesure et sur ses résultats inévitables; elle les engagea à user de leur influence pour épargner à la ville la douloureuse épreuve d'une insurrection.

De son côté, elle adressa des proclamations au peuple pour le prévenir de l'augmentation probable du prix du pain.

« Tout faisait espérer, dit M. l'abbé O'Reilly, que cet incident se passerait, sinon sans murmures, au moins sans trop d'effervescence (1). » Il n'en fut rien, malheureusement, comme nous allons le voir.

Le 8 mars, vers neuf heures du matin, la municipalité reçut avis, par un grenadier du poste de la porte Saint-Julien, qu'un rassemblement de femmes marchant en colonnes et précédées d'un tambour se dirigeait vers la place des Capucins. Le citoyen Baour, officier municipal, accompagné du commandant de la garde nationale à la tête de vingt-cinq grenadiers, se rendit aussitôt sur le lieu du rassemblement.

Les deux ou trois cents femmes qui le composaient furent haranguées par l'officier municipal et par le chef de la troupe; ils parcoururent les groupes, firent entendre des paroles de conciliation et cherchèrent à ramener le calme parmi cette foule agitée et tumultueuse. Ils rappelèrent ces femmes au respect de la loi et les engagèrent à se disperser pour éviter peut-être de regrettables malheurs. Leurs sages conseils allaient être écoutés, lorsque d'autres femmes arrivant en grand nombre grossirent le rassemblement, et, sourdes à la voix de la persuasion, repoussèrent toute idée de retraite. La foule, excitée par ce renfort, devenait de plus en plus menaçante; l'officier municipal jugea prudent de se retirer afin d'éviter une collision dont les conséquences pouvaient devenir très graves, avec des malheureuses qu'égaraient la colère et la faim.

En rentrant à la maison commune, le citoyen Baour et les grenadiers furent accueillis à coups de pierres et au milieu

---

(1) *Histoire de Bordeaux*, t. Ier, 2e partie, p. 271.

des cris et des huées d'un rassemblement considérable de peuple qui envahissait la place. Plusieurs soldats furent assez grièvement blessés.

La troupe, cependant, réussit à pénétrer dans l'Hôtel de Ville et en referma les portes.

Les émeutiers voulurent les enfoncer et brisèrent les vitres en poussant des vociférations furieuses. A ce moment un renfort de gardes nationaux arriva pour protéger la Maison commune : il fut assailli de pierres et de projectiles de toute nature; l'officier qui le commandait somma vainement la foule de se retirer; sa voix ne fut pas écoutée; et l'irritation du peuple s'accroissait de moment en moment. Une conflagration devenait imminente : guidée par l'instinct de la conservation, la troupe fit feu, une femme fut tuée, des cris de terreur s'élevèrent de toutes parts et la multitude affolée prit la fuite dans toutes les directions.

Cet acte de vigueur, applaudi par les uns, blâmé par les autres, suffit à rétablir le calme. L'émeute était vaincue; mais une sourde irritation régnait dans la population.

Comprenant l'imminence du danger et désireuse d'y remédier, la municipalité chargea le citoyen Brawer, l'un de ses membres, de rédiger immédiatement un mémoire de la situation et des faits qui venaient de s'accomplir. En adressant ce mémoire aux députés de la ville, Bahn et Duvigneau, alors à Paris, Saige leur écrivait, le 14 mars : « La connaissance que vous donne le citoyen Brawer de l'état cruel où nous réduit la pénurie des subsistances animera, nous en sommes sûrs, votre zèle connu pour l'intérêt de vos commettants. L'augmentation que nous avons été forcés de mettre sur le pain a occasionné une insurrection, et nous sommes à la veille d'en manquer. Le citoyen Brawer entre avec vous dans des détails trop affligeants à répéter...; nous finissons en nous recommandant à vos soins, sur lesquels nous fondons le plus grand espoir [1]. »

Cette lettre, dans son style lapidaire et pressé, exprime mieux que nous ne pourrions le faire les malheureuses conjonctures que traversait la ville de Bordeaux.

Le pain était d'une extrême rareté, et celui qu'on fabriquait, que nos pères affamés se disputaient avec une féroce énergie, si l'on peut ainsi parler, se composait du mélange d'un boisseau de froment, d'un demi-boisseau de baillarge, d'un demi-boisseau de fèves et d'un quart de boisseau de blé d'Espagne.

Quel pain on mangeait à Bordeaux au commencement de l'année 1793!

C'était, à coup sûr, un aliment insuffisant; cependant tout le monde n'en pouvait avoir, et de plus, Saige l'écrivait à Bahn et Duvigneau, *il allait manquer...*

Spectacle terrible et plein de douloureux enseignements! Les habitants de cette ville si riche et si florissante quatre ans auparavant étaient menacés de mourir de faim!

La municipalité emprunta 600,000 livres pour atténuer les souffrances populaires, en attendant le résultat des démarches tentées à Paris pour obtenir des subsides de la Convention. La plus grande publicité fut donnée aux mesures prises par les autorités, afin de calmer l'irritation du peuple, car l'agitation dans la rue était toujours menaçante.

Une sorte de dérivatif heureux vint tourner les esprits vers d'autres préoccupations. La guerre avec les puissances étrangères prenait des proportions considérables, et, de plus, quelques départements étaient déchirés par la guerre civile.

C'est à ce moment que J.-B.-D. Mazade, *l'un des trois*

---

[1] Archives municipales de Bordeaux.

commissaires de la Convention nationale, chargé de l'inspection des côtes de la République depuis Lorient jusqu'à Bayonne (c'est le titre qu'il prenait dans ses arrêtés), arriva à Bordeaux.

Reçu honorablement par les autorités constituées, le conventionnel put se rendre compte de la situation désolante de la ville, mais il n'avait pas pour mission d'y porter remède. — Admis au sein du Conseil général du département, il lui communiqua les nouvelles des troubles qui agitaient la Loire-Inférieure et la Vendée, *où les ennemis de l'égalité venaient,* disait-il, *d'allumer un incendie qui ne manquerait pas de gagner et de se propager s'il n'était éteint à l'instant. Ce n'est plus le temps de délibérer,* ajoutait le conventionnel, *il faut agir. Nul département n'a montré plus de patriotisme que celui de la Gironde, aucun ne contribuera plus puissamment à la défaite des factieux.*

Mazade requit ensuite l'Administration du département de faire partir dans les vingt-quatre heures deux bataillons de ses gardes nationales, complètement armés et équipés, un fort détachement de cavalerie et quatre canons, avec un nombre suffisant de canonniers pour les manœuvrer. Ces troupes devaient se rendre à La Rochelle par Saintes et Royan, et *se mettre,* disait l'arrêté, *sous les réquisitions du conventionnel Niou.* Il la requit, en outre, de provoquer des administrations de son ressort la formation de détachements armés et équipés pour se porter à La Rochelle aux premiers ordres qu'ils recevraient [1].

Ces nouvelles ne furent pas plutôt connues de la population qu'elles y réveillèrent des sentiments patriotiques : on souffrait tant, d'ailleurs, que la guerre semblait offrir à beaucoup de citoyens comme un moyen de diminuer les

---

[1] Archives de la Gironde, reg. du département, n° 4, série L.

misères contre lesquelles on avait à lutter, ou d'y échapper au moins momentanément.

« Les citoyens s'assemblèrent, dit le procureur de la commune Tustet, et se disputèrent la gloire de partir ; les hommes mariés, les garçons, les pères de famille, tous voulaient courir en Vendée. A la voix de Mazade et des administrateurs, 3,000 hommes furent organisés dans l'espace de vingt-quatre heures, et, malgré le temps le plus affreux, ils étaient cinq jours après à La Rochelle ; 400 hommes partirent un peu plus tard. Tous les citoyens s'empressèrent d'armer, d'habiller et d'équiper ces troupes et leur firent une haute paie. Des sections même délibérèrent de donner 40 sous par jour aux familles malheureuses des absents. Quelques-unes remplirent leurs promesses [1]. »

C'est au milieu d'une sorte de joie publique et accompagnés des vœux de leurs concitoyens, que ces enfants de la Gironde partirent pour la Vendée ; ils y séjournèrent pendant près de six mois et firent preuve, dans des combats multipliés, d'un courage qui leur valut des éloges mérités.

Il reste à faire l'histoire de ces valeureux bataillons.

Pendant que la ville de Bordeaux armait ainsi, à l'appel de la Convention, un grand nombre de ses enfants pour la défense de la République à l'intérieur, ses représentants étaient en butte aux attaques furieuses des sections de Paris.

Le 11 mars, Desfieux, un Bordelais, qui était allé chercher dans la capitale un théâtre plus vaste et plus facile pour ses intrigues politiques, Desfieux se présentait, au nom des Jacobins, à la barre de la Convention et demandait un décret d'accusation contre les députés Gensonné, Guadet et Vergniaud.

Les Girondins imposèrent silence à leurs accusateurs et conjurèrent pour un temps les dangers dont les menaçait

---

(1) *Tableau des événements qui ont eu lieu à Bordeaux depuis la Révolution de 1789 jusqu'à nos jours*, par Tustet.

la faction montagnarde; mais leur influence et leur autorité s'usaient à ces luttes sans grandeur, tandis que Robespierre, Danton et Marat lui-même, poursuivant leur œuvre ténébreuse, régnaient sur l'esprit de la populace, aux Jacobins, à la Commune et dans la plupart des sections de Paris.

Toutefois l'heure des Girondins n'était pas encore venue.

Le 18 mars, la Convention décrétait la mise hors la loi de tous les prêtres réfractaires et ordonnait leur arrestation et leur déportation.

Cette loi barbare ne tarda pas à remplir les prisons de Bordeaux d'un grand nombre de malheureux prêtres dénoncés par des misérables, ou que les précautions même dont ils cherchaient à s'entourer décelaient aux yeux clairvoyants et prévenus des agents de l'autorité.

La situation tendait à s'aggraver sans cesse et sous tous les rapports : on persécutait les prêtres et les nobles, la défiance abaissait les caractères, la faim aigrissait les esprits en torturant les corps, et la misère apposait ses stigmates terribles sur toute une population autrefois heureuse et confiante.

Les conventionnels Pierre Paganel et Garrau vinrent à Bordeaux sur ces entrefaites; ils avaient pour mission *d'y remonter l'esprit public.*

Paganel, ancien curé de Noaillac, avait prêté le serment civique, était devenu en 1790 procureur-syndic du district de Villeneuve-d'Agen et avait été envoyé à l'Assemblée législative par le département de Lot-et-Garonne; prêtre, il y dénonça les manœuvres des prêtres réfractaires, et demanda des mesures vigoureuses pour empêcher la guerre civile prête à éclater. Nommé membre de la Convention, il y avait voté la mort de Louis XVI et s'était rangé du parti de la Montagne.

Il en était de même de Garrau, bien que ce représentant

eût été nommé par la Gironde. Avocat à Libourne à l'époque de la Révolution, il avait été, en 1790, président du district de cette ville, puis élu en 1791 suppléant à la Législative, et en 1792 député à la Convention. Garrau, partisan du gouvernement révolutionnaire, était au nombre des ennemis des Girondins, ses compatriotes.

Le 22 mars, les deux conventionnels adressaient au peuple une proclamation ainsi conçue :

« La Convention nationale, pressée par les circonstances, a investi ses commissaires d'un grand pouvoir. Que les bons citoyens se rassurent et que les mauvais soient glacés d'effroi; leur châtiment donnera la paix et la tranquillité aux hommes de bien. Nous l'exercerons, ce redoutable pouvoir, avec une religieuse impartialité contre tous les pervers, qui, se repaissant de l'espoir d'entraîner la République à sa ruine, égarent la bonne foi du peuple, agitent les esprits faibles par des terreurs fanatiques, détournent les citoyens de leurs devoirs envers la patrie par de perfides insinuations, et sèment dans les villes et les campagnes tous les levains de discorde.

» Les perfides vivent au milieu de vous; ayez le courage de les faire connaître aux commissaires de la Convention nationale, et vous aurez bien mérité de la patrie. Ils les traduiront, au nom de la loi, devant le tribunal extraordinaire que leurs crimes, toujours impunis, l'ont forcée d'établir... [1]. »

Paganel et Garrau, on le voit, avaient un tout autre langage que Mazade; celui-ci s'était occupé d'armements; ceux-là faisaient un appel aux plus mauvaises passions politiques et révolutionnaires.

Leur proclamation ne manqua pas son effet; contenues jusque-là par l'autorité, ces mauvaises passions, qui n'at-

---

[1] Archives municipales de Bordeaux.

tendaient qu'une occasion pour apparaître, se déchaînèrent sous le souffle des nouveaux envoyés de l'Assemblée régicide, et, pour nous servir d'une expression bien connue, la lie monta à la surface.

Les sections motionnèrent, et celle de l'*Égalité* notamment demanda qu'on mît en accusation tous les ci-devant nobles, les privilégiés, les suspects, les aristocrates, etc., tous ceux enfin qui seraient désignés par l'opinion publique, ainsi que ceux qui ne se seraient pas munis dans la quinzaine d'une carte de civisme.

Quant aux ecclésiastiques insermentés, *ou même assermentés,* qui seraient dénoncés comme suspects par six citoyens, la section proposa de les incarcérer au fort du Hâ et dans le couvent des Grandes-Carmélites.

C'est ainsi que Paganel et Garrau avaient remonté l'esprit public.

Nous devons dire qu'une partie de ces mesures fut mise à exécution. Toutefois les administrateurs du département, et Pierre Sers à leur tête, présentèrent des observations aux conventionnels, et, grâce à leur ferme contenance, peut-être aussi à cette circonstance que Garrau, l'un d'eux, était un élu du département de la Gironde, le débordement des passions populaires se trouva restreint pour quelque temps dans des limites relativement modérées.

Les conventionnels, en effet, renonçant à leurs premières idées de sévérité, se bornèrent à exiger l'arrestation des prêtres réfractaires, dont le nombre était toujours considérable dans la ville.

Quelques autorités du département n'eurent pas toutefois la fermeté des administrateurs bordelais. A Libourne notamment le Conseil général de la commune exprima le désir de voir les administrateurs de district *se prêter aux volontés* des conventionnels, qui avaient invité la municipalité *à arrêter les personnes justement suspectes.*

Vers le 26 mars, dix-neuf femmes furent enfermées dans le couvent des Ursulines, et les scellés apposés sur leurs meubles. Le 7 avril, elles étaient remises en liberté [1].

Après avoir recueilli auprès des corps constitués des renseignements sur les forces dont le département pourrait disposer contre les armées étrangères qui menaçaient la République, et sur les dispositions de la population bordelaise, Paganel et Garrau écrivaient à la Convention, le 26 mars : « que l'excédant du contingent pour le département de la Gironde serait considérable; qu'ils avaient suspendu de ses fonctions le payeur général Germonière, comme noté d'incivisme depuis le commencement de la Révolution; que le commerce était frappé de stérilité et l'industrie presque nulle; que le prix des subsistances était tellement élevé, que les pauvres souffraient réellement et que les maisons riches autrefois ne pouvant plus faire de sacrifices, ils se voyaient obligés de demander à la Convention des secours en argent pour la population malheureuse [2]. »

Le même jour, la municipalité, plus explicite que les conventionnels, disait au ministre de l'intérieur :

« Après avoir épuisé toutes les ressources du patriotisme le plus pur, de l'amour le plus ardent pour la République et les efforts les plus constants pour le maintien de la tranquillité de cette ville, la municipalité de Bordeaux, soutenue des corps administratifs supérieurs, se voit dans l'urgente nécessité de réclamer les plus prompts secours; elle déclare qu'il lui est impossible de pourvoir à la subsistance de cette grande cité et des parties adjacentes, au delà de vingt-cinq ou trente jours... Ainsi, la population est exposée aux horreurs de la famine dans vingt-cinq jours d'ici, si le pouvoir exécutif, appuyé par la Convention nationale, ne s'empresse de venir très promptement à son secours. Oui,

---

[1] Guinodie, *Histoire de Libourne*.
[2] O'Reilly, *Histoire de Bordeaux*, t. Ier, ᵉ partie, p. 293.

les habitants de Bordeaux sont près de mourir de faim, faute de subsistance première.

» La déclaration de guerre contre presque toutes les puissances de l'Europe, les pertes énormes que vient d'éprouver le commerce, et la suspension générale de toutes les affaires par l'impossibilité d'exécuter toute espèce d'exportation, ne laissent pas l'espoir de trouver les moindres ressources, même parmi les citoyens qui ont démontré le plus de zèle.

» L'épuisement est général en moyens pécuniaires, et la pénurie des subsistances est sur le point de combler la mesure de nos maux, si la Nation ne vient au secours de notre immense cité, en lui prêtant une somme de deux millions...

» Il n'est pas de spectacle plus déchirant, pour des administrateurs humains et sensibles, que de voir chaque jour devant eux les officiers municipaux des campagnes qui nous environnent, réclamant, les larmes aux yeux, quelques boisseaux de blé, assurant que les habitants de leur territoire languissent depuis plusieurs jours dans le dénûment et la faim, et déclarant que, s'ils n'obtiennent quelques secours, ils n'osent plus retourner dans les campagnes d'où ils viennent [1]. »

Ces détails ne sauraient être plus navrants; ils se confirment les uns les autres et peignent fidèlement la triste situation des Bordelais et des habitants de la Gironde aux premiers jours de l'année 1793.

La lettre de Paganel et Garrau, lue à la tribune de la Convention, dévoila toute l'étendue du mal. Fonfrède s'en empara; il fit de la demande des conventionnels une motion formelle, représenta le commerce de la Gironde comme entièrement paralysé, et s'efforça de faire comprendre à l'Assemblée que le défaut des convois, l'insurrection de la Vendée, l'audace des corsaires, l'embargo mis sur les bâti-

---

[1] Archives municipales de Bordeaux.

ments étrangers, avaient tari les sources de la prospérité de Bordeaux et détruit toutes les relations commerciales avec le Nord et avec les colonies. Il appuya avec énergie sur les inquiétudes de ses compatriotes, qui n'avaient plus que pour quinze jours de provisions ; et puisque les particuliers riches s'étaient dépouillés de leur dernier écu pour la République et que la caisse municipale était vide, il insista pour que le gouvernement accordât deux millions à la ville de Bordeaux (1).

Après une discussion assez vive, la Convention vota un secours de deux millions, à prélever sur les contributions arriérées de l'année 1792.

C'était un résultat important pour la ville. Mais en même temps qu'elle accordait ces subsides aux Bordelais, la Convention, lancée par tous ses embarras à l'intérieur et à l'extérieur sur la pente des mesures les plus tyranniques, décrétait que les citoyens seraient tenus de faire afficher, sur les portes de leurs maisons, les noms, prénoms, âge, profession et lieu de naissance des personnes qui les habitaient (2). Il est aisé de deviner le but que devait atteindre un pareil décret et le trouble qu'il allait jeter au milieu des craintes et des inquiétudes générales : il constituait une arme terrible entre les mains des démagogues contre les émigrés, les nobles, les prêtres, les suspects...

Les citoyens étaient appelés à dresser eux-mêmes les listes de proscription que la Terreur devait utiliser un peu plus tard !

Tout en subissant cette tyrannie, qui s'imposait fatalement par la force des circonstances, le peuple exerçait parfois sa puissance et faisait justice de ceux qu'il considérait comme ses ennemis.

Le *Club national,* par exemple, dont nous avons fait

---
(1) O'Reilly, *Histoire de Bordeaux*, t. Ier, 2e partie, p. 298.
(2) Décret du 29 mars 1793.

connaître le détestable esprit, avait tellement multiplié ses calomnies, développé ses intrigues et accru son audace, qu'il avait soulevé contre lui une partie de la garde nationale et de la jeunesse bordelaise. Au mois de mars, et sous l'empire des craintes que lui inspiraient les menaces de quelques hommes courageux, il interrompit brusquement ses séances, et les principaux meneurs se tinrent à l'écart. Cédant à la pression de l'opinion publique, la municipalité ordonna la fermeture de ce club. Ses membres conspirèrent en silence et accumulèrent des provisions de haine, en attendant l'heure du réveil.

Nous les verrons apparaître aux plus mauvais jours de notre histoire.

Dumouriez venait de trahir la République et de passer à l'étranger. La nouvelle de cette trahison produisit à Bordeaux une impression profonde sur les masses. Les victoires de Jemmapes et de Valmy avaient illustré ce général; on le considérait comme le sauveur de la République et tous les partis l'avaient successivement caressé. Sa défection causa une frayeur générale : on croyait voir déjà l'ennemi envahir le territoire de la France.

La Convention ne se laissa pas intimider; elle avait osé tout récemment, par la création du Tribunal révolutionnaire, prouver ce dont elle était capable : opposant, dans ces circonstances, une énergie toute patriotique aux terreurs de la Nation et aux joies secrètes des ennemis de la République, elle décréta, le 4 avril, que « quiconque parlerait de capituler avec Dumouriez ou serait convaincu d'avoir approuvé sa rébellion et ses principes antirépublicains, serait puni de mort. »

Les officiers municipaux de Bordeaux, agissant en vertu des ordres du département, pratiquaient durant ce temps des visites domiciliaires dans la ville, afin d'arrêter *les gens suspects*.

De malheureux prêtres furent les principales victimes de ces perquisitions, qui ajoutaient aux inquiétudes toujours renaissantes de la population.

Si l'on veut avoir une idée des émotions qui parfois assaillaient le peuple et les autorités à l'occasion des nouvelles politiques ou des bruits de toute nature mis en circulation et que la crainte exagérait toujours, on n'a qu'à se transporter au Conseil général du département. Voici ce qui s'y passait le 10 avril :

« Les membres composant le Comité de sûreté générale sont entrés et ont dit : qu'ils avaient à communiquer à l'assemblée des pièces importantes qui exigeaient une prompte délibération, à laquelle il conviendrait qu'assistassent des membres du district et de la municipalité. »

Le Conseil général, déférant à cette demande, envoie chercher des représentants du district et de la municipalité.

« Après leur arrivée, les portes ayant été closes, les membres du Comité de sûreté générale ont annoncé à l'assemblée, qu'en conséquence de la réquisition faite par le Directoire du département à la gendarmerie nationale de conduire au bureau de la poste aux lettres les *courriers extraordinaires* qui pourraient traverser le département, expédiés par des particuliers, il en avait été conduit ce matin un, chargé de paquets très volumineux, à l'adresse pour la plupart de différentes Sociétés populaires, depuis Paris jusqu'à Toulouse, et quelques-uns pour des particuliers connus dans cette ville, pour y propager des principes propres à troubler l'ordre social [1]; qu'ayant fait l'ouverture de ces paquets, ils avaient vu avec effroi qu'ils contenaient plusieurs imprimés où l'on prêchait ouvertement la révolte contre la Convention nationale et les autorités constituées, et dont les provocations ne tendaient à rien moins qu'à

---

[1] C'était un courrier des Jacobins de Paris.

engager les citoyens de tous les départements à se rendre à Paris, en aussi grand nombre qu'il serait possible, *pour y égorger, comme des victimes nécessaires au salut public, une partie des membres de la Convention nationale*, les ministres et les chefs des diverses administrations; que ce projet atroce, grossièrement voilé dans les écrits imprimés, se trouve dans les termes les plus formels dans une lettre écrite par un particulier actuellement à Paris, envoyé par plusieurs de ces hommes mal famés qui se sont efforcés de porter le trouble dans notre ville [1]. »

Le secrétaire général du Conseil lit immédiatement les pièces saisies sur le courrier, et cette lecture excite à diverses reprises l'indignation de l'assemblée. Il ne s'agissait de rien moins que de décimer la Convention et de faire justice *des Brissot, des Gensonné, des Vergniaud, des Guadet, de toute la Gironde enfin*.

Après en avoir délibéré, le Conseil général arrêta qu'il serait, dans le plus court délai, envoyé deux députés à la Convention pour lui faire part de la découverte du complot tramé contre elle, et réclamer, au nom du salut public, les mesures les plus promptes et les plus vigoureuses pour arrêter les suites de ce complot et en faire punir les auteurs suivant la rigueur des lois.

Grangeneuve jeune et Partarrieu furent chargés de cette mission.

Le Conseil général remit à ses députés une adresse à la Convention, conçue dans les termes suivants :

« Citoyens représentants, guerre aux tyrans, guerre aux traîtres, guerre aux anarchistes, tel est le cri de ralliement de tous les habitants de la ville de Bordeaux et du département de la Gironde. Vous venez de décréter que cette ville et ce département avaient bien mérité de la patrie

---

[1] C'est de Desfieux qu'il s'agit ici.

pour le nombre des hommes et des secours de toute espèce qu'ils ont fournis, tant pour la formation que pour le recrutement de l'armée, et pour aller éteindre le feu de la révolte partout où les contre-révolutionnaires sont parvenus à l'allumer. Vous rendrez, nous en sommes certains, un témoignage non moins honorable au zèle qu'on y apporte pour déjouer les manœuvres de ces monstres qui, ne pouvant avoir d'existence que dans le trouble et l'anarchie, cherchent à armer de poignards tous les citoyens et à les exciter les uns contre les autres.

» Vos commissaires, convaincus de la nécessité d'employer, dans les circonstances où nous nous trouvons, la surveillance la plus active contre tous nos ennemis intérieurs, nous ont engagés à former un comité de sûreté générale pour suivre toutes les démarches des hommes suspects et pour recueillir et examiner toutes les preuves des complots qu'ils peuvent former contre la patrie... »

Le Conseil général exposait ensuite la saisie faite sur un courrier extraordinaire; il appréciait les écrits dont il était porteur, s'élevait avec une courageuse énergie contre les attaques dont certains membres de la Convention étaient l'objet, ne craignait pas de blâmer hautement les massacres de Septembre, et terminait ainsi :

« N'aurions-nous été empêchés d'envoyer des forces pour vous défendre que pour vous laisser livrés au fer des assassins ! Si nous pouvions le croire... Mais non, nous ne doutons point que les députés que nous vous envoyons ne nous rassurent bientôt : nous attendrons de leurs nouvelles avec la plus vive impatience.

» Si vous avez besoin de nos secours, citoyens représentants, parlez et vous verrez tous les habitants de la Gironde aller se ranger autour de vous [1]. »

---

[1] Archives de la Gironde, reg. du département, n° 4, p. 83 et suiv.

Cette délibération et l'adresse à la Convention que l'on vient de lire ne tardèrent pas à être connues dans Bordeaux, ainsi que les imprimés et les lettres saisis sur le courrier extraordinaire des Jacobins. L'alarme fut vive parmi les citoyens; ils approuvèrent en général les mesures prises par le département, et les vingt-huit sections vinrent offrir leurs services au Conseil général et l'assurer de leur dévouement.

Celui-ci, pour calmer l'anxiété publique et se rallier autant que possible la masse de la population, adressa le 12 avril la proclamation suivante aux Bordelais :

« Citoyens, jamais nous n'eûmes besoin d'une surveillance plus active. Les fauteurs du despotisme et ceux de l'anarchie semblent s'être ligués pour appeler sur notre malheureuse patrie tous les fléaux de la guerre civile et de la subversion de l'ordre social. Ils tendent, en effet, au même but. Les premiers veulent jeter le peuple dans des convulsions si affreuses, que, fatigué de ses propres excès, il soupire après le retour d'un pouvoir qui lui procure du moins le repos de l'esclavage. Les autres, ne pouvant exister que dans la fange du crime et de la scélératesse, abusent de la confiance que leur audace inspire à des citoyens ardents et peu éclairés, pour les provoquer aux révoltes, au carnage et à toutes les atrocités dont ils espèrent pouvoir profiter pour assouvir leur insatiable cupidité par les vols et les brigandages, ou leur propre fureur dans le sang des hommes courageux qui s'opposent à leurs desseins.

» Il n'est besoin, pour les déjouer, que d'éclairer la masse des citoyens, leur découvrir ces trames perfides, en dévoiler les auteurs, leur arracher le masque imposteur dont ils se couvrent et mettre au jour leurs basses intrigues. Alors, n'en doutez point, le peuple, toujours bon quand il n'est point trompé, fera lui-même rentrer dans le néant ces monstres farouches et sanguinaires par lesquels il a été si longtemps et si cruellement abusé. Déjà le peuple de Paris a reconnu les erreurs dans lesquelles ils l'ont précipité. Il sent aujourd'hui qu'il n'existe plus de société, et par conséquent plus de bonheur, si le respect religieux des lois ne garantit pas la sûreté des personnes et des propriétés. Les perturbateurs lui sont devenus odieux; il les repousse, il ferme l'oreille à leurs insidieuses provocations.

» Ces scélérats, désespérés de la ruine de leur crédit, ont concentré leur rage; ils veulent user de leurs dernières ressources. Ils se flattent qu'il existe encore dans les départements des hommes qu'il leur sera facile de tromper; ils profitent des dangers de la patrie et de l'indignation qu'ont excitée les nouvelles trahisons dont elle a pensé être la victime; ils sonnent la trompette; ils évoquent à Paris, de toutes les parties de la France, des hommes qui puissent encore ajouter foi à leurs oracles; ils leur assurent que la Convention nationale, le ministère, les diverses administrations sont en grande partie composés de traîtres, dont l'existence est incompatible avec le salut de la patrie, et qu'il faut nécessairement immoler pour sauver la liberté. Ils les exhortent à venir exercer la vengeance nationale sur ces hommes qu'ils leur désignent, et contre lesquels ils accumulent tout ce qui peut être capable d'exciter contre eux la haine publique.

» Ce n'est plus par des émissaires secrets, c'est en s'arrogeant les droits de la représentation nationale, c'est en rivalisant avec les autorités constituées qu'ils expédient des courriers dans toutes les parties de la République pour assurer la plus prompte exécution de leurs projets.

» Notre Comité de surveillance a heureusement intercepté un de ces courriers, et nous avons frémi en voyant quels horribles poisons il était chargé de répandre. Vous en jugerez vous-mêmes, citoyens, par le procès-verbal que nous vous adressons et que nous avons cru d'un intérêt assez pressant pour devoir l'envoyer à la Convention nationale par deux membres de notre administration.

» Tout notre regret a été de ne pouvoir extraire en entier, des dépêches secrètes des scélérats auteurs de ce complot, toutes les preuves des moyens infâmes dont ils se servent pour tirer parti des malheurs publics, placer leurs suppôts dans tous les bureaux et profiter des besoins de la patrie pour faire des bénéfices aussi énormes que frauduleux. Nos députés sont chargés de mettre leur correspondance sous les yeux des ministres qu'ils sont parvenus à tromper; et nous espérons que la France entière ouvrira enfin les yeux sur le caractère et les projets d'hommes faits pour déshonorer, s'il était possible, aux yeux des nations et de la postérité, la plus belle cause que jamais un grand peuple ait entrepris de défendre [1]. »

L'acte que venait d'accomplir le Conseil général du département était à la fois périlleux et hardi; son langage aux habitants de Bordeaux était plein d'énergie et de courage; il dévoilait les dangers dont la Convention était menacée dans une partie de ses membres par les affidés de la Montagne, et il en appelait au sentiment public.

La population et les autorités constituées applaudirent aux mesures prises par le département.

Nous en trouvons une preuve certaine dans la démarche faite par une députation, ayant à sa tête le maire Saige, auprès du Conseil général et auprès des conventionnels en mission.

S'adressant, au nom des sections de la ville, au Conseil général du département, Saige lui disait, le 14 avril :

« Citoyens administrateurs, lorsque, par une surveillance aussi active que salutaire, vous arrêtez les manœuvres des agitateurs et des scélérats qui voudraient établir l'anarchie

[1] Archives de la Gironde, série L.

et le despotisme sur les ruines de notre République et de notre liberté, les citoyens pourraient-ils demeurer spectateurs tranquilles des succès de votre administration? Non, citoyens administrateurs, le bonheur qu'elle leur procure vous est payé par la plus tendre et la plus vive reconnaissance; ils sont portés vers vous par l'impulsion puissante de ce sentiment qu'il leur est bien doux de manifester.

» Oui, citoyens administrateurs, vous avez rendu à la chose publique le service le plus signalé; et tout éloge est au-dessous du zèle qui a conduit vos démarches dans la découverte d'une trame qui tient au plan de désorganisation et de ruine de la République et de notre liberté...

» Grâces vous soient rendues, citoyens administrateurs; tous les bons citoyens, les républicains, les amis des lois, de la liberté, de l'égalité, le diront avec nous...

» Ce n'est pas assez pour la commune de Bordeaux de louer votre conduite, de vous en remercier, de vous dire combien elle s'en félicite; elle vous offre aussi les assurances de tout son zèle à concourir à vos vues pour la défense de la liberté et de l'égalité, de son ardeur à seconder vos démarches bienfaisantes pour maintenir la pureté des principes républicains, à combattre contre les tyrans, les traîtres et les anarchistes; elle sera toujours digne de votre administration paternelle, qui fait son bonheur, comme vous êtes dignes de son amour, juste récompense de vos travaux [1]. »

Le citoyen Cholet, qui présidait le Conseil général, répondit au maire quelques paroles affectueuses et remercia les citoyens du concours qu'ils promettaient au département. La députation se retira au bruit des applaudissements et se rendit chez les conventionnels.

Garrau l'accueillit avec beaucoup d'affabilité, exprima ses

---

[1] Archives municipales de Bordeaux.

regrets de l'absence momentanée de son collègue Paganel et fit entrer dans ses salons les membres de la députation. Quand le silence se fut établi, Saige adressa au député le discours suivant :

« Citoyens législateurs, une cité célèbre depuis le commencement de la Révolution par les sacrifices qu'elle a faits pour la conquête de la liberté et de l'égalité; dont les soldats patriotes ont les premiers montré leur courage dans la campagne de Moissac, pour combattre les ennemis de notre régénération; qui compte dans nos armées onze bataillons, dont trois entièrement levés dans son sein signalent leur courage dans les campagnes d'Andaye et de la Vendée, et les autres, plus qu'à moitié formés par ses citoyens, établissent la célébrité du nom de la Gironde; une cité qui, au glorieux témoignage d'avoir bien mérité de la patrie, joint l'avantage précieux d'avoir maintenu dans son sein la pureté des principes révolutionnaires avec l'amour de l'ordre et des lois, cette cité vient de donner une nouvelle preuve de son amour pour la République, de sa haine contre les tyrans, les traîtres et les anarchistes.

» Ce n'est pas en vain que la Convention vous a députés dans notre département pour y établir des mesures que les lois ne dictaient pas encore contre les ennemis qui travaillent sans cesse à arrêter le bonheur dont la Révolution doit nous faire jouir. Nos administrateurs ont employé avec le plus heureux succès les moyens que votre sagesse a mis dans leurs mains pour découvrir les traces des complots formés par les ennemis de notre liberté, par les monstres qui ne cessent de s'agiter autour de nos représentants, pour essayer de nous priver des fruits de leurs sollicitudes paternelles... Mais nos sages administrateurs ont arrêté leurs complots... Ils ont fait connaître à nos illustres représentants, et à la France entière, combien il est instant de se réunir pour former une défense invincible... Les sections et le Conseil général de notre commune se sont félicités des mesures prises par les corps administratifs; ils ont applaudi aux adresses qui ont été envoyées à la Convention et ont délibéré de venir vous supplier de les appuyer par la plus forte recommandation auprès de nos représentants, vos collègues.

» Dites-leur que, toujours fidèles à leurs serments, les Bordelais ne cesseront de défendre la liberté et l'égalité, de combattre jusqu'à la dernière goutte de leur sang pour la République, une et indivisible; qu'ils ont juré une guerre éternelle aux tyrans, aux traîtres, aux anarchistes, à ces agitateurs infâmes dont les manœuvres criminelles tendent à sacrifier à leur intérêt ou à leur ambition le repos de la République, à troubler l'union si nécessaire pour notre bonheur.

» Dites-leur que les Bordelais seront toujours le plus fort rempart des lois, de la liberté, de l'égalité; que s'ils pouvaient craindre les ennemis du dehors, à leur voix, nous formerons des bataillons invincibles qui mettront hors de toute attaque le territoire de la République; mais que si les ennemis du dedans travaillaient à détruire la République, à rétablir quelque pouvoir contraire à la liberté et à l'égalité, qui font notre bonheur, nous leur demandons de réunir tous les moyens que leur autorité peut leur fournir pour éloigner de nous les malheurs que ces scélérats voudraient accumuler sur nos têtes; que nous les supplions de donner l'attention la plus sérieuse à la dénonciation qui vient de leur être faite par nos administrateurs, de suivre la trame dont leur adresse leur a donné le fil, et de poursuivre, avec la sévérité de législateurs républicains, les auteurs de ces infâmes machinations ourdies par la cupidité et la perfidie.

» Dites-leur enfin que si jamais les lois, l'autorité de nos représentants, les principes républicains, la liberté, l'égalité, pouvaient être méconnus ou attaqués, la Gironde leur en fournira toujours les plus ardents défenseurs (1). »

Garrau dut se trouver un peu embarrassé devant les déclarations du maire Saige; il n'était Girondin que d'origine, nous l'avons dit, et ses aspirations le portaient vers la Montagne, dont il n'épousait pas d'ailleurs toutes les rancunes; il fit cependant bonne contenance, disent les écrits contemporains; il répondit avec dignité et donna l'assurance aux citoyens présents qu'il était animé des meilleurs sentiments en faveur de la commune de Bordeaux, des sections et du maire; il ajouta qu'il appuierait avec empressement auprès de la Convention la demande de la commune et toutes celles qu'elle aurait occasion de lui adresser.

Ces paroles furent accueillies par des témoignages bruyants de reconnaissance et de satisfaction.

La Convention, cela va sans dire, fut indifférente aux communications du département de la Gironde. Pressée par la Commune de Paris, par les sections, par les Jacobins, par Desfieux, qui nourrissait une haine mortelle contre ses compatriotes et qui portait contre eux la parole au nom de la démagogie, elle continua son œuvre jusqu'au jour où les Girondins succombèrent définitivement.

Ne semble-t-il pas, dans les pages que l'on vient de lire, apercevoir ces ambiguïtés de langage que nous avons déjà signalées et qui dissimulaient à peine la véritable cause que le département entendait défendre dans ces circonstances décisives? Il avait certainement en vue les illustres enfants qui avaient mis son nom en relief dans l'Assemblée régicide et dont les dangers n'étaient un secret pour personne.

Les correspondances fréquentes échangées entre eux et leurs commettants étaient fort explicites à cet égard dès les premiers jours d'avril.

(1) Archives municipales de Bordeaux.

Fonfrède, par exemple, écrivant à la municipalité pour lui annoncer le subside voté par la Convention en faveur de la ville de Bordeaux, disait, le 9 avril : « J'ai reçu, par un courrier extraordinaire, votre lettre du 5 de ce mois. J'y ai retrouvé avec une bien douce satisfaction les expressions de votre estime et de votre amitié ; elles consolent un peu mon cœur des attaques de la calomnie et de la méchanceté, qui sont naturalisées dans ce pays. » Il ajoutait un peu plus loin : « Les Bourbons et les d'Orléans partent aujourd'hui pour Marseille. On voulait nous faire ce détestable présent; nous nous y sommes opposés, et nous avons voté ostensiblement contre. Notre ville est si heureuse, si paisible, si patriote, que nous nous serions crus coupables de courir les risques de la troubler, ou du moins de l'empoisonner, en lui envoyant des princes. Nous sommes enfin parvenus, grâce à la trahison d'Égalité fils, à porter le coup à cette race infâme, etc. [1]. »

Cependant Paganel et Garrau, dont la mission dans notre département et dans celui de Lot-et-Garonne avait aussi pour objet l'exécution du décret du 27 février 1793 sur le recrutement de l'armée, s'épuisaient en efforts pour compléter les cadres; en présence de la résistance de quelques communes, ils requéraient, par un arrêté du 12 avril, les citoyens de ces communes, depuis dix-huit jusqu'à quarante ans, de se rendre au premier ordre pour la défense de la patrie, au lieu qui leur serait indiqué.

A la date de cet arrêté, les deux conventionnels venaient de rentrer à Bordeaux, d'où ils s'étaient absentés plusieurs jours.

Le 13 avril, le Conseil général leur rendait compte de tout ce qui se rattachait au recrutement et aux opérations du Directoire pendant leur absence. Ils approuvèrent les actes du département [2].

---

[1] Archives municipales de Bordeaux.
[2] Registres du département, n° 4, p. 90.

Nous l'avons dit, l'opinion publique à Bordeaux et dans le département avait vu avec douleur la défection de Dumouriez. Mais dans quelques-uns des papiers saisis sur le courrier des Jacobins, on cherchait à présenter les députés girondins comme les complices du général. Le département songea à défendre ceux-ci d'une pareille accusation, et il crut ne pouvoir mieux le faire qu'en rendant compte de l'impression des habitants de la Gironde en apprenant cette défection. A cet effet, il écrivit, le 13 avril, à Partarrieu et à Grangeneuve, en mission à Paris : « Citoyens collègues, nous pensons qu'en vous présentant à la barre de la Convention nationale, votre premier soin aura été de faire connaître l'horreur qu'a inspirée à tous les bons citoyens de ce département l'horrible trahison de Dumouriez.

» Vous n'oublierez pas de dire qu'au moment même où nous n'avions aucun détail d'une perfidie à laquelle nous étions loin de nous attendre de la part de cet homme astucieux, le décret de la Convention qui le déclare traître à la patrie et met sa tête à prix fut solennellement proclamé dans la cité, à la tête de notre brave garde nationale.

» Il nous suffisait, en effet, d'apprendre par ce décret lui-même que ce général infidèle avait porté ses mains audacieuses sur des représentants de la Nation, pour que, dès cet instant, et quelques vues qu'il pût avoir, il fût voué à l'exécration publique. Tel est le sort réservé à tous les traîtres. La Nation est trop clairvoyante pour être dupe des vues d'un ambitieux, quel qu'il soit. »

Après avoir raconté la démarche et l'approbation des vingt-huit sections à l'occasion des derniers événements, le département ajoutait :

« Nous apprenons avec la plus vive satisfaction que Paris est tranquille. Les départements le seront aussi malgré toutes les manœuvres des ennemis extérieurs et intérieurs.

» Le convoi de La Rochelle, composé de dix bâtiments venant des colonies, est enfin arrivé hier dans notre rivière après deux mois et demi de séjour dans sa relâche.

» Il serait bien temps que la Convention nationale ouvrît enfin les yeux sur l'état d'abandon de notre marine. Ne reconnaîtra-t-on jamais que l'impéritie nous est presque aussi funeste que la trahison [1]? »

Le ton élevé de cette lettre n'échappera certainement pas à l'attention du lecteur. Un souffle patriotique l'anime, mais on y devine aussi le sentiment d'une dignité froissée, qui pouvait être considéré déjà comme contenant en germe la possibilité d'une rébellion...

La minute est écrite en entier de la main de Pierre Sers, alors président du Directoire du département de la Gironde.

La situation des habitants de Bordeaux continuait, d'ailleurs, à être toujours aussi malheureuse au point de vue de l'alimentation. Tous les moyens et toutes les fraudes étaient employés pour arriver à se procurer de la farine. On mangeait juste assez pour ne pas mourir de faim : chaque habitant avait, en moyenne, une livre et demie de pain par jour. « Nous sommes ici, écrivait un contemporain, dans la disette des subsistances. Si vous pouvez nous envoyer une sache de farine propre à faire du bon pain de ménage, faites-nous la passer. Afin qu'elle ne soit pas arrêtée en route, il serait bon de la déguiser de manière qu'elle ne fût pas prise pour de la farine [2]. »

Au milieu des souffrances générales, Paganel et Garrau s'efforçaient de faire mettre dans le meilleur état de défense les côtes du département et d'assurer leur protection par des forces suffisantes.

---

[1] Archives de la Gironde, série L, *verbo* Dumouriez.
[2] Lettre de Philipt à Garde Besse et Cie, de Montauban, du 14 avril 1793 (Voir le procès Philipt père et fils, 16 février 1794).

Ils mettaient en même temps en réquisition, pour le service des armées, les chevaux de luxe et les provisions de fourrages et d'avoine nécessaires à leur nourriture, et ils établissaient à cet effet des dépôts à Libourne pour le département de la Gironde, et à Agen pour le département de Lot-et-Garonne [1].

Quant aux prêtres, ils étaient, sur tous les points de la République, les déplorables victimes de la constitution civile du clergé et des lois tyranniques qui avaient suivi et complété l'œuvre janséniste de la Constituante.

Le nombre de ceux que l'on conduisait chaque jour à Bordeaux s'accroissait sans cesse, et l'on redoutait à la fois les excès de la population et les inconvénients d'une agglomération trop considérable de prisonniers.

Ainsi, le 22 avril, un membre du Conseil général du département annonçait à l'assemblée qu'un détachement de la gendarmerie nationale d'Angoulême venait de conduire dans la maison d'arrêt du district de Bordeaux 53 prêtres condamnés à la déportation par divers départements, entre autres par ceux du Loiret, de l'Indre, d'Indre-et-Loire, etc.; que déjà 20 de ces prêtres étaient détenus dans ladite prison; que, d'après les bruits répandus, on pensait que le nombre en serait porté à 200, et qu'il devenait instant de prendre un parti pour le logement de ces prêtres, et les mesures de sûreté les plus propres à maintenir la tranquillité publique [2].

Il est certain qu'il existait dans la population une fermentation qui pouvait devenir dangereuse; on craignait, disent les écrits du temps, *des troubles et des armements*. Pour les conjurer, le Conseil général décida que le district de Bordeaux donnerait aux municipalités environnantes

---

[1] *Appendice*, note XV.
[1] Archives de la Gironde, reg. du département, n° 4, p. 90.

l'ordre de retenir les prêtres conduits vers la ville et de les faire partir à une époque telle que leur arrivée à Bordeaux « n'eût lieu que pendant la nuit » [1].

Ces prescriptions dénotent l'agitation des esprits à cette époque et les inquiétudes dont la population était assaillie.

A cet égard, un fait l'attesterait surabondamment, s'il était nécessaire. De toutes parts, les citoyens réclamaient, dans leurs sections respectives, les certificats de civisme qu'ils croyaient utiles pour assurer leur sécurité, de plus en plus compromise par les lois draconiennes que la Convention ne cessait de décréter [2].

Nous pourrions en rappeler un grand nombre; bornons-nous à citer la loi ordonnant la déportation des prêtres à la Guyane et celle déclarant conspirateurs les citoyens qui refuseraient les assignats au pair avec l'argent.

On devine sans peine que de pareils décrets n'étaient pas de nature à ramener la confiance; mais la Convention n'en avait nul souci! Il lui fallait régner, elle ne le pouvait que par la terreur, et la terreur, peu à peu, se répandait et gagnait du terrain dans les provinces...

A ces sujets de crainte, il s'en ajoutait un, grave, sérieux, général : on redoutait les attaques des ennemis de la France et l'invasion du territoire. Partout, on s'occupait de la *défense générale;* on armait les côtes, on levait des volontaires, on approvisionnait les armées. Les représentants en mission, les corps constitués, les autorités à tous les degrés, tout le monde enfin, comprenant la nécessité qui s'imposait, se préparait à résister aux armées étrangères.

Le Conseil général de la Gironde avait eu à discuter à diverses reprises la mise en état de défense du Château Trompette; mais de nombreux intérêts privés engagés dans

---

[1] Registres du département, n° 4, p. 105.
[2] *Appendice,* note XVI.

la question avaient retardé une décision qui était cependant urgente. Paganel et Garrau s'impatientèrent de ces lenteurs qu'ils trouvaient dangereuses, et par un arrêté du 30 avril ils mirent un terme aux hésitations et aux discussions. Il n'y avait qu'à s'incliner.

Le Château-Trompette dut être débarrassé des constructions en bois bâties sur le terrain appelé *le Pré*, et qui, adossées en grand nombre contre les murs mêmes de la forteresse, pouvaient exposer celle-ci aux entreprises des malveillants; les fossés devaient être désobstrués, et les glacis du château et de ses dépendances rétablis dans leur état primitif [1].

On se mit sur-le-champ à l'œuvre pour exécuter la décision des proconsuls.

Mais les souffrances du peuple s'aggravaient; le froment et les autres grains devenaient de plus en plus rares à Bordeaux et dans toutes les communes du département, et le 30 avril, le Directoire du district de cette ville ne pouvait qu'attester la disette. Cette attestation se trouvait contenue dans un arrêté où on lit le considérant ci-après : « Vu la loi du 16 mars 1792, relative aux secours des grains et farines à procurer aux départements de la République, et les diverses expositions faites par plusieurs municipalités du district, d'où il résulte que ces municipalités sont extrêmement dénuées d'approvisionnement; que dans la plupart des municipalités des campagnes, les boulangers ne peuvent pas faire de pain faute de blé, et que les habitants ne mangent pas de pain depuis plusieurs jours; que, dans quelques autres, plus voisines de la ville, les citoyens et citoyennes sont obligés de venir à Bordeaux et d'y perdre au moins une journée pour tâcher de se procurer du pain chez les boulangers, à quoi ils ne réussissent pas toujours

---

[1] *Appendice*, note XVII.

à cause de la grande affluence qui se fait dans les boutiques des boulangers, etc. (1). »

Ce triste et désolant tableau, emprunté à un document officiel, constate mieux que nous ne saurions le faire les misères extrêmes qui désolaient nos pères.

Comme pour ajouter aux difficultés et aux horreurs de la disette, les prêtres affluaient à Bordeaux, lieu de leur embarquement pour la déportation, et il fallait assurer leur subsistance.

Ils y arrivaient *de tous les cantons* de la République, et leur nombre était tellement considérable que le fort du Hâ étant insuffisant à les contenir, le Conseil général du département avait désigné la citadelle de Blaye pour les recevoir provisoirement.

Les choses allèrent si loin à cet égard, que le 3 mai 1793, à l'occasion de l'arrivée de cent huit nouveaux ecclésiastiques, le département décida que ces prêtres n'entreraient point à Bordeaux et qu'ils seraient embarqués *au port de La Bastide,* pour de là être conduits directement à Blaye (2).

Le 3 mai 1793, Paganel et Garrau se rendirent au Conseil général du département et annoncèrent *qu'étant sur le point de leur départ pour se rendre dans le département de Lot-et-Garonne,* ils avaient cru devoir prescrire d'importantes mesures à l'occasion de la disette des subsistances et de la défense générale.

Le département et la population accueillirent avec reconnaissance celles de ces mesures relatives aux approvisionnements.

L'arrêté des conventionnels sur ce sujet palpitant mérite d'être reproduit dans son entier :

« Sur le rapport qui nous a été fait, disaient-ils, tant par

---

(1) Archives de la Gironde, série L.
(2) *Id.,* reg. du département, n° 4, p. 112.

la municipalité que par les administrateurs du département de la Gironde, que quelques bâtiments actuellement en rade ou au bas de la rivière de Bordeaux ont à bord des farines destinées par le gouvernement pour les diverses colonies, lesquelles farines, depuis trois, quatre ou cinq mois, et estimées fabriquées deux mois auparavant, courent le risque imminent d'une dégradation totale avant d'arriver à leur destination;

» Considérant qu'un des plus sûrs moyens de maintenir la tranquillité publique et de garantir la sûreté générale dans le département de la Gironde est de prévenir le fléau de la disette dont il est menacé; que la pénurie de grains et farines, soit dans ce département, soit dans les départements voisins, tient les administrateurs et les délégués de la Convention nationale dans un état d'alarme qui s'accroît de jour en jour; que le peuple de Bordeaux, qui a vu sans peine et même avec satisfaction fraternelle partager ses subsistances avec les communes et départements voisins, porte aujourd'hui à toute heure ses réclamations auprès des administrations et délégués sur le danger de la disette, tandis que des subsistances considérables et d'aperçu sans utilité commerciale sont à bord des navires en rade;

» Considérant, en effet, d'après les informations que nous avons prises de divers négociants de Bordeaux, qu'un long intervalle doit s'écouler avant que les farines dont il s'agit arrivent à leur destination, et qu'il est presque impossible, d'après l'expérience, qu'elles puissent parvenir saines et d'une utile consommation aux pays pour lesquels elles sont destinées;

» Considérant que l'île de Bourbon a des ressources territoriales suffisantes pour être partagées avec l'île de France; que les îles du Vent et Sous-le-Vent sont pourvues par les Anglo-Américains, et que le riz et autres aliments suppléent aux farines au delà des mers;

» Considérant que Bordeaux se trouve privé en ce moment, et d'aperçu jusqu'à la récolte, des ressources du département de la Vendée et autres départements maritimes voisins, vu l'insurrection entière des brigands, malgré les troupes et renforts qui y ont été successivement envoyés; privé encore, ou du moins incertain sur les ressources de la mer, faute de convois assurés, malgré les demandes réitérées des représentants du peuple et des administrateurs, puisqu'il y a eu des barques chargées de grains enlevées par des corsaires anglais jusque dans l'intérieur de la rivière; pressé par les départements voisins du côté du midi et du levant, lesquels envoient chaque jour leurs officiers municipaux exposer leurs besoins les plus urgents;

» Considérant enfin que si, dans ces circonstances chaque jour plus alarmantes, Bordeaux, malgré la vigilance de ses administrateurs et de ses officiers municipaux, et malgré le bon esprit des citoyens, se voyait forcé de se refuser aux réclamations des communes et départements voisins, il se verrait bientôt peut-être un refuge de mécontents, un centre de malveillants dont on ne peut calculer les progrès;

» Arrêtons : le Directoire du département est autorisé à faire décharger et retenir, pour l'approvisionnement commun dudit département et des départements voisins, toutes les farines des bâtiments de départ, en rade et au bas de la rivière, dont la fabrication date de plus de trois mois [1]. »

Les autres dispositions de cet arrêté étaient relatives aux réserves nécessaires aux navires ainsi dépouillés pour le strict approvisionnement de leur traversée.

Les mesures édictées par Paganel et Garrau nous dispensent d'insister sur la déplorable situation de Bordeaux au mois de mai 1793.

---

[1] Archives de la Gironde, reg. du département, n° 4.

Après avoir ainsi pourvu à la subsistance du peuple grâce aux pouvoirs dont ils disposaient, les représentants portèrent leurs efforts vers l'organisation de la défense générale. On l'a vu dans l'arrêté qui précède, l'ennemi était à nos portes, et dans la rivière même les corsaires anglais faisaient des apparitions redoutables.

Le Conseil général du département fut autorisé à requérir tous les serruriers, forgerons, charrons et armuriers, pour être employés au service de la Nation; à faire fabriquer des fusils ou autres armes jugées nécessaires, du salpêtre, et à former tous établissements et faire tous achats ayant pour but les moyens de défendre la patrie. Il fut, en outre, chargé de faire exécuter les travaux de défense des côtes et de la rivière, tels que batteries, signaux, redoutes, forts, vaisseaux stationnaires ou batteries flottantes, etc., etc., afin de rassurer la population contre toute invasion des ennemis. Le Conseil général était tenu de rendre compte de tous ses actes sur ce sujet aux représentants et au Comité du salut public [1].

Ces dispositions diverses furent accueillies avec une grande faveur dans toute la ville, et l'espoir revint aux Bordelais, qui gardèrent un bon souvenir de Paganel et de Garrau.

C'est après avoir régularisé toutes choses comme nous venons de l'indiquer, que les deux conventionnels quittèrent Bordeaux, acclamés par la population tout entière.

[1] *Appendice*, note XVIII.

CHAPITRE II

LES GIRONDINS.

Les députés de la Gironde à la Législative et à la Convention. — Ils sortaient de la bourgeoisie. — Notices biographiques. — Ils deviennent les chefs du parti dit *de la Gironde*. — Division des partis à l'Assemblée législative. — Les Girondins attaquent la royauté. — Montagne et Gironde. — Destitution du ministre Narbonne. — Ministère girondin. — On déclare la guerre à l'Autriche : premières défaites. — Le camp de 20,000 hommes. — Renvoi du ministère. — Les journées du 20 juin et du 10 août. — Fin de la Législative. — La Convention nationale. — Notices biographiques. — La royauté est abolie. — Proclamation de la République. — La Gironde et la Montagne à la Convention. — Différences entre ces deux partis : leurs luttes. — Le procès de Louis XVI. — Attitude des Girondins. — Levée des 300,000 hommes. — Création du Tribunal révolutionnaire de Paris. — Mise en accusation de Marat. — Pache demande la mise en accusation des Girondins. — Les journées des 31 mai, 1er et 2 juin. — Chute du parti de la Gironde et triomphe de la Montagne. — Appréciation du rôle des Girondins à la Législative et à la Convention.

Le département de la Gironde avait envoyé à l'Assemblée législative et à la Convention une pléiade d'hommes jeunes, ardents, d'un talent incontesté et qui n'avaient pas tardé à prendre une large place et à conquérir une influence considérable au sein de la représentation nationale.

Ces hommes appartiennent trop intimement à notre pays et leur destinée a trop influé sur les événements accomplis à Bordeaux durant la Révolution, pour ne pas consacrer quelques lignes aux principaux d'entre eux.

L'Assemblée législative avait vu Barennes, Ducos, Gensonné, Grangeneuve, Guadet, Jay, Journu-Aubert, le curé Dominique Lacombe, Laffon-Ladébat, Pierre Sers, Servière et Vergniaud.

La Convention compta parmi ses membres Bergoeing, Boyer-Fonfrède, Deleyre, Ducos, Duplantier, Garrau,

Gensonné, Grangeneuve, Guadet, Jay, Lacaze et Vergniaud.

Tous, ils avaient grandi au milieu d'une population vive, intelligente, spirituelle, expansive et sociable, et qui n'était restée étrangère, en aucun temps, aux questions les plus ardues du droit public et de la politique générale. La conquête de l'autonomie communale du pays, l'esprit d'examen introduit en Guienne par la domination anglaise, les guerres dans cette province des rois de France et d'Angleterre, les troubles occasionnés par la gabelle, les luttes du Parlement avec la royauté, si fréquentes et si hardies, toutes ces causes réunies avaient contribué successivement au développement des instincts politiques de la population bordelaise et du pays qui l'entourait.

La bourgeoisie était née et avait grandi peu à peu au milieu des événements et des luttes, et son niveau intellectuel n'avait pas cessé de s'élever; étouffée au début entre la noblesse et les serfs, elle avait élargi patiemment sa voie, pris position dans toutes les carrières, accaparé le commerce, envahi les emplois municipaux et pénétré jusqu'aux sièges de la magistrature. Elle était devenue une puissance, et c'est dans son sein que se recrutaient en général des écrivains de valeur, des orateurs brillants, des publicistes et des jurisconsultes remarquables autant par l'étendue de leurs connaissances que par la droiture et la fermeté de leur esprit.

C'est dans cette bourgeoisie, influente à la fois par la richesse et par la science, que le peuple choisit, en 1791 et 1792, les députés chargés de le représenter à la Législative et à la Convention.

Vergniaud (Pierre-Victurnien), l'un d'eux, né à Limoges en 1759, avait trente-deux ans en 1791. Secrétaire du président Dupaty pendant plusieurs années, puis, à vingt-six ans, avocat au Parlement de Bordeaux, il salua avec enthousiasme l'aurore de la Révolution; il ne tarda pas à être appelé par ses concitoyens d'adoption au Conseil général du département, où, pendant deux années, il défendit avec ardeur toutes les réformes libérales.

Imbu des principes philosophiques du xviiie siècle, Vergniaud fut, à l'Assemblée législative, un des organes les plus éloquents des idées nouvelles. Dans la foule, dit un de ses biographes, il n'eût arrêté les regards de personne : sa figure était sans expression, sa démarche languissante, son caractère apathique; mais dès qu'une pensée l'agitait, dès qu'il avait à défendre une cause, sa stature robuste se redressait, ses larges épaules se développaient avec une majestueuse ampleur : alors il portait la tête haute, ses yeux noirs, sous des sourcils proéminents, se remplissaient d'éclairs et ses lèvres épaisses jetaient à grands flots une parole abondante, facile, imagée, toujours élégante; son geste était calme, son organe d'une remarquable pureté. Ces éclairs passés, l'*Aigle de la Gironde,* comme on l'avait appelé, retombait dans son indolence habituelle [1].

Plus âgé d'un an que Vergniaud, Guadet (Marguerite-Élie), né à Saint-Émilion le 20 juillet 1758, était avocat au Parlement de Bordeaux; il avait débuté avec éclat au barreau dès l'âge de vingt-cinq ans. Son élocution était vive, prompte, hardie comme son esprit; il avait une vaste intelligence et une rare aptitude pour les affaires; aussi fut-il un moment question de lui en 1789 pour être député du tiers à la Constituante. Guadet se jeta avec toute l'ardeur de son tempérament dans le mouvement politique de l'époque, et dès 1790 il était élu président du tribunal criminel de la Gironde [2].

Né à Bordeaux le 10 août 1758, Gensonné (Arnaud) avait embrassé la carrière du barreau. C'était un caractère réfléchi, un moraliste sévère, un penseur hardi; jeune encore,

---

[1] H. Chauvot, *le Barreau de Bordeaux,* passim.
[2] *Id.* — O'Reilly, *Histoire de Bordeaux,* passim.

dit M. Chauvot, il apparaît dans la société bordelaise comme l'un des chefs de cette bourgeoisie qui, possédant le talent et la fortune, supportait avec peine les prérogatives parfois blessantes de la noblesse. L'étude des philosophes, de Montesquieu surtout, fortifia dans son âme le culte pour la liberté. Il avait apporté au barreau un esprit juste et positif, une parole lucide, élégante, acérée. Nommé secrétaire de la Ville en 1787 par le roi, Gensonné avait refusé cette fonction parce qu'il ne la tenait pas du suffrage de ses concitoyens. Tel était l'homme dès avant 1789. Plus tard il fut successivement élu notable de la municipalité, procureur de la commune et, en 1790, juge au tribunal de cassation [1].

Barennes, avocat au Parlement de Bordeaux comme les précédents, avait embrassé avec chaleur la cause de la Révolution. C'était un jurisconsulte éminent, un esprit distingué, un orateur fécond. Professeur de droit français à l'Université de Bordeaux, il avait su attirer à ses leçons toute une jeunesse ardente et studieuse, que son enseignement préparait aux luttes de l'avenir. En 1790, il était élu procureur général syndic du département, et son patriotisme dans cette place lui valut, en 1791, son élection à l'Assemblée législative [2].

Aussi avocat au Parlement, Grangeneuve (Jacques-Antoine), né à Bordeaux en 1750, d'une des familles les plus estimées de la bourgeoisie, était un homme droit, d'un caractère honorable, d'un esprit cultivé. Moins orateur que Vergniaud ou Guadet, ces maîtres de la tribune, il eut pourtant des succès auprès d'eux. Rompant en quelque sorte avec des traditions de famille, il se laissa emporter dans le mouvement politique, et devint, selon l'expression de Lamartine, un fanatique de la liberté [3]. Il avait été substitut du procureur de la commune de Bordeaux.

---

(1)-(2)-(3) Chauvot, *le Barreau de Bordeaux*, passim. — O'Reilly, *Histoire de Bordeaux*, passim. — Lamartine, *les Girondins*, passim.

Ducos (Jean-François), le *petit* Ducos, disaient ses contemporains de 1783, fils d'un négociant et négociant lui-même, malgré Minerve, était né à Bordeaux en 1765. Lauréat du Musée, il se fit remarquer très jeune par son amour pour les belles-lettres, et on a conservé de lui des vers pleins d'esprit et de malice attique. Homme d'un commerce agréable et d'une amabilité charmante, il s'était nourri des philosophes et des encyclopédistes du xviiie siècle. Ducos n'était pas un orateur dans le sens du mot : il était plus spirituel que profond, plus poète qu'homme politique, et prit assez rarement la parole à la Législative et à la Convention [1].

Journu-Aubert (Bernard), né à Bordeaux en 1748 et devenu *comte de Tustal* sous l'Empire, était négociant à l'époque de la Révolution; il en embrassa les principes et fut élu en 1790 administrateur du district de Bordeaux. C'était un agriculteur distingué, un homme pratique, connaissant les affaires, honnête et droit, mais n'ayant pas de facultés oratoires et qui se fit peu remarquer à la Législative; il a légué à sa ville natale un beau cabinet d'histoire naturelle.

Dominique Lacombe, curé de Saint-Paul, dont nous avons parlé dans un de nos précédents chapitres [2], s'était fait connaître par son adhésion à la constitution civile du clergé et par ses sermons révolutionnaires. Son attitude et ses intrigues lui valurent la faveur populaire et les suffrages des électeurs de 1791. Après avoir succédé, en 1797, à M. Pacareau en qualité d'évêque métropolitain du Sud-Ouest, il devint évêque d'Angoulême à l'époque du Concordat, et mourut dans cette ville en 1823.

Laffon de Ladébat (André-Daniel), né à Bordeaux le 30 novembre 1746, négociant dans cette ville, s'était fait

---

[1] O'Reilly, *Histoire de Bordeaux*, passim.
[2] Liv. I, chap. iii, *la Constitution civile du clergé*, etc.

connaître par la publication d'ouvrages estimés et remarqués dans leur temps sur l'économie politique. Il avait été élu en 1790 administrateur du département de la Gironde.

Pierre Sers, dont le nom reviendra plus tard sous notre plume, était, comme Journu-Aubert et Laffon de Ladébat, négociant à Bordeaux en 1789. Les idées nouvelles trouvèrent en lui un adepte ardent et convaincu : il fut successivement officier municipal et administrateur du département. Nous le verrons bientôt déployer un courage admirable et montrer un grand caractère pour sauver les hommes du parti de la Gironde. Sa tentative, qui ne fut pas couronnée de succès, eut des résultats désastreux pour les habitants de Bordeaux.

Telle était, en y ajoutant Jay, ministre protestant, et Servière, de Bazas, la députation du département de la Gironde à l'Assemblée nationale législative de 1791.

Tous ces hommes, remarquables à des titres divers, sortaient des entrailles de cette bourgeoisie de 1789 émancipée par les philosophes du xviiie siècle; tous étaient imbus des idées nouvelles : élevés à l'école de Montaigne, de Montesquieu, de Voltaire, de Diderot et de J.-J. Rousseau, ils personnifiaient un monde nouveau, qui réclamait sa place au foyer de la nation, et qui, selon le mot de la célèbre brochure de Siéyès, *demandait à être quelque chose.*

L'Assemblée législative se réunit le 1er octobre 1791, et les partis ne tardèrent pas à s'y dessiner. Dès les premiers jours, il se forma une droite composée de députés constitutionnels : on l'appela le *parti Feuillant.*

Vergniaud, Guadet et Gensonné siégèrent à la gauche et furent considérés comme les chefs du *parti de la Gironde,* qui inclinait vers la République, surtout depuis la fuite du roi et son arrestation à Varennes.

A l'extrême gauche, on remarquait Merlin de Thionville,

Barrère, Chabot, Couthon et quelques autres, assis sur les siéges les plus élevés : c'était le *parti de la Montagne*.

Une fraction indécise et sans énergie, qui apportait l'appoint de ses votes successivement à chacun des partis que nous venons de désigner, forma *la Plaine* ou *le Marais*. La Montagne les nommait dédaigneusement *les crapauds du marais*.

Dès le début des délibérations de la Législative, le parti de la Gironde prit une attitude agressive envers la royauté. Ses orateurs furent promptement remarqués, et Guadet, Vergniaud et Gensonné furent bientôt appelés à présider l'Assemblée, où leur autorité s'imposait à la fois par le talent, par l'éloquence et par l'honnêteté. Il leur manquait malheureusement les qualités qui font les hommes politiques; aussi, selon l'expression d'un historien, « les Girondins » allaient commencer à creuser avec légèreté un abîme qui » devait plus tard les engloutir [1]. »

La Montagne, de son côté, aidée par Robespierre, l'un des orateurs aimés des Jacobins, travaillait les clubs et les sociétés populaires en cherchant à y développer une sourde irritation contre la Cour, que la Société des Jacobins détestait, et contre le parti de la Gironde, dont elle redoutait l'influence toujours croissante et qu'elle enviait pour ses talents et pour son éloquence.

Les événements qui se déroulèrent avec une terrible rapidité dessinèrent de plus en plus les partis à la Législative : la droite constitutionnelle, toutefois, alla en s'affaiblissant chaque jour, tandis que la Gironde et la Montagne, unies en quelque sorte dès les premiers jours dans des sentiments souvent identiques, et dirigées par des passions qui reflétaient les haines populaires, grandissaient l'une et l'autre en importance. La Montagne, toutefois, eut

---

[1] A. Challamel, *Histoire-Musée de la République française*, p. 170.

peur de ses redoutables rivaux de la Gironde; elle organisa, pour détruire leur popularité, tout un système de soupçons et de calomnies, et Robespierre en fut l'orateur le plus acharné. Les hommes de la Gironde et de la Montagne se séparèrent définitivement et constituèrent les deux grands partis qui devaient se disputer le pouvoir sur les ruines de la royauté.

L'émigration, les événements de Saint-Domingue, les massacres d'Avignon, les troubles religieux dans un grand nombre de départements, les dangers de la disette, les résistances de la cour au mouvement révolutionnaire : tout semblait se réunir pour assombrir la situation générale en France et entretenir l'agitation dans les esprits.

L'Assemblée législative subissait des fluctuations variées à la nouvelle de ces événements, dont le contre-coup retentissait en province et y entretenait l'irritation la plus vive contre l'institution monarchique.

C'est à ce moment et au milieu des graves sujets d'inquiétudes qui surgissaient de toutes parts, que, contre l'opinion de Robespierre, les chefs des divers partis de la Législative inclinèrent vers la guerre, qu'ils considéraient comme inévitable et qu'ils croyaient, d'ailleurs, appelée à faire diversion aux difficultés de l'intérieur. L'Assemblée invita le roi à s'occuper plus activement de la politique extérieure. Louis XVI céda en apparence à cette invitation, mais, au fond, il résista à l'idée de recourir aux armes, et il ne tarda pas à destituer le ministre de la guerre Narbonne qui avait fait preuve de zèle et d'habileté et dont le tort le plus grave était d'avoir conquis la bienveillance de l'Assemblée. Cette mesure inopportune agita les esprits et mécontenta les représentants de la nation.

La Gironde dominait alors l'Assemblée et annonçait une tendance de plus en plus républicaine. Le roi, cependant, dut chercher un appui dans la majorité, et malgré ses répugnances, il était amené, dès les premiers mois de l'année 1792, à choisir plusieurs de ses ministres dans le parti girondin.

Le 20 avril, la guerre était déclarée à l'Autriche.

Ce fut un triomphe de la Gironde sur la Montagne. L'antagonisme existant entre ces deux partis devint bientôt plus envenimé par les railleries des Girondins contre le vague théisme de Robespierre et contre son occulte ambition, et l'appui qu'ils prêtèrent à Lafayette jusqu'à sa lettre du 18 juin ajouta à l'irritation des Montagnards.

Dès le mois de juin, la Gironde et la Montagne étaient séparées par une haine implacable : entre ces deux fractions du parti avancé, la lutte devint dès lors inflexible, acharnée, et la Royauté, selon le mot d'un historien, « fut l'enjeu de » cette sinistre partie, en attendant que les Girondins y » missent leur vie [1]. »

Revenons à la guerre.

Elle était déclarée, et Dumouriez, chargé des opérations militaires, commença les hostilités.

La panique de Quiévrain, le massacre de Dillon et la défaite de Mons, au début de la guerre, causèrent à Paris une stupeur, bientôt suivie d'une colère extrême. Les partis s'accusèrent mutuellement, et, sous l'influence des Girondins, l'Assemblée se lança dans la voie toujours regrettable des violences. — Dumouriez fut vivement attaqué par Guadet, et d'allié devint ennemi de la Gironde.

Au mois de mai, Vergniaud ne craignait pas de formuler contre les prêtres insermentés une motion conçue en des termes dont l'impiété révolta tous les hommes religieux de l'Assemblée, et qui fut bientôt convertie en un décret draconien; Gensonné s'élevait en même temps avec vigueur contre le *Comité autrichien,* dénoncé par Carra dans ses

---

[1] M. de Laval, *le Panthéon révolutionnaire démoli*..

Annales patriotiques, et il en profitait pour envelopper dans ses accusations Robespierre et les Jacobins.

Sur ces entrefaites, fort de son influence et redoutant à la fois celle de la Cour et des Jacobins, le parti de la Gironde accentua ses sentiments révolutionnaires. Il se détermina à faire attaquer le roi par ses propres ministres, et fit décréter le licenciement de la maison militaire de Louis XVI et la formation d'un camp de 20,000 hommes près Paris. Le roi annonça l'intention de refuser sa sanction à ce dernier décret, et, mécontent avec raison de la célèbre lettre du ministre de l'intérieur Roland, rendue publique contre toutes les règles de la convenance, il rompit avec les Girondins et renvoya le ministère.

La Gironde en éprouva une grande irritation, et, ne gardant plus de mesure dans ses attaques contre le roi et contre la monarchie, elle songea à venger, autrement que par des regrets stériles, la disgrâce des ministres de son choix.

La journée du 20 juin, provoquée et organisée par elle, mais exécutée par la tourbe jacobine, fut une sorte de revanche de la Gironde contre la royauté.

La journée du 10 août assura sa vengeance; le parti de la Gironde, que nul ne dirigeait et qui cédait à des entraînements au lieu de suivre une ligne politique bien déterminée, préparait ainsi les degrés qui devaient conduire les Jacobins au pouvoir et consommer le triomphe de la Montagne. Cette journée ne profita pas, en effet, aux Girondins, malgré la rentrée de trois de ses membres au ministère. Ils se félicitèrent de ce résultat, dit M. Challamel; on aurait dit « qu'ils ne pensaient qu'au présent, et leur légèreté ne peut » être comparée qu'aux illusions dont se berçaient les » soutiens de la monarchie à la veille de sa chute [1]. »

---

[1] A. Challamel, *Histoire-Musée de la République,* p. 229.

On sait, nous ne le répéterons pas, au milieu de quelles circonstances douloureuses le roi quitta les Tuileries pour se rendre à l'Assemblée; on sait que Vergniaud, au nom de la Commission extraordinaire, proposa la suspension de Louis XVI et la réunion d'une Convention nationale : ces mesures furent immédiatement décrétées.

La Commune du 10 août, qui comptait au nombre de ses membres Robespierre et Marat, fonctionna sur-le-champ dans le sens révolutionnaire le plus complet, et les visites domiciliaires ainsi que les arrestations furent mises à l'ordre du jour. Danton, qui avait reçu le ministère de la justice, disait, de sa voix tonnante, *qu'il fallait faire peur aux royalistes.*

Le 2 septembre, une proclamation de la Commune répandit l'effroi dans toutes les âmes. « Citoyens, disait-elle, l'ennemi est aux portes de Paris... » Après la défection de Lafayette, en effet, les armées étrangères avaient pris l'offensive et menaçaient le sol de la patrie. Aussitôt le tocsin sonna, les tambours battirent la générale, et Paris entra dans une ébullition indescriptible. Les rues et les places étaient couvertes d'une foule agitée par l'épouvante ou par l'enthousiasme de la gloire.

Dans deux sections, on proposa de tuer les suspects renfermés dans les prisons, avant de marcher à l'ennemi. Cette horrible motion trouva des approbateurs, bien plus, des assassins pour la mettre à exécution. Les massacres commencèrent dans la rue Dauphine et se continuèrent dans les prisons; pendant trois jours et trois nuits, le sang coula à flots! Ni l'âge, ni le sexe, ni la beauté, ni l'innocence ne sauvèrent les victimes de cette exécrable boucherie soldée par la Commune! Pendant trois jours, *et par peur,* l'Assemblée laissa s'accomplir ces massacres odieux : la Gironde les déplora, mais la Montagne les approuva hautement par l'organe de Billaud-Varennes. Tels furent les hommes et les partis de cette époque néfaste.

Le 21 septembre, l'Assemblée législative terminait ses séances et faisait place à la Convention nationale.

Le département de la Gironde avait renouvelé leurs mandats à ses principaux députés.

Barennes, Journu-Aubert, le curé Dominique Lacombe, Laffon-Ladébat, Pierre Sers et Servière ne furent pas réélus, et Bergoeing, Boyer-Fonfrède, Deleyre, Duplantier, Garrau et Lacaze les remplacèrent dans la confiance des électeurs.

Disons quelques mots de ces hommes nouveaux.

Bergoeing (François), né à Saint-Macaire, arrondissement de La Réole, le 31 mars 1750, était un chirurgien distingué dans son art et bien posé à Bordeaux. Il resta toujours dans les rangs de la Gironde. Malgré les entraînements inexplicables et inexpliqués auxquels céda Vergniaud, il n'imita pas son exemple et vota *courageusement* contre la mort du roi. Il fut membre de la commission des Douze chargée de poursuivre les auteurs des massacres de Septembre. Il se distingua constamment par un caractère droit, une probité et un désintéressement à toute épreuve. Proscrit au 31 mai, il se réfugia d'abord en Bretagne avec Guadet, Louvet, Kervélegan et quelques autres; il vint ensuite aborder au Bec-d'Ambès avec ses collègues en proscription. Trouvant le département aux mains des terroristes, il chercha un refuge dans les souterrains de Saint-Émilion, puis dans les cavernes de Sallebruneau et de Sainte-Présentine, près Sauveterre. Ces asiles étant devenus précaires, le conventionnel se rendit à Saint Macaire, resta longtemps caché dans une grotte du château de Tardes où, grâce au dévouement admirable de Charmante Bergoeing, sa sœur, il put attendre les événements de thermidor [1]. Bergoeing, qui fut membre du Conseil des Anciens, était lié d'amitié avec Barras. Il fréquenta les salons de Mme de Staël avec son ami Benjamin Constant. C'est en vain, dit-on, que le premier consul essaya d'attacher ce vieux républicain à sa fortune. Plus tard, il suivit en Italie son ancien collègue Salicetti, qui lui procura une place dans les domaines royaux à Naples, sous Murat. Bergoeing rentra à Saint-Macaire en 1824 et y vécut dans une retraite profonde, aimé et vénéré de toutes les classes de la population. Il est mort dans cette petite ville le 28 novembre 1829 [2].

(1) Arnaud Dubourg jeune, de Castets-en-Dorthe, atteint par le décret du 6 août 1793, dont nous parlerons dans le chapitre suivant, partagea les périls et les dangers de Bergoeing. Ils étaient unis par les liens de l'amitié et des convictions; l'infortune ne fit que resserrer ces liens. Arnaud Dubourg était le septième fils d'une famille de vieille bourgeoisie : l'étude notariale de Castets-en-Dorthe est demeurée dans cette famille de 1420 à 1871, époque où le dernier notaire de la famille, M. Deyres, ancien conseiller général de la Gironde, l'a cédée à M. Rozier, titulaire actuel. Les frères de Dubourg restèrent fidèles à la cause royaliste; quant à lui, il embrassa avec ardeur les idées nouvelles et se rangea sous le drapeau des Girondins. D'un caractère violent et passionné, il prit une couleur tranchée dans les réunions de Bordeaux et de l'arrondissement de La Réole, et adhéra sans restriction à tous les actes de la Commission populaire de salut public. Mis hors la loi par le décret du 6 août, il se cacha pour se soustraire aux recherches de ses ennemis politiques. Quand Bergoeing revint à Saint-Macaire, Dubourg se joignit à lui et les deux proscrits menèrent ensemble une vie errante, pleine de périls et de poignantes émotions. Constamment armés pour se défendre contre les agressions des bandes lancées à leur poursuite, ils eurent souvent la pensée d'en finir avec la vie. Seul, Arnaud Dubourg mit ce fatal projet à exécution. Le 11 novembre 1793, Bergoeing et lui se rendirent à la tombée de la nuit dans la demeure qu'Arnaud Dubourg occupait à Castets-en-Dorthe chez M. Duthu, son beau-père. Bergoeing resta caché dans l'enclos; Dubourg entra dans la maison, gagna sa chambre et chargea une servante d'aller demander pour lui au citoyen Troubat, chirurgien, 60 gouttes d'opium. Troubat refusa de les livrer. Dubourg donna une nouvelle commission à la servante, et pendant son absence il se brûla la cervelle. Ce n'est que quelques heures après et tout à fait par hasard qu'on s'aperçut de ce suicide. Les autorités immédiatement prévenues se transportèrent dans la maison, et c'est le 12 novembre, à quatre heures du matin, qu'elles constatèrent officiellement par des procès-verbaux que conserve pieusement la famille, la mort de l'ami de Bergoeing. Quant à celui-ci, il put, à la faveur du trouble causé par cette fin prématurée et violente, regagner les grottes du château de Tardes et y attendre des jours meilleurs.

(2) Nous devons ces indications sur Bergoeing à l'obligeante communication de M. Ferbos, conseiller général et maire de Saint-Macaire.

Boyer-Fonfrède (Jean-Baptiste), né à Bordeaux en 1766, fit de brillantes études et se jeta très jeune dans les luttes politiques. Après avoir résidé quelques années en Hollande, où il respira l'air de la liberté constitutionnelle, il rentra en France et se maria avec la sœur de Ducos. Dans les agitations qui suivirent la Révolution de 1789, il se fit remarquer par la maturité de son jugement et la hardiesse de ses principes, et fut envoyé en députation par le commerce bordelais à l'Assemblée législative. C'était un républicain ardent, et l'histoire a consacré les sentiments d'amitié touchante qui l'unissaient à Ducos [1].

Deleyre (Alexandre), né à Portets, près Bordeaux, en janvier 1726, était un brillant élève des Jésuites. Il habitait Paris, où il cultivait les belles-lettres; il y publia, à l'âge de vingt-neuf ans, une analyse de la philosophie de Bacon. Le duc de Nivernois, qui le protégeait, le fit nommer secrétaire des Carabiniers, puis l'attacha à l'ambassade de Vienne. A son retour à Paris, Deleyre fut envoyé à Parme comme bibliothécaire de l'Infant, et obtint de ce prince une pension de 2,000 livres. Rendu entièrement aux lettres, il fit paraître la continuation de l'*Histoire générale des Voyages,* et composa des romances mises en musique par J.-J. Rousseau, son ami.

Duplantier était avocat à Bordeaux, sa ville natale; distingué à la fois par les talents et par l'honnêteté, et partisan des idées nouvelles, il avait été élu député-suppléant de la Gironde à la Législative. C'était une âme énergique et pure, qui savait allier la modération au courage et qui répudia tous les excès. Il donna sa démission après le 31 mai, se livra à la culture des lettres et coopéra à la création de plusieurs sociétés savantes; il devint président du département après nos troubles civils, et fut député au

---

[1] O'Reilly, *Histoire de Bordeaux,* passim.

conseil des Cinq-Cents en 1798. Il ne parut plus sur la scène politique après le 18 Brumaire.

Garrau (Pierre-Anselme), né à Sainte-Foy le 19 février 1762, appartenait à une bonne famille de la bourgeoisie; avocat à l'époque de la Révolution, il en embrassa la cause avec chaleur, fut élu en 1790 président du district de Libourne, et en 1791 député suppléant à la Législative. Garrau n'eut de Girondin que l'origine, car il se rangea dans le parti de la Montagne à la Convention, et fut l'ennemi de Vergniaud, de Guadet, de Gensonné, des hommes de la Gironde enfin. Garrau est mort à Saint-André-et-Appelles le 15 octobre 1819.

Lacaze était originaire de Libourne, où son nom est encore honorablement porté par des hommes qui ont occupé ou qui occupent des positions éminentes dans le commerce, dans l'administration et dans la magistrature.

Tels étaient les hommes que la Gironde envoyait à la Convention nationale : à l'exception de Garrau, comme nous l'avons déjà dit, tous se rangèrent dans le parti girondin.

Dès sa première séance, la Convention décréta l'abolition de la Royauté et proclama la République. La Montagne et la Gironde confondirent leurs acclamations dans cette mémorable circonstance. C'était en quelque sorte un résultat prévu; il avait été préparé de longue main par les fautes des uns, par la haine et la légèreté des autres, et l'opinion publique l'attendait comme une solution et comme un remède aux maux de la situation. A cet égard, on peut dire sans hésitation que les sept cent quarante-neuf membres de la nouvelle Assemblée étaient tous républicains, quoique à des degrés différents.

Les Girondins et leurs adhérents, dont on peut évaluer le nombre à deux cent cinquante environ, siégeaient, à la Convention, sur les bancs de la droite. Ils désiraient s'appuyer sur la classe moyenne et répudiaient les violences comme moyen de gouvernement.

La Montagne siégeait sur les gradins supérieurs de l'extrême gauche : on y remarquait Robespierre, Marat, Danton, Collot-d'Herbois, Camille Desmoulins, Fabre d'Eglantine, Billaud-Varennes et bien d'autres dont les noms ont acquis une popularité sinistre.

Le débat entre Robespierre, Marat et les Girondins se trouvait définitivement transporté du club des Jacobins au sein de la Convention. La lutte devait être et fut terrible entre des hommes de mœurs et de tempérament tout à fait opposés.

Le terrain était devenu complètement libre; l'unité de gouvernement était dans la Convention : elle allait gouverner, administrer, constituer, et le pouvoir devait devenir la proie du parti qui réussirait à la dominer.

Serait-ce la Gironde, ou bien la Montagne?

Les événements que nous allons résumer répondent à cette question.

Que de profondes différences entre les hommes de la Gironde et ceux de la Montagne! C'était, si l'on peut ainsi parler, la lutte du Midi avec le Nord.

Les premiers, en effet, représentaient toutes les ardeurs et toutes les passions du Midi; c'étaient l'indépendance dans le talent, la liberté dans l'attaque comme dans la défense; ni sujétion, ni hiérarchie, ni idées arrêtées et préconçues, ni plans, ni direction, ni chef. « Ce qu'on » appelle le parti de la Gironde, a dit Riouffe dans ses » curieux Mémoires, eut des lumières et de la probité; ce » fut, à proprement parler, le parti des républicains. Mais » les talents y étaient répandus avec une telle profusion » qu'il n'avait point de chef et ne pouvait en avoir [1]. »

---

[1] Riouffe, *Mémoires*. Collection Barrière, p. 423.

— Ce fut la perte des Girondins : ils étaient des artistes de la parole, de la phrase, de l'idée; ils ne furent ni des hommes politiques, ni des hommes d'État. « C'étaient » selon l'expression d'un prélat éminent, des tribuns de » talent, mais dépourvus de la haute intelligence qui est » nécessaire à ceux qui gouvernent les peuples [1]. » Marat les appelait ironiquement le parti des hommes d'État.....

La Montagne, au contraire, était unie et reconnaissait des chefs : elle avait le tempérament des hommes du Nord; elle agissait avec ordre et méthode; elle avait une volonté et poursuivait un but; elle serrait ses rangs et marchait, implacable, froide, haineuse et cruelle, à la conquête du pouvoir suprême où ses chefs la conduisaient lentement et sûrement. Tout devait succomber devant elle, et la violence était son arme de prédilection.

Dès le début, les Girondins dirigèrent leurs attaques contre Robespierre, accusé d'aspirer à la dictature, et contre Marat, dont les déclamations sanguinaires effrayaient les honnêtes gens. Ils provoquèrent la création d'une force armée tirée de toutes les parties de la France et à qui serait confiée la garde de la Convention; la Montagne les accusa dédaigneusement d'être fédéralistes et fit décréter l'*unité* et l'*indivisibilité* de la République.

Cette première lutte des deux partis laissa la victoire aux audacieux. Malgré un admirable discours où Vergniaud déploya toutes les souplesses de son talent et toutes les colères de son âme indignée, la Gironde fut vaincue. Danton l'avait dit : *Dans les révolutions, le pouvoir reste aux mains des plus audacieux.*

Robespierre avait essayé ses forces et reconnu sa puissance. Jaloux des talents que déployait la Gironde, il

---

[1] Mgr le cardinal Donnet, lettre à M. l'abbé O'Reilly.

mit tous ses efforts à anéantir le seul parti qui lui paraissait devoir être le plus sérieux obstacle à son ambition.

On vit d'ailleurs, dès cette époque, un spectacle singulier et affligeant : certes, les Girondins ne sauraient être accusés d'avoir partagé les idées des Montagnards ; on ne peut pas dire qu'ils aient voulu pactiser avec eux, et cependant, entraînés par leur légèreté et leur défaut d'objectif politique, on les voit devancer la Montagne dans ses actes de violences, la précéder dans cette voie funeste et préparer le triomphe de leurs ennemis. Ce sont eux les premiers qui, en haine de la royauté, provoquèrent contre le duc d'Orléans, qu'ils avaient d'abord entouré de leur protection, un décret d'exil bientôt révoqué. Un peu plus tard on les voit unis aux Jacobins pour demander la peine de mort contre les émigrés. Seul, Tallien, dont nous aurons à parler dans les chapitres suivants, protesta contre ce décret terrible. Une pareille protestation de la part d'un tel homme méritait d'être signalée.

La violence appelle la violence, a dit un écrivain. Ce fut dès lors comme une sorte d'assaut entre les deux factions rivales. Les sections et la Commune de Paris soutinrent énergiquement la Montagne, et des manifestations populaires, provoquées par elles, vinrent mettre l'Assemblée en demeure de statuer sur le sort des prisonniers du Temple. Ici encore, c'est un Girondin qui commença l'attaque : Valazé avait fait un rapport sur les papiers trouvés dans l'armoire de fer, et c'est à la suite de ce rapport que la Convention décida le jugement de Louis XVI.

C'est un autre Girondin, Barbaroux, qui lut l'acte énonciatif des faits qui devaient servir au jugement.

Nous n'avons pas l'intention de raconter ici cette page émouvante de l'histoire de la Révolution ; tous nos lecteurs connaissent ce drame sombre et terrible qui se termina par la mort sanglante de l'héritier de quatorze générations de rois à qui la France doit une partie de sa grandeur territoriale et de sa prépondérance dans l'Europe.

Et ici encore, nous devons le constater, comme par un jeu de la fatalité, c'est un Girondin, c'est Vergniaud qui, au nom de la Convention, prononça la peine de mort contre le descendant de saint Louis!

Quelle fut, dans ce procès mémorable, l'attitude de *nos* Girondins? Nous allons la faire connaître en peu de mots.

Quant au parti en lui-même, ses orateurs retracèrent dans de nombreux discours ce qu'ils ne craignirent pas d'appeler les forfaits de Louis XVI. Disons toutefois, à l'honneur de Vergniaud, qu'il défendit, avec la constance la plus inébranlable, l'appel au peuple proposé par un certain nombre de députés : il prophétisa, dans un langage d'une éloquence incomparable, les événements qui devaient suivre inévitablement la mort du roi; on eût dit que l'histoire de nos malheurs se dévoilait à ses yeux! Son discours fut le seul véritablement éloquent prononcé dans ce procès, qui serait unique sans la mort de Charles Ier. Et pourtant, par une résolution que rien ne saurait expliquer et dont il a emporté le secret dans la tombe, Vergniaud inscrivit son nom parmi ceux qui condamnèrent Louis XVI à la peine de mort et vota contre le sursis.

Gensonné, Guadet, Boyer-Fonfrède, Deleyre, Ducos, Duplantier, Garrau et Jay votèrent aussi pour la mort.

Seuls, Bergoeing, Grangeneuve et Lacaze se prononcèrent, le premier pour la réclusion pure et simple, le deuxième pour la détention, et le troisième pour la réclusion pendant la guerre et le bannissement après la paix.

Nous n'avons pas à rechercher les votes des Girondins qui n'appartiennent point, par leur origine ou par celle de leurs mandats, au département de la Gironde.

En jugeant le roi Louis XVI, la Convention avait jeté le

gant aux rois de l'Europe. Il fut relevé, et la France républicaine eut à lutter contre tous ces souverains. Trois cent mille soldats menaçaient nos frontières : la Convention décréta la levée d'une armée de 300,000 hommes, et la Montagne obtint la création du Tribunal révolutionnaire. Vergniaud protesta vainement contre cette création; ses accents furent étouffés par les clameurs des Montagnards. Vainement et peu de jours après, avec un accent inspiré, il s'écria que la Révolution, comme Saturne, dévorerait successivement ses enfants et qu'elle engendrerait enfin le despotisme avec toutes ses calamités; ses paroles prophétiques ne furent pas écoutées. Il n'était au pouvoir d'aucune éloquence et d'aucun homme de réconcilier la Gironde et la Montagne.

Après une lutte opiniâtre, les Girondins avaient obtenu à leur tour un décret qui prescrivait la poursuite des auteurs des massacres de Septembre. C'était un triomphe sur les Montagnards. Mais ceux-ci, ne se tenant pas pour battus, soulevèrent les sections, qui bientôt se présentèrent à la barre de la Convention et firent rapporter le décret.

Dès le mois de mars 1793, le Tribunal révolutionnaire commençait son œuvre, et le 6 avril la Convention décrétait la formation d'un Comité de salut public chargé de surveiller, d'accélérer ou de suspendre l'action du Pouvoir exécutif, de pourvoir d'urgence à la défense du pays et de correspondre avec les représentants envoyés en mission dans les départements ou auprès des armées.

La veille, elle avait décidé que les députés mis en accusation par l'Assemblée, pourraient être traduits devant le Tribunal révolutionnaire.

« Dès ce moment, les Montagnards eurent à leur service
» deux instruments redoutables : le Tribunal révolution-
» naire et le Comité de salut public; le premier les aida
» puissamment à renverser la Gironde; le deuxième fut

» leur porte-respect lorsqu'ils eurent le pouvoir en leurs
» mains (1). »

Cependant, l'éloquence des Girondins entraînait encore la majorité de la Convention; il n'y avait plus de trêve possible entre eux et la Montagne. Ainsi, ils avaient obtenu la mise en accusation de Marat; mais Marat, acquitté par le Tribunal révolutionnaire, était bientôt ramené en triomphe au sein même de l'Assemblée. La Montagne dominait partout par la violence et par la terreur.

Peu de jours s'étaient écoulés depuis l'ovation triomphale de Marat, lorsque le voile enfin se déchira. Le maire de Paris, Pache, se présenta à la barre de la Convention et demanda la mise en accusation de vingt-deux membres du parti girondin. Par l'organe de Guadet, la Gironde, à son tour, indignée, proposa de casser la Commune de Paris et de réunir à Bourges une autre assemblée. Une commission extraordinaire de douze membres fut chargée par la Convention d'examiner la conduite de la municipalité.

Cette mesure exaspéra les Jacobins et les Montagnards. L'arrestation d'Hébert, rédacteur du *Père Duchêne* et substitut du procureur de la Commune, occasionna de vives protestations, et le 27 mai, sous la pression populaire et au milieu d'un tumulte indescriptible, la Convention ordonna la mise en liberté du journaliste et de quelques autres prisonniers et prononça la révocation de la commission extraordinaire qu'elle avait précédemment nommée. Le lendemain, ce décret était rapporté. C'était le trouble et la confusion, la désorganisation politique la plus incroyable et la plus étrange. La Montagne avait déchaîné les mauvais instincts de la populace; elle s'en était faite un complice et un instrument qu'elle dirigeait pour assouvir sa haine

---

(1) A. Challamel, *Histoire-Musée de la République française*, p. 306.

contre des adversaires dont elle jalousait les talents et dont elle redoutait l'influence expirante.

Il fallait frapper un grand coup. Le 31 mai, les autorités insurrectionnelles s'organisent : Henriot est nommé commandant provisoire de la force armée et on arrête que chaque citoyen recevra 40 sous par jour pour rester sous les armes. Aussitôt Paris est soulevé; des députations envahissent la Convention et obtiennent la suppression de la commission des Douze. Cette concession ne satisfit personne, ni les sections *insurgées avec tant de gloire,* comme ne craignit pas de le dire Barère, ni la Commune qui trouvait son pouvoir insuffisant, ni la Montagne qui voulait une solution plus radicale en imposant sa dictature à l'Assemblée.

Le tocsin continuait à sonner, et le 1er juin le Département de Paris se présentait à son tour à la Convention pour provoquer un décret d'accusation contre les traîtres qui siégeaient dans son sein. Robespierre appuya cette démarche et demanda, lui aussi, un décret d'accusation contre les complices de Dumouriez, contre ceux qui n'avaient pas cessé de pousser à la destruction de Paris. L'Assemblée enjoignit, par décret, au Comité de salut public de lui présenter un rapport sur les députés dont on proposait la proscription.

Un pareil tempérament ne pouvait convenir à la Montagne. Marat, Collot d'Herbois, David, d'accord avec Robespierre, accourent à la Commune, excitent ses fureurs et une nouvelle masse insurrectionnelle est dirigée sur l'Assemblée. Henriot en était le meneur principal. Le 2 juin, il investit les Tuileries de ses bandes armées de piques et tint en quelque sorte la Convention en état de siége. Durant ce temps, le désordre le plus affreux régnait parmi les conventionnels; le breton Lanjuinais, cramponné à la tribune, demandait que les autorités révolutionnaires fussent cassées et les insurgés mis hors la loi. Des pétitionnaires en grand nombre avaient envahi les tribunes et l'Assemblée elle-même, et pendant deux heures toute délibération fut interdite par des clameurs et des menaces exigeant l'arrestation des conspirateurs de la Gironde.

Barère parut enfin à la tribune. Il demanda, au nom du Comité de salut public, que les députés accusés fussent suspendus de leurs pouvoirs.

Au milieu du tumulte qui régnait dans la Convention, Lacroix, l'ami de Danton, fut assailli par les mêmes hommes qui venaient d'attaquer les Girondins. La Montagne s'indigna d'une pareille insulte : elle se demanda si la Commune voudrait l'envelopper dans la défaite de la Gironde; elle frémit sous l'injure, s'aperçut enfin que la Convention était captive entre les mains d'Henriot et que la majesté nationale était outragée.

Sur la proposition de Barère, l'Assemblée tout entière se présenta au peuple avec des paroles de paix et de conciliation. Henriot déclara insolemment qu'il n'était pas venu pour entendre des phrases, que la volonté du peuple souverain s'était fait entendre et que les députés de la Gironde devaient être expulsés. A l'appui de ses paroles il fit pointer ses canons sur la Convention. Marat, suivi d'une vingtaine d'enfants déguenillés, vint, assure-t-on, embrasser Henriot, et, s'adressant à l'Assemblée : « Que les députés fidèles, dit-il, retournent à leur poste... »

La Convention rentra au lieu de ses séances et courba le front sous ces tristes ignominies.

« Tous les membres de la Convention, s'écria Couthon, doivent être maintenant rassurés sur leur liberté... Maintenant donc que vous reconnaissez que vous êtes libres dans vos délibérations, je demande, non pas quant à présent, un décret d'arrestation contre les vingt-deux membres dénommés, mais que la Convention décrète qu'ils seront mis en état d'arrestation chez eux, ainsi que les membres du comité des Douze et les ministres Clavière et Lebrun ⁽¹⁾.

Le décret fut rendu, et trente et un députés tombèrent victimes de la haine de la Montagne et de l'insurrection organisée par Robespierre et par la Commune.

C'était la chute du parti de la Gironde!

Riouffe, qui avait connu la plupart des Girondins, a écrit dans ses Mémoires : « Jeunesse, beauté, génie, vertus, talents, tout ce qu'il y a d'intéressant parmi les hommes, fut englouti d'un seul coup ⁽²⁾. »

D'un autre côté, M. Louis Blanc, dans sa remarquable *Histoire de la Révolution française,* dit : « Ainsi tomba ce parti de la Gironde, si grand par l'enthousiasme, l'éloquence et le courage. Attirés vers le côté lumineux des choses nouvelles, dont le charme s'associait dans leur esprit aux plus beaux souvenirs de l'antiquité, et saisissant le pouvoir de haute lutte, ils s'en servirent pour accabler les nobles, proscrire les prêtres, saper le trône, mettre à la mode le bonnet rouge, encourager au sans-culottisme et braver l'Europe ⁽³⁾. »

Quelques Girondins se constituèrent prisonniers, d'autres se rendirent à Caen, puis à Bordeaux; mais le rôle de ce grand parti était terminé.

Il a été diversement apprécié par les historiens et par la postérité. En ce qui nous concerne, nous ne craignons pas de répéter avec toute franchise que si la Gironde fut un parti politique dans le sens sérieux du mot, elle n'eut ni des chefs pour la diriger ni un but bien défini à poursuivre et à atteindre. Ce fut une compagnie de volontaires impétueux et brillants qui se jetèrent à l'étourdie dans la mêlée, et qui, n'ayant ni conscience religieuse ni foi poli-

---

(1) *Moniteur* du 5 juin 1793.
(2) Coll. Barrière, p. 411.
(3) Livre IX, chapitre xi.

tique, oscillèrent de la Monarchie à la République, toujours faibles par indiscipline, irrésolus, légers, épicuriens par caractère et par éducation, et qui durent fatalement succomber, à une heure donnée, sous la discipline et la haine de la Montagne et de ses adhérents.

Promoteurs de la journée du 10 août, ils tombèrent en 1793 sous les mêmes coups et par les mêmes armes dont ils avaient fait usage en 1792 pour renverser le trône et proclamer la déchéance de Louis XVI.

Leurs fautes ont été bien grandes : on peut les accuser en effet d'avoir perdu la Monarchie en pactisant avec elle par ambition, et en la trahissant ensuite par vengeance de n'avoir pu triompher de la défiance de Louis XVI qui les redoutait, et d'avoir lancé la France dans les hasards d'une révolution dont nul ne pouvait prévoir les conséquences ou calculer les résultats.

Mais faisons paix à leurs cendres, car si leur conduite fut coupable, l'histoire a constaté que l'expiation fut douloureuse et terrible.

Après avoir ainsi retracé à grands traits le rôle des Girondins à l'Assemblée législative et à la Convention, nous allons rentrer à Bordeaux, et raconter les événements accomplis dans cette ville, et qui accompagnèrent ou suivirent la chute du parti de la Gironde.

CHAPITRE III

LA COMMISSION POPULAIRE DE SALUT PUBLIC DE LA GIRONDE.

Les Bordelais suivent les péripéties de la lutte entre la Montagne et la Gironde. — Les Girondins se croient oubliés par leurs commettants. — Lettres de Vergniaud à la Société des Amis de la Liberté et de l'Égalité. — Elles sont publiées et soulèvent des sympathies générales. — Indignation du peuple. — Protestation des 28 sections. — Les autorités constituées s'y associent. — Léris et Duvigneau sont chargés de présenter cette protestation à la Convention. — Elle y soulève des tempêtes. — Conciliabules entre les amis des Girondins. — Pierre Sers, Roullet, Desmirail, etc. — Violences envers les prêtres à Blaye. — Agitation générale. — Inquiétudes des sections. — Nouvelle des journées des 31 mai, 1er et 2 juin et de l'arrestation des Girondins. — Le peuple se déclare en insurrection contre le Conseil général de la Commune de Paris. — Le testament de Gensonné. — On se prépare à défendre les Girondins. — Des protestations sont envoyées à la Convention. — On arrête à Bordeaux les conventionnels Dartigoeyte et Ichon. — Le peuple remet ses pouvoirs au Conseil général du département. — Celui-ci appelle des délégués de tous les corps constitués. — Activité et dévouement de Pierre Sers. — Création de la Commission populaire de salut public de la Gironde. — Le département entre en lutte avec la Convention. — Organisation d'une force départementale. — Envoi de commissaires dans les départements pour provoquer une alliance avec celui de la Gironde. — Adresse à la Convention. — Lettre de Roullet au ministre de l'intérieur. — L'insurrection est un fait accompli. — Les conventionnels Lidon et Chambon à Bordeaux. — On arrête la réunion d'une commission centrale à Bourges. — Treilhard et Mathieu sont envoyés en mission à Bordeaux. — Proclamation de la Commission populaire aux armées de la République. — Elle refuse de reconnaître certains décrets de la Convention. — Proclamation aux citoyens de la Gironde. — Arrivée de Treilhard et Mathieu. — Ils sont tenus en charte privée. — Ils assistent à une séance de la Commission populaire. — Ils quittent Bordeaux. — La Commission populaire décide un emprunt de un million. — Les départements commencent à l'abandonner. — Grangeneuve et le général Custine. — Refroidissement du peuple. — La Constitution est présentée à la sanction des assemblées primaires. — Proclamation de Treilhard et Mathieu aux habitants de la Gironde. — La Commission populaire lutte contre la défaveur dont elle devient l'objet. — Difficultés dans la formation de la force départementale. —

Le maire Saige cherche à stimuler le zèle des citoyens. — Dénonciation contre l'acteur Laïs. — L'indifférence du peuple s'accentue. — Le général Houchard. — Les sections retirent leur confiance à la Commission populaire. — Départ de la force départementale. — Les assemblées primaires adhèrent à tous les actes de la Commission populaire et déclarent renouveler ses pouvoirs. — La disette prend des proportions redoutables. — Enlèvement de 357,320 piastres appartenant à la République. — Nouvelle proclamation aux armées. — La désaffection s'accroît. — La Commission populaire prononce sa dissolution. — Son rôle et son influence. — La Convention annule tous ses actes et la met hors la loi, ainsi que ceux qui lui ont donné leur adhésion. — Chaudron-Roussau, Baudot, Ysabeau et Tallien sont envoyés en mission à Bordeaux pour faire exécuter ce décret.

Nous l'avons dit en terminant un précédent chapitre, Paganel et Garrau venaient de quitter Bordeaux. Ils y avaient fait preuve d'une modération relative, et au milieu des oscillations de l'esprit public, ils avaient su garder une juste mesure : ils emportaient le souvenir reconnaissant des Bordelais.

Ceux-ci d'ailleurs ne restaient pas indifférents aux luttes de la Montagne et de la Gironde au sein de la Convention nationale. Les sociétés populaires et la plupart des sections en suivaient les péripéties avec une curiosité affectueuse et sympathique. Les adhérents du Club national et quelques sectionnaires faisaient des vœux non dissimulés pour la Montagne, mais la masse des citoyens et surtout la Société des Amis de la Liberté et de l'Égalité, à laquelle avaient appartenu les députés de la Gironde, souhaitaient le triomphe des Girondins et l'affermissement d'une république sage et modérée. Ces souhaits étaient sans doute platoniques, et les députés de la Gironde, qui n'avaient reçu aucune nouvelle de leurs concitoyens, purent se croire oubliés par eux au milieu des périls qui les entouraient et dont la Montagne et les Jacobins étaient les principaux artisans.

Ce silence paraissait inexplicable aux illustres représentants de Bordeaux à la Convention nationale.

C'est alors que Vergniaud écrivit à la Société des Amis de la Liberté et de l'Égalité la lettre que l'on va lire :

« Paris, 4 mai 1793, *sous le couteau*.

» Frères et amis, vous avez été instruits de l'horrible persécution faite contre nous, et vous nous avez abandonnés. Vous ne nous avez soutenus auprès de l'Assemblée nationale par aucune démarche; vous n'avez même cherché à soutenir notre courage individuel par aucun témoignage de bienveillance. — Cependant, la fureur de nos ennemis s'accroît; la proscription et l'assassinat circulent contre nous, et l'on s'apprête d'aller à la barre nationale demander nos têtes. Quel est donc notre crime, citoyens? C'est d'avoir fait entendre la voix de l'humanité au milieu des horreurs qui nous ont si souvent environné; c'est d'avoir voulu conserver vos propriétés et vous garantir de la tyrannie de Marat ou des hommes dont il n'est que le mannequin. Faites que nos concitoyens nous retirent des pouvoirs dont il est impossible de faire usage sans des signes éclatants de leur confiance. Nous ne craignons pas la mort, mais il est cruel, alors qu'on se sacrifie, de ne pas emporter au tombeau la certitude qu'on laisse au moins quelques regrets à ceux pour lesquels on s'immole. » Vergniaud. »

Ces paroles empreintes d'une douloureuse résignation eurent un long retentissement dans notre ville.

Hâtons-nous de le dire, les Bordelais n'avaient pas abandonné leurs députés; des lettres individuelles, des adresses émanées des sociétés populaires et des sections avaient devancé les reproches de Vergniaud. Aussi, dès le lendemain du jour où, selon son expression, il avait écrit *sous le couteau*, l'éloquent protégé du président Dupaty disait aux Amis de la Liberté et de l'Égalité :

« Paris, 5 mai 1793.

» Frères et amis, je vous écrivis hier le cœur flétri, non par des dangers que je brave, mais par votre silence. Quelques heures après le départ de ma lettre, j'ai reçu la vôtre. Des larmes de joie ont coulé de mes yeux. J'attends mes ennemis, et je suis sûr encore de les faire pâlir. On dit que c'est aujourd'hui ou demain qu'ils doivent venir demander de s'abreuver du sang de la représentation nationale.

Je doute qu'ils l'osent, quoique la terreur ait livré les sections à une poignée de scélérats. On s'y est cependant battu avant-hier, et on ne tentera pas une démarche dans laquelle on craindra d'éprouver de la résistance. En tout cas, nous comptons sur le courage de Fonfrède, qui est président, et vous pouvez compter sur le nôtre.

» Tenez-vous prêts. Si l'on m'y force, je vous appelle de la tribune pour venir nous défendre s'il en est temps, et venger la liberté en exterminant les tyrans. Si nous ne sommes plus, Bordeaux peut sauver la République.

» Eh quoi! n'aurons-nous travaillé depuis quatre ans, tant fait de sacrifices, supporté tant d'iniquités; la France n'aura-t-elle versé tant de sang, que pour devenir la proie de quelques brigands, pour courber le front vers la plus tortueuse tyrannie qui ait jamais opprimé aucun peuple?

» Hommes de la Gironde, levez-vous! La Convention n'a été faible que parce qu'elle a été abandonnée. Soutenez-la contre tous les furieux qui la menacent. Frappez de terreur nos Marius; et je vous préviens que rien n'égale leur lâcheté, si ce n'est leur scélératesse. Alors, la Convention sera vraiment digne du peuple français. Des lois sages seront substituées à des lois de sang; et les douceurs de la liberté nous consoleront des calamités de l'anarchie.

» Hommes de la Gironde, il n'y a pas un moment à perdre. Si vous développez une grande énergie, vous forcerez à la paix des hommes qui provoquent la guerre civile. Votre exemple généreux sera suivi, et enfin la vertu triomphera. Si vous demeurez dans l'apathie, tendez vos bras, les fers sont préparés et le crime règne.

» Je vous salue fraternellement.

» Vergniaud. »

L'appel du Girondin fut entendu : la Société des Amis de la Liberté et de l'Égalité fit afficher les lettres des 4 et 5 mai dans toutes les sections et dans les locaux où siégeaient les sociétés populaires. Elles y soulevèrent des applaudissements sympathiques et tendirent à fortifier l'esprit de résistance qui devait, un mois plus tard, se traduire en insurrection.

Un membre du Club national arracha l'une de ces affiches, fit imprimer les lettres et les envoya à la Convention nationale.

Profondément remués par les nouvelles contradictoires

qui circulaient, les Bordelais oubliaient leurs propres dangers pour ceux des députés de la Gironde.

Les autorités constituées de la ville, pressées par l'opinion générale et dirigées d'ailleurs par leurs propres affections, s'associaient au mouvement du peuple.

Il est difficile de se faire à distance une idée juste de la surexcitation des esprits à cette époque dans les grandes villes de province et notamment à Bordeaux. L'agitation y était entretenue par des publications violentes contre la Convention; et d'un autre côté, les sections et les sociétés populaires étaient en quelque sorte permanentes et la vie politique coulait à pleins bords.

Alarmés, en effet, par les bruits répandus et par les craintes de toute nature que la défiance augmentait encore, les citoyens s'étaient réunis spontanément dans leurs sections et par un mouvement unanime, même avant de connaître les lettres de Vergniaud.

Sous l'empire des préoccupations que leur causaient l'état d'anarchie de la capitale et la situation périlleuse des députés de la Gironde, les Bordelais crurent devoir formuler des réclamations qui leur semblaient d'autant plus légitimes qu'ils avaient fait plus de sacrifices pour l'ordre de choses nouveau.

On n'en était encore qu'aux paroles.

Le 8 mai, les sections se constituaient en permanence, et après avoir organisé un *Comité des subsistances* qui pendant trois ans rendit à la population des services inappréciables, elles rédigèrent une adresse à la Convention pour l'inviter à se soustraire à la fatale influence de la municipalité de Paris et des factieux qui dominaient aux portes de l'Assemblée ou dans les tribunes.

« Les députés de la Gironde, disaient les sections, sont devenus les représentants de la nation entière. Toute la République voit en eux ses délégués, et, quels que soient les sentiments généreux qu'ils inspirent, il est impossible que nous n'éprouvions pas pour eux des sentiments plus intimes. Ils tiennent leurs pouvoirs des habitants de la Gironde, tous garants de leurs vertus et de leurs talents. Notre silence à l'égard de ces députés qui fut jusqu'alors celui de la prudence, serait, en cette occurrence, celui de la lâcheté. Nous déclarons à la Convention qu'ils n'ont pas cessé de *mériter notre estime* [1]. »

Telle était la situation générale à Bordeaux avant l'arrivée des lettres de Vergniaud.

Ces lettres éclatèrent dans la ville comme un coup de foudre. On n'avait pas cru le mal aussi grand : le voile était déchiré, et c'est *sous le couteau* que l'Aigle de la Gironde se rappelait au souvenir de ses commettants !

L'indignation fut vive et profonde, et les vingt-huit sections formulèrent immédiatement l'adresse suivante à la Convention nationale :

« Législateurs, quel horrible cri vient de retentir jusqu'aux extrémités de la République ! Trois cents représentants du peuple voués aux proscriptions, vingt-deux à la hache liberticide des centumvirs !

» Législateurs, lorsque nous choisîmes des députés, nous les mîmes sous la sauvegarde des lois, de la vertu, et de tout ce qu'il y a de plus sacré sur la terre. Nous crûmes les envoyer parmi des hommes; et ils sont en ce moment sous le poignard des assassins... Que disons-nous, hélas ! peut-être ils ne sont plus... Si ce crime atroce se consomme, frémissez, législateurs, frémissez de l'excès de notre indignation et de notre désespoir! Si la soif du sang nous a ravi nos frères, nos représentants, l'horreur du crime dirigera notre vengeance, et les cannibales qui auront violé toute les lois de la justice et de l'humanité ne périront que sous nos coups.

---

[1] O'Reilly, *Histoire de Bordeaux*, t. Ier, 2e série, p. 282.

» Convention nationale, Parisiens, jadis si fiers et si grands, sauvez les députés du peuple, sauvez-nous de notre désespoir, sauvez-vous de la guerre civile!... Oui, nous organisons sur-le-champ notre garde nationale; nous nous élançons sur Paris, si un décret vengeur ne nous arrête, et nous jurons de sauver nos frères ou de périr sur leur tombeau [1] ! »

C'était le 9 mai que les citoyens de Bordeaux parlaient ainsi à la Convention.

Le même jour, le Conseil général de la commune donnait son adhésion à cette adresse et désignait Léris et Duvigneau pour la présenter à la Convention et *lui exprimer de la manière la plus énergique les sentiments qui animaient tous les habitants de la ville.*

Le Conseil général du district, de son côté, *sans entendre donner à l'exposition de ses sentiments aucun caractère de représentation, déclara que l'adresse contenait ceux que lui inspiraient son amour pour les lois, son attachement inébranlable à la cause de la liberté et de l'égalité, enfin son dévouement au maintien de l'unité de la République, qui ne pouvait exister sans l'unité et l'intégrité de la représentation nationale.*

Le Conseil général du département fut plus explicite encore :

« Considérant, dit-il, que les vives alarmes et l'indignation des habitants de Bordeaux ne sont que trop justement excitées par les cris forcenés d'une faction scélérate, qui provoque chaque jour contre les représentants de la nation de nouvelles injures et de nouveaux excès, qui appelle contre une grande partie d'entre eux le fer des assassins et dont les efforts tendent évidemment à faire tomber la représentation nationale dans l'avilissement, pour la

---

[1] Bernadau, *Histoire de Bordeaux*, p. 430.

dissoudre ensuite avec violence et frapper ainsi la République au cœur;

» Considérant que la trop longue indulgence de la Convention nationale, et le silence moins excusable encore des départements, n'ont fait que porter à son comble l'audace des vils suppôts des tyrans, et qu'il est temps enfin que tous les bons citoyens se prononcent, qu'un cri menaçant et terrible de la France entière jette l'épouvante dans l'âme de ces conspirateurs;

» Considérant que la Convention nationale ne verra, dans l'expression ardente des sentiments de la ville de Bordeaux, qu'une preuve de son attachement pour les représentants de la nation; convaincu que nos frères de Paris ne se méprendront pas sur ceux auxquels ces menaces s'adressent, et que les vrais républicains de cette grande cité n'y trouveront qu'un encouragement pour s'opposer avec une nouvelle énergie aux violences liberticides des scélérats soudoyés par nos ennemis, » le Conseil général du département invita les députés de la commune de Bordeaux auprès de la Convention nationale *à exprimer en son nom les mêmes sentiments qui avaient dicté l'adresse des sections.*

C'était de la part de la ville de Bordeaux une démarche grave, dangereuse à coup sûr pour ses auteurs; mais elle accuse une attitude trop courageuse et trop honorable pour n'être pas approuvée par tous les hommes de cœur.

Léris et Duvigneau, chargés d'aller présenter à la Convention l'adresse qu'on vient de lire et les adhésions des autorités constituées, partirent pour Paris le 9 mai, et le 14 du même mois, assistés des citoyens Perrens et Duffour, précédemment envoyés à Paris, ils en donnèrent connaissance à l'Assemblée.

L'adresse des Bordelais produisit une impression profonde, et Boyer-Fonfrède, qui présidait la séance, répondit en quelques phrases courageuses et pleines du mépris le plus souverain pour les proscripteurs de la Gironde.

Son allocution souleva une tempête sur la Montagne. Legendre injuria les Girondins, et les Bordelais en même temps et avec eux, et traita de *citoyens égarés ou soudoyés par des intrigants* les signataires de l'adresse.

Guadet prit énergiquement la défense de ses concitoyens, et la Convention décréta l'impression, l'envoi dans les départements et l'affichage dans Paris de l'adresse des citoyens de Bordeaux réunis dans leurs sections, et la réponse de son président [1].

C'est après ce décret que le maire de Paris, Pache, écrivit insolemment à la municipalité de Bordeaux « que si les » Bordelais voulaient venir en nombre à Paris pour remplir » le double objet de juger par eux-mêmes de la conservation » de leurs députés et de leur conduite, les Parisiens les » recevraient avec les sentiments de fraternité qu'ils méri- » teraient sûrement de leur part [2]. »

Ces audacieuses provocations ne tombaient pas dans un terrain stérile, et malgré les souffrances populaires, la résistance s'organisa sourdement.

Une partie du mois de mai se passa en conciliabules tenus chez les amis des Girondins; un grand nombre des membres du Conseil général du département y assistaient.

A la tête du mouvement qui se préparait en secret, on remarquait Pierre Sers père, qui avait été membre de l'Assemblée législative. C'était un homme ardent, énergique, rompu aux luttes de la parole et qui avait vu de près les orages des assemblées politiques : il avait été choisi par ses concitoyens pour présider le Conseil général du département de la Gironde. Des liens d'estime et d'affection réciproques

---

(1) Lettre de Léris et Duvigneau du 15 mai 1793 (*Moniteur* du 16 mai 1793).
(2) Archives municipales de Bordeaux (*Moniteur* du 4 juin 1793).

l'attachaient aux hommes du parti de la Gironde. On le verra bientôt, avec Roullet, procureur général syndic du département, organiser une lutte pleine d'audace et de périls contre la Convention nationale.

Après Sers et Roullet, venaient des hommes non moins dévoués et qui n'hésitèrent pas à risquer leur tête pour tenter le salut des députés de la Gironde. L'histoire doit conserver les noms de ces citoyens et honorer leur mémoire : c'étaient Desmirail père, Wormeselle, Labrouste, Tranchère, Maugeret, Fringues, Duranthon, Bernada, Lavau-Gayon, Pery, Tarteiron, Barennes, Duvigneau, Cholet, etc., etc.

Des correspondances durent s'échanger entre les députés et leurs commettants. Nous aurions voulu pouvoir en mettre quelques-unes sous les yeux de nos lecteurs ; malheureusement les archives privées s'ouvrent difficilement, et nous ne pouvons jeter que d'incertaines lumières sur les événements des derniers jours du mois de mai.

Des dangers de toute nature surgissaient d'ailleurs à chaque instant, et la question religieuse ne cessait de créer des embarras. Ainsi les 9 et 10 mai, la garnison de Blaye et quelques hommes exaltés de passage dans cette ville se portèrent à des violences envers 102 prêtres destinés à la transportation et qui étaient renfermés dans la citadelle. On réussit à empêcher un massacre général, et le Conseil général du département, informé de ces actes odieux, ordonna la translation de ces prêtres à Bourg, dans la maison des Ursulines [1]. Sept jours plus tard, une fermentation dangereuse se manifestait à Bourg, et les 102 prêtres étaient, dans l'intérêt de leur sûreté, conduits au Fort-Pâté devant Blaye [2].

Une fiévreuse agitation était partout répandue et semait

---

[1] Archives de la Gironde, reg. du dép., n° 4. Séance du 10 mai 1793.
[2] *Id.*, reg. du dép., n° 4, p. 153.

le trouble dans l'ordre moral comme dans l'ordre matériel. Nous parlions tout à l'heure des souffrances du peuple : à cet égard, bornons-nous à rapporter les extraits d'une lettre adressée, le 11 mai 1793, par la municipalité de Bordeaux au député Boyer-Fonfrède : « Nous avons épuisé tous les moyens imaginables pour procurer à notre cité les subsistances qui lui sont nécessaires. Nos concitoyens sont réduits depuis quelque temps à se nourrir de pain de méture, et encore n'est-il pas assez abondant pour éviter les accidents que sa distribution occasionne chaque jour aux portes des boulangers (1). »

La famine était aux portes de Bordeaux, malgré les mesures prises avec une infatigable activité par le Comité des subsistances.

Au même moment, la Gironde fournissait, en vertu d'un arrêté du Conseil général du département du 13 mai, un nouveau bataillon de 800 hommes pour être envoyé dans la Vendée.

Cependant le peuple commençait à se préoccuper de l'absence de toute Constitution, et les sections poussaient un cri d'alarme. La section des *Sans-Culottes* n° 1, notamment, demandait le 23 mai que *des mesures fussent prises pour sauver la chose publique* (2).

Toute la question était de savoir si une Constitution pouvait être un remède aux maux de la patrie...

Duvigneau, rentré à Bordeaux, avait raconté les péripéties du voyage à Paris des députés envoyés par la Ville et de la remise à la Convention de l'adresse des Bordelais. Ses paroles n'avaient pas été de nature à rassurer ; il signalait l'oppression sous laquelle gémissait l'Assemblée et l'audace toujours croissante des anarchistes. A la porte même de la Convention, une mégère, soudoyée par la Commune, lui

---

(1) O'Reilly, *Histoire de Bordeaux*, t. Ier, 2e partie, p. 298.
(2) *Appendice*, note XIX.

avait arraché des mains son billet d'entrée et l'avait déchiré à ses yeux.

Ces récits avaient excité l'indignation, et toute la ville était dans la plus grande animation. Ce fut un mouvement général : les sociétés populaires et les vingt-huit sections étaient en permanence; elles échangeaient, par députations, des communications incessantes qui tenaient tous les esprits en haleine.

Le 25 mai, une réunion générale des commissaires des sections et des clubs devait avoir lieu à la municipalité. Déjà on se proposait d'envoyer des courriers extraordinaires vers les départements voisins pour les engager à se réunir au peuple de la Gironde, à lever des volontaires et à les diriger sur Paris au secours de la Convention.

Mais les efforts des citoyens de Bordeaux restaient individuels, si l'on peut ainsi parler, et ne pouvaient conjurer les dangers qui menaçaient un certain nombre de membres de la Convention.

Les conseils, les représentations, les menaces même sont mal venus auprès d'un grand corps délibérant, quand les éléments d'homogénéité qui doivent le composer sont détruits et que les luttes individuelles et passionnées ont étouffé la voix de la justice et de l'humanité. C'était le cas de la Convention. La Montagne poursuivit son œuvre de haine et de vengeance, et les journées des 31 mai, 1er et 2 juin virent la chute de la Gironde [1].

Le Conseil général du département, où l'influence de Pierre Sers était dominante, s'associa officiellement au mouvement du peuple. Des réunions fréquentes avaient lieu chez Sers, et les questions que soulevait la situation y furent discutées avec plus de sentimentalité que de discernement politique; il est vrai que les esprits étaient

---

[1] *Appendice*, note XX.

entraînés, et que la passion irréfléchie prenait la place de la froide raison. Nous ne saurions toutefois, sans injustice, blâmer nos pères du courage et de la générosité qu'ils déployèrent alors.

Quand la nouvelle du décret du 2 juin et de l'arrestation des Girondins arriva à Bordeaux, la ville fut plongée dans une véritable stupeur. Ce premier sentiment passé, l'indignation enflamma tous les cœurs; des cris de vengeance se firent entendre; le peuple accourut en foule dans les sections et dans les sociétés populaires, et, cédant à l'entraînement de la première heure, il se *déclara en insurrection contre le conseil général de la Commune de Paris et contre la faction qui subjuguait la représentation nationale*. Il ressaisit, selon ses expressions, sa portion de souveraineté, et vint confier provisoirement au Conseil général du département la plénitude et l'exercice de ses pouvoirs.

Celui-ci, nous venons de le dire, n'était pas resté étranger aux inquiétudes des Bordelais. Déjà, et de concert avec la municipalité, il avait fait publier et répandre à profusion dans les villes et les campagnes des lettres et des pamphlets venus de divers points de la France et exprimant des sentiments favorables aux députés de la Gironde, hostiles à la Commune de Paris, aux Jacobins et au parti de la Montagne [1].

C'est au milieu de l'agitation des esprits et de l'irritation qui avait gagné toutes les classes de la population, et qui était soigneusement entretenue par les amis des Girondins, que Gensonné envoya à Pierre Sers une déclaration ainsi conçue :

« Le 2 juin 1793, l'an IIe de la République française, à trois heures de l'après-midi, moi Arnaud Gensonné, représentant du peuple français, convaincu que nous touchons au moment où je vais être victime des conspirations qui se trament contre la Liberté et la

[1] On peut citer notamment le *Discours de Lanjuinais* du 2 juin, la *Lettre de Brissot à ses commettants*, etc., etc.

République française, par une faction dont je n'ai cessé de combattre les coupables efforts ;

» Considérant que le mouvement prétendu révolutionnaire que cette faction prépare et exécute, n'a d'autre objet que de dissoudre la Convention nationale, d'usurper ses pouvoirs, de les réunir et de les concentrer dans les mains d'un petit nombre d'individus, soutenus et dirigés par une portion de la représentation nationale subjuguée elle-même par la terreur, ou complice de cette usurpation révoltante ;

» Considérant que tous les moyens possibles d'égarer le peuple sur ses vrais intérêts, de corrompre l'opinion publique, de livrer à cette faction les trésors de la République et ses armées, et de réduire les départements à l'impuissance la plus absolue et de résister à l'oppression qui les menace, ont été successivement arrachés de la faiblesse de la Convention nationale, ou obtenus du désir qu'elle a eu d'éviter tout prétexte de scission entre les membres qui la composent ;

» Considérant que les conjurés, après avoir séduit ou égaré une faible partie des citoyens de Paris, ont subjugué, par la crainte des proscriptions, la majorité des habitants de cette ville, se sont investis de tous les pouvoirs des autorités constituées, se sont emparés de la direction de la force armée et des comités révolutionnaires de toutes les sections ;

» Que la portion du peuple qu'ils n'ont cessé de tromper sur les intentions des députés les plus patriotes et les plus dévoués à ses intérêts, ne voit dans ces hommes généreux que des traîtres et les poursuit comme ses plus dangereux ennemis ;

» Considérant enfin qu'au moment même où je trace ces lignes j'ai lieu de croire que la Convention nationale va être forcée d'ordonner mon arrestation ou de la laisser faire, et que je m'attends à devenir, dans peu d'instants, la victime d'un mouvement populaire ou d'un assassinat prétendu juridique,

» Je déclare aux citoyens de mon département et à la France entière que je bénirai le sort qui m'est réservé, si ma mort peut être utile à l'établissement de la République et préparer le bonheur du peuple français.

» Je déclare que je n'ai jamais cessé de lui être entièrement dévoué ; que je n'ai eu d'autre ambition que celle de remplir mon mandat avec courage et énergie ; que je n'ai formé d'autre vœu que celui de son bonheur et de l'établissement d'une Constitution républicaine ; que j'ai vécu et que je mourrai républicain et digne de la confiance dont mes commettants m'ont honoré.

» Je conjure particulièrement les braves Bordelais mes concitoyens et les républicains de la France entière, d'examiner avec soin les chefs d'accusation (s'il en est) qui me seront imputés. Je recommande à mes amis surtout le soin de ma mémoire; je les charge, au nom des sentiments qu'ils m'ont voués, d'empêcher qu'elle ne soit flétrie; cette tâche ne sera pas difficile.

» Au milieu des mouvements que les événements dont je serai probablement victime vont exciter dans la France entière, j'adjure tous les bons citoyens, et particulièrement ceux du Midi, de ne pas imputer à la majorité des habitants de Paris les excès que, dans les circonstances malheureuses où nous nous sommes trouvés, elle n'a pu empêcher ni prévenir; qu'ils se rappellent les services que cette ville a rendus à la Révolution, et qu'ils réservent toute leur haine pour les scélérats qui ont médité et fait exécuter cet infâme projet.

» Résigné à tout, sûr de ma conscience, j'embrasse dans ma pensée mes chers concitoyens, tous les amis de la Liberté et de la République française; et en la scellant de mon sang, sous les poignards des conspirateurs et sous la hache des factieux, mon dernier soupir sera pour ma patrie, et ma bouche ne se fermera qu'en exprimant le plus ardent de mes souhaits : *Vive la République!*

» Gensonné, *député de la Gironde.* »

Cette déclaration qu'on appela *le testament de Gensonné* eut une grande influence sur les événements qui survinrent à Bordeaux.

La douleur et la consternation furent générales à la lecture des touchants adieux du plus froid et du plus stoïque des Girondins.

Les projets de la majorité des citoyens commençaient d'ailleurs à prendre corps; le Conseil général du département expédiait des courriers vers les grandes villes, et notamment à Lyon, pour provoquer une entente avec les Bordelais et concerter les éléments de la résistance aux anarchistes de Paris. On désirait une convocation prochaine des assemblées primaires, afin de remédier aux dangers qui menaçaient la République [1].

C'était à Bordeaux un mouvement fébrile et général : la vie de famille était suspendue; le peuple tout entier vivait dans le *forum,* lisant assidûment les journaux et

---

[1] *Appendice,* note XXI.

les imprimés qui alimentaient son ardeur, discutant les questions que soulevait le sort des Girondins, et s'enivrant d'idées de vengeance contre ceux qu'il appelait les oppresseurs de la patrie.

Déjà la question de la force départementale était sérieusement agitée.

Au milieu de cette unanimité du sentiment public, une opposition peu nombreuse au début, mais cauteleuse et sourde, cherchait à lever la tête, sans succès. Le Club national, la section Franklin et d'autres en petit nombre comptaient dans leur sein ces éléments dangereux. On pourrait citer Charles, Cogorus, Fontanes, Lacombe et quelques autres.

Un honorable négociant de Bordeaux, M. Desclaux Lacoste, écrivait le 5 juin : « Notre ville est dans la plus vive agitation depuis le décret contre les vingt-deux députés. Dieu veuille nous donner la paix partout [1] ! »

On avait besoin d'actes énergiques et non de vœux stériles ; voilà ce qui importait alors.

Dès le 6 juin, des protestations virulentes contre les journées des 31 mai, 1er et 2 juin étaient envoyées à la Convention nationale.

On y annonçait l'envoi à Paris d'une force armée assez considérable, pour délivrer la Convention des tyrans qui l'opprimaient.

Sous le coup de l'indignation publique, les représentants Dartigoeyte et Ichon, en ce moment à Bordeaux, avec une mission relative à la défense nationale, étaient arrêtés comme suspects, dans la nuit du 6 au 7 juin, par ordre de la municipalité. Dans la journée du 7, ils furent, non sans de très vives discussions, remis en liberté [2].

---

[1] Voir le dossier Desclaux-Lacoste, jugé le 17 pluviôse an II par la Commission militaire.
[2] *Appendice,* note XXII.

Quand ces nouvelles et ces protestations arrivèrent à Paris, elles excitèrent un grand mouvement dans l'Assemblée, et Thuriot *en appela des Bordelais mal instruits aux Bordelais détrompés* [1].

Cependant, le Conseil général, à qui le peuple avait remis l'exercice de ses pouvoirs, ne restait pas inactif. Il agissait avec vigueur, et de tous les points du département il recevait depuis plusieurs jours des députations qui stimulaient son zèle et lui apportaient l'approbation et le concours des citoyens.

Une grande résolution fut prise par lui : le 7 juin, il invita toutes les autorités du département à se joindre à lui, par l'envoi de commissaires, « afin de former un centre » commun autour duquel les citoyens viendraient se réunir » pour discuter avec calme les grands intérêts du moment » et trouveraient dans l'union fraternelle du peuple et de » ses magistrats la force et l'énergie que la liberté opprimée » doit opposer au despotisme et à l'anarchie. »

L'adhésion fut générale et les commissaires ne tardèrent pas à arriver à Bordeaux.

On allait passer des paroles aux actes.

Le jour même où le Conseil général du département jetait ainsi le gant à l'anarchie, un député de la Gironde non compris dans le décret du 2 juin (Ducos ou Boyer-Fonfrède) écrivait à Sers : « Vous apprendrez par des voies détournées où nous en sommes; Paris est assez calme, parce que les scélérats ont été eux-mêmes épouvantés des suites de leur crime, et n'ont pas osé le consommer. Tous les journaux qui paraissent sont vendus ou sont effrayés; il n'y a plus de liberté ici; mais vous pourrez juger par le rapport du Comité de salut public sous quel horrible joug nous vivons. Il y a cette phrase remarquable

---

[1] Dauban, *la Démagogie en 1793*, p. 231.

dans le rapport de Barère : *Le Comité de salut public, qui a fait une proclamation pour justifier les événements du 31 mai, s'est tu sur ceux du 2 juin, et son silence sera entendu par la France entière.* Citoyens des départements, que vous faut-il de plus? C'est le Comité de salut public qui a parlé. On est très embarrassé de la conduite ferme des détenus; ils veulent absolument être jugés... Or, ce n'est pas là le compte de nos persécuteurs. On se rabat sur la nécessité de faire promptement de bonnes lois et la Constitution... On a la perfidie d'entasser décrets sur décrets, pour faire croire que les détenus empêchaient seuls de travailler; une Constitution qui se bâcle en ce moment en quarante ou cinquante articles, nous sera présentée lundi. Grand Dieu! est-ce là le code qui doit régir une nation de 25 millions d'hommes? C'est à vous de savoir si vous voulez accepter une Constitution à laquelle tous vos représentants n'auront pas concouru. »

Ces excitations étaient inutiles : la résistance était organisée, et, chose remarquable, organisée précisément sur le plan indiqué dans les lettres de Vergniaud des 4 et 5 mai. Bordeaux voulut sauver la République.

Il y eut des opposants, nous l'avons dit.

Comme pour réagir contre le sentiment public, la section Franklin prit des délibérations tendant à l'arrestation des députés réfugiés à Bordeaux. Cette manœuvre fut déjouée et le Conseil général flétrit, comme elle le méritait, une proposition qui blessait à la fois les droits de la justice et ceux de l'humanité.

Le 8 juin, le *testament de Gensonné*, « fruit de l'explo-
» sion d'un cœur vertueux retraçant les amertumes dont on
» abreuvait les députés de cette cité [1], » était connu à

---

[1] Sainte-Luce Oudaille, *Histoire de Bordeaux pendant dix-huit mois*, etc.

Bordeaux, et venait ajouter un germe nouveau à la fermentation qui, depuis plusieurs jours, existait parmi les citoyens grâce aux nouvelles effrayantes et contradictoires répandues dans la ville sur l'asservissement de la Convention (1).

« Ce fut, déclara Desfieux dans le procès des Girondins, le testament de Gensonné qui détermina l'établissement de la Commission populaire à Bordeaux (2). »

C'est peut-être beaucoup dire, et Desfieux exagérait en haine des députés de la Gironde.

Ce qui est certain, c'est que cette déclaration fut répandue à profusion; que les circonstances étaient chaque jour plus pressantes, et que le Conseil général s'était trop avancé pour pouvoir reculer : il dut aller en avant.

Nous l'avons dit, les lettres de Vergniaud contenaient un plan de résistance, le seul réalisable malgré les dangers qu'il créait; ce plan devait forcément être adopté, si les Bordelais entraient dans la voie de la résistance.

Sers l'expliqua longuement, le commenta, le développa dans plusieurs séances du Conseil général, et le 8 juin enfin, d'un accord unanime, il fut chargé d'exposer, en séance publique d'une assemblée composée de commissaires délégués par tous les corps constitués du département, le plan auquel devait s'arrêter définitivement le département de la Gironde.

Ce pouvait être le salut : ce fut la défaite, aggravée par l'insuccès final.

Le lendemain, l'assemblée se réunissait, aux applaudissements d'un concours considérable de citoyens, dans une des salles du Département, l'hôtel actuel de la Mairie.

Un souffle généreux animait tous les cœurs.

Le procès-verbal de cette première séance mérite d'être

---

(1) Tustet, *Tableau des événements,* etc.
(2) *Moniteur.* Procès des Girondins.

intégralement reproduit; le résumer, ce serait en affaiblir la portée :

Aujourd'hui, neuf juin mil sept cent quatre-vingt-treize, l'an second de la République française, neuf heures du matin, le Conseil général du département de la Gironde s'est formé dans la salle de ses séances, présents : les citoyens Pierre Sers, *président;* Rambaud, Cholet, Wormeselle, Labrouste, Tranchère, Maugeret, Monbalon, Chéry, Baron, Monville, Duranthon, Bonac, Grangeneuve jeune, Isaac Tarteiron, *administrateurs;* Roullet, *procureur général syndic,* et Fringues, *secrétaire général;*

Auxquels se sont réunis les citoyens Lemoine fils, Bernada, Legrix, Demeyère, Péry, *commissaires du district de Bordeaux;* Barri-Berthomieu, Lacombe-Puigueyraud, *commissaires du district de Libourne,* et Fonvieilhe, *commissaire du district de Cadillac;*

Les citoyens Baour, Furtado, Lapeyre, Azéma, Guibaut, Lamarque, Coudol, Nauté, Brawer, *commissaires du Conseil général de la commune de Bordeaux;*

Les citoyens Desmirail, Barennes et Duvigneau, membres du tribunal criminel du département;

Les citoyens de Brezets, Saint-Guirons, Perrens, Perrin, Laujacq, membres du tribunal civil du district de Bordeaux; Paul-Romain Chaperon, membre du tribunal du district de Libourne; Fisson-Jaubert, membre du tribunal du district de Cadillac; Olanyer et Hallot, membres du tribunal du district de Bourg;

Les citoyens Grammont et Lopès-Dubec, membres du tribunal de commerce de Bordeaux, et Chaperon aîné, membre du tribunal de commerce de Libourne.

L'assemblée formée, un membre du Comité des rapports a dit :

« Citoyens,

» L'objet de notre réunion est le salut de la chose publique; le Conseil général du département, témoin des mouvements qui agitent ses concitoyens depuis qu'ils ont connu les détails des dernières séances de la Convention, où la Représentation nationale a été subjuguée par des factieux soudoyés pour la dissoudre et lui substituer un pouvoir destructeur de la liberté, a appelé près de lui des membres de toutes les autorités constituées, pour l'investir de leurs lumières, et réunir en masse les diverses portions de confiance dont le peuple les a déjà revêtus.

» Vous avez entendu retentir de toutes parts, et jusque dans cette enceinte, les cris d'un peuple qui, voyant sa liberté compromise, se prépare à se ressaisir de ses droits, à employer la résistance à l'oppression, contre une faction désorganisatrice dont les entreprises criminelles menacent d'envahir l'autorité suprême, qui ne peut résider que dans les mains de la Nation entière ou de la majorité de ses délégués.

» Au milieu de cette agitation, de cette indécision du peuple sur le mode qu'il adoptera pour exprimer ses volontés et user de sa force, vous l'avez vu tourner vers vous des regards inquiets, et vous demander si le dépôt de toute sa puissance ne vous effrayerait pas; si les poignards des assassins, levés sur la tête des vrais républicains, ne vous intimideraient pas; si vous étiez enfin déterminés à sauver la liberté en bravant tous les périls. Votre contenance seule a servi de réponse, et déjà de toutes parts sa volonté se déploie; un grand nombre de sections de cette vaste cité et des communes du département vous ont investis d'une confiance illimitée; elles vous ont chargés des premières mesures à prendre pour diriger leur mouvements; le peuple vous a enfin revêtus de tous les pouvoirs pour exercer en son nom l'autorité conservatrice de ses droits.

» Citoyens, son vœu ne peut plus être douteux, n'hésitez pas à le remplir; vous n'êtes plus des administrateurs, des officiers municipaux, des juges; vous êtes les mandataires du peuple, les sauveurs de la liberté : le Comité vous propose que dès cet instant vous vous constituiez en *Commission populaire de salut public du département de la Gironde,* et que vous ne vous sépariez plus que la liberté ne soit rétablie au sein de la Convention nationale. »

Cette proposition est vivement appuyée; elle est mise aux voix et délibérée à l'unanimité dans les termes suivants :

« L'assemblée, considérant que l'objet de sa réunion a été de sauver la chose publique; mais qu'elle a dû attendre le résultat des délibérations du peuple de ce département, réuni depuis deux jours, par sa seule volonté, pour préparer ses moyens de résistance à l'oppression;

» Considérant que son vœu ne peut plus être douteux, que le grand nombre des procès-verbaux qui lui sont parvenus de la part des communes et des sociétés populaires du département, atteste que le peuple, déterminé à ne pas perdre le fruit de ce mouvement salutaire, a cherché un centre d'unité qui pût agir en son nom; qu'il a cru cette assemblée de magistrats, déjà chargés de ses intérêts, digne qu'il lui en confiât de plus chers encore, celui de la défense de sa liberté et l'usage de ses premiers droits;

» Considérant que devant ces fonctions si élevées, toutes celles dont chacun de ses membres est ailleurs revêtu disparaissent pour n'offrir à la France entière qu'une assemblée de citoyens commis par le peuple d'une vaste portion de son territoire pour sauver la chose publique,

» ARRÊTE, à l'unanimité, qu'elle se constitue en COMMISSION

populaire de salut public du département de la Gironde; qu'elle est permanente et ne cessera ses fonctions qu'après qu'elle aura, de concert avec les agents du peuple des autres départements, mis la liberté hors de tout péril, en la rétablissant dans le sein de la Convention nationale;

» Que sa détermination sera sur-le-champ rendue publique, et envoyée à toutes les communes du département;

» Qu'enfin elle va s'organiser par la nomination d'un président, d'un vice-président et de quatre secrétaires. »

Et à l'instant l'assemblée a procédé à cette nomination.

Les scrutins faits et dépouillés ont porté à la place de président le citoyen Pierre Sers; à celle de vice-président, le citoyen Desmirail; et à celles de secrétaires, les citoyens Bernada, P.-F. Lamarque, Monbalon et Duvigneau.

L'assemblée adopte la formule du serment suivante; chaque membre le prête individuellement :

« Je jure guerre éternelle aux tyrans, aux traîtres, aux anarchistes;
» je jure de maintenir la Liberté, l'Égalité, la République une et
» indivisible, la sûreté des personnes et des propriétés; je jure de
» n'employer les pouvoirs qui m'ont été confiés par le peuple que
» pour faire respecter la souveraineté nationale. »

Fait en séance publique de la Commission populaire de salut public du département de la Gironde, à Bordeaux, le 9 juin 1793, l'an second de la République française.

» P. Sers, *président*. — Desmirail, *vice-président*.
— Bernada, P.-F. Lamarque, Monbalon et Duvigneau, *secrétaires*. »

La séance fut levée au milieu des acclamations et de l'enthousiasme du peuple.

La *Commission populaire de salut public de la Gironde* se trouvait ainsi constituée, et la résistance était devenue un fait accompli.

Les hommes de la Gironde s'étaient levés à l'appel de Vergniaud.

Le peuple, nous l'avons vu, était en permanence et ne voulait plus reconnaître les décrets de la Convention [1]. L'enthousiasme était général : cependant quelques bons

---

(1) Lettre de Dudau fils, 9 juin 1793.

esprits appartenant à la magistrature ou au barreau répudiaient tacitement les résolutions qui venaient d'être prises. L'avocat Albespy, notamment, disait à cette occasion : « Il est évident que l'on perd la ville de Bordeaux; tout ceci nous mène à une guerre civile [1]. » Mais il eût été imprudent de manifester tout haut de pareilles appréciations.

La Commission populaire ne restait pas inactive. Le jour même de son installation, elle décida de s'occuper immédiatement et sans relâche des mesures de salut public les plus propres à arrêter les progrès de l'anarchie et à combattre efficacement toutes les tyrannies, en s'abstenant toutefois de prendre des mesures partielles de nature à isoler le département de la Gironde d'aucune partie de la République.

Elle ordonna l'organisation d'une force départementale qui devait, avec les contingents que les autres départements seraient invités à lever, concourir au rétablissement de la liberté et de la majesté de la représentation nationale.

Tous les citoyens furent appelés à faire des offrandes en rapport avec leur situation, afin de mettre la Commission populaire en état de pourvoir à toutes les dépenses de la levée de la force départementale.

Des commissaires furent envoyés dans tous les départements, pour leur donner connaissance des dispositions républicaines des habitants de la Gironde et de leur vœu pour la conservation de l'union entre tous les citoyens français, de l'unité d'action pour la défense de la liberté et de l'intégrité de la République.

Il fut enfin décidé qu'il serait incessamment écrit à toutes les armées, et particulièrement à toutes les compagnies franches de la Gironde employées au service de la République, pour les assurer du dévouement de leurs concitoyens

---

[1] V. le dossier Albespy, jugé par la Commission militaire le 21 mai 1794. (Greffe de la Cour : *Fonds révolutionnaire.*)

à la cause de la liberté, et leur annoncer la confiance du peuple, que, fidèles à leur poste, ils combattraient les ennemis du dehors, tandis que les Bordelais résisteraient sans relâche aux efforts liberticides de tous les ennemis de l'intérieur [1].

Tel fut le début de la Commission populaire.

« Des actes préparés dans les ténèbres par une petite poignée d'intrigants, écrivait plus tard le procureur de la Commune Tustet, ont fait perdre à Bordeaux la réputation qu'il méritait à tant de titres [2]. »

Quoi qu'il en soit de l'opinion de Tustet, la Commission populaire fonctionna avec une exceptionnelle activité ; nous pourrions suivre heure par heure ses travaux, car nous avons sous les yeux les procès-verbaux de ses laborieuses séances pendant près de deux mois. Bornons-nous à dire que le peuple, les sections et les sociétés populaires lui donnèrent dès les premiers jours de son existence un concours sans réserve. L'excitation des esprits était grande à Bordeaux, et on ne voulait rien moins que sauver les Girondins et soustraire la Convention à l'oppression des factions anarchistes et de la Commune de Paris.

Les commissaires envoyés dans toutes les directions ne tardèrent pas à écrire, et leurs correspondances eurent pour résultat de convaincre la Commission populaire qu'elle marchait dans une voie sympathique à l'opinion générale.

Près de soixante départements, en effet, adhérèrent au mouvement insurrectionnel de Bordeaux, et les promesses de concours et de levée d'hommes donnèrent confiance aux instigateurs du mouvement et précipitèrent leurs actes.

De toutes parts, des députés et des commissaires envoyés par les communes, par les sociétés populaires, par les autorités constituées du département et des départements

---

[1] Délib. du 9 juin.
[2] Tustet, *Tableau des événements*, etc.

voisins, arrivaient à Bordeaux et venaient adhérer à la Commission populaire.

Celle-ci, le 11 juin, délibéra une adresse à la Convention nationale :

« Citoyens représentants, disait-elle, la mesure est comblée, le voile est déchiré; tous les départements se lèvent à la fois et d'un commun accord, pour défendre la représentation nationale, pour lui rendre sa liberté et la retirer de l'état d'avilissement où elle se trouve réduite.

» Certes, si les scélérats qui dirigent en ce moment la partie égarée du peuple de Paris, ont pu par la terreur réduire au silence la très grande ville, il ne leur sera pas aussi facile de frapper de stupeur les courageux républicains qui, dans toute la France, ont juré de mourir plutôt que de laisser s'élever aucune espèce de tyrannie sur les débris du trône. Pensent-ils, ces hommes avides d'or et de sang, qui n'ont la fureur de dominer que pour assouvir leur insatiable avarice et leur horrible cruauté, pensent-ils en imposer à toute la République, lorsque, pour écarter de la Convention nationale les hommes courageux qui n'ont cessé de les combattre et de les démasquer, ils ont osé faire sonner le tocsin et tirer le canon d'alarme contre l'Assemblée des représentants de la nation, marcher en force contre elle, l'entourer d'hommes armés et de furies plus épouvantables encore, lui arracher le funeste décret qui, sans énoncer aucun motif, sans présenter même aucune espèce de prétexte, a enlevé à leurs fonctions ses membres les plus fermes et ceux sur lesquels les départements pouvaient le plus compter pour défendre leurs droits? Ne vous y trompez pas, citoyens législateurs, la France entière ne vous voit plus que tremblants sur vos siéges, rendant, comme les statues des faux dieux, les oracles qui vous sont dictés par des prêtres imposteurs. Non, dans cet état d'abjection, la nation ne peut plus reconnaître ceux qu'elle avait crus doués d'assez d'énergie pour exprimer librement sa volonté. Ah! si vous n'avez pas eu la force de mourir plutôt que de céder à l'oppression, ne combattez pas au moins les efforts des hommes courageux qui veulent vous en délivrer. Vous allez voir, dans toute l'étendue de la République, toutes les sections du peuple se ressaisir de leur portion de souveraineté, pour en confier l'exercice momentané à des mandataires qui en règlent l'usage, et la conservent comme un dépôt sacré qui devra être rétabli dans le centre commun de la représentation nationale, lorsqu'elle aura recouvré ses droits et sa dignité; c'est du moins l'exemple que lui donnera le peuple de ce département.

» Cependant, toujours attaché aux lois et aux autorités constituées, dans l'insurrection même la plus juste et la plus nécessaire, il n'a point élu de nouveaux mandataires; il a continué sa confiance, et a remis ses pouvoirs aux magistrats qu'il avait déjà choisis.

» Le Conseil général du département, persuadé que dans des circonstances aussi graves que celles où nous nous trouvons, il ne pouvait s'entourer de trop de lumières, avait invité à une conférence générale les membres des diverses administrations et tribunaux du département. Le peuple a vu ses amis et ses défenseurs dans cette réunion des autorités qu'il a créées. Toutes les sections lui ont envoyé, presque au même moment, des adresses pour lui annoncer que le peuple se déclarait en insurrection contre la tyrannie qui opprime en ce moment la représentation nationale; que jusqu'à l'extinction de cette tyrannie, il reprenait ses droits et en confiait l'exercice aux membres des divers corps administratifs et judiciaires réunis en assemblée générale.

» Ces magistrats du peuple ont courageusement accepté ses pouvoirs, et cette assemblée s'est aussitôt constituée en *Commission populaire de salut public.* Son premier acte a été de demander à chacun de ses membres le serment solennel de faire une guerre éternelle aux tyrans, aux traîtres et aux anarchistes, de maintenir la liberté et l'égalité, la sûreté des personnes et des propriétés, l'unité et l'indivisibilité de la République, et de n'user des pouvoirs qui lui sont confiés par le peuple que pour rétablir le respect dû à la souveraineté nationale.

» C'est ainsi qu'elle a cru devoir répondre d'avance aux reproches que ne manqueront pas de lui faire les faux patriotes, les faux républicains, les faux amis du peuple, effrayés par cet acte de vigueur, qui, nous l'espérons, délivrera la République de leur fatale influence. Ses actes subséquents vous seront bientôt connus. Ils répondront, nous en sommes certains, à la sagesse, à l'amour de l'ordre, et en même temps au courage et au dévouement dont les citoyens du département de la Gironde n'ont cessé de donner l'exemple. Nous vous avions promis, citoyens législateurs, de vous dire la vérité tout entière. C'était notre devoir; nous le remplissons en vous assurant de nouveau que l'indignation publique est à son comble; que les citoyens de ce département sont déterminés à tout sacrifier pour faire cesser l'état d'anarchie où se trouve la France; qu'ils ont tous juré d'anéantir l'odieuse et méprisable horde de brigands qui a entrepris de régner par la terreur et par les crimes; et que tous leurs mouvements, tous leurs vœux tendront sans relâche au rétablissement du bon ordre dans toutes les parties de la République; à l'anéantissement des factions qui la déchirent; à extirper jusqu'aux dernières racines de l'aristocratie, du royalisme, de l'anarchie et du fédéralisme, et à réintégrer la représentation nationale dans toute la liberté et la majesté qu'elle doit avoir pour exprimer dignement la volonté du peuple français, et lui donner une Constitution fondée sur les base immuables de la Liberté et de l'Égalité. »

Ce langage énergique était explicite et hardi. L'insurrection était flagrante.

Le jour même où la Commission populaire parlait ainsi à la Convention, Roullet, le procureur général syndic du département, rendait compte au ministre de l'intérieur *des événements qui venaient de se passer à Bordeaux,* et qu'il pensait ne devoir être *que les avant-coureurs d'événements bien plus sérieux encore.* On lit dans sa lettre cette phrase significative : « Il ne fallait qu'une occasion pour mettre un
» terme à la patience du peuple et causer un grand mouve-
» ment, et elle est arrivée. L'arrestation de plusieurs
» membres de la Convention qui ont le plus résisté à la
» faction anarchique, le dessein qui paraissait formé de
» les faire périr, sans avoir constaté, pas même articulé
» contre eux aucun crime, et les derniers mouvements de
» Paris, en ont occasionné un dans cette ville et dans le
» département, qui est celui d'une véritable insurrection,
» celui d'un peuple qui se met tout entier et en masse en
» état de résistance. C'est le mouvement de 1789 qui s'est
» reproduit [1]. »

Ces nouvelles et celles qui arrivaient à la Convention de divers autres points de la République alarmèrent la Montagne. Elle répondit aux soulèvements qui avaient lieu dans l'Eure, le Rhône, le Calvados, la Gironde et dans presque tout le Midi, par un décret ordonnant que tous les députés arrêtés seraient transférés dans une maison nationale [2].

En présence d'un pareil décret, la Commission populaire crut devoir exprimer ses sentiments sur l'existence et la composition du tribunal criminel extraordinaire appelé, selon toutes les probabilités, à juger les Girondins.

---

(1) Lettre de Roullet du 11 juin, à la suite de l'adresse du Conseil général.
(2) Dauban, *la Démagogie en 1793*, p. 246.

Après quelques considérations sur la création de ce tribunal, sur son existence et sur le scandale de l'acquittement de Marat et de quelques autres, la Commission populaire, tout en affirmant que le peuple de la Gironde voulait le jugement des députés afin de faire éclater leur innocence, déclarait que le tribunal qui devait les juger ne pouvait siéger dans le sein de Paris, sous l'influence meurtrière d'une faction criminelle et audacieuse; que son vœu était qu'il fût placé à quarante lieues au moins de cette ville; qu'il fût composé de juges et de jurés pris dans les départements et nommés par eux, regardant la nomination qui en serait faite de toute autre manière comme l'ouvrage de la faction elle-même; qu'elle protestait contre tout jugement qui serait rendu soit par le tribunal actuel, soit par tout autre, organisé ou placé contre le vœu qu'elle énonçait; qu'elle rendait personnellement responsables les juges et les jurés qui y auraient concouru, et que la vengeance nationale les poursuivrait dans tous les temps et dans tous les lieux.

Le 14 juin, la Commission populaire s'occupait de la force départementale et en fixait le chiffre à 1,200 hommes.

Elle essayait de mettre tout en œuvre pour le succès de son entreprise. Ses efforts ne furent pas couronnés de succès à ce point de vue : une assemblée générale de la garde nationale eut lieu au Champ de Mars pour le recrutement de ces 1,200 hommes, mais les citoyens se montrèrent pleins de tiédeur, et un certain nombre de sections ne répondirent pas à l'appel. On peut citer celles de la *Liberté* n° 21, des *Amis de tous ne craignant personne* n° 27 et des *Sans-Culottes* n° 1.

Les conventionnels Lidon et Chambon, réfugiés depuis quelques jours à Bordeaux, parcoururent avec des membres du département les rangs de la garde nationale et cherchèrent à réchauffer le zèle des citoyens; leurs efforts furent vains : 400 hommes furent réunis à grand'peine, comme nous le verrons plus tard; ils allèrent jusqu'à Langon, et la force départementale resta, en réalité, à l'état de lettre morte.

Mais n'anticipons pas sur les événements.

Informé de ce qui se passait à Bordeaux, le Comité de salut public présenta un rapport à la Convention, et celle-ci par un décret en date du 17 juin envoya Treilhard et Mathieu en mission dans les départements de la Gironde, de Lot-et-Garonne et départements circonvoisins, *à l'effet de s'entendre avec les autorités constituées pour réunir tous les esprits dans l'objet important de la défense commune.*

La Commission populaire vit sans crainte cette mesure. Vers cette époque, elle fit imprimer et répandre dans la ville et les communes du département des milliers d'exemplaires d'une adresse véhémente de *Barbaroux aux Marseillais* datée de Caen le 18 juin, et les engageant à marcher sur Paris.

C'est ainsi qu'elle s'apprêtait à recevoir les commissaires de la Convention. En même temps, et le 19 juin, elle réglait les conditions de la réunion à Bourges, pour le 16 juillet, d'une assemblée des commissaires de tous les départements en insurrection comme celui de la Gironde; elle adressait, en outre, aux armées de la République une proclamation ainsi conçue :

« Braves défenseurs de la patrie, vous n'avez pas ignoré sans doute les longues et funestes dissensions qui ont entravé es opérations de la Convention nationale, et vous avez partagé l'indignation qu'inspirent à tous les Français les violences que vient d'éprouver la majesté du peuple dans la personne de ses représentants.

» Depuis longtemps le peuple s'était prononcé sur le complot qui se tramait à Paris, jusque dans le sanctuaire des lois, où une minorité factieuse triomphait chaque jour, à l'aide des tribunes, des impuissants efforts de la majorité.

» Les crimes des journées du 31 mai, des 2 et 3 juin, ont justement lassé le peuple ; il s'est levé pour sauver la chose publique. Celui du département de la Gironde s'est constitué en état de résistance à l'oppression, il s'est ressaisi de ses pouvoirs ; et pour marcher d'accord dans les grandes et vigoureuses mesures que les circonstances l'obligeaient de prendre, il s'est tourné vers les autorités constituées de son territoire. Elles étaient réunies dans la ville de Bordeaux pour s'occuper du plus grand danger qui ait encore menacé la patrie : toutes les sections des villes et le plus grand nombre des autres communes sont venues déposer dans les mains de leurs administrateurs et de leurs magistrats l'exercice de leurs droits, pour sauver la liberté et faire respecter la souveraineté nationale.

» Chargés de ce grand dépôt, et bien résolus de remplir notre nouvelle mission, nous nous sommes constitués, d'après le vœu du peuple, en *Commission populaire de salut public de la Gironde;* et le serment que nous avons prêté, et dont nous vous envoyons la formule, vous fixera sur la nature des sentiments et des vues qui nous dirigent.

» Pour prévenir toute espèce de scission, et conserver dans nos mesures de résistance l'unité et l'intégrité de la République, nous avons envoyé des commissaires dans tous les départements, et toutes nos démarches seront subordonnées au vœu commun de toute la France.

» Nous leur avons proposé de lever une force départementale pour rendre à la Convention la liberté qu'elle n'a plus, et empêcher qu'on ne puisse la lui ravir encore lorsqu'elle l'aura recouvrée. Une de nos premières résolutions a été de vous informer de nos plans et de nos mesures, et nous continuerons à vous en instruire.

» Frères et amis, c'est en vain que des malveillants chercheraient à nous calomnier auprès de vous : vous connaissez le peuple de la Gironde, dont nous sommes ici les organes; on ne parviendra pas à vous persuader qu'il se soit départi de ses principes et qu'il veuille, par une lâche perfidie, ternir la gloire qu'il s'est acquise dans tout le cours de la Révolution.

» La Commission populaire de salut public espère donc, frères et amis, que l'attitude que vient de prendre le peuple de ce département, ne changera rien à la vôtre; que toujours semblables à vous-mêmes, vous resterez fermes à votre poste, et que vous continuerez à triompher de nos ennemis du dehors, pendant que nous combattrons ceux de l'intérieur.

» Nous avons juré, comme vous, de vivre libres. Comme vous, nous saurons, s'il le faut, sceller de notre sang ce serment solennel. »

Non contente de cette proclamation, aussi énergique que courageuse, la Commission populaire livrait le 20 juin à la publicité deux documents importants : le premier était une déclaration aux termes de laquelle elle refusait de reconnaître tous décrets rendus contre des administrations ayant formé la résolution de résister à l'oppression, et le deuxième une instruction destinée aux commissaires envoyés par elle à la commission centrale de Bourges [1].

Les sections cependant ne voyaient pas sans inquiétude l'arrivée prochaine des conventionnels Treilhard et Mathieu; la réflexion faisait appréhender les *dangereux effets* de la mission qu'ils venaient remplir à Bordeaux, et, sous prétexte de les prévenir, on les aggrava. La municipalité, en effet, fut invitée à faire surveiller leur arrivée, et la Commission populaire à leur intimer, pour toute réponse

---

[1] *Appendice,* note XXIII.

après les avoir entendus, l'ordre de partir sur-le-champ. La section Simoneau, notamment, avait pris une délibération dans ce sens [1]; on pourrait en citer plusieurs autres [2]. Seule, la section Franklin insista pour que les conventionnels fussent reçus fraternellement; mais son avis ne prévalut pas.

Telles étaient, en général, les dispositions de la population et des autorités constituées.

Nous verrons bientôt la réalisation du programme tracé par la section Simoneau.

Et toutefois, nous devons le dire, il commençait à se révéler dans le peuple une indifférence qui parut dangereuse à la Commission populaire : c'était pour elle une déperdition de force morale, et elle chercha à stimuler les sentiments de l'opinion publique par une proclamation à ses concitoyens :

« Citoyens de la Gironde, disait-elle, vos frères des départements du Nord sont levés, ils marchent vers Paris : qu'attendriez-vous pour les suivre ? Vous n'avez pas oublié que naguère, à la barre de la Convention, sous les regards étincelants des factieux, vous osâtes les premiers faire entendre une voix menaçante, et appeler sur leur tête la vengeance nationale.

» Citoyens, la France entière a les yeux fixés sur vous; ce n'est plus le moment de délibérer, tout espoir de bien est perdu; le pillage, la guerre civile, des victimes, des échafauds, voilà ce qu'on nous prépare; c'est ainsi que règne cette faction sanguinaire et liberticide qui, après avoir porté une main sacrilège sur la représentation nationale, est enfin parvenue à l'asservir par la terreur.

» Citoyens, loin de nous cette cruelle apathie, cette lassitude révolutionnaire qui tueraient la liberté et vous

---

[1] *Appendice*, note XXIV.
[2] Section des Amis de la Paix n° 2, section Brutus n° 7, section des Arts n° 15, etc., etc.

feraient perdre le fruit de quatre années de sacrifices ; songez qu'il s'agit de vos intérêts les plus chers ; c'est la sûreté de vos personnes et de vos propriétés que vous avez à défendre contre le monstre de l'anarchie ; c'est la faculté de penser et d'agir en hommes libres que vous avez à conserver. Citoyens, encore un généreux effort, et la patrie est sauvée. Aux armes, citoyens, aux armes! C'est la guerre de la vertu contre la scélératesse, c'est le combat de la liberté contre la tyrannie, l'issue ne peut être douteuse. »

Le même jour, 24 juin, Treilhard et Mathieu arrivaient à Bordeaux.

Treilhard, né à Brives en 1742, s'était fait recevoir, après d'excellentes études, avocat au Parlement de Paris, et il avait déjà acquis une réputation incontestée au barreau et dans la capitale lorsqu'il fut élu, en 1789, député du tiers aux États Généraux. Il conquit une assez grande influence dans l'Assemblée constituante, grâce à ses talents et à son éloquence. Le 2 septembre 1789, il s'était déclaré en faveur du *veto* suspensif à accorder au roi, et déploya à cette occasion une logique si serrée et si remarquable que le parti populaire jugea utile de le conquérir à sa cause. Membre et rapporteur du Comité ecclésiastique, il avait fait adopter les décrets sur les biens du clergé et sur la constitution civile, qui violenta les consciences et introduisit un schisme dans l'Église. Un peu plus tard, il fit supprimer les ordres religieux et mettre leurs biens à la disposition de la nation. Président du tribunal criminel de Paris après la Constituante, il avait été élu en 1792 député de Seine-et-Oise à la Convention nationale, s'était rangé dans le parti de la Montagne et avait voté la mort de Louis XVI [1].

Mathieu, moins important à tous les points de vue que son collègue Treilhard, était comme lui avocat à l'époque

---

[1] M. Treilhard est arrivé à une grande fortune politique sous le premier Empire.

de la Révolution. Originaire de Mirampol, dans l'Oise, il s'était fait remarquer par un patriotisme qui lui valut les faveurs de ses concitoyens : ils l'avaient envoyé à la Convention, où il siégea sur les bancs de la Montagne. A l'ouverture de la session, *il avait proposé de jurer par la force du sentiment d'établir la liberté et l'égalité,* et dans le procès du roi il s'était prononcé pour la mort. Le 5 mars 1793, il avait fait décréter que toutes les jeunes filles émigrées qui étaient âgées de plus de quatorze ans seraient exportées si elles rentraient, et la seconde fois mises à mort [1].

Partis de Paris le 20 juin, Treilhard et Mathieu étaient arrivés à Bordeaux, comme nous l'avons dit, le 24 du même mois.

A leur descente de la barque qui les avait amenés de La Bastide à Bordeaux, on leur demanda leurs passeports. Conduits au corps de garde voisin [2], ils exhibèrent l'expédition du décret qui les envoyait en mission à Bordeaux.

Aussitôt on leur donna des gardes, et sur leur refus de les accepter, le chef du poste déclara qu'il exécutait des *ordres reçus.* Treilhard et Mathieu n'insistèrent pas; ils furent accompagnés par deux volontaires *sans fusils.*

A défaut de l'hôtel Richelieu, où ils ne purent être logés, ils se rendirent, sur l'indication de l'un des volontaires, rue du Chapelet, à l'hôtel des Asturies, et s'intallèrent dans *un appartement, au second, sur le derrière.*

Ils avaient à peine pris quelque repos, quand le capitaine Azéma se présenta pour leur annoncer qu'il avait l'ordre de placer, *pour leur sûreté,* des gardes à leur porte. Treilhard lui fit observer que ces gardes étaient inutiles, que son

---

[1] Mathieu a été directeur des droits réunis dans le département de la Gironde de 1804 à 1812.
[2] Le poste du Chapeau-Rouge.

collègue et lui savaient qu'à Bordeaux ils ne couraient aucun risque; que si cependant on voulait honorer en eux le caractère des représentants du peuple, il suffisait de placer une ou deux sentinelles à la porte extérieure de l'hôtel.

Le capitaine Azéma répondit qu'il avait des ordres et qu'il les exécutait.

Pendant que cela se passait à l'hôtel des Asturies, la Commission populaire était en séance et délibérait sur la conduite à tenir envers les conventionnels. Les avis étaient partagés : les uns voulaient leur expulsion immédiate de la ville et du département; d'autres pensaient que l'expulsion ne pourrait avoir lieu qu'après une entrevue de Treilhard et Mathieu avec la Commission populaire; une fraction enfin demandait qu'ils fussent gardés comme otages pour répondre au département de la Gironde de ses commissaires dans les autres départements, à l'égard desquels la Convention avait lancé un décret chargeant les autorités constituées de les arrêter et de les renvoyer au Tribunal révolutionnaire de Paris. Tous d'ailleurs étaient d'accord pour ne pas les reconnaître comme envoyés de la Convention nationale.

Durant cette délibération, le procureur général syndic du département reçut et communiqua à l'Assemblée une lettre par laquelle Treilhard et Mathieu l'invitaient à se rendre auprès d'eux. Après une assez vive discussion, et de l'agrément de la Commission populaire, Roullet refusa de se rendre auprès des conventionnels, *attendu qu'ils prenaient le titre de députés de la Convention nationale dans le département de la Gironde, et qu'il ne pouvait ni ne devait les reconnaître en cette qualité.*

La Commission populaire envoya ensuite quatre commissaires, les citoyens Roullet, Lapeyre, Martignac père et Cholet, auprès des conventionnels, pour les inviter à se rendre à l'Assemblée.

Les quatre commissaires arrivèrent à l'hôtel des Asturies au moment où Treilhard et Mathieu délibéraient sur la lettre du procureur général syndic Roullet.

Sur la communication qui leur fut faite, ils s'excusèrent de ne pas se rendre à l'Assemblée à cause de leur état de fatigue, mais ils annoncèrent qu'ils y viendraient le lendemain; ils ajoutèrent que puisque le procureur général syndic refusait de se rendre auprès d'eux, ils avaient décidé qu'ils iraient le voir.

Sur-le-champ, Martignac et ses collègues rendirent compte de leur entrevue avec Treilhard et Mathieu, et la Commission populaire se sépara à onze heures et demie du soir, au milieu d'une vive agitation.

Les esprits étaient très irrités à Bordeaux, et la disette des subsistances ajoutait au malaise et au mécontentement des citoyens.

Le Conseil général de la commune avait été chargé par la Commission populaire d'employer tous les moyens en son pouvoir pour que les boulangers fussent pourvus d'une quantité de farine suffisante à l'approvisionnement de la ville et que l'emploi en fût surveillé par des commissaires *ad hoc*. Ces moyens, quoiqu'ils fussent peut-être nécessaires d'ailleurs pour donner une satisfaction apparente à l'opinion publique, étaient alors difficilement exécutables en quelques points, et ils ne pouvaient procurer à la ville et à ses habitants le pain qui devenait chaque jour de plus en plus rare, les grains et farines ne circulant plus avec la même facilité d'autrefois.

C'est au milieu de ces dispositions de l'esprit public, de ces souffrances et des défiances de la Commission populaire que Treilhard et Mathieu avaient à se débattre.

Leur *situation* n'était pas facile. Après y avoir mûrement réfléchi, les conventionnels résolurent de se rendre, le 25 juin au soir, dans le sein de la Commission populaire.

Il leur sembla qu'ils ne sortiraient pas des termes de leur mission, puisque l'Assemblée était composée des autorités constituées du département, avec lesquelles ils avaient ordre de *se concerter,* aux termes du décret de la Convention ; ils crurent devoir, dans l'intérêt du bien public et de la paix, faire taire les considérations de forme ou d'amour-propre et passer sur la singularité de la position qui leur était faite.

Le 25 au matin, Treilhard quitta l'hôtel des Asturies pour aller faire visite à Martignac père, son compatriote et son ami, qu'il avait reconnu la veille parmi les commissaires de la Commission populaire.

Il avait à peine fait quelques pas dans la rue, lorsqu'un garde national lui barra le passage en lui disant qu'il n'aurait pas dû quitter l'hôtel. Treilhard déclara qu'il était libre et que personne ne l'empêcherait de sortir. Un deuxième garde se plaça alors devant lui : — Vous n'avancerez pas, lui dit-il. — Je suis, répondit Treilhard, de ces gens qu'on tue, mais qu'on n'arrête pas, — et il continua sa route.

Les deux soldats l'accompagnèrent sans autre observation.

Arrivé chez Martignac, Treilhard lui signala l'inconvenance des procédés employés à son égard, et le pria d'écrire au maire pour faire lever une consigne qui pouvait être mal interprétée, et pour venir en conférer immédiatement avec lui.

Le maire, M. Saige, répondit qu'il n'avait pas donné d'ordres, et que s'il en existait, ils émanaient sans doute de la Commission populaire, à laquelle il fallait s'adresser.

Sur les instances de Treilhard, Martignac père écrivit à Pierre Sers *pour lui soumettre les mêmes réflexions* qu'au maire. Sers répondit à son tour *que les ordres étant le résultat d'une délibération de la Commission populaire, c'était à elle qu'il appartenait de les retirer.* Il s'excusa sous le prétexte de *ses affaires,* disait-il, de venir auprès du représentant. *La consigne resta, et Treilhard retourna à l'hôtel avec ses gardes.*

Les mêmes procédés furent employés le même jour à l'égard de Mathieu.

Il y eut plus encore : les conventionnels ayant écrit diverses lettres, et notamment au Comité de salut public, leur domestique, chargé de les porter à la poste, *fut obligé, en sortant, de les montrer aux sentinelles, qui en prirent les adresses.*

Le soir, vers cinq heures et demie, Treilhard et Mathieu se rendirent à pied à la Commission populaire. Une garde assez nombreuse les avait précédés, et ils étaient escortés par deux officiers. Les rues qu'ils parcoururent étaient bordées d'une masse de peuple, et la foule suivait les conventionnels en faisant entendre parfois des paroles malsonnantes. L'un des officiers dut même imposer silence à quelques citoyens. *Tout le monde se tut.*

« Deux membres de la Convention, dit le procès-verbal de la séance, se présentent et prennent place au bureau.

» Le citoyen Treilhard, l'un d'eux, prend la parole, et après avoir fait l'éloge du patriotisme, du courage et de la sagesse dont les habitants de la Gironde ont donné tant de preuves signalées, il annonce que son collègue et lui sont chargés, par la Convention nationale, de venir les inviter à se réunir aux autres départements et à s'armer pour terrasser et les ennemis extérieurs et les rebelles de la Vendée. Il présente le tableau des dangers qui nous menacent. — « Toutes les puissances de l'Europe sont
» conjurées contre nous. Le fanatisme et l'aristocratie
» profitent au dedans de cet état de choses pour déchirer
» la République. Nous voulons tous en soutenir l'unité,
» l'indivisibilité; nous voulons tous la sûreté des personnes
» et des propriétés... »

— « Nous le voulons tous, » s'écrient les membres de l'Assemblée.

— « Eh bien! il ne s'agit que de nous expliquer avec
» franchise. Puisque nos principes, nos vues, nos sentiments
» sont les mêmes, réunissons-nous contre nos ennemis
» communs, marchons ensemble aux frontières et dans la
» Vendée. C'est par l'union que nous triompherons des uns
» et des autres. »

» Le président Sers lui répond que la Gironde et les autres départements ont fait, à l'envi, les plus généreux efforts pour défendre la patrie contre les ennemis qu'il vient de nommer; que nos frères sont encore sur les frontières et dans la Vendée, où ils gémissent dans l'abandon le plus déplorable; que ce serait se sacrifier sans fruit que de tourner ses pas dans ce moment vers les frontières ou la Vendée; que c'est à la source du mal qu'il faut aller; que cette source est dans la Convention même, qui, dégradée, avilie, tyrannisée, dispersée par une tourbe de scélérats, n'est plus que l'ombre d'elle-même et ne peut plus prendre que des mesures contraires à l'intérêt de la République.

» Il fait, à son tour, le tableau des désordres dont Paris a été le théâtre depuis cinq mois, et notamment depuis le 27 mai dernier. Toutes les fois que quelques-uns des représentants du peuple ont osé proposer de réprimer les brigandages de ceux qui ont asservi la ville de Paris, et qui, par la ville de Paris, se flattent d'asservir toute la République, ils ont été hués, menacés, proscrits.

« Ne sont-ce pas, s'écria Pierre Sers, ces mêmes brigands
» qui viennent de tirer le canon d'alarme, de sonner le
» tocsin, de forcer le peuple à se montrer en insurrection?
» Et dans quelle vue? Pour prévenir un rapport qui allait
» mettre leurs complots en évidence, qui allait dévoiler,
» manifester la conjuration qu'ils avaient formée de
» dissoudre la Convention, puisqu'ils ne pouvaient complè-

» tement l'asservir. Pourquoi ces baïonnettes ? Pourquoi
» ces canons dirigés sur la Convention même ? N'était-ce
» pas pour lui arracher un décret d'arrestation contre une
» trentaine de ceux qui, s'occupant des vrais intérêts du
» peuple français, voulaient le défendre de la tyrannie qui
» le menace ? N'était-ce pas le signal de la servitude qu'on
» prépare à la France entière, au nom de la liberté et de
» l'égalité ?

» Voilà donc nos véritables ennemis, voilà ceux qui nous
» livrent aux Autrichiens et aux rebelles de la Vendée, et
» voilà ceux dont nous sommes résolus d'arrêter les
» complots. Nous ne nous trahirons pas nous-mêmes, en
» nous laissant éblouir sur le bord de l'abîme qu'ils creusent
» sous nos pas. Ce serait vraiment nous rendre complices
» de la plus coupable révolte, si nous étions assez lâches
» pour laisser une ligue aussi funeste ourdir en paix ses
» trames criminelles. Nos frères les Parisiens nous tendent
» les bras. Lorsque nous les aurons délivrés du joug des
» traîtres qui les oppriment ; lorsque nous aurons rendu,
» de concert avec les autres départements, à la représenta-
» tion nationale toute sa liberté, toute sa dignité, c'est alors
» que, tournant nos armes contre les rebelles de la Vendée
» et les satellites de l'Autriche, nous serons sûrs d'un
» triomphe complet. »

Sers avait à peine cessé de parler que de longs et chaleureux applaudissements éclatèrent dans la salle et dans la foule qui stationnait au dehors ; ils semblaient attester que cette vigoureuse réponse était l'expression fidèle des sentiments unanimes de tous les citoyens de la Gironde.

« Treilhard, reprenant la parole, assure que la Convention est libre ; qu'elle l'a toujours été... »

Des murmures et des protestations accueillirent cette déclaration du conventionnel.

« Il ajoute qu'il y a bien eu quelques instants, dans les

premiers jours de juin, où elle parut cesser de l'être; que ce fut l'effet d'un *quiproquo,* d'une consigne mal entendue, mais que les choses rentrèrent bientôt dans l'ordre convenable. « J'en ai senti l'inconvénient moi-même, dit Treilhard;
» j'ai été plus irrité qu'un autre de cette résistance. Mais parce
» qu'il y aura eu des mouvements irréguliers, faudra-t-il,
» ai-je pensé, tout dissoudre? Ainsi, j'ai tout sacrifié,
» avec la majorité de l'Assemblée, au grand intérêt de la
» chose publique. Des membres ont été dénoncés; un
» décret les a mis en arrestation. Vous me demandez quels
» en ont été les motifs? Je ne puis le dire; dans une grande
» assemblée, ceux qui délibèrent sont déterminés, les uns
» par un motif, les autres par un autre. Au surplus,
» ajoute-t-il, s'il y a des traîtres, ils seront punis; déjà
» plusieurs ont payé de leur tête leurs perfidies. Vous
» pouvez adresser vos plaintes à la Convention; *quels*
» *qu'ils soient,* elle en fera justice. Nommez-les... »

A ces mots un grand tumulte éclata dans la salle, des cris partirent de tous côtés : les noms de *Robespierre, Pache, Marat, Danton, la Montagne,* retentirent dans toute l'Assemblée.

« Après un long murmure, Treilhard continue et entretient l'Assemblée des mesures qu'il croit les plus propres à dissiper les dissensions qui tourmentent la France.

« La Convention, dit-il, vient de nous donner une
» Constitution. Ralliez-vous autour d'elle. C'est là qu'est
» attaché votre bonheur. Depuis longtemps nous y travail-
» lons... »

« — Depuis huit jours, » répond une voix.

« Depuis cinq ans elle est à l'ordre du jour. Au reste, le
» peuple la jugera; quelles que soient les mains qui ont
» élevé l'édifice, qu'importe, s'il nous met à l'abri des
» orages? N'avez-vous pas le droit de la rejeter ou de
» l'adopter? Aura-t-elle aucune autorité avant que vous

» l'ayez acceptée? Rien ne peut donc nous empêcher de
» nous en occuper, puique c'est véritablement là qu'est le
» salut de la République. »

« — Vous nous dites, réplique aussitôt le président
» Pierre Sers, que de quelque main que nous vienne la
» Constitution, il faut nous rallier autour d'elle. Cependant
» le peuple français a nommé des représentants pour la
» *former*. Ces représentants ne sont pas libres. Ils y
» travaillent sous le couteau, et sont privés, par la force
» des baïonnettes, du secours des membres que leurs
» lumières et leur fermeté rendaient les plus propres à les
» aider dans ce travail. Est-ce donc là une chose indifférente?
» Vous dites que le peuple la jugera : sans doute il peut la
» rejeter; mais le peuple est assez sage pour se défier de
» ses propres lumières, et n'a nommé des représentants
» que pour s'épargner le travail d'une discussion longue,
» difficile et qui peut trop éloigner le terme du bonheur qu'il
» en attend, et c'est d'après la confiance qu'il a dans ceux
» qu'il avait chargés de ses intérêts les plus chers, qu'il
» veut la juger. En un mot, nous voulons une Constitution,
» mais nous la voulons de la main d'hommes purs et
» libres... »

Des applaudissements unanimes accueillirent ces paroles.

« Le président, reprenant la parole, accumule, presse les faits de violence et de tyrannie, les pillages, les assassinats qui se sont succédé, et qui, tous, sont restés impunis; il indique les personnes, les lieux, les époques où toutes ces horreurs ont été préparées et exécutées. « Eh quoi!
» continue-t-il, la faction sanguinaire qui veut étendre sa
» tyrannie jusque sur nos départements, s'est-elle imaginé
» qu'ils sont aveuglés sur leurs véritables intérêts, ou que
» la vérité n'arrive pas jusqu'à eux? Et d'où vient cet accord
» dans le langage de tous les voyageurs, dans les lettres qui
» s'échappent du sein même de la Convention? Les bar-

» rières de Paris n'ont-elles pas été fermées ? Les journaux
» qui racontaient les événements n'ont-ils pas été supprimés ?
» Le secret des postes n'a-t-il pas été violé ? Ne l'est-il pas
» encore ? Est-il permis d'écrire et de penser autrement
» qu'au gré d'un comité révolutionnaire plus féroce que
» toutes les inquisitions de l'Espagne et du Portugal ? La
» Convention n'est-elle pas dispersée ? Offre-t-elle autre
» chose qu'un corps mutilé, dont grand nombre de mem-
» bres sont enfermés, les autres paralysés par la terreur, et
» les autres en proie à leur ambition personnelle ? Eh quoi !
» cent mille hommes s'arment au bruit du canon d'alarme,
» de la générale et du tocsin, qui retentissent nuit et jour
» dans Paris; ceux qui les conduisent les déclarent en
» insurrection; ils leur font environner le temple de la loi;
» les héros du 2 Septembre, à la tête de cette force, deman-
» dent à la Convention la proscription d'une partie de
» ses membres et ne lui donnent qu'un instant pour
» qu'elle prononce, elle obéit; elle consacre une pétition
» qu'elle avait proscrite peu de jours auparavant, comme
» CALOMNIEUSE... »

Et Sers appuya sur ce mot. — Puis il continua en ces termes :

« Vous nous demandez de la franchise ! Eh bien ! est-ce
» là l'effet d'une consigne mal entendue ? Les scélérats qui
» lui ont arraché cet acte de proscription se vantent de ce
» triomphe, quoiqu'une loi toute récente ait déclaré que de
» pareils attentats seraient punis de mort. Ils font retentir
» dans toute la France les succès de la révolution du
» 31 mai, et leurs victimes gémissent encore dans cette
» tyrannique arrestation, sans qu'il soit permis de réclamer
» en leur faveur, sans qu'ils puissent eux-mêmes dire un
» mot; on ne veut rien entendre. Et vous nous dites que la
» Convention est libre ! qu'elle n'a pas été violentée ! A
» quels signes faut-il donc reconnaître la violence et l'op-

» pression? Oui, cet horrible attentat sera puni; la nation
» française n'est pas faite pour tant d'ignominie. Croyez
» qu'il existe encore quelque courage, quelque vertu dans
» les départements; ils n'abandonneront pas à la rage de
» vils assassins les dépositaires de leur confiance, et déjà la
» France entière s'ébranle et demande vengeance de l'ou-
» trage qu'elle a reçu dans la personne de ses représentants.
» Voilà ses projets, voilà ses espérances; elles ne seront
» point vaines; et la Convention devenue libre déclarera
» que les départements ont bien mérité de la patrie. »

» Après cette explication, qui est de nouveau couverte des plus vifs applaudissements, et des cris répétés dans tous les tribunes : *Oui, oui, nous irons tous! tous!* — le citoyen Mathieu, collègue de Treilhard, prend la parole et invite les citoyens de la Gironde à peser toutes les suites que peuvent amener les résolutions qu'ils vont prendre; il les presse, il les conjure de ne pas se méprendre dans le choix des moyens qu'ils doivent employer pour le salut public; il leur fait envisager tous les désastres qui résultent des discordes civiles : « Je conviens, dit-il, qu'il y a à
» Paris des mouvements contre-révolutionnaires, des anar-
» chistes; mais des ennemis plus redoutables sont dans la
» Vendée; ils y font des progrès effrayants : c'est là que
» vos forces doivent se porter; il est plus glorieux pour les
» citoyens de la Gironde de défendre la liberté là où elle
» est le plus menacée, d'aller secourir les départements qui
» sont la proie des rebelles; une conduite contraire ne
» pourrait que servir nos ennemis. Si leur arrière-garde
» est à Paris, c'est le corps même de l'armée qu'il faut
» attaquer; c'est là ce qui doit tous nous réunir. »

» Le président lui fait une réponse analogue aux principes et aux sentiments qui dirigeront toujours les citoyens de la Gironde, et qui sont renfermés dans le serment qu'a fait la Commission populaire de salut public; et « c'est à Paris,

» a-t-il dit en finissant, qu'est l'état-major, le quartier
» général de l'armée des rebelles, et non dans la Vendée. »

» Les citoyens Treilhard et Mathieu déclarent qu'ils rendront un compte fidèle à la Convention de tout ce qu'ils viennent d'entendre et des motifs qui dirigent la Commission, et ils se retirent [1]. »

Telle fut l'entrevue des envoyés de la Convention avec la Commission populaire de salut public de la Gironde.

Avant de quitter l'Assemblée, Treilhard invita Pierre Sers à faire lever la consigne relative à la garde commandée pour la sûreté des représentants, et à donner des ordres à la poste pour qu'on leur fournît des chevaux dès qu'il leur conviendrait d'en demander. Il lui proposa ensuite, pour le lendemain, un entretien *pour causer paisiblement sur les moyens de servir utilement la cause publique.*

Le 26 juin, Treilhard se rendit chez Pierre Sers. Il fut accompagné par deux gardes qui ne le quittèrent pas, et que Sers fit asseoir dans son cabinet avec le conventionnel, comme pour être les témoins de la conférence. Elle ne fut pas longue, d'ailleurs, et Sers dit notamment à Treilhard : « Je vous prie et je vous somme, en présence de ces deux citoyens, d'exprimer à la Convention le vœu général et unanime du département, et principalement celui de la punition de ceux qui ont attenté à la représentation nationale. »

Treilhard lui fit observer qu'il avait désiré une conversation, un épanchement et non pas une discussion; que son but n'était pas rempli. Il ajouta que son intention et celle de Mathieu était de rendre compte à la Convention de ce qu'ils avaient vu et entendu dans le sein de la Commission populaire, mais qu'ils étaient hors d'état d'exprimer le vœu de Bordeaux et du département de la Gironde, parce qu'on

---

[1] *Registre de la Commission populaire*, p. 121.

avait pris toutes les mesures pour les empêcher de le connaître. Treilhard se plaignit ensuite de la consigne blessante donnée à leur égard, et insista pour une décision quelconque.

Puis il se retira.

Le 26 juin au soir, la Commission populaire décidait, après une discussion assez vive, que Treilhard et Mathieu seraient libres de partir et qu'il serait pris un arrêté contenant les motifs de la délibération de l'assemblée.

Le lendemain 27, dans la matinée, Pierre Sers vint prévenir les conventionnels de la décision de la Commission populaire, et dans l'après-midi il leur porta un exemplaire du très remarquable arrêté pris à leur sujet [1].

Il leur fit entendre que la Commission désirait leur prompt départ, et qu'elle n'avait pas cru devoir modifier les consignes et laisser aller et venir les conventionnels sans gardes; que toutefois, dans la ferme persuasion qu'ils ne feraient aucun séjour dans le département, on ne les ferait pas accompagner jusqu'à ses limites.

Treilhard et Mathieu, en présence de procédés si étranges et qui les constituaient en quelque sorte à l'état de prisonniers dans l'enceinte de la ville, n'hésitèrent pas un instant. Le 27 juin, à minuit, ils quittaient Bordeaux qui leur avait été si inhospitalier, et arrivés à Mussidan, dans la Dordogne, ils y rédigèrent, le 29 juin, le récit de la conduite tenue à leur égard par les Bordelais.

Il est certain que les autorités constituées, dont l'attitude fut réellement énergique dans cette circonstance, peuvent être cependant taxées d'avoir manqué d'égards envers les deux envoyés de la Convention. On les tint pour ainsi dire en chartre privée, et ils n'eurent la liberté ni de leurs actions ni de leurs mouvements.

[1] *Appendice*, note XXV.

Ce fut une faute grave, nous n'hésitons pas à le dire. C'était, dans tous les cas, la preuve certaine et la *consécration* éclatante de l'état de *rébellion* du département de la Gironde.

Mais les événements emportaient les hommes et l'enthousiasme suspendait la réflexion dans les meilleurs esprits. Tout était hâtif, passionné, irréfléchi. — L'entraînement avait pris la place de la raison.

Revenons en arrière.

Le 25 juin, après le départ de Treilhard et Mathieu, la Commission populaire avait décidé un emprunt d'un million dans la commune de Bordeaux, *pour pourvoir à l'acquit des dépenses urgentes nécessitées par l'organisation d'une force départementale;* elle avait, en outre, arrêté, contrairement aux dispositions d'un décret du 4 mai de la Convention, *que les achats et les ventes de grains seraient libres dans toute l'étendue du département de la Gironde.*

Puis, préoccupée du sort des commissaires qu'elle avait envoyés dans les départements pour y recueillir des adhésions au mouvement insurrectionnel de la Gironde, elle déclarait, dans une proclamation à tous les citoyens de la République, qu'elle mettait ces commissaires sous la sauvegarde de tous les Français, comme elle plaçait sous la protection de l'honneur et de la loyauté de ses concitoyens ceux délégués auprès d'elle.

La section Franklin qui, seule, s'était prononcée en faveur des conventionnels Treilhard et Mathieu, renfermait des ferments d'agitation. Quelques hommes connus pour l'exaltation de leurs opinions étaient signalés comme cherchant à égarer les citoyens et à les détourner du mouvement organisé par les autorités constituées. On citait notamment Fontanes, Martin et Cogorus comme étant les plus dangereux. La Commission populaire, saisie de réclamations à cet égard, dédaigna les manœuvres de ces perturbateurs obscurs.

Elle avait d'ailleurs de plus graves sujets de préoccupation. Quelques-uns de ses commissaires lui faisaient parvenir des rapports peu rassurants sur les dispositions de certains départements; et comme un des membres de l'assemblée faisait observer, dans la séance du 29 juin, *combien il serait utile d'être au moins à peu près fixé sur l'esprit des divers départements relativement aux circonstances actuelles,* le rapporteur de l'un des Comités répondait : « qu'il était chargé d'un travail dans cet objet, mais qu'il était forcé de dire que chaque courrier en augmentait les embarras, parce que chaque courrier apportant de nouvelles preuves des changements dans l'esprit présumé des divers départements, il en résultait une grande incertitude sur leurs dispositions [1]. »

Malgré ces indications peu rassurantes, la Commission populaire décida de ne rien changer aux mesures prises par elle jusqu'à ce moment.

Le 29 juin, d'ailleurs, deux lettres de Vergniaud et une de Gensonné [2] étaient lues à l'assemblée et y maintenaient l'esprit de résistance.

Ici se place, par sa date, un document d'une importance extrême, et qui, lorsqu'il fut connu de la Convention, en même temps que certaines lettres interceptées à Toulouse, parut de nature à motiver l'irritation et la sévérité de la Montagne contre le département de la Gironde. C'est une lettre adressée le 30 juin par Grangeneuve, l'un des secrétaires de la Commission populaire et président de la Société des Amis de la Liberté et de l'Égalité, au général Custine, qui commandait l'armée du Nord.

---

[1] *Registre de la Commission populaire,* séance du 29 juin, p. 162, *in fine.*
[2] Nous n'avons pas retrouvé le texte de ces trois lettres.

Cette lettre était ainsi conçue :

« Général, frère et ami, presque tous les tyrans de l'Europe, coalisés contre la République française, sont forcés de déplorer le mauvais succès de leurs armes. Une horde de brigands ne voit d'autre moyen de servir le despotisme que celui d'introduire au sein de la République l'anarchie et le désordre ; mais ils se trompent, les Français ont juré d'être libres ; ils n'auront pas juré en vain. Les factions du dedans, liguées avec les factions du dehors, viennent de commettre un dernier attentat. Le 31 mai, les 1er et 2 juin, ces factions, secondées par le canon et les poignards, ont arraché à la Convention un décret d'accusation contre les membres qui avaient le mieux servi la liberté par leurs talents et leurs vertus.

» A cette nouvelle, un cri de fureur et d'indignation s'est fait entendre dans les départements. Des citoyens sont arrivés de toutes parts. Ils veulent la République une et indivisible. Une armée s'organise pour marcher sur Paris ; 80,000 hommes au moins s'y rendront sous peu de jours. La Société populaire de Bordeaux s'empresse de se réunir à vous. Elle veut la République une et indivisible. Vous l'avez jurée aussi. Bravez les calomnies ; attachez-vous à votre poste. Combattez au dehors les ennemis de la liberté, tandis que nous les poursuivrons au dedans. Notre cri de guerre doit être, — à vous : Guerre aux tyrans, et à nous : Guerre aux royalistes, aux anarchistes et aux tyrans [1]. »

Le but de cette lettre, qui portait en tête : *Départements réunis, Assemblée centrale de résistance à l'oppression*, ne saurait être clairement défini. On croyait sans doute pouvoir compter, à un moment donné, sur le concours de Custine, et l'on espérait sa défection. La démarche de Grangeneuve était, à tout prendre, des plus compromettantes ; elle eut des conséquences funestes. Custine, en effet, en butte alors aux dénonciations des conventionnels Soubrany, Ruamps et Montaut, et attaqué avec acharnement dans les journaux de Marat et de Lavaux, affectait un grand dévouement pour le parti de la Montagne. Afin de donner un gage de ce dévouement, il n'hésita pas à envoyer à la Convention la

---

[1] *Moniteur*, séance du 16 juillet 1793.

lettre de Grangeneuve, et il répondit en même temps aux Bordelais, le 14 juillet :

« Puisqu'au milieu des violentes secousses qui vous agitent, vos regards se portent sur les armées, montrez l'énergie que montre votre adresse, et écoutez la vérité. On désire en vain l'unité et l'indivisibilité de la République lorsqu'on ne lui fait pas le sacrifice de son opinion, lorsqu'une société populaire prétend qu'on lèse la volonté générale dans ses écrits et ses passions; — lorsqu'elle oublie ses serments et ses devoirs, jusqu'à se liguer contre des représentants du peuple. Si la loi n'est pas un point de ralliement, nos ennemis sont invincibles et la liberté nous échappe. Dites aux bataillons de la Gironde qui veulent rentrer dans leurs foyers, que la patrie les retient auprès de leurs drapeaux. A ce prix, je suis attaché à vous (1). »

Ce langage, dicté d'ailleurs par la raison et le patriotisme, déjouait les espérances des Bordelais et de la Commission populaire.

A la date même où Grangeneuve appelait Custine à soutenir l'insurrection bordelaise, la Commission jetait un cri de désespoir. Ses concitoyens commençaient à l'abandonner : les manœuvres occultes de la minorité de la section Franklin et des exaltés de quelques autres sections, détachaient d'elle bien des individualités, jetaient le découragement parmi le peuple et tendaient à contrecarrer les mesures de salut public qu'elle avait ordonnées.

Dans une proclamation aux habitants de la Gironde, la Commission cherchait à relever les courages et à ramener le zèle et le patriotisme des premiers jours. Elle terminait en disant : « Mais si, contre toutes nos espérances, nos derniers efforts pour ranimer votre zèle n'étaient pas couronnés de succès, il ne serait que trop évident pour nous que vous nous auriez retiré votre confiance, ou plutôt que vous nous auriez induits en erreur, en nous persuadant que

---

(1) *Moniteur*, séance de la Convention du 15 juillet 1793.

vous nous l'aviez accordée. Il ne resterait plus à la Commission populaire qu'à se dissoudre, et, en gémissant sur notre honte, abandonner la gloire de sauver la République à la valeur des départements où plus d'énergie et d'intrépidité ont déjà armé des milliers de bras. »

Nous ne tarderons pas à reconnaître que la Commission populaire n'avait plus le pouvoir de galvaniser le peuple bordelais. De tous les points du département, il est vrai, on s'en remettait à elle, on adhérait à ses mesures, on l'investissait de toute confiance pour le maintien de l'ordre public; mais à Bordeaux les défiances et les soupçons, propagés par quelques adeptes du parti montagnard, encouragés et soutenus par Treilhard et Mathieu, faisaient chaque jour des progrès; déjà beaucoup de citoyens redoutaient les conséquences de leurs ardeurs irréfléchies et de la rébellion à laquelle ils s'étaient associés.

Sur ces entrefaites, la Commission populaire fut informée que toutes les municipalités avaient reçu *directement* du ministre de l'intérieur le projet de Constitution soumis à l'acceptation du peuple.

Un pareil envoi fait en dehors du contrôle et sans l'intervention des autorités constituées du département souleva des critiques violentes, et des discussions orageuses eurent lieu à ce sujet au sein de la Commission. On ne parlait de rien moins que de considérer l'envoi comme non avenu. Quelques membres firent remarquer que le ministre avait évidemment cherché à faire perdre aux corps administratifs la confiance du peuple; que sa conduite favorisait l'établissement du gouvernement municipal; qu'il avait voulu se servir de l'amour-propre des municipalités pour les soustraire à l'autorité légale des corps administratifs; que le ministre pouvait avoir été trompé par ses agents, mais qu'il en était responsable; qu'il fallait dénoncer la manœuvre et non les personnes; que c'était le meilleur moyen de prévenir le mal sans être injuste; qu'il ne fallait pas juger de la chose en écartant les circonstances actuelles; que le ministre était fort bien instruit des dispositions du département de la Gironde; que l'interversion dans l'ordre administratif qu'on lui reprochait n'avait rien de coupable; qu'elle était même toute simple puisqu'elle avait pour but de faire parvenir au peuple un projet de Constitution qu'il pouvait croire devoir être soigneusement éloigné de lui par le département; qu'il n'y avait rien à écrire contre sa conduite; qu'il fallait abandonner tout cela au mépris, mais en même temps écrire aux municipalités qu'à la vérité l'envoi était illégal dans la forme, mais que le peuple était le maître de prendre connaissance du projet de la nouvelle Constitution [1].

Ces conseils de modération furent écoutés, et par un arrêté en date du 4 juillet, la Commission populaire décidait que le plan de Constitution serait soumis par l'administration du département, dès qu'elle l'aurait reçu officiellement, à l'acceptation des citoyens. « La Commission populaire, ajoutait-elle, attend du peuple de ce département, réuni en assemblées primaires, une déclaration formelle de ses sentiments sur la manière dont elle a usé jusqu'à ce jour des pouvoirs dont il l'a investie; et jusqu'à l'émission de son vœu, elle restera constamment au poste où sa confiance l'a placée. »

Quoi qu'il en soit, la disposition des esprits devenait de moins en moins favorable à la force départementale, et dès le 3 juillet, un honorable négociant exprimait la pensée que la Commission populaire échouerait dans son projet [2].

Dès le 5 juillet, d'ailleurs, une proclamation de Treilhard et Mathieu aux citoyens du département de la Gironde circulait à Bordeaux. Elle était datée de Périgueux, le 1er.

---

[1] Commission populaire, séance du 1er juillet 1793.
[2] Lettre de Daguzan aîné, du 3 juillet 1793.

« Citoyens, disaient les conventionnels, MÉCONNUS, offensés tant dans notre caractère public que dans notre caractère individuel pendant le séjour que nous avons fait à Bordeaux, nous sommes dans la persuasion que déjà, dans cette cité, l'opinion publique nous venge de la double offense que nous avons reçue; que l'équité de tous répare les torts de quelques-uns, et que déjà le temps a justement reporté sur nos calomniateurs les nuages qu'ils avaient si injustement répandus sur nous.

» Frappés d'un discrédit préparé à l'instant même de notre arrivée, nous reconnûmes que le peuple avait des ennemis puisqu'on se faisait un jeu de le tromper; nous reconnûmes des machinations concertées et des trames ourdies contre la liberté; nous reconnûmes dans la réputation imméritée que l'on nous créa, un mot d'ordre donné par l'intrigue, dans un lieu et dans un instant choisis pour en étendre et pour en propager l'effet.

» L'erreur ne pouvait être de longue durée, notre présence pouvait en dissiper le prestige; nous nous aperçûmes bientôt qu'elle était importune et déconcertait un plan.

» Tenus dans un véritable état d'arrestation, gardés et surveillés avec des formes dont la rigueur n'était tempérée que par l'honnêteté individuelle des gardes nationaux qui exécutaient les ordres de la Commission, nous devons vous le dire, citoyens, nous avons été condamnés à la plus douloureuse des privations, puisque nous n'avons pu librement communiquer avec vous, entendre de vous et vous faire entendre l'expression de la vérité. La confiance nous précipitait vers vous, et l'on nous retenait par le motif d'une crainte que notre cœur ne pouvait partager.

» Nous étions en état d'arrestation avant même que la Commission eût décidé qu'il n'y avait lieu à délibérer sur la proposition faite de nous y retenir. Citoyens, en aviez-vous donné le pouvoir? En avez-vous eu le désir? Non; vous ne pouviez ni demander ni vouloir que, pour rendre à la représentation nationale sa liberté, on enfermât deux représentants; que, pour rendre à la Convention nationale son intégrité, on lui ôtât deux de ses membres, en donnant le même exemple à tous les départements où il a été envoyé des commissaires.

» Et c'est dans cet état de captivité que l'on nous demande à Bordeaux si la Convention est libre à Paris. Avant de répondre, nous aurions pu commencer par demander si nous étions libres à Bordeaux. Nous aurions peut-être embarrassé par cette question ceux qui se croyaient nos juges. Dédaignant ce facile avantage, nous sentions que la liberté était au fond de nos cœurs, et la réponse que nous fîmes alors, nous la ferions encore.

» Que répondre, en effet, à une Commission entraînée par quelques-uns de ses membres, ou égarée par leurs intrigues? Que répondre à des hommes qui déclarent qu'ils ne reconnaissent plus de Convention nationale, plus de pouvoir exécutif, et qui, par une conséquence nécessaire de cette funeste doctrine, par le motif ou sous le prétexte d'attaquer les désorganisateurs, livrent la République entière à la désorganisation la plus complète, affament et décomposent nos armées, renversent le gouvernement, rompent le lien de toutes les administrations locales et nationales, et remplacent l'utile tendance de toutes les parties de l'empire, de tous les pouvoirs de la République vers un centre commun, par les tourbillons inorganisés de quatre-vingt-six départements?

» Devant des conséquences aussi funestes, pouvions-nous adhérer au principe? Est-il un bon citoyen qui le puisse, quelle que soit son opinion sur les derniers événements?

» Et dans quel moment s'efforce-t-on d'accréditer ces dangereuses idées? Dans quelles circonstances divise-t-on la patrie, de manière à la faire chercher péniblement au sein de la France même ? C'est lorsque nos légions républicaines ont besoin, pour développer toute l'énergie de leur bouillant courage, de savoir qu'il existe pour elles une Patrie qui les regarde, qui les chérit, qui les attend; c'est lorsqu'elles ont besoin de cette union civique à laquelle elles sont déjà si disposées, et de cet enthousiasme de liberté et de fraternité qui multiplie les forces physiques par les forces morales, qui presse et qui anime tous les efforts pour la défense de la République une et indivisible.

» Dans quel instant encore s'efforce-t-on de rompre cette unité précieuse, également consacrée par l'intérêt national, par les sacrifices faits en commun à la patrie, et par les affections mutuelles de tous les Français ? C'est lorsque les représentants du peuple vont offrir à ses vœux impatients une Constitution fondée sur les principes de la liberté et de l'égalité; une Constitution qui ira prendre le caractère sacré de loi fondamentale à la source même de toutes les lois, c'est-à-dire dans l'intelligence de tous et la volonté générale; c'est lorsque le peuple français, dans ses assemblées primaires, va pour la première fois donner au monde l'imposant spectacle d'une grande nation qui pose elle-même les bases de son bonheur.

» Chez un peuple libre qui n'a point encore de Constitution, la patrie paraît être sans autel; on ne sait autour de quoi se rallier. Une agitation dangereuse se communique à tous les esprits et semble déplacer toutes les limites. L'État est menacé de sa dissolution; les diverses autorités voient se rompre le lien provisoire qui les unissait; les lois elles-mêmes manquent de principes auxquels elles aillent se rattacher; des décrets sont à chaque instant nécessaires pour étayer les restes d'un ancien édifice. Le législateur sent qu'il ne peut plus rien faire qu'il n'ait fait une Constitution. Plus l'interrègne a été long, plus il est instant de ramener les esprits et de rapprocher tous les citoyens par cette chaîne douce et puissante, la seule que la liberté connaisse et chérisse.

» Vous sentez comme nous, citoyens, cet indispensable besoin d'une Constitution. Vous jugerez celle qui vous sera présentée. On défend avec plus de courage une patrie constituée. Les rebelles de la Vendée une fois terrassés par vos efforts, nos ennemis du dehors seront obligés de nous demander la paix. Il est temps peut-être que les révoltés de l'intérieur portent la peine de leur témérité et qu'ils succombent enfin sous les efforts des Français. Ils demandent un roi, et vous le souffririez? Ils étendent au loin leurs ravages et menacent nos places maritimes, et vous le souffririez? Non : les citoyens de la Gironde qui se sont si glorieusement signalés dans la Révolution, ne terniront pas leur gloire; ils se montreront dignes des exemples qu'ils ont eux-mêmes donnés, et, de concert avec les citoyens des autres départements, ils extirperont ce chancre politique qui menace de dévorer le sein de la République [1]. »

Ainsi parlaient Treilhard et Mathieu faisant appel à la raison du peuple et ne prodiguant pas de vaines menaces. Leur langage mesuré trouva plus d'un approbateur dans la patrie des Girondins. C'est qu'on éprouvait à la fois de la lassitude et de la crainte : on n'apercevait pas les résultats pratiques de l'insurrection, on en voyait les dangers. La proclamation circula rapidement, bien que la Commission eût désiré qu'elle ne parvînt pas à la connaissance du peuple. Elle produisit une impression que les adversaires du parti de la Gironde et des autorités constituées mirent habilement à profit : ils répandirent des bruits malveillants, signalèrent les conséquences redoutables de la rébellion et

---

[1] Archives de la Gironde, série L.

s'efforcèrent de rallier le peuple au parti de la Montagne et à la nouvelle Constitution, qui allait devenir le *palladium* de la République.

Les conventionnels en mission dans les départements circonvoisins favorisaient, d'un autre côté, les menées des Montagnards bordelais : ainsi Mazade, Garnier et Bernard, alors à Saintes, formulaient des proclamations où ils désapprouvaient les mouvements des départements du Midi, et ils envoyaient des exemplaires de ces proclamations aux municipalités pour être distribués aux sections populaires.

Cependant, la Commission pressait l'organisation de la force départementale, et, vers le 8 juillet, la nouvelle du prochain départ de la force armée pour Paris, afin d'anéantir la faction *chabotine,* était généralement répandue à Bordeaux.

Ce bruit était sans doute prématuré, car dans la séance de la Commission populaire de ce même jour, un membre faisait connaître que beaucoup de compagnies de la garde nationale ne voulaient point fournir leur contingent, qu'il y aurait *trois cents hommes d'infanterie au plus* prêts pour le mercredi suivant, et que le corps de cavalerie paraissait devoir être très lent à se former.

Ces nouvelles attristèrent la Commission; elle ne perdit pas courage toutefois, et elle envoya des commissaires dans le département pour stimuler le zèle des populations. S'unissant à elle dans le même esprit, la municipalité adressa une proclamation aux habitants de Bordeaux :

« Il s'agit aujourd'hui, leur disait le maire Saige, de maintenir ou de perdre la réputation dont vous jouissez. Attendrez-vous que des dictateurs insolents envoient ici des satellites pour vous soumettre à des lois que vous n'aurez point consenties? Attendrez-vous que la Commune de Paris vous donne un brevet qui vous permette de porter le titre de citoyens français ? Est-ce à elle que vous voulez obéir, ou aux législateurs que vous avez choisis ? Tel est pourtant le sort qui vous attend si vous ne déployez à l'instant même toute la vigueur dont vous êtes capables. Cette Commune qui dispose arbitrairement du pouvoir national, après avoir subjugué, ou par la corruption ou par la terreur, les départements qui l'entourent, vous mettra sous le joug; et ce que l'ancienne Rome ne put pas sur vos ancêtres, cette Rome nouvelle l'exécutera sur vous. Prévenez ce despotisme... »

Les Montagnards se réjouissaient des médiocres résultats obtenus par la force départementale, et l'un d'eux écrivait à la Convention : « Le despotisme qu'exerce dans cette ville la Commission prétendue populaire n'a pas entièrement anéanti le patriotisme; il y a encore un grand nombre de bons citoyens qui sont tout prêts à se lever contre les oppresseurs de la liberté. L'indignation du peuple est à son comble; elle est sur le point d'éclater [1]. »

Treilhard et Mathieu avaient fait connaître qu'ils avaient été chassés de Bordeaux *par les fédéralistes de cette ville*, et le 10 juillet la Convention désignait les représentants Chaudron-Roussau, Tallien, Ysabeau et Garrau pour se rendre au chef-lieu de la Gironde afin d'y rétablir son autorité.

A cette époque, et pour presser le départ de la force départementale, la Commission populaire ordonna une réunion de la garde nationale en armes au Champs de Mars : il s'agissait d'inviter directement chaque compagnie qui n'aurait pas fourni ou incorporé son contingent, à le faire sans délai [2].

Cette mesure indique quel refroidissement avait succédé à l'enthousiasme de l'esprit public.

---

(1) *Moniteur*, séance de la convention du 9 juillet 1793.
(2) Arrêté du 11 juillet 1793.

Nous ne pouvons ici passer sous silence un fait particulier relatif à un acteur célèbre ; il révèle à quelles manœuvres étaient en butte les autorités insurrectionnelles de Bordeaux.

Le 12 juillet, à la séance de la Commission populaire, une députation de la Société des Amis de la Liberté et de l'Égalité était introduite.

« Depuis longtemps, disait l'un des membres de cette députation, la Société s'apercevait que l'esprit public dégénérait ; depuis longtemps elle renvoyait à ses comités une foule de dénonciations, et quelque activité que ces comités missent à la poursuite des ennemis de la chose publique, on a senti souvent le besoin de poursuivre devant le tribunal de l'opinion publique des hommes que l'impunité enhardissait au crime ; cependant, par une sage condescendance, on a encore des ménagements qui peuvent être utiles, autant à des hommes qui pourraient n'être que calomniés, qu'au succès des recherches à faire pour prouver les délits. C'est ainsi que la Société a pensé qu'une lettre qui dénonçait Laïs, acteur, devait être lue publiquement, et qu'une autre, indiquant des hommes d'autant plus dangereux qu'ils se trouvent employés dans les bureaux de l'administration, devait être remise au Comité de sûreté générale. »

La Commission entendit la lecture de la lettre qui dénonçait Laïs et la renvoya au Comité de sûreté générale invité à se réunir sur-le-champ. — L'orateur de la députation annonça à l'assemblée que la Société des Amis de la Liberté et de l'Égalité avait délibéré, à l'unanimité, que la Commission populaire serait invitée à faire partir le citoyen Laïs [1].

On examina les papiers de cet acteur, et, après avoir recueilli sur son compte des renseignements qui ne furent

---

[1] Commission populaire, séance du 12 juillet, soir.

pas précisément défavorables, la Commission populaire décida qu'il resterait libre *afin que le théâtre et le public continuassent à profiter de sa présence à Bordeaux* (1).

Le 13 juillet, la Société des Amis de la Liberté et de l'Égalité, dont le dévouement était certain et qui secondait activement la Commission populaire, déclarait qu'il était de l'intérêt du peuple français d'accepter en masse la Constitution qui allait lui être prochainement présentée dans ses assemblées primaires. Ce n'était pas une défection, c'était un acte de prudence.

Le même jour, la Commission populaire prenait un arrêté pour constituer la force départementale en *Légion de la Gironde*. La légion devait avoir deux colonnes, dont l'une se dirigerait sur Toulouse pour rejoindre les forces levées par les départements de cette région, et la deuxième sur Limoges, où seraient invitées à la rejoindre les forces levées dans les départements voisins. Les deux colonnes devaient partir aussitôt que les hommes en seraient complètement habillés, armés et équipés, et se rendre à Langon et à Saint-Macaire, où elles attendraient l'ordre ultérieur du départ définitif.

Toutefois, en présence de l'indifférence qui régnait partout, elle réduisit à 25 hommes le contingent à fournir par la *cavalerie bordelaise*.

Malgré cet adoucissement à ses prescriptions primitives, la Commission populaire rencontra encore la même indifférence parmi les gardes nationaux; quelques-uns même opposèrent un refus complet de fournir les contingents demandés, *attendu que c'était contraire aux lois et que rien ne pouvait obliger les volontaires à s'enrôler*. C'est M. de Brezets, un magistrat dont le nom s'est perpétué jusqu'à nos jours dans les places élevées du barreau et de

---

(1) Commission populaire, séance du 13 juillet.

la judicature, qui, consulté par une Compagnie de la garde nationale, avait dicté cette réponse.

On le devine sans peine, la réunion du Champ de Mars n'eut pas les résultats qu'on pouvait espérer; la Commission populaire dut perdre toutes ses illusions, s'il lui en restait encore, et comprendre enfin que le peuple était las d'une insurrection qui, chaque jour, perdait de ses chances de succès. Le 15 juillet, elle s'occupait du projet de Constitution et se proposait d'adresser aux assemblées primaires un exposé de la situation de la République, des événements qui avaient ôté la liberté à la Convention nationale et nécessité la formation de la Commission populaire, et *où elle provoquait le vœu du peuple sur son existence et sur ses opérations* [1].

Durant ce temps, le général Houchard, imitant en cela les procédés du général Custine, dénonçait à la Convention une lettre qu'il avait reçue de Bordeaux, et écrivait à la Société des Amis de la Liberté et de l'Égalité : « Je vous dénonce, frères et amis, une lettre imprimée à la date du 31 juin, d'une soi-disant Société des Amis de la Liberté et de l'Égalité de Bordeaux, signée de Grangeneuve, président; Dirat, Menne, Duchène et Benoît, secrétaires. Si ces malheureux ne sont que dans l'égarement et qu'ils aient été trompés par les lâches fédéralistes complices de Dumouriez, et qui voulaient nous conserver un tyran, je vous engage, au nom des soldats sans-culottes de l'armée de la Moselle, dont je suis le chef, de les tirer de l'erreur où ils sont plongés. »

La leçon était dédaigneuse et se ressentait du milieu où elle avait été conçue.

A Bordeaux, la situation empirait : le peuple manquait de pain, et des désordres incessants se produisaient aux

---

[1] Procès-verbal de la séance du 15 juillet 1793.

portes des boulangers; une foule d'hommes, de femmes et d'enfants affamés s'y disputaient les quelques miettes d'un pain grossier.

Le 18 juillet, un membre de la municipalité rendait compte à la Commission populaire des causes des attroupements que nous venons de signaler, et présentait, comme en étant la cause principale, l'insuffisance des distributions de pain. Les approvisionnements étaient devenus difficiles, des obstacles multipliés gênaient la circulation des grains et la municipalité avait vainement cherché à remédier aux maux dont le peuple avait à souffrir.

La Commission populaire dut s'inquiéter d'une si douloureuse situation : elle fit inviter les sections à concourir selon leurs moyens à l'établissement d'une boulangerie dans leurs circonscriptions, et elle défendit, sous des peines sévères, aux boulangers de fabriquer du pain *fin* et de vendre des farines, et aux citoyens d'en acheter.

Cependant, les sections retiraient successivement leur confiance à la Commission populaire. La section Franklin en avait donné la première l'exemple; les sections de la Liberté n° 21; J.-J.-Rousseau n° 27; Beaurepaire n° 22, etc., ne tardèrent pas à le suivre.

La débâcle commençait.

Malgré ces abandons successifs, la Commission luttait encore, et la force départementale partait enfin.

Le 17 juillet, Bernada et Bonus, commissaires près la *Légion de la Gironde,* faisaient imprimer une adresse à tous les citoyens des lieux de leur passage. Elle devait être envoyée aux autorités constituées de façon à préparer un bon accueil aux troupes de l'insurrection. Elles comptaient *quatre cents hommes!* Ce petit nombre était dérisoire, mais l'amour-propre était engagé; on ne regardait plus derrière soi, on regardait en avant, et l'on croyait pouvoir *sauver la chose publique*. « Ne fussions-nous que trois, disait une lettre de la Commission populaire à un de ses commissaires, nous partirions pour ne pas nous déshonorer aux yeux de la France, qui attend de nous son salut (1). »

Voilà où en étaient les membres de la Commission populaire le 20 juillet.

Ce jour-là, l'assemblée apprenait l'arrivée de la force départementale à Langon. Un membre de la municipalité venait en même temps l'informer que deux individus suspects qui, depuis plusieurs mois, parcouraient dans tous les sens le midi de la France, sans avoir une direction déterminée, avaient été récemment arrêtés; qu'ils s'étaient qualifiés de commissaires du pouvoir exécutif, mais qu'ils ne jouaient, en réalité, qu'un rôle d'espions; que l'un d'eux était marqué des lettres G A L, et que cependant il résultait de leurs déclarations et de leurs écrits qu'ils étaient en correspondance suivie avec Chaudron-Rousseau, membre de la Convention.

La Commission populaire chercha, mais sans succès, à donner un grand retentissement à cette affaire.

« Ce rapport, dit le procès-verbal de la séance, étant propre à faire connaître les hommes et les moyens indignes dont les factieux se servent pour corrompre l'opinion publique et atteindre au but criminel qu'ils se proposaient, la Commission arrête qu'il sera sur-le-champ imprimé et envoyé aux assemblées primaires (2). »

On assure que ces deux hommes furent rendus à la liberté quelques mois plus tard par les représentants qui vinrent recevoir la soumission de la ville de Bordeaux, et au nombre desquels figurait Chaudron-Rousseau.

Les assemblées primaires, on vient de le voir, étaient réunies sur tous les points du département; après s'être déclarées en permanence, toutes acceptaient en masse le

---

(1) Procès-verbal de la séance du 21 juillet 1793.
(2) *Moniteur*, séance de la Convention du 19 juillet 1793.

projet de Constitution présenté à la sanction du peuple; toutes ou presque toutes en même temps, ainsi que la majorité des sections de Bordeaux, renouvelaient les pouvoirs de la Commission populaire, et déclaraient adhérer à toutes les mesures prises par elle. Quelques-unes même prenaient sous leur sauvegarde tous les membres de la Commission populaire et les déchargeaient de toute responsabilité pour les mesures prises par la Commission dans le but de sauver la chose publique. Ce furent leurs expressions.

La Convention, tenue au courant de ce qui se passait à Bordeaux, avait, nous l'avons dit plus haut, désigné trois ou quatre proconsuls pour se rendre en mission dans cette ville; mais non contente de cette mesure qui n'avait pu encore être ramenée à exécution, elle décrétait le 23 juillet, sur la proposition de Baudot, que « tous les citoyens non domiciliés à Lyon, Bordeaux, Marseille et Caen seraient tenus de sortir de ces villes vingt-quatre heures après la publication du décret, et de se rendre sous huit jours à leur domicile ordinaire, sous peine d'être déclarés émigrés et leurs biens confisqués au profit de la République. »

Ce décret causa une vive émotion à Bordeaux, qui contenait un assez grand nombre d'étrangers.

Pendant que Paganel déclarait, le 25 juillet, à la tribune de la Convention, « que l'art. 25 de la loi du 4 mai donnait lieu aux riches négociants de Bordeaux d'acheter des blés en grande quantité, de manière que cette ville était dans l'abondance tandis que les autres départements en manquaient, et qu'il demandait que le Comité de salut public fît un rapport sur la situation de Bordeaux, » cette malheureuse ville était en proie aux horreurs de la disette; elle avait pour dix jours seulement d'approvisionnements. D'un autre côté, les caisses de la ville étaient vides, et la municipalité faisait connaître à la Commission populaire qu'elle était dans l'impossibilité de remédier à la pénurie des subsistances.

Des discussions fort vives et fort animées s'engagèrent sur cette question. Toutes se résumaient, en fin de compte, par ce fait dominant, qu'il fallait *à tout prix* se procurer des farines pour éviter des malheurs incalculables.

Les offrandes volontaires des citoyens riches — s'il en restait encore, — et l'emprunt décrété par la Commission populaire pour faire face aux dépenses de toute nature qu'exigeait la rébellion, n'ayant produit qu'un médiocre résultat, on dut aviser.

La Commission ne trouva rien de mieux, pour sortir d'embarras et se procurer de l'argent, que de faire délivrer sur récépissé, à la municipalité, par le payeur du département, 357,320 piastres appartenant à la République et gardées en réserve pour le service de la marine et des colonies. Cette mesure, grave en soi, fut considérée par ses auteurs comme un emprunt et comme une avance sur les 2 millions votés, le 30 mars, par la Convention, en faveur de la ville de Bordeaux.

La somme était d'ailleurs destinée exclusivement à l'achat de grains et farines pour l'approvisionnement de la ville.

Quelques jours plus tard, cet emprunt, qualifié d'enlèvement, était signalé comme un crime et vivement reproché à ses auteurs.

Le 27 juillet, la Commission populaire, dont les jours étaient comptés, formulait une longue adresse aux armées et aux bataillons de la Gironde; elle y expliquait le rôle que les événements l'avaient appelée à jouer, et protestait de son dévouement à la République.

C'était un des derniers actes du pouvoir usurpé. Une nouvelle déception lui était réservée : la 1re colonne de la force départementale, partie de Bordeaux le 17 juillet, avait rencontré en général un bon accueil sur sa route, bien que le district de Cadillac, qui avait fait scission avec la Commission, eût ordonné aux citoyens de barrer le passage à ces troupes. Bernada et Bonus, qui les dirigeaient, étaient arrivés avec elles à Langon et rendaient compte de l'enthousiasme des populations. Ils avaient écrit dans une de leurs lettres qu'en apprenant la présence à Langon d'un bat... .n de Bordeaux, Treilhard et Mathieu avaient ..pitamment quitté Agen, où ils se trouvaient alors. Le .it était exact, mais il doit être expliqué.

Les conventionnels s'étaient rendus, en effet, à Montauban, où ils avaient provoqué une réunion de délégués des départements de Lot-et-Garonne, du Lot et de la Haute-Garonne. De concert avec ces délégués réunis en Comité, ils avaient pris, le 23 juillet, un arrêté relatif à la force départementale et portant que des commissaires de chacun des trois départements réunis partiraient sur le champ pour aller au-devant des troupes sorties de Bordeaux afin de s'instruire de l'objet de leur marche, et pour faire sentir aux citoyens qui en faisaient partie les inconvénients et même les dangers qui pouvaient en résulter. Le 26 juillet les commissaires désignés par Treilhard et Mathieu avaient à Langon une conférence avec Bernada et Bonus, et le 28 ils se présentaient devant la Commission populaire.

Après lecture de l'arrêté que nous venons de résumer, les commissaires prirent successivement la parole : ils affirmèrent d'abord leurs sympathies pour les habitants de la Gironde qui, à une époque peu éloignée, avaient, dans des circonstances critiques, volé au secours des Montalbanais opprimés par une aristocratie tyrannique ; puis ils demandèrent à la Commission de leur faire connaître l'objet actuel de la marche d'une force départementale vers Paris, quand la Convention avait présenté une Constitution républicaine bientôt acceptée par les assemblées primaires. « Au moment où la Convention nationale va être remplacée par une nouvelle Législative, nous pensons, dirent-ils, qu'il faut se réunir à elle, le point naturel et le plus utile du ralliement. Quel est et quel doit être le mobile des mesures les plus efficaces à prendre aujourd'hui contre les ennemis du dehors et du dedans ? C'est de porter nos forces disponibles sur les frontières, vers Bayonne, vers Perpignan. A quoi peut être utile une force départementale à Paris ? Quels sont les maux auxquels elle doit apporter remède ? Nous vous assurons de nos dispositions de paix et de fraternité, mais nous ne saurions dissimuler qu'indépendamment de la loi qui défend à tout corps armé d'entrer sur le territoire d'un département étranger sans son consentement, d'autres motifs peuvent apporter des obstacles au passage de la force départementale ; redoutez d'augmenter les progrès de la guerre civile. » Ils terminèrent en disant qu'il leur paraîtrait convenable et sage de suspendre la marche de ces troupes jusqu'à ce que les autres départements fussent forcés de les accepter, et ils invitèrent la Commission à peser les considérations qu'ils avaient développées.

Celle-ci, par l'organe de son président, répondit que tant que le peuple de la Gironde persisterait dans les mesures adoptées, rien ne pourrait empêcher la Commission populaire de les exécuter.

On le voit, après la lassitude des citoyens et les attaques non dissimulées de certaines sections, la défection gagnait les départements. La Gironde allait rester seule dans l'accomplissement de ses projets, hélas ! trop généreux.

Mais ces démarches, connues de la population, n'étaient pas de nature à échauffer son zèle pour la Commission populaire. L'inquiétude et l'agitation étaient croissantes et des désordres ne cessaient d'éclater aux portes des boulangers. La *faim* dominait la situation [1].

[1] *Malesuada fames.*

D'un autre côté, l'anarchie se glissait dans les sections, travaillées par les partisans de la Montagne, et le nombre de celles qui retiraient leur confiance à la Commission populaire augmentait chaque jour.

La désaffection gagnait rapidement du terrain.

C'est au milieu du conflit des opinions, au milieu des divisions et des agitations de l'esprit public, et surtout en présence du refus fait par les départements voisins de fournir des grains à celui de la Gironde tant qu'il serait en état d'insurrection, que la Commission populaire prit une résolution suprême.

Elle prononça sa dissolution le 2 août 1793 :

« Considérant que les autorités constituées qui la composent s'étaient formées en Commission populaire, par la volonté expresse du peuple de ce département, qui, après s'être déclaré en état de résistance à l'oppression, l'investit de ses pouvoirs et la chargea de prendre les mesures les plus propres à combattre les factions qui opprimaient la représentation nationale, et à la rétablir dans sa liberté et son intégralité ;

» Considérant que, pour remplir cet objet, les premières vues de la Commission populaire durent se tourner vers l'établissement d'une force départementale que la Convention nationale elle-même avait jugée nécessaire lorsqu'elle commença à craindre pour sa liberté, et à laquelle elle ne renonça que lorsque les premières entreprises des factieux qui voulaient l'asservir l'obligèrent à rapporter le décret qu'elle avait rendu pour sa formation ;

» Considérant que la Commission populaire, inviolablement attachée aux principes de l'unité et de l'indivisibilité de la République, a dû s'assurer d'abord que tous les départements qui annonçaient vouloir prendre les mêmes mesures de salut public étaient dirigés par ces mêmes principes, afin d'éviter que les intentions pures des citoyens de ce département ne pussent servir à favoriser les projets que des malintentionnés auraient pu former ailleurs, et que c'est dans cet objet qu'elle a envoyé des commissaires dans toutes les parties de la France, pour connaître l'esprit public qui y régnait, et lui en faire un fidèle rapport ;

» Considérant qu'encore que ces mesures n'eussent d'autre but que le salut de la République, la Commission populaire, toujours fidèle aux principes, ne pensa pas qu'il lui fût permis d'appliquer les deniers de la nation aux dépenses qu'elles devaient entraîner, et qu'en conséquence elle crut ne devoir y fournir que par le produit d'un emprunt civique, persuadée qu'elle trouverait dans le patriotisme des citoyens de ce département les ressources nécessaires pour y pourvoir;

» Considérant que toutes ces mesures avaient déjà reçu l'approbation du peuple de ce département, lorsque, sur l'annonce de l'envoi de l'acte constitutionnel, la Commission populaire s'empressa, dès le 5 du mois dernier, d'arrêter qu'une déclaration solennelle du peuple français, qui consacrerait pour la première fois la République une et indivisible, présentait un avantage si précieux à saisir, qu'aussitôt que l'administration du département aurait reçu officiellement le projet de Constitution, il en ferait l'envoi aux districts et municipalités, et convoquerait en même temps les assemblées primaires;

» Considérant qu'au moment où la Commission populaire eut l'assurance de voir le peuple réuni en assemblées primaires, elle l'invita à lui faire connaître sa volonté, pour savoir si elle continuerait à remplir ses fonctions, ou si elle devait les cesser;

» Considérant que quoique la majorité des sections de la ville de Bordeaux, la totalité de celles de Libourne, Bazas, Bourg, Blaye, Sauveterre, Saint-Émilion, Langon, Saint-Macaire, deux de celles de La Réole, et plusieurs assemblées primaires du canton, aient de nouveau confirmé les pouvoirs de la Commission populaire, et qu'elle n'ait reçu que deux délibérations contraires, néanmoins il lui suffit que ce vœu n'ait pas été généralement exprimé pour craindre de devenir l'objet d'une division entre les citoyens;

» Considérant que le peuple a cru voir dans l'acceptation de la Constitution, et dans le renouvellement du Corps législatif qui doit en être immédiatement la suite, le retour de la paix et de l'ordre, l'anéantissement de toutes les factions, et le règne absolu de la loi;

» Considérant que cette espérance paraît partagée par la grande majorité des départements; que presque tous ont pensé qu'il fallait attendre l'effet que produirait l'acceptation de l'acte constitutionnel, et que la Commission populaire y a été particulièrement invitée, dans une de ses séances publiques, par des membres des administrations des départements de la Haute-Garonne, du Lot, du Lot-et-Garonne, liés avec celui de la Gironde par tant de rapports d'amitié, d'estime et de fraternité;

» Considérant qu'au moment où se forma la force départementale, le succès de nos armes donnait la plus grande espérance de voir bientôt tous les ennemis de la France abattus ou forcés de respecter sa constitution et sa liberté; mais que des revers survenus depuis obligent tous les vrais républicains à tourner tous leurs efforts contre les ennemis qui en veulent à l'existence même de la République;

» Considérant, enfin, que la plupart des assemblées primaires de ce département se sont déclarées permanentes et qu'elles veillent par elles-mêmes à la conservation de la liberté;

» Considérant que, malgré l'état de détresse où se trouve réduite la ville de Bordeaux, elle doit se hâter, pour ôter toute espèce de prétexte à la malveillance, de rétablir au dépôt national les piastres qu'elle avait été contrainte d'y puiser pour prévenir les horreurs de la famine dont elle se trouve menacée, sauf à prendre les mesures les plus fortes pour y suppléer par d'autres moyens;

» PAR CES CONSIDÉRATIONS, la Commission populaire de salut public déclare au peuple de ce département que le silence de plusieurs assemblées primaires sur la continuation de son existence lui fait un devoir de se séparer; et en conséquence, elle lui remet les pouvoirs extraordinaires dont il l'avait investie;

» Que les calomnies aussi atroces qu'absurdes que les malveillants ont cherché à répandre contre le peuple du département de la Gironde, afin de le rendre suspect aux autres départements et de rompre les liens de la fraternité qui l'unissent à eux, lui font un devoir d'arrêter la force armée vers Paris et de rappeler dans leurs foyers les citoyens qui la composent;

» Que les engagements contractés par la Commission pour fournir aux dépenses relatives soit à l'envoi de commissaires dans les départements, soit à l'organisation de la force départementale, soit pour les subsistances, l'ayant été au nom du peuple de la Gironde, seront sacrés pour lui; et que tous les efforts de l'égoïsme ou de la malveillance pour leur ôter la foi qui leur est due, seront surmontés par le patriotisme et la probité des citoyens de ce département;

» Que malgré l'espérance que les bons citoyens peuvent avoir conçue de voir accomplir incessamment le vœu du peuple pour l'affermissement de la liberté et le renouvellement de la représentation nationale, elle croit de son devoir d'inviter les assemblées primaires, et chaque citoyen en particulier, de se tenir toujours prêts à résister à toutes les tyrannies par lesquelles on essaierait encore d'attenter à la liberté publique ou individuelle;

» En conséquence, la Commission populaire arrête ce qui suit :

» 1° Les autorités constituées cesseront de se réunir en Commission populaire ou sous toute autre dénomination; elles mettront, chacune dans les termes de leurs pouvoirs, la plus grande activité dans l'administration qui leur est particulièrement confiée, et concourront de tous leurs efforts au maintien de la tranquillité publique;

» 2° Aussitôt après la réception du présent arrêté, la force départementale se rendra dans la ville de Bordeaux, où elle a été formée. Les citoyens qui la composent seront licenciés. Ils seront remerciés, au nom du peuple de ce département, du dévouement qu'ils ont témoigné et de la bonne conduite qu'ils ont tenue depuis leur formation;

» 3° L'emprunt de deux millions, ouvert en conséquence des arrêtés de la Commission populaire des 25 juin et 16 juillet derniers, continuera à être rempli d'après les états déjà arrêtés et sous la surveillance des autorités constituées pour être employé en achats de grains et farines pour l'approvisionnement de la ville de Bordeaux, après que les sommes nécessaires à l'acquittement des dépenses faites en exécution des arrêtés de la Commission en auront été prélevées. Le remboursement en sera fait conformément auxdits arrêtés;

» 4° Ledit emprunt devant suppléer à l'emploi des piastres retirées de l'hôtel de la Monnaie, en exécution des arrêtés de la Commission populaire des 26 et 29 du mois dernier, lesdites piastres seront incessamment rétablies au dépôt national par la municipalité de Bordeaux;

» 5° Ladite municipalité demeure chargée, sous la surveillance des corps administratifs, de continuer la levée dudit emprunt, de prendre toutes les mesures convenables pour que l'emploi en soit fait, le plus promptement qu'il sera possible, en achats de subsistances, en réservant les sommes nécessaires pour payer les dépenses faites en exécution des arrêtés de la Commission. Ces dépenses seront acquittées sur des mandats du Directoire du département, d'après les comptes visés par le Directoire du district de Bordeaux;

» 6° Le présent arrêté sera imprimé, publié et affiché; l'envoi en sera fait par le Directoire du département à ceux de district, et par eux à toutes les communes et municipalités de leur arrondissement. L'envoi en sera fait également à tous les départements de la République. »

La Commission populaire de salut public de la Gironde avait vécu.

Son dernier acte était l'apologie que l'on vient de lire. Elle cherchait à y dissimuler, sous l'habileté de la forme, la criminalité politique de son autorité insurrectionnelle et des mesures qu'elle avait cru pouvoir édicter pendant son existence.

Le rôle de la Commission et l'influence qu'elle a pu exercer sur les événements sont assez difficiles à définir; sa création fut un produit de l'enthousiasme bordelais : elle ne pouvait survivre aux circonstances qui l'avaient créée, et son œuvre était fatalement condamnée à l'impuissance.

Pendant deux mois, elle forma un État dans l'État. Elle constituait une véritable insurrection, et ce fut son tort. Elle refusa de reconnaître et de publier ceux des décrets de la Convention qui lui paraissaient être en opposition avec les principes qu'elle avait la prétention de défendre; elle créa une force armée, décréta des emprunts, régna et gouverna en maîtresse dans le département de la Gironde et chercha à se créer des adhérents sur tous les points de la France.

Elle construisait un édifice qui péchait par la base et dont l'existence ne pouvait être qu'éphémère; ce fut, répétons-le, un entraînement irréfléchi de la part de nos pères, un acte de générosité courageux peut-être, mais qui devait être fatal aux populations de la Gironde et aggraver leur position, loin de l'atténuer.

La résolution de la Commission populaire ne fut pas sans causer de l'émotion à Bordeaux; beaucoup de citoyens honorables la regrettèrent. Quelques sections même, redoutant pour les membres des autorités constituées qui l'avaient composée les vengeances de la Convention et des partisans de la Montagne, provoquèrent des réunions *à l'effet d'aviser aux moyens de préserver les membres de la ci-devant Commission populaire des démarches qu'ils n'avaient faites que pour céder aux vœux de leurs concitoyens.*

Le 6 août 1793, la Convention, qui était restée jusque-là à peu près indifférente devant les tentatives insurrectionnelles du département de la Gironde, se décida enfin à frapper un coup dont les conséquences devaient être terribles.

Barère, dit un journal du temps [1], signala d'une manière

---

[1] *Journal du Soir* du 7 août 1793.

toute spéciale à la sévérité de la Convention l'enlèvement des piastres de l'hôtel de la Monnaie, et il proposa, au nom du Comité de salut public, de déclarer anéantis, comme attentatoires à la souveraineté et à la liberté du peuple français, tous les actes faits par la Commission populaire ; de mettre hors la loi tous les membres composant ce rassemblement, ainsi que tous ceux ayant provoqué, concouru ou adhéré à ses actes, et d'ordonner la réintégration des 357,320 piastres enlevées.

Ces mesures furent adoptées par un décret ainsi conçu :

La Convention nationale,

Après avoir entendu le rapport de son Comité de salut public,

Décrète ce qui suit :

Article premier. — Tous les actes faits par le rassemblement qui a pris à Bordeaux le titre de *Commission populaire de salut public* sont anéantis, comme attentatoires à la souveraineté du peuple français.

Art. 2. — Tous les membres qui composent ce rassemblement ainsi que tous ceux qui ont provoqué, concouru ou adhéré à ses actes, sont déclarés traîtres à la patrie et mis hors la loi : leurs biens sont confisqués au profit de la République.

Lavaugayon, ci-devant chef d'administration civile de la marine à Bordeaux, est également mis hors la loi, et ses biens sont confisqués.

Art. 3. — La commune de Bordeaux réintègrera, dans l'heure de la notification du présent décret, les 357,320 piastres enlevées à main armée de l'hôtel de la Monnaie, et qui étaient destinées au service de la marine.

Art. 4. — Tous les dépositaires actuels de l'autorité publique dans la ville de Bordeaux répondent individuellement, sur leur tête, de la somme de 357,320 piastres et des atteintes qui pourraient être portées à la sûreté des fonds et des caisses de la République.

Art. 5. — La Trésorerie nationale fera parvenir dans le plus court délai, aux commissaires qui seront nommés par les citoyens de Bordeaux, la somme de 2 millions, dont le prêt a été décrété le 30 mars dernier, pour pourvoir aux subsistances de cette ville ; lesquels commissaires ne pourront être choisis parmi les membres des autorités constituées, ni parmi les citoyens qui ont coopéré ou adhéré aux actes liberticides et contre-révolutionnaires des individus composant le rassemblement connu sous le nom de *Commission populaire de salut public.*

Art. 6. — Le présent sera porté sur-le-champ, par un courrier extraordinaire, aux représentants du peuple actuellement à Toulouse et à Montauban, qui demeurent chargés de prendre tous les moyens d'instruction et de force qu'ils jugeront convenables pour assurer sa prompte exécution, faire respecter les lois et garantir les citoyens de l'oppression.

Mallarmé, *président ;*
Dupuy *fils* et P.-J. Audouin, *secrétaires.*

Tout le département, on peut l'affirmer, se trouvait mis hors la loi par ce décret de la Convention.

Les représentants du peuple en mission à Toulouse et à Montauban furent, on vient de le voir, chargés d'assurer la prompte exécution de ce décret, de faire respecter les lois et de garantir les citoyens de l'oppression.

Ces représentants étaient Chaudron-Roussau et Baudot, auxquels on ne tarda pas à adjoindre Ysabeau et Tallien.

Nous les verrons bientôt à l'œuvre.

Le 7 août, le Conseil général du département adressait à la Convention l'arrêté de dissolution de la Commission populaire. « La France n'y verra, disait Sers, ni faiblesse ni crainte de la part du peuple de la Gironde... Il veut voir l'effet des promesses faites au peuple français; il se courbe avec respect, non devant les hommes, mais devant la loi... il veut qu'il n'y ait plus ni d'ordres arbitraires, ni de confusion de pouvoirs, ni d'autorité illimitée confiée à des individus; il veut que le crime soit puni et l'innocence justifiée. »

Ce langage hardi, après la défaite, peint Sers tout entier.

Il garda ses convictions, et l'adversité ne put abattre son courage.

Bien qu'il eût partagé avec Desmirail et Roullet le

périlleux honneur, qui coûta la vie à ce dernier, de présider la Commission populaire, il fut seul excepté de l'amnistie quand, plus tard, le décret du 6 août fut rapporté.

Le moment approchait où on allait *mettre les Bordelais au pas.*

CHAPITRE IV

LA SECTION FRANKLIN ET LA SOCIÉTÉ POPULAIRE DE LA JEUNESSE BORDELAISE.

Faiblesse et irrésolution des autorités. — Troubles à l'occasion de la cherté des subsistances. — Lettre du maire Saige. — Propagande faite par l'acteur Laïs. — La Société populaire de la Jeunesse bordelaise est créée par Brochon, Ravez et Cornu. — Les effets du décret du 6 août. — Fête de l'unité et de l'indivisibilité de la République. — Les sections se réunissent pour obtenir le retrait du décret du 6 août. — Les conventionnels Ysabeau et Baudot arrivent à Bordeaux. — Ils y sont l'objet de menaces et de violences. — Peyrend d'Herval, leur secrétaire, est arrêté. — Ysabeau et Baudot sont gardés à vue à l'hôtel de la Providence, rue Porte-Dijeaux. — La section Franklin fait donner aux conventionnels l'assurance de son dévouement. — Ceux-ci quittent Bordeaux et se rendent à La Réole. — Ils protestent publiquement contre les procédés des Bordelais à leur égard. — Les sections répudient toute participation à ces actes. — Réponse des conventionnels. — Le Conseil général de la commune les informe qu'on recherche les auteurs des violences dont ils ont été l'objet. — Réponse des conventionnels. — La section Franklin devient le véritable centre du pouvoir à Bordeaux. — Proclamation d'Ysabeau et Baudot. — Le Conseil général de la commune défend la ville de Bordeaux. — Arrivée de Meillan, Bergoeing et autres. — Le peuple s'apprête à la soumission. — Conflit entre la section Franklin et la Société populaire de la Jeunesse bordelaise. — Les conventionnels isolent Bordeaux. — La famine. — Les citoyennes Amies de la Liberté et de l'Égalité écrivent à Ysabeau et Baudot. — Leur réponse. — Le député Gouly est envoyé en mission auprès d'eux. — Tallien se rend à La Réole. — Les conventionnels demandent la dissolution de la Société de la Jeunesse bordelaise. — Ils écrivent à la section Brutus. — Proclamation des Jeunes gens. — Lettres des conventionnels à la section Guillaume-Tell et à la section de la Concorde. — La municipalité invite la Société de la Jeunesse bordelaise à se dissoudre. — Fête en l'honneur de Marat. — Lettre d'Ysabeau et Baudot aux sections de Bordeaux, et arrêté tendant à atténuer les horreurs de la famine. — Joie des Bordelais. — Proclamation de Pinet, Paganel et Tallien. — Le Club national est rétabli. — Il dénonce les Jeunes gens. — La municipalité est sommée de faire exécuter le décret du 6 août. — On redoute des troubles. — La Société de la Jeunesse bordelaise est invitée à se dissoudre. — Ravez répond au nom des Jeunes gens. — Lettre d'Ysabeau et Baudot au Club national. — Surexcitation générale à Bordeaux. — Nouvelle lettre des conventionnels aux citoyennes Amies de la Liberté et de l'Égalité. — Démission de la municipalité. — On s'attend à de graves événements.

La dissolution de la Commission populaire de salut public de la Gironde laissait la place libre à la section Franklin et aux hommes qui l'avaient dirigée depuis quelques mois.

Les diverses autorités constituées avaient repris le cours normal de leurs fonctions, et les personnalités s'effaçaient pour laisser passer l'orage qui menaçait à l'horizon. Il en résulta, en ce qui concernait le Directoire du département, une faiblesse et une irrésolution qui furent fatales. Quant à la municipalité, les divisions et les craintes régnaient dans son sein, et le désarroi des esprits était à peu près général parmi ses membres.

Dès le 8 août, une grande agitation existait dans la ville et vers dix heures du soir un ressemblement considérable de compagnons et d'ouvriers du faubourg des Chartrons avait lieu aux allées de Tourny; des vociférations furent proférées contre les autorités à l'occasion de la cherté du pain et des autres denrées. On pouvait redouter des troubles sérieux, car déjà des énergumènes prêchaient hautement la révolte et le pillage. La force armée envoyée sur les lieux réussit, non sans peine, à dissiper les perturbateurs.

La municipalité ne restait pas indifférente. On doit rappeler à cet égard que le même jour (8 août) le maire Saige et les officiers municipaux écrivaient à leurs collègues de Nantes pour en obtenir l'envoi de farines : L'argent, disaient-ils, ne manque pas encore pour approvisionner une ville de 120,000 âmes; mais la guerre étrangère, le soulèvement de la Vendée et la loi du *maximum* s'opposent à leurs achats. Ils ont besoin de 120 sacs par jour, en y mêlant seigle, maïs, fèves, etc. Ils ont appris que des farines américaines sont arrivées à Nantes, et ils supplient les mains jointes leurs collègues *de les empêcher de mourir de faim;* ils ont chargé le citoyen Jacquier de leurs achats, etc... [1].

Dominée par la peur, la masse des citoyens était devenue égoïste; inerte et démoralisée, elle n'éprouvait plus le sentiment patriotique qui avait marqué les premiers temps de la Révolution. La garde nationale seule avait encore cette virilité que donne l'esprit de corps.

On raconte, en effet, que dans l'après-midi du 9 août, la nouvelle d'une défaite éprouvée par nos armes sur les frontières d'Espagne étant arrivée à Bordeaux par courrier extraordinaire, la cavalerie et les grenadiers furent requis sous peine de mort d'aller défendre le drapeau; ils refusèrent d'obéir; mais ce refus se justifiait dans leur pensée par le danger de l'état des choses à Bordeaux, et ils firent le serment de rester dans cette ville pour y maintenir la tranquillité publique.

C'est dire assez combien peu elle était assurée et combien on y redoutait les effets du décret du 6 août.

Bordeaux, d'ailleurs, les événements avaient permis de le constater, renfermait un grand nombre de *maratistes,* et leur audace s'accroissait en raison inverse de l'affaiblissement du courage des citoyens et de l'influence de l'autorité publique.

L'acteur Laïs, que nous avons vu, dans le chapitre précédent, profiter de la générosité de la Commission populaire, ne cachait plus ses sentiments; il était à la tête des hommes qui poussaient à la réinstallation du Club national, et on l'a accusé dans le temps d'avoir répandu beaucoup d'argent pour gagner le peuple et le lancer dans les voies révolutionnaires.

---

[1] *Archives historiques de la Gironde*, t. XI, p. 191.

C'en était fait : on ne pouvait plus prononcer sans danger, dans leur patrie, les noms des Girondins !

Le découragement était général. La perfidie des uns et l'ignorance des autres, la pusillanimité du plus grand nombre rendaient facile l'œuvre de décomposition à laquelle travaillait ardemment la section Franklin dans l'intérêt de la Montagne.

Nous devons le dire cependant, toute énergie n'était pas encore perdue : la bourgeoisie comptait dans son sein des esprits courageux que les circonstances mirent en relief. En effet, sous l'impulsion de quelques hommes d'action, au nombre desquels il faut citer Brochon, Ravez et Cornu, trois avocats, une Société nouvelle se forma au moment même où le Club national osait relever audacieusement la tête. Nous avons nommé la *Société populaire de la Jeunesse bordelaise,* qui joua un rôle assez important dans la cité.

C'est le 10 août que le décret du 6 fut connu à Bordeaux. Il y causa une profonde stupeur. Ce premier sentiment passé, quelques jeunes hommes, indignés de la mesure décrétée par la Montagne et qui atteignait les dix-neuf vingtièmes de la population du département et surtout les administrateurs qui avaient eu le courage d'organiser la résistance au joug imposé par les montagnards, se réunirent spontanément dans une vaste salle située à Belleville et se proposèrent de défendre et de protéger les membres de la Commission populaire. Toute la jeunesse de la ville se rendit aux séances de la Société et voulut en faire partie.

Au bout de quelques jours, elle comptait, dit-on, près de trois mille membres. Présidée d'abord par Brochon, puis par Cornu, enfin par Ravez, elle ne tarda pas à exercer une certaine influence sur la population.

Les motions les plus énergiques y étaient formulées chaque soir, et les sections, celle de Franklin en tête, prirent bientôt ombrage d'une influence qui était de nature à contre-balancer l'effet de leurs tentatives pour ramener les citoyens à la Montagne et à la Convention.

Nous verrons les conflits qu'amena cet état de choses.

Cependant, durant cette journée du 10 août, qui avait vu les tentatives de rétablissement du Club national et la formation de la Société de la Jeunesse bordelaise, et où la nouvelle du décret draconien du 6 était arrivée, on célébrait à Bordeaux la *fête de l'unité et de l'indivisibilité de la République.*

A onze heures et demie du matin, les conseils généraux du département, du district et de la commune, les corps judiciaires, civils et militaires, les présidents des sections et des sociétés populaires de la ville, réunis dans la salle du département, en partaient pour se rendre en cortége au Champ de Mars, escortés par un détachement de grenadiers de la garde nationale et précédés par la *représentation de la Bastille* (selon l'expression du procès-verbal) et par la bannière de la Liberté et de l'Égalité. Celle de la Fédération du 14 juillet 1790 était portée *renversée.*

La foule envahissait les rues que suivait le cortége.

Arrivés au Champ de Mars, les corps constitués parcoururent les rangs de la garde nationale placée autour de l'autel de la Patrie.

Au signal donné par le commandant général, les tambours battirent aux champs, la musique militaire fit entendre une marche guerrière et des salves d'artillerie furent tirées. Les autorités se dirigèrent alors vers l'autel de la Patrie, et la *représentation de la Bastille* y fut déposée avec la bannière de la Liberté et de l'Égalité.

Ces préliminaires remplis, le secrétaire général du département Fringues donna lecture d'un décret de la Convention ordonnant « que les bannières offertes aux départements lors » de la fédération de 1790 seraient brûlées comme portant

» les signes odieux de la royauté, et remplacées par
» d'autres avec l'emblème de l'Unité et de l'Indivisibilité
» de la République (1). »

Après cette lecture, Pierre Sers, en sa qualité de président du département, annonça que la cérémonie devait commencer par l'exécution de ce décret.

Un citoyen ayant demandé la parole fit observer que depuis longtemps l'administration du département avait fait disparaître de la bannière de 1790 les fleurs de lys, signes de la royauté, et les avait remplacées par des bonnets de la liberté; il proposa, en conséquence, qu'avant de livrer la bannière aux flammes, ces bonnets en fussent détachés et offerts aux légions de la garde nationale.

Cette proposition fut adoptée et immédiatement exécutée au bruit des acclamations populaires.

Les autorités se rendirent ensuite vers un bûcher préparé au devant de l'autel de la Patrie. Là, Sers prit la bannière et, à la vue du peuple, il la déposa sur le bûcher auquel il mit le feu. Les flammes l'eurent bientôt consumée, pendant que, de toutes parts, retentissaient les cris de : *Vive la République une et indivisible!*

Le silence se fit bientôt, et Sers, prenant la parole, s'écria d'une voix forte et sonore au milieu de l'attention générale :

« Citoyens, en exprimant votre volonté sur l'acte constitutionnel qui a été offert au peuple français, vous avez consacré le principe de l'unité de la République et de son indivisibilité, et déjà nous avons la presque certitude que la généralité des Français a émis le même vœu. C'est aujourd'hui, c'est à cet instant même que la proclamation de cet acte imposant de la volonté générale se fait à Paris. Aujourd'hui, dans chaque commune de la République, se fait la célébration solennelle de l'union de tous les Français.

» Puisse ce moment, si ardemment désiré, si impatiemment

---

(1) Décret du 28 juillet 1793.

attendu, être le terme des maux qui déchirent la Patrie ! Puissent la pleine jouissance de vos droits et l'établissement de cette douce liberté à laquelle vous avez fait tant de sacrifices, vous consoler et vous dédommager des malheurs inséparables d'une grande révolution ! Puisse l'union la plus touchante succéder aux discordes civiles et nous procurer enfin cette paix intérieure, si nécessaire pour résister aux despotes coalisés contre nous, et sans laquelle il n'est point de bonheur pour les hommes réunis en société ! Tels sont, citoyens, les vœux de vos magistrats ; tel a été constamment le but de toutes leurs démarches. La carrière qu'ils ont eu à parcourir était difficile sans doute ; mais la confiance dont vous les avez investis, votre zèle infatigable pour le bien public, ont soutenu leur courage dans les moments les plus difficiles ; et c'est ainsi que Bordeaux a été préservé, jusqu'à ce jour, de ces secousses terribles qui ont mis la liberté en si grand danger dans la plupart des grandes villes de la République.

» Oui, citoyens, nous nous faisons gloire de le publier hautement, c'est à vous, c'est à vos vertus civiques que cette grande cité doit la gloire qu'elle s'est acquise au milieu des orages politiques qui ont agité la France ; c'est vous qui avez donné, dans toutes les grandes occasions, ces exemples éclatants de patriotisme et de courage qui ont fait l'admiration de tous les Français, et ce qui est bien plus précieux encore, qui vous ont attiré leur estime et leur reconnaissance. Vous avez fait chérir la Liberté au milieu de vous, en prouvant, par votre conduite, que son règne n'est pas incompatible avec le règne des lois, et qu'au contraire c'est par la loi que la Liberté affermit et étend son empire. Mais ce n'est pas seulement dans vos murs que l'on a pu juger de l'excellent esprit qui vous anime ; vous l'avez porté au milieu des camps, et les nombreux bataillons que vous avez fournis aux armées de la République y ont aussi fait chérir et respecter le nom de Soldats de la Gironde. A la valeur brillante qui caractérise le soldat français, ils ont joint cet amour de l'ordre, ce respect pour la discipline militaire qui fait la force des armées, et qui décide la victoire.

» Quelle satisfaction pour nous de voir, dans cette cérémonie auguste et simple, deux de ces braves bataillons dont les importants services ont mérité la reconnaissance de la Patrie ! O vous, généreux soldats-citoyens, qui avez supporté dans la Vendée tant de fatigues et bravé tant de périls, combien n'avez-vous pas à vous féliciter de votre dévouement ! Qu'il est doux pour chacun de vous de pouvoir se dire, tous les jours de sa vie : « Sans moi, sans les combats » que j'ai rendus, sans le sang que j'ai versé, une des plus belles » contrées de la nature serait peut-être en ce moment au pouvoir des » rebelles, et nos ports auraient été livrés aux invasions des ennemis

» extérieurs. » Citoyens-soldats, ce que vous avez le droit de vous dire à vous-mêmes, chacun de vos frères le dit de vous avec enthousiasme ; et il n'est point de Bordelais qui ne porte dans son cœur la reconnaissance qui vous est due, et il n'en est pas un seul qui ne s'honore d'un nom auquel votre excellente conduite et vos nombreuses victoires ont donné un nouvel éclat.

» C'est un beau jour pour Bordeaux, que celui où vous allez rentrer dans le sein de cette brave garde nationale d'où vous fûtes tirés pour marcher contre les rebelles de la Vendée. En y reprenant chacun votre rang, vous allez imprimer une nouvelle terreur aux ennemis de notre bonheur et de notre repos, autre espèce de brigands non moins dangereux que ceux que vous avez vaincus tant de fois ; et s'ils furent toujours contenus et réprimés pendant votre absence, combien ne le seront-ils pas plus aisément aujourd'hui que les vainqueurs de Palluau vont être au milieu de leurs frères !

» Citoyens, regardons-nous tous désormais comme composant une immense famille unie par les liens de la plus tendre fraternité. Occupons-nous sans relâche du bonheur commun. Que les haines, les inimitiés personnelles et les injustes défiances fassent place à des sentiments plus doux. N'oubliez pas que les hommes libres furent toujours grands et généreux, et que plus ils sont terribles envers leurs ennemis, plus ils sont doux et humains envers les citoyens paisibles. *Vive la Liberté, vive l'Égalité, vive la République une et indivisible !* »

Des cris longtemps prolongés répétèrent avec enthousiasme les derniers mots de cet habile discours, rempli d'allusions aux hommes et aux choses du moment.

Quand le calme se fut un peu rétabli, les jeunes gens de l'âge de dix-huit ans, qui n'avaient pas encore prêté serment de maintenir la liberté, l'égalité et la République une et indivisible, s'avancèrent vers l'autel de la Patrie. Le maire de Bordeaux, Saige, se plaça au milieu d'eux et prononça la formule du serment. La main levée à Dieu, tous répondirent : *Je le jure.*

Le procureur de la Commune donna ensuite lecture d'une proclamation du Conseil exécutif provisoire à la République, puis le maire prononça la formule du serment de l'unité et de l'indivisibilité de la République. Aussitôt les corps constitués, la garde nationale et les citoyens de tout âge et de tout sexe présents à la fête répondirent : *Je le jure.* A ce moment, des salves d'artillerie éclatèrent, on chanta l'hymne des Marseillais et l'air retentit des cris mille fois répétés de : *Vive la Liberté, l'Égalité, la République une et indivisible!* La fête se termina au bruit des détonations de l'artillerie, auxquelles se mêlaient des airs patriotiques exécutés par les musiques militaires.

Après le départ des autorités, des danses furent spontanément organisées au Champ de Mars, et le peuple prolongea la fête, en cherchant à oublier dans le plaisir le poids de sa misère trop réelle.

Le soir même, quelques sections délibéraient sur les dangers que faisait courir aux membres de la Commission populaire le décret du 6 août, et la section Simoneau notamment, qui s'était toujours fait remarquer par son dévouement, décidait l'envoi de ce décret, par des commissaires, aux vingt-sept assemblées primaires de la cité et à la Société des Amis de la Liberté et de l'Égalité, et *délibérait sur les moyens les plus convenables à employer pour écarter les malheurs qu'entraînerait l'exécution du décret du 6 août contre les membres des diverses autorités du département de la Gironde* [1].

Cette initiative obtint un résultat favorable. Les sections réunies, en effet, décidèrent l'envoi à Paris de commissaires chargés de faire des démarches auprès de la Convention et du Comité de salut public pour obtenir le retrait du décret du 6 août. Dancemont et Joseph Ségalié furent chargés de cette difficile mission.

En même temps, ainsi que nous l'avons dit, la Société de la Jeunesse bordelaise était fondée pour atteindre le même but, et quatre cent vingt gardes nationaux du

---

[1] Délibération du 10 août 1793.

bataillon rentré de la Vendée venaient grossir le nombre de ses membres.

D'un autre côté, le bruit était généralement répandu que la cavalerie et les grenadiers de la garde nationale bordelaise avaient fait le serment de soutenir les membres de la Commission populaire et de défendre les propriétés.

Au milieu de ces excitations nouvelles de l'esprit public la situation de la ville était loin de s'améliorer. Le commerce était anéanti, et ceux qui n'avaient que des propriétés mobilières couraient le risque d'être ruinés. Les subsistances devenaient de plus en plus rares; la multitude assiégeait tous les jours les portes des boulangers et ne pouvait que très difficilement en obtenir du pain [1].

Cependant, les conventionnels chargés de l'exécution du décret du 6 août n'avaient pas encore paru à Bordeaux. Ils se rendaient à petites journées vers cette ville.

Après avoir successivement séjourné à Tonneins et à Marmande, ils s'arrêtèrent à La Réole pour y délibérer sur les moyens d'amener la soumission des Bordelais; ils redoutaient, en venant à Bordeaux, le retour des scènes fâcheuses qui avaient signalé le passage de Dartigoeyte et d'Ichon et le séjour de Treilhard et Mathieu. « Renouvelant, dit un auteur, les mesures les plus odieuses de l'ancien régime, ils amenèrent par la famine la soumission désirée : les registres du district attestent qu'ils interceptèrent la plupart des envois destinés à notre ville. A partir du 15 août, chaque habitant se vit réduit à sept onces de pain par jour [2].

Nous n'avons pu vérifier si cette accusation était fondée; tout ce que nous pouvons dire, c'est qu'après quelques hésitations, Ysabeau et Baudot se décidèrent à venir à Bordeaux, où leur présence était à la fois redoutée par

---

[1] Lettre Philipt. du 15 août.
[2] H. Chauvot, *le Barreau de Bordeaux*.

ceux, en grand nombre, qu'atteignait le décret du 6 août, et désirée par une certaine partie influencée de la population et par les sections qui, en dernier lieu, avaient abandonné la Commission populaire ou fait de l'opposition à ses actes.

Ils arrivèrent dans cette ville le 19 août, à sept heures du soir, accompagnés de Peyrend d'Herval, commissaire des guerres, leur secrétaire, et descendirent à l'hôtel de la Providence, rue Porte-Dijeaux.

Cet hôtel était situé sur l'emplacement qu'occupe aujourd'hui l'hôtel de la Poste aux lettres.

« Il était trop tard, dit Ysabeau, pour commencer aucune opération importante. »

Les deux conventionnels, à qui personne n'avait demandé leurs passeports aux portes de Bordeaux, voulurent profiter d'un reste de jour pour visiter la ville. Après avoir fait extérieurement le tour de la salle de spectacle, ils se dirigèrent vers les allées de Tourny, alors plantées d'arbres qui ont été arrachés vers 1830. La nouvelle de leur arrivée s'était bientôt répandue et déjà plusieurs citoyens les suivaient à distance d'un air curieux et inquiet, mais en apparence sans mauvaises intentions.

Parvenus à l'extrémité de l'une des allées de Tourny, ils furent tout à coup suivis d'un groupe de jeunes élégants, à *habits quarrés,* dit Baudot, armés de sabres et de cannes à lance, qui tinrent à haute voix des propos regrettables contre la Convention et contre ses envoyés. Ysabeau et Baudot continuèrent leur promenade sans paraître s'apercevoir de ces attaques inconsidérées. Mais, comme ils revenaient vers la place de la Comédie, ils furent serrés d'assez près par le groupe, considérablement accru, et qui ne comptait pas moins de huit cents personnes. « Du courage, de l'énergie, disait-on, il faut s'en emparer. » Sur la place, le groupe se resserra, les représentants furent entourés de toutes parts, des cris et des menaces se firent entendre, et, finalement, ils furent bousculés et séparés par la foule. Ysabeau, poussé par le groupe le plus nombreux, parla avec une grande fermeté, présenta sa poitrine et défia les assaillants de se porter à des actes de violence et de lâcheté à son égard.

On lui signifia qu'il devait se rendre à la municipalité pour y décliner son nom. En vain Ysabeau objecta que puisqu'il était connu et attaqué en sa qualité de représentant du peuple, une pareille démarche était inutile; les cris et les imprécations augmentèrent, une voiture fut amenée et trois citoyens, parmi lesquels étaient un prêtre, l'abbé Bressols, vicaire à Saint-Seurin, et un lieutenant de gendarmerie, y montèrent avec Ysabeau, et on se mit en marche vers la municipalité, au milieu des huées de la foule.

Les mêmes menaces étaient adressées à Baudot et les mêmes procédés employés à son égard.

Arrivés à la maison commune, les deux conventionnels y trouvèrent la garde sous les armes dans la cour, une foule nombreuse et excitée encombrant les couloirs et les escaliers, et le Conseil de la commune assemblé. On voulut les mettre à la barre, mais ils protestèrent énergiquement; les rangs du Conseil s'ouvrirent et ils prirent place auprès du maire.

Tout ceci se passait au milieu d'une confusion et d'une animation très grandes.

On somma Ysabeau et Baudot de faire connaître leurs principes et l'objet de leur mission. « Nul citoyen, répondirent-ils, n'a le droit d'interpeller un représentant du peuple; mais tout en méprisant les expressions inconvenantes des ennemis de la République, nous communiquerons aux bons citoyens nos intentions et nos démarches avec l'accent de la fraternité et de l'amitié... »

Cette déclaration fut interrompue par des clameurs bruyantes, et pendant quelques minutes le tumulte fut inexprimable : les interpellations et les questions se croisaient, ardentes, vives, entremêlées des éclats de rire de la foule. Mais le calme se fit tout à coup : on annonça les commissaires des sections. Les membres du Conseil général de la commune se levèrent ; l'un d'entre eux fit observer que leurs pouvoirs disparaissaient en présence du *souverain* et qu'ils devaient lui céder leurs fauteuils. Cette proposition fut adoptée, et les sectionnaires prirent les places des officiers municipaux. Le désordre fut alors à son comble. On attaqua les représentants et on alla jusqu'à jeter des doutes sur leurs sentiments républicains. Ils repoussèrent énergiquement ces attaques en déclarant qu'il fallait être dénué de sens pour suspecter de royalisme des hommes qui avaient contribué à l'abolition de la royauté et voté la mort du tyran...

On assure qu'à ces mots des cris d'indignation retentirent et des huées éclatèrent dans la foule qui encombrait la salle du conseil et les tribunes.

« Il n'est pas possible, firent observer les représentants aux citoyens qui les entouraient, de se déclarer plus hautement pour le royalisme. »

« Nous ne nous attendions pas à cela, leur répondit-on, non sans quelque embarras ; ce sont les tribunes... »

A ce moment, un officier municipal se leva et proposa de faire le serment de défendre par tous les moyens possibles les membres de la Commission populaire, et de ne souffrir qu'aucun des administrateurs qui y avaient participé fût destitué sous quelque prétexte que ce soit.

Ce serment fut répété avec enthousiasme. C'est en vain que les conventionnels voulurent parler ; les cris et les interpellations couvrirent leur voix.

Un citoyen demanda à les accuser. Immédiatement le silence se rétablit et on écouta. Après une diatribe violente contre la commune de La Réole, qui n'avait pas adhéré aux actes de la Commission populaire, ce citoyen reprocha aux représentants d'avoir suspendu plusieurs administrateurs du district et quelques juges, et leur demanda des explications.

Ysabeau et Baudot firent remarquer qu'ils ne devaient compte de leurs actes qu'à la Convention; mais on insista pour une réponse formelle.

Ils s'assirent et gardèrent le silence, afin de ne pas compromettre le caractère et la dignité de leur mission.

« Cependant, raconte Ysabeau [1], on voulut bien nous donner lecture des pouvoirs accordés aux commissaires des sections. Ils respiraient, dit-il, le fédéralisme et le mépris des lois de la République. » Deux dispositions frappèrent plus particulièrement l'attention des représentants : l'une arrêtait qu'il leur serait donné une garde d'honneur *à la manière accoutumée*. Cette allusion aux mesures prises à l'égard de Treilhard et de Mathieu n'échappa pas à la foule qui l'applaudit bruyamment. La deuxième portait que, les Bordelais étant fermement décidés à ne pas laisser exécuter le décret du 6 août, la *commission* (sic) des représentants du peuple devenait inutile et qu'ils seraient invités *à faire le sacrifice de leur séjour*. Cet euphémisme dans la manière de donner congé provoqua de nouveaux applaudissements. « Nous n'avions rien à répondre, ont raconté plus tard les conventionnels, nous étions entre les mains de nos ennemis, et dès cet instant, nous regardant comme captifs, nous prîmes la résolution de n'exercer aucune des fonctions qui nous étaient déléguées et de ne signer aucun acte. »

La séance se prolongeait, et la salle du Conseil, loin de se dégarnir, se remplissait à chaque instant d'une multitude sans cesse renouvelée et animée de sentiments hostiles. Un

---

[1] *Récit de ce qui s'est passé à Bordeaux*, etc., etc.

tumulte extrême régnait au dehors, et les officiers municipaux paraissaient craindre que les avenues ne fussent forcées par le peuple entretenu, par des meneurs occultes, dans un grand état d'irritation.

Pour conjurer des malheurs possibles, on fit passer les représentants dans une salle voisine, où la foule les suivit bientôt, les regardant avec dérision et proférant même des injures ou des menaces. On raconte qu'une voix cria tout à coup : « Le *souverain* vous ordonne de vous transporter à la salle du conseil. » Cet incident n'eut pas de suite.

Il est difficile de dépeindre les scènes multiples qui se passaient à la maison commune et les inquiétudes de toutes sortes dont étaient assiégés le maire Saige et les officiers municipaux ayant gardé quelque sang-froid au milieu des passions qui agitaient la foule.

En même temps, une sourde fermentation régnait dans la ville; de nombreuses patrouilles de la garde nationale la parcouraient dans tous les sens; les citoyens étaient partout sur pied. On commentait avec animation l'arrivée des représentants, et leur présence était considérée comme le commencement des malheurs que Bordeaux avait à redouter.

Une compagnie de grenadiers ayant rencontré Peyrend d'Herval, le secrétaire des proconsuls, qui errait par les rues de la ville, l'arrêta et le conduisit en prison.

Peyrend d'Herval se souvint plus tard de ce mauvais traitement; il attisa, contre les Bordelais, la haine des envoyés de la Convention.

Un certain nombre de citoyens s'étant rendus à l'hôtel de la Providence, voulurent s'emparer des effets d'Ysabeau et de Baudot; mais la force armée s'opposa à l'accomplissement de cet acte de violence.

L'animation était générale et s'accroissait en raison de

l'imminence des dangers que l'on croyait avoir à craindre et dont la peur, dans tous les cas, exagérait l'importance.

Revenons à la maison commune.

Ysabeau et Baudot témoignaient fréquemment le désir de rentrer à leur hôtel, mais les officiers municipaux s'y opposaient, en considération des périls qu'ils avaient à courir.

Vers minuit, on les conduisit, par un escalier dérobé, dans une grande salle remplie d'officiers supérieurs et de généraux, et on leur annonça qu'ils devaient y passer la nuit parce qu'il était impossible de les reconduire sans danger à leur hôtel. Ysabeau et Baudot déclarèrent qu'ils consentaient à courir les risques d'un assassinat, mais qu'ils voulaient être libres. D'assez vives discussions eurent lieu à ce sujet entre eux et les citoyens présents.

Vers trois heures après minuit, enfin, deux officiers municipaux montèrent avec eux en voiture et une escouade nombreuse les ramena rue Porte-Dijeaux, à l'hôtel de la Providence. Tous les appartements en étaient occupés par une multitude de soldats, composant une *garde d'honneur* envoyée par les commissaires des sections, et les conventionnels eurent beaucoup de peine à obtenir que cette garde ne restât pas dans la chambre où ils devaient prendre un repos nécessaire. Installés dans la pièce voisine, les soldats s'y livrèrent, dit-on, aux éclats d'une joie bruyante, frappant à la porte et en ouvrant les battants pour montrer à tous venants les délégués de la Convention. Les chansons anti-civiques, les propos insultants, les injures à double sens et des toasts portés aux villes de Lyon, Toulon et Marseille retentirent jusqu'au jour.

En vain quelques patriotes cherchèrent à pénétrer auprès des représentants : on les connaissait, ils furent rudement repoussés. Il faut citer notamment Jean Charles, qui réussit cependant à voir Ysabeau et Baudot et qui leur donna, au au nom de la section Franklin, des témoignages de dévouement [1].

A peine le jour eut-il paru, que des députations des sections et des autorités constituées arrivèrent en foule et ne cessèrent de défiler devant les conventionnels, en échangeant avec eux des conversations dont l'objet était toujours l'exécution du décret du 6 août.

Comme Ysabeau et Baudot s'étaient, à diverses reprises, énergiquement exprimés sur la privation de leur liberté, une députation du Conseil général de la commune vint, vers le milieu de la journée, leur proposer de faire retirer la garde d'honneur, mais à la condition par eux, afin de dégager la responsabilité de la municipalité, de délivrer une réquisition écrite.

Les conventionnels refusèrent. La foule hurlait dans la rue, sous leurs fenêtres, et ils pouvaient tout craindre de la part d'une population excitée et dont ils avaient pu déjà juger les dispositions.

Vers trois heures de l'après-midi, des commissaires des sections, après avoir expliqué aux représentants les causes du mauvais accueil qu'ils avaient reçu et dont la principale était l'alarme occasionnée par la crainte de l'exécution du décret du 6 août, proposèrent à Ysabeau et à Baudot de faire une proclamation pour rassurer les citoyens et leur annoncer qu'ils s'occuperaient uniquement du soin d'approvisionner la ville. « Dans l'état de captivité où nous nous trouvons, répondirent les conventionnels, tout acte de notre part paraîtrait imposé par la violence ; notre devoir est de cesser toute fonction tant que nous ne serons pas libres. »

Comme les représentants avaient promis, dans la séance si agitée de la veille, d'entrer en conférence avec le Comité des subsistances, on vint leur annoncer que l'assemblée se

---

[1] Certificat d'Ysabeau du 22 août 1793.

formait à la maison commune, et on les invita à s'y transporter.

Les représentants refusèrent d'obtempérer à cette invitation et se déclarèrent prêts à recevoir le Comité chez eux, s'il jugeait convenable de se présenter.

Profitant d'un intervalle de liberté, ils rédigèrent une réquisition à la municipalité afin d'obtenir des chevaux de poste pour partir à une heure après minuit, et ils la remirent au général de garde.

A six heures du soir, le Comité des subsistances se présenta. La conférence était à peine commencée quand des officiers municipaux accoururent chargés d'un ordre conforme à la réquisition des conventionnels. En le leur remettant, celui qui portait la parole exprima avec véhémence le vœu des citoyens et de la municipalité que les deux représentants restassent à Bordeaux, et il exposa les alarmes qu'occasionnait la nouvelle d'un départ aussi précipité. Le Comité des subsistances joignit ses sollicitations à celles de la municipalité, et insista chaleureusement pour que le départ d'Ysabeau et Baudot fût retardé. « Nous ne pouvons, dirent les conventionnels, espérer aucun bien sans la confiance des citoyens; or, il est clair que nous ne l'avons pas. Vous désirez comme nous que la ville soit approvisionnée : nous pouvons vous assurer qu'elle ne le sera pas tant que nous resterons à Bordeaux. Nous connaissons les départements voisins et leur attachement pour nous. Au bruit de notre captivité, tout envoi pour votre ville cessera; nos réquisitions même seront réputées comme arrachées par la force; ainsi votre intérêt et le nôtre exigent notre prompt départ. »

L'un des citoyens présents proposa que l'un des représentants restât à Bordeaux pendant que l'autre parcourrait les campagnes. Une pareille proposition fut immédiatement écartée, la loi interdisant aux envoyés d'agir séparément.

Un autre citoyen proposa de transférer les représentants dans une maison plus vaste et d'un abord plus commode : il ne nomma pas le Château-Trompette, mais tous les assistants comprirent. On aurait en effet voulu, à Bordeaux, garder les représentants en otage; on avait dit publiquement que leur tête devait répondre aux Bordelais de tous les événements.

Tout fut mis en usage pour détourner Ysabeau et Baudot de leur projet de départ. Les sections se succédaient sans interruption dans ce but; la Société des Amis de la Liberté et de l'Égalité elle-même se présenta pour appuyer la demande. Les conventionnels furent inflexibles.

Une dernière, mais infructueuse tentative eut lieu pour changer leur détermination. A minuit, tous les corps constitués vinrent essayer un suprême effort. « Il faut rendre hommage aux orateurs, dit Ysabeau; ils furent tour à tour éloquents, véhéments, affectueux ; ils remplirent dignement leur commission. »

Mais les efforts réunis des citoyens ne purent rien changer à la résolution des conventionnels. Vers deux heures du matin, ils partirent avec un cortége composé de plusieurs commissaires du Conseil, d'officiers municipaux, de tous les commissaires des sections et de divers détachements de la garde nationale, infanterie et cavalerie, et s'acheminèrent à pied par les dehors de la ville; leur voiture suivait à trois ou quatre cents pas en arrière. La marche fut lente et solennelle; il fallait s'arrêter à chacun des nombreux postes qu'on rencontrait pour donner et recevoir le mot d'ordre.

Parvenus à l'extrémité du faubourg Saint-Julien, au milieu de ce nombreux cortége, les représentants cessèrent tout à coup d'entendre le bruit de leur voiture; l'inquiétude les saisit, on s'arrêta, on attendit, la voiture arriva enfin. Que s'était-il passé? On raconte que, profitant de la distance et à la faveur de la nuit, quelques jeunes gens égarés et des soldats de la cavalerie s'étaient élancés sur la voiture et avaient frappé à coups de sabre l'un des panneaux pour en faire disparaître de prétendues armoiries, qui représentaient des bonnets de la Liberté. Des citoyens étaient accourus au bruit et avaient mis en fuite les malveillants. Le récit de cette dernière violence indigna les autorités et ne put qu'ajouter à l'irritation des conventionnels. Ils se jetèrent promptement dans la voiture, qui partit au grand galop...

On assure que quelques jeunes gens appartenant à la cavalerie bordelaise, — corps aristocratique commandé par Dudon fils et qui se recrutait principalement dans la classe aisée, — avaient offert 25 louis au postillon des conventionnels pour précipiter leur voiture dans le ruisseau de l'*Eau-Bourde* qui traverse la route, au Pont-de-la-Maye.

Ce fait, toutefois, ne put être clairement établi.

Ysabeau et Baudot furent exaspérés de leur déconvenue à Bordeaux; dès leur arrivée à La Réole, le 22 août, ils en publièrent le récit; ils y déclaraient qu'ils attribuaient les procédés employés à leur égard à une faction criminelle et audacieuse qui voulait, à force d'attentats, rompre tous les liens qui unissaient Bordeaux à la République, mais que la masse des Bordelais y était restée étrangère. « Aucun désir de vengeance, disaient-ils en terminant, ne peut entrer dans notre cœur. Nous allons suivre avec une fermeté imperturbable le projet que nous avons formé d'alimenter la ville de Bordeaux, et faire en sorte que ces précieuses subsistances ne tombent pas entre les mains des hommes que nous savons intéressés à tenir le peuple dans l'oppression par la famine [1]. »

Les procédés des Bordelais à l'égard des représentants

---

[1] *Rapport de ce qui s'est passé à Bordeaux*, etc.

Ysabeau et Baudot ne sauraient nullement être excusés ; ils aggravaient sans profit une situation déjà très tendue et très dangereuse.

Il est établi par les écrits contemporains et par des correspondances particulières *que les conventionnels avaient été gardés à vue pendant leur séjour, pour ne pas leur donner le temps de suborner le peuple.*

Les sections en masse se hâtèrent de répudier toute participation aux actes déplorables qui avaient marqué le séjour d'Ysabeau et de Baudot à Bordeaux. Une réunion générale des sections délibéra l'envoi d'une lettre contenant l'assurance du dévouement et de l'intérêt des bons citoyens pour les commissaires de la Convention nationale.

Charles se rendit à La Réole porteur de cette lettre, et se mit à la disposition des représentants. Il concerta avec eux les moyens de sauver le peuple de Bordeaux des fureurs de ceux qui avaient conjuré sa perte, et il les aida à faire imprimer et afficher leurs instructions aux habitants de cette grande cité.

C'est par ses soins que la lettre que l'on va lire, datée du 23 août et adressée *aux citoyens composant l'assemblée générale des sections de la ville de Bordeaux,* ne tarda pas à circuler dans notre ville, où la section Franklin s'efforça de lui donner la plus grande publicité :

« Nous n'avons jamais douté, citoyens, que la grande majorité des citoyens de Bordeaux ne fût attachée sincèrement aux lois de la République. C'est un malheur pour nous d'être tombés, dès notre arrivée, entre des mains ennemies. Vous avez dans votre sein des chevaliers du poignard et des royalistes outrés; il vous est facile de les connaître et de les réduire au silence et à l'obscurité qui leur conviennent. Une ville qui a si bien mérité de la patrie par les sacrifices qu'elle a faits à la Révolution et par le nombre incroyable des guerriers sortis de son sein, ne laissera pas ternir sa gloire et usurper son nom par une poignée d'aristocrates qui voudraient la précipiter dans la guerre civile.

» Exprimez à vos sections respectives combien nous sommes sensibles à l'intérêt qu'elles ont prises *(sic)* à nous. Dites-leur que tous nos moments sont consacrés à alléger le sort du peuple, et que, pleins de confiance dans le patriotisme des citoyens, vos frères et les nôtres qui nous environnent, nous réussirons sans peine à vous procurer les secours dont vous avez besoin [1]. »

En même temps que les sections s'étaient réunies pour protester contre la conduite tenue à l'égard des représentants, le Conseil général de la commune, redoutant les conséquences pour la ville et pour lui-même d'actes auxquels on ne pouvait dire qu'il fût complètement étranger, s'empressa d'écrire à Ysabeau et Baudot pour les assurer des bonnes dispositions de la masse de la cité et pour les prier de ne pas confondre avec la majorité des habitants les quelques malveillants dont ils avaient à se plaindre. Il ajoutait que par ordre de la municipalité une procédure s'instruisait pour découvrir et châtier les auteurs des actes coupables commis à leur égard.

Les représentants ne se trompèrent pas sur les mobiles secrets de la démarche du Conseil général de la commune; ils lui répondirent le 23 août, par une lettre hypocritement habile où régnait un sentiment de fierté blessée et où le conseil s'alliait à une menace déguisée :

« Après avoir été rassasiés d'outrages et d'injures, disaient-ils, il a été bien doux pour nous, citoyens, de recevoir les marques touchantes de la sensibilité d'un peuple digne d'être libre par son attachement aux lois et à leurs organes.

» Nous sommes loin de confondre la masse des citoyens

---

[1] Archives de la Gironde, série L.

de Bordeaux, qui est excellente, avec les malveillants et les royalistes, qui, ayant trouvé un asile dans vos murs, cherchent à vous précipiter, par quelque grand coup d'éclat, dans les malheurs de la guerre civile; on voudrait vous faire briser entièrement les liens qui vous unissent à la République et au centre d'unité, qui est la Convention nationale; voilà tout le projet; et notre arrivée dans votre ville semblait offrir une occasion favorable de l'exécuter. Citoyens, vous ne savez pas encore tout ce que nous avons entendu et tout ce que nous avons souffert depuis le moment de notre arrivée, où nous avons été entourés des *chevaliers du poignard,* de jeunes *messieurs* vêtus très élégamment qui, ayant un scélérat de prêtre à leur tête, se disputaient l'honneur de nous porter les premiers coups, jusqu'à l'instant de notre départ, marqué par une atrocité sans exemple.

» Vous recherchez, dites-vous, les auteurs de cette violation des plus simples lois de l'hospitalité; ils étaient avec vous, au milieu de vous, ils nous servaient d'escorte, ils gardaient vos postes; c'est sous l'uniforme tricolore que s'est masquée la plus noire aristocratie; ce sont quelques-uns de messieurs vos cavaliers cousus d'or, qui offraient à chacun de nos postillons 25 louis en or pour nous précipiter du haut du Pont-de-la-Maye..... Hommes pauvres et généreux, vous avez méprisé cet or, vous lui avez préféré la légitime et modique rétribution due à vos peines; recevez l'hommage dû à la vertu; la France entière saura ce trait sublime, et vos noms seront bénis de tous les vertueux républicains!

» Citoyens, la vengeance est loin de nos cœurs, mais votre sûreté et votre bonheur nous sont chers; l'un et l'autre dépendent des soins que vous prendrez à purger votre ville des malveillants qui la tourmentent et l'agitent, pour la précipiter dans un abîme sans fond. Qu'importe aux aristocrates le malheur du peuple? Ils sont habitués d'enfance à le mépriser; ils voient avec douleur les troubles de la Vendée tirer à leur fin; il leur faut une autre Vendée à quelque prix que ce soit; cette idée est trop affligeante pour s'y appesantir. Ayez le courage de sonder votre plaie et vous en arrêterez les progrès.

» Quant à nous, citoyens, nous n'épargnerons ni soins, ni veilles, ni travaux pour vous ramener l'abondance qui semble avoir fui loin de vous; notre voix sera entendue, n'en doutez pas, car nous avons trouvé partout respect et docilité à la loi. Tous les citoyens qui nous environnent se sont émus en apprenant les outrages exercés envers la représentation nationale.

» Nous recevons de nombreuses députations; nous en profitons pour les requérir de vous porter les subsistances qui vous sont nécessaires : nous prenons en même temps des mesures pour que la répartition en soit faite sagement et que le peuple en profite. Nous n'emploierons jamais d'autres armes que celles de la raison, de la persuasion et de la patience. Nous n'opposerons aux calomnies et aux persécutions de nos ennemis que le bon usage des pouvoirs qui nous sont confiés, ou plutôt des pouvoirs qui nous sont imposés. Puissions-nous, au prix de tout notre sang, ramener l'union et l'abondance avec le règne des lois populaires dans cette intéressante cité [1] ! »

Les intentions et la volonté des représentants étaient nettement exprimées dans la lettre qu'on vient de lire ; elles se résumaient en deux points : il fallait purger la ville des malveillants qui l'agitaient; quant aux subsistances qu'ils promettaient d'envoyer, ils prenaient des mesures pour que la *répartition en fût faite sagement et que le peuple en profitât.*

---

[1] Archives de la Gironde, série L.

La municipalité était à la fois trop faible et trop compromise pour exécuter le premier point, et le deuxième était un acte de défiance à son égard, car on devine sans peine que ce ne fut pas elle que les conventionnels choisirent pour la répartition des subsistances.

C'est la section Franklin qui accapara la confiance d'Ysabeau et de Baudot, et centralisa le pouvoir en ses mains avec une audace que couronna le succès, comme nous le verrons bientôt.

Non contents des lettres écrites aux sections de Bordeaux et au Conseil général de la commune, les conventionnels firent imprimer et répandre à 2,000 exemplaires une proclamation qu'ils adressaient *à tous leurs frères des départements environnants* pour leur rendre compte des violences dont ils avaient été victimes à Bordeaux et qu'ils attribuaient à une poignée d'intrigants opprimant le peuple de cette grande cité. Ils les invitaient en même temps à venir en aide aux Bordelais en proie au fléau de la famine.

Cette proclamation et les lettres d'Ysabeau et Baudot, bientôt connues de la population et fortifiées par les manœuvres de la section Franklin et de quelques autres, jetèrent les esprits dans une grande perplexité.

On avait faim : Bordeaux était à demi vaincu, et le parti de la Montagne y grossissait chaque jour [1].

Le Conseil général de la commune chercha à atténuer l'effet de la proclamation et des correspondances des conventionnels; dans cet objet, il formula, à la date du 24 août, dans une *adresse à tous les départements, districts et municipalités de la République française,* une sorte de défense de la ville de Bordeaux et une protestation contre les exagérations des récits qu'on ne manquerait pas de

---

[1] Meillan, député, à ses commettants, p. 138.

répandre et de propager à l'occasion du séjour d'Ysabeau et Baudot dans cette ville [1].

C'est à ce moment et au milieu du conflit d'opinions qui agitaient les esprits, que les députés Meillan et Bergoeing, qui fuyaient la Normandie et les vengeances du Comité de salut public, en compagnie de Duchâtel, Salles, Cussy, Girey-Dupré, Abgral, Riouffe et l'espagnol Marchéna, arrivèrent à Bordeaux, où ils débarquèrent le 25 août, à six heures du matin. Les autres fugitifs étaient restés cachés à bord du navire, attendant des nouvelles.

Meillan conduisit Bergoeing chez Monbalon, son ami, l'un des membres du Conseil général du département. Après les premiers épanchements de l'amitié, on fit avertir Pierre Sers, qui se rendit chez Monbalon.

Une longue conférence eut lieu : les députés reconnurent que leurs espérances étaient déçues, que Bordeaux ne pouvait ni leur offrir un asile sûr, ni aider à une résistance contre la Convention.

Ce fut une cruelle déception.

Comme le dit Meillan : « Le peuple se flattait qu'une prompte soumission apaiserait le ressentiment des tyrans et qu'ils auraient ou qu'ils affecteraient la générosité d'épargner une ville qui s'était signalée plus que toute autre dans la Révolution. Cette disposition des esprits fut notre thermomètre. Elle nous apprit que Bordeaux n'offrait plus de ressources à la cause de la liberté, et que les efforts que nous tenterions n'aboutiraient qu'à nous perdre plus sûrement, sans utilité pour la chose publique [2]. »

Meillan, Bergoeing, Duchâtel, Cussy, Salles et les autres durent pourvoir à leur sûreté. Pierre Sers et Monbalon leur donnèrent des secours et les distribuèrent dans diverses maisons, où ils restèrent assez longtemps cachés.

---

[1] Voir O'Reilly, *Histoire de Bordeaux*, 2ᵉ partie, t. Iᵉʳ, p. 527.
[2] Meillan, *loc. cit.*, p. 141.

Nous retrouverons quelques-uns d'entre eux dans la suite de nos récits.

On le voit, dès les derniers jours du mois d'août, malgré la Société de la Jeunesse bordelaise dont nous allons parler bientôt, malgré les avertissements des citoyens les plus compromis dans la Commission populaire, les Bordelais commençaient à incliner vers la Montagne. D'une part, ils mouraient de faim et ils espéraient que les conventionnels retirés à La Réole leur feraient envoyer des subsistances; d'autre part, et le premier élan patriotique passé, ils envisageaient les événements et les hommes avec moins d'enthousiasme et se désintéressaient peu à peu des sentiments généreux qui les avaient galvanisés dans les premiers jours du mois de juin précédent.

Les temps étaient bien changés!

L'antagonisme grandissait d'ailleurs chaque jour entre la section Franklin, les Sociétés populaires et les rares sections restées fidèles à la Commission populaire. La première voulait la soumission à la Convention et l'exécution du décret du 6 août; les autres, amants théoriques de la liberté, s'agitaient dans le vide, et, malgré l'éloquence de quelques-uns et les sentiments honorables de tous, ils ne trouvaient pas de solution pratique pour la situation.

« On voyait bien à Bordeaux, dit Riouffe, mêlé alors aux événements bordelais, une jeunesse ardente s'agiter, mais sans objet bien déterminé, sans chefs et sans moyens. Le plus grand résultat qu'elle obtint fut de se réunir en club. L'âme s'ouvrait à une sorte de joie et d'attendrissement en voyant cette jeune élite se lever pour conserver le dépôt de la liberté, mais la raison ne s'ouvrait pas à l'espérance [1]. »

Telle était la Société de la Jeunesse bordelaise que

---

[1] Riouffe, *Mémoires*, coll. Barrière, p. 390 et suiv.

Riouffe fréquenta et sur laquelle il pouvait, mieux que personne, porter un jugement qui confirme nos appréciations.

Quant à la section Franklin, elle était devenue le centre où aboutissaient les ordres et les volontés des conventionnels. C'est dans son sein que leurs émissaires complotaient la soumission de Bordeaux. Leur langage était hypocrite, leurs démarches habiles et calculées. Ils corrompaient l'esprit du peuple, ils ébranlaient par la calomnie toutes les autorités, en attendant le moment de les abattre ou de les supplanter. Ysabeau et Baudot les secondaient de tout leur pouvoir. Ils affamaient le peuple pour le conquérir [1]; ils retenaient les grains destinés à la consommation de Bordeaux, et accusaient hautement la négligence des administrateurs de la cité [2]. En même temps, ils faisaient arriver quelques petits secours, dont ils se donnaient tout le mérite, et qu'ils n'accordaient toutefois qu'à la section Franklin. Elle était pour eux comme une citadelle d'où ils assiégeaient la ville [3].

On voit la situation et l'on peut s'expliquer l'antagonisme que nous signalions tout à l'heure.

Malgré les attaques dirigées contre elle par la bourgeoisie, la section Franklin poursuivait audacieusement son œuvre et voyait de jour en jour s'accroître son influence. Elle s'était emparée de plusieurs canons, et ses membres, connus pour l'exaltation de leurs opinions, étaient décidés à tout pour faire réussir la mission des conventionnels.

Au nombre de ses adversaires les plus ardents et les plus redoutables, cette section comptait la Société populaire de la Jeunesse bordelaise.

C'était entre les deux Sociétés une guerre implacable.

Un incident provoqua, à la fin d'août, un éclat qui pouvait devenir décisif.

(1-3) Riouffe, *Mémoires*, passim.
(2) Meillan, *loc. cit.*, passim.

La Société de la Jeunesse bordelaise avait envoyé des commissaires dans les vingt-huit sections, pour leur communiquer une délibération importante. Bien que les sentiments de la section Franklin fussent parfaitement connus, la communication lui fut faite comme aux autres. Les deux jeunes gens qui s'y présentèrent furent injuriés, traités *d'aristocrates*, de *royalistes* et de *fédéralistes*, et la section décida de les retenir prisonniers. Un sieur Garry se rendit immédiatement à Belleville et prévint la Société de la Jeunesse de l'arrestation de ses deux commissaires. Douze cents jeunes gens étaient présents : un mouvement général d'indignation accueillit la nouvelle portée par le citoyen Garry. *Aux armes! à bas les anarchistes, les perturbateurs du repos public! Aux armes! Aux armes!* Tels furent les cris qui retentirent de toutes parts.

On délibéra au milieu d'une agitation indescriptible, et la Société résolut, à l'unanimité, de se rendre en armes au département pour réclamer la mise en liberté de ses commissaires et de marcher au besoin sur la section Franklin pour les arracher aux mains de leurs ennemis. Ils partirent au nombre de 1,200, pleins d'une généreuse ardeur. Hélas! dans le trajet, l'enthousiasme se refroidit sans doute, car à l'arrivée sur la place de l'Hôtel de Ville actuel, ils n'étaient plus que deux cents environ.

Le département écouta leurs doléances, et Pierre Sers les engagea à la modération, promettant que les prisonniers leur seraient rendus. Sers était généralement estimé et sa parole était écoutée avec respect. Les jeunes gens se retirèrent, et le lendemain les deux commissaires étaient mis en liberté [1].

---

(1) M. le président Dégranges-Bonnet, un magistrat vénérable de qui nous tenons ce récit et qui était des deux cents qui n'avaient pas reculé, nous disait en 1856, avec une douleur indignée au souvenir de ces événements, que les Bordelais avaient manqué de courage dans cette circonstance et plus tard, mais que leur excuse était facile à expliquer : « Nous étions déjà terrorisés, » disait-il.

Cependant, les représentants du peuple ne perdaient pas un instant; ils s'étaient mis en rapport avec les principales villes du département; ils échangeaient des correspondances, notamment avec Libourne, Sainte-Foy, Bazas, etc., et cherchaient à stimuler l'esprit public et à le ramener à la Convention. Leurs efforts, secondés par les partisans de la Montagne, étaient généralement couronnés de succès, et la ville de Bordeaux se trouvait isolée et pour ainsi dire entourée d'ennemis. La sécurité n'y existait plus pour les hommes qui, de près ou de loin, avaient soutenu les Girondins et participé aux actes de la Commission populaire. Plusieurs d'entre eux avaient déjà disparu ou s'étaient cachés pour échapper à des dangers de jour en jour plus pressants.

Quelques lettres particulières, qui ont passé sous nos yeux, contiennent l'expression de craintes profondes ou d'une indignation qui n'est pas sans offrir de l'intérêt. Les anciennes idoles étaient brisées, et le peuple tournait ses regards du côté de La Réole. Aussi, l'une de ces lettres disait en termes énergiques : « Les Bordelais sont des lâches qui n'ont ni le courage d'obéir, ni de résister à nos barbares oppresseurs. »

La vérité était que les Bordelais avaient faim et que la peur atrophiait les âmes! Il faut se souvenir, en effet, de ce que disait le Conseil général de la commune, le 24 août : « La hideuse famine assiége notre ville; des commissaires se succèdent auprès de vous pour vous présenter l'affreux tableau de nos concitoyens employant leur journée à des travaux pénibles, et passant les nuits aux portes des boulangers, pour n'obtenir encore qu'une faible partie de leur subsistance... On vous parle de rassemblements, d'accaparements de subsistances, lorsque la moitié d'une ville de 120,000 habitants ne vit que d'un pain grossier, et que l'autre moitié passe des journées entières sans avoir pu se procurer ce premier aliment; lorsque le commerce est dans une stagnation effrayante pour l'agriculture et pour l'industrie... lorsque tous les canaux de communication sont obstrués et que, par défaut de circulation, nous n'avons plus aucun moyen de diminuer le prix énorme où se sont élevés toutes les denrées et tous les objets nécessaires à l'existence... [1]. »

Nous n'avons rien à ajouter à ce sombre tableau racontant officiellement les misères des Bordelais en août 1793.

Aussi le répétons-nous, tous les regards et toutes les espérances se tournaient vers La Réole.

C'est ainsi que les *citoyennes Amies de la Liberté et de l'Égalité,* dont nous avons raconté, dans un de nos précédents chapitres, l'entrevue avec Paganel et Garrau, avaient cru devoir écrire à Ysabeau et Baudot pour faire un appel à leur générosité :

« Nous avons appris avec douleur, disaient-elles le 25 août, le malheureux événement qui eut lieu lors de votre départ de notre cité. Ce ne peuvent être que des malveillants, ennemis de notre bonheur et de notre sainte Constitution qui, jaloux de la prospérité qu'elle nous promet, cherchent tous les moyens possibles pour le troubler.... »

Après avoir exprimé aux conventionnels leurs regrets de leur brusque départ de Bordeaux, elles ajoutaient : « Elles espèrent de votre générosité et de votre patriotisme que vous oublierez le malheureux événement sur lequel nous ne cessons de gémir, pour ne vous occuper que de la position où se trouve notre malheureuse cité relativement aux subsistances.

» C'est à des mères de famille manquant journellement de pain, passant la nuit à la porte des boulangers, où l'on s'arrache cet aliment encore brûlant, au danger d'être

---

[1] O'Reilly, *Histoire de Bordeaux*, 2ᵉ partie, t. Iᵉʳ, p. 530.

étouffé ou écrasé par une foule affamée, ce qui est déjà arrivé plusieurs fois; c'est à des épouses tremblantes pour les dangers que courent chaque jour leurs époux, la perte du temps, les besoins renaissants de leur jeune famille exténuée par une nourriture insalubre et trop économisée par l'impérieuse nécessité; c'est dans le cœur paternel de nos représentants, dans la confiance que nous inspire le caractère auguste dont ils sont revêtus, que nous déposons nos justes sollicitudes... »

Elles terminaient ainsi : « Nous espérons, citoyens représentants, que, bientôt détrompés des imputations injurieuses répandues sur les Bordelais, vous reviendrez au milieu d'eux jouir de leur reconnaissance et connaître enfin le vrai républicanisme qui les anime [1]. »

Ysabeau et Baudot ne pouvaient rester insensibles à la démarche des citoyennes Amies de la Liberté et de l'Égalité; ils leur répondirent le 28 août, et leur lettre est conçue dans des termes tels que sa reproduction nous paraît indispensable : elle prouve la haine des conventionnels pour les classes aisées et intelligentes, pour l'*aristocratie* enfin; elle montre, par la flatterie dont elle est animée pour le *peuple,* le genre de prosélytisme pratiqué pour attirer des adhérents au parti montagnard :

« Quelle que soit votre sensibilité, citoyennes, aux malheurs qui affligent la portion intéressante des habitants de la ville de Bordeaux, elle ne peut pas être au-dessus de la nôtre. Nous portons sur notre cœur un poids douloureux jusqu'à ce que nous apprenions que le fléau a cessé, et nous n'épargnons pour cela ni soins, ni démarches. Si nos vues bienfaisantes n'eussent pas été enchaînées dès le premier instant de notre arrivée, le peuple, qu'on ne calomnie pas auprès de nous parce que cela est

---

[1] Archives de la Gironde, série L.

impossible, aurait déjà ressenti les fruits heureux de notre mission.

» Vous paraissez ignorer, citoyennes, la suite d'outrages dont nous avons été l'objet et la captivité honteuse dans laquelle nous avons été retenus. Lorsque notre rapport fidèle vous aura fait connaître ces circonstances, vous ne serez plus surprises qu'à tout prix nous ayons voulu quitter une ville dans laquelle il nous était impossible d'opérer le bien.

» Un projet aussi honorable à l'humanité que celui de rendre l'abondance à un peuple opprimé et affamé ne s'abandonne pas aisément par des hommes vertueux. Nous persistons donc dans notre entreprise et nous osons espérer d'y réussir; mais nous prendrons des mesures pour que les plus infortunés reçoivent les premiers secours. Cette distribution nous paraît dans l'ordre de la justice.

» Les expressions touchantes de votre lettre, le tendre attachement pour les infortunés qui y respire nous font regretter davantage que nos geôliers ne nous aient pas permis d'être témoins de la manière dont vous exercez la bienfaisance. Rassurez-vous, amies de l'humanité souffrante, ce n'est point parmi les objets de votre affection, ce n'est point parmi les indigents, parmi le peuple, que se sont trouvés nos persécuteurs, nos ennemis, nos assassins : ils étaient tous couverts de la livrée de l'opulence. Ils n'avaient pas besoin de nous, en effet; notre présence devait leur être à charge [1]. »

On devine que ces lettres, rendues publiques et qu'on faisait circuler de main en main, devaient exercer une grande influence sur les dispositions de la population.

La Société de la Jeunesse bordelaise, cependant, recrutait chaque jour de nouveaux membres; son importance grandissait; ses séances étaient suivies avec un patriotique intérêt,

---

[1] Archives de la Gironde, série L.

et son action, bien que localisée, si l'on peut ainsi parler, portait de plus en plus ombrage à la section Franklin et aux partisans d'Ysabeau et Baudot.

D'un autre côté, les autorités constituées voyaient avec appréhension le séjour des représentants à La Réole : affaiblies, énervées, elles désiraient le retour de ceux-ci à Bordeaux afin de diminuer le poids devenu bien lourd de leurs responsabilités individuelles.

Une circonstance fortuite leur permit de faire parvenir leurs vœux aux conventionnels : le 1er septembre, Gouly, député de l'Ile-de-France, se rendant à la Convention, passa par Bordeaux. Dès que sa présence fut connue, on l'appela à la maison commune et le Conseil général assemblé le supplia de se transporter à La Réole pour y prier ses collègues de vouloir bien rentrer à Bordeaux. Gouly accepta la mission, et trois commissaires, députés par la ville, l'accompagnèrent auprès des représentants du peuple.

On attendit avec anxiété le résultat de cette démarche, que commandaient à la fois l'intérêt de la ville et celui de ses habitants.

Reçus peu de temps après par Ysabeau et par Tallien qui était venu rejoindre ses collègues à La Réole, les commissaires rapportèrent que la première condition imposée à la Ville pour le retour des représentants était la dissolution de la Société de la Jeunesse bordelaise, signalée par la section Franklin comme le repaire des agents de la royauté, des hommes de Pitt et de Cobourg [1]. Il n'y avait pas de refus de la part des conventionnels, mais ils se sentaient assez forts déjà pour dicter des conditions. Ces nouvelles causèrent une grande émotion dans la ville; il ne faut pas oublier, en effet, que les jeunes gens appartenaient aux familles les plus honorables de Bordeaux,

---

[1] H. Chauvot, *le Barreau de Bordeaux*.

et que la condition imposée par les représentants paraissait, aux yeux d'un grand nombre de citoyens, devoir atteindre le dernier rempart de la liberté, pour céder la place aux menées de la section Franklin.

On pressentait l'approche de la Terreur.

Les émissaires des représentants à Bordeaux provoquaient des visites à La Réole par des députés des sections de la ville. On espérait, par ce moyen, arriver à gagner ces instruments et à les rendre dociles dans les mains des conventionnels pour le jour désiré de la soumission. Ceux-ci recevaient affectueusement les députés, se servaient habilement de l'arme de la flatterie pour se les attacher et ne manquaient jamais de les charger de lettres pleines de confiance et d'abandon pour leurs sections respectives.

C'est ainsi qu'ils écrivaient, le 1er septembre, aux membres de la section Brutus, qui leur avaient député des commissaires :

« Nous saisirons toujours avec empressement les occasions de fraterniser avec vous et de vous témoigner les sentiments qui nous attachent à toutes les sections du peuple français que nous avons l'honneur de représenter.

» Nous croyons très fermement, citoyens, que la grande majorité des habitants de votre cité est attachée à l'unité de la République et à la Convention nationale, et nous ne négligerons rien pour soulager la détresse qui l'accable.

» Vos députés voudront bien être nos interprètes auprès de vous et déposer dans votre sein nos sollicitudes pour le bien public, et notre attachement à tous les bons citoyens.

» Nous vous engageons à vous rallier aux principes qui constituent la République et à fermer l'oreille aux calomnies de nos détracteurs, que nous forcerons au silence à force de bienfaits [1]. »

---

[1] Archives de la Gironde, série L.

La Société de la Jeunesse bordelaise n'avait pas tardé à connaître les résultats de la mission envoyée à La Réole par la municipalité. Elle en fut indignée; diffamée et dénoncée par la section Franklin, elle crut devoir se défendre, et, dès le 3 septembre, elle adressait une proclamation à ses concitoyens.

Après avoir rappelé les circonstances dans lesquelles elle s'était rassemblée et les formalités qu'elle avait dû remplir, elle faisait connaître les dispositions des lois qui autorisaient et protégeaient son existence; puis elle ajoutait :

« Dès que ce préalable a été rempli, nos regards et nos vœux se sont portés vers nos concitoyens. Instruisons-les, nous sommes-nous tous écriés, du motif qui nous rassemble; — prévenons nos ennemis, si nous en avons; confondons la calomnie, si elle ose nous attaquer; montrons-nous ce que nous sommes, c'est-à-dire des jeunes gens esclaves des lois, amis des magistrats, protecteurs des personnes, défenseurs des propriétés, et les ennemis éternels de l'anarchie, du désordre et du pillage.

» Tels sont, camarades et amis, les membres qui composent la Société populaire de la Jeunesse bordelaise. Maintenant nous pouvons braver et nous bravons les efforts despotiques de ceux qui voudraient nous ravir le plus sacré de nos droits, celui de nous assembler en paix et conformément aux lois de police générale et particulière. Maintenant nous pouvons défier, et nous défions les calomniateurs qui auraient la lâcheté de nous prêter des intentions et des sentiments qui seront toujours étrangers à nos cœurs. Et si jamais la malveillance, l'envie ou la violence tentaient de s'opposer aux paisibles vues qui nous animent, magistrats, administrateurs, fonctionnaires publics, songez que la loi nous permet de nous réunir, qu'elle vous fait un devoir de nous protéger, qu'elle défend même, sous les peines les plus sévères, le plus léger obstacle à l'exercice précieux du droit de s'assembler.

» Et vous, nos camarades d'armes, qui formez tour à tour avec nous, et la force importante de notre garde nationale, et les intéressantes assemblées des sections de la cité, souvenez-vous que nous sommes vos enfants, vos frères, vos amis, vos concitoyens, que l'insulte qui nous serait faite retomberait sur vous-mêmes, et que la violation du plus sacré des droits qui serait faite en notre personne serait une atteinte peut-être irréparable à notre liberté et à la vôtre. »

Ces paroles énergiques et habiles étaient signées par Brochon fils, président de la Société, Ladonne et Noé jeune, secrétaires.

La section Franklin en éprouva une vive irritation : elle signala cette proclamation aux conventionnels de La Réole comme la preuve de la réalité des faits imputés aux jeunes gens. Mais, non contente de cette démarche, elle envoya, dit-on, des affidés répandre clandestinement, autour de la salle des séances de la Société de la Jeunesse bordelaise, des cartes portant des inscriptions antirépublicaines. C'était un moyen de laisser supposer que les sentiments des jeunes gens étaient tels qu'elle les avait représentés à Ysabeau, Baudot et Tallien, et de fortifier ainsi ses accusations.

Les jeunes gens dénoncèrent par prudence ces cartes à la municipalité et méprisèrent des manœuvres aussi odieuses.

Leur Société tenait tous les soirs ses séances à Belleville et bravait ainsi les attaques non dissimulées de la section Franklin. « On n'avait point vu à Bordeaux, depuis l'origine de la Révolution, a dit un contemporain, une Société populaire où il y eût tant de goût, d'urbanité, d'éloquence et de patriotisme [1]. »

---

[1] Sainte-Luce Oudaille, *Histoire de Bordeaux*, etc.

Nous verrons bientôt que rien ne put sauver la Société de la Jeunesse bordelaise d'une dissolution qu'exigeaient les circonstances et la volonté des proconsuls.

Ceux-ci, toujours en relations avec les sections, ne manquaient aucune occasion de jeter de la défaveur sur les autorités constituées de la ville. Ainsi, le 4 septembre, ils écrivaient à la section Guillaume-Tell n° 12 :

« Citoyens, frères et amis, l'indignation qui a soulevé vos cœurs généreux au récit des atrocités exercées contre les représentants du peuple est une preuve certaine du patriotisme qui vous anime; mais oubliez, s'il se peut, les injures dont nous avons été l'objet, pour vous occuper de vos intérêts et des dangers qui vous menacent, comme nous les oublions pour travailler à vous procurer l'abondance.

» Est-elle assez démasquée la faction qui vous conduit à votre perte ? Attendez-vous qu'elle ait consommé son crime, qu'elle vous ait livrés à des maux incalculables pour vous opposer à ses progrès ? Qu'est devenue cette ardeur qui vous enflammait dans les beaux jours de la Révolution, et qui avait répandu la gloire de votre nom jusques aux extrémités de la France ? Que vous manque-t-il pour faire rentrer dans la poussière les lâches intrigants qui veulent faire de votre pays une nouvelle Vendée ? Parlez fortement; exprimez d'une manière énergique vos résolutions constantes; frappez de votre anathème les ambitieux *fédéralistes* qui vous gouvernent; dites hautement que vous voulez l'exécution des lois et de *toutes les lois,* parce qu'elles sont l'expression de la volonté générale et que vous appartenez à l'universalité des Français; chassez de vos murs tous ces prédicateurs d'impostures, ces odieux partisans d'un royalisme que vous abhorrez; ces étrangers qui sèment les fausses nouvelles, qui applaudissent à nos revers, qui ne se donnent pas la peine de cacher leurs desseins, *parce qu'ils sont étayés et protégés par des magistrats qui ne savent emprisonner que des patriotes;* publiez ces vérités avec la hardiesse qui convient à des hommes libres, et vous ferez trembler des hommes qui ont en partage l'insolence et la faiblesse, l'astuce et la lâcheté.

» Opposez à la fausse et perfide union du crime, l'union salutaire de la vertu et du républicanisme. Les citoyens isolés ne peuvent rien, nous le savons, et souvent il serait téméraire de s'exposer au danger pour en être seul la victime; mais lorsque vous aurez formé une masse imposante, lorsque les sections fidèles et les vrais citoyens des sections égarées auront un centre de ralliement, *tel que le Club national, réintégré par décret de la Convention nationale,* qui pourra résister à vos efforts réunis?

» Frères et amis, resserrez les nœuds qui vous lient; et, dans les étreintes d'une amitié fraternelle, jurez ensemble de sauver la patrie, de la délivrer d'un joug odieux qui l'oppresse et d'empêcher qu'elle ne devienne la proie du farouche étranger, qui veille à vos portes pour profiter de vos désordres et des intrigues qu'il a su se ménager dans votre sein. L'or de l'Angleterre coule parmi vous; nous en avons la preuve certaine : des misérables, enrichis par cet or et par leur infâme monopole, n'attendent que l'instant de vous livrer. Ils ne songent plus qu'à jouir tranquillement de leurs richesses acquises aux dépens du peuple; la sublime égalité est pour eux un fardeau insupportable. Ils ne nous ont aidés à détruire les autres aristocraties que pour établir sur leurs ruines une domination mille fois plus cruelle. Ils vous parlent sans cesse des sacrifices qu'ils ont faits pour les subsistances du peuple, mais ils ne vous disent pas combien ils ont gagné de millions par le renchérissement des denrées dont ils étaient les seuls possesseurs.

» Tenez-vous en garde contre leurs insinuations, veillez sans cesse sur leurs démarches. Les bienfaits de la République sont purs; elle ne vous demande que l'obéissance aux lois, d'où émane votre bonheur. Trop heureux d'en être les organes, nous remplirons ses intentions dans toute leur étendue, et nos mesures seront si certaines, que vous n'aurez plus à redouter le besoin d'aliment. Nous ne quitterons pas votre département, frères et amis, que nous n'ayons cette assurance [1]. »

On voit, par cette lettre importante, que nous n'aurions pu passer sous silence sans nuire à l'exactitude de notre récit, que les conseils donnés par les représentants tendaient au renversement des autorités constituées et à la réunion de tous les citoyens vers un centre unique, le *Club national,* qui fonctionnait et dont on espérait les plus grands services.

Le plan était tout tracé; on jugera bientôt si les volontaires de la Montagne surent l'exécuter avec habileté.

La lettre à la section Guillaume-Tell ne fut pas la seule où l'on stimula le zèle des citoyens. Le même jour 4 septembre, Ysabeau et Baudot disaient à la section de la Concorde n° 10 :

« Nous avons reçu avec satisfaction, citoyens, vos délibérations du 22 et du 31 août; la première concerne des outrages que nous avons oubliés, pour ne nous occuper que de l'intérêt public et du soin bien précieux à nos cœurs de procurer des subsistances aux infortunés habitants de votre cité; nous avons tout lieu d'espérer que les grandes mesures que nous emploierons seront couronnées de succès. Malheureusement votre ville n'est pas la seule qui soit livrée à la crainte de manquer de blé.

» Un esprit général de méfiance, fruit des manœuvres sourdes employées par les aristocrates et par l'or des étrangers, livre la République entière à des craintes chimériques au milieu de l'abondance.

---

[1] Archives de la Gironde, série L.

» Les succès de nos ennemis ne sont dus qu'à leur perfide union pour faire le mal; pourquoi donc les vrais républicains ne s'uniraient-ils pas étroitement pour opérer le bien de leur patrie?

» Nous pouvons vous le dire, citoyens, votre salut est entre vos mains; il dépend de votre union intime et du courage que vous aurez à expulser de votre sein l'amas impur d'aristocrates, de fédéralistes et d'hommes suspects qui veulent vous entraîner à la guerre civile. Votre bon esprit, vos opinions prononcées contre la tyrannie et pour l'unité de la République vous préserveront de ce malheur.

» Quant à nous, nous ne cesserons de travailler au bonheur du peuple et à lui assurer le pain qu'il gagne par son travail [1]. »

C'était clair et précis; après avoir édité cette calomnie, souvent répétée, que quelques citoyens avaient eu le projet de livrer Bordeaux aux Anglais, les représentants disaient : Expulsez de votre sein l'amas impur d'aristocrates, de fédéralistes et d'hommes suspects qui veulent vous entraîner à la guerre civile.

Leur conseil fut suivi.

Le 5 septembre, et dans l'espoir sans doute d'atténuer les vengeances que ne dissimulaient plus les paroles et les écrits des proconsuls de La Réole, la municipalité fit une démarche auprès de la Société de la Jeunesse bordelaise pour lui demander de prononcer elle-même sa dissolution.

Des membres du département, du district et des commissaires de toutes les sections réunies s'étaient joints à la municipalité.

La Société était en séance quand la municipalité arriva. Un orateur occupait la tribune, et dans une chaleureuse improvisation, fréquemment interrompue par d'unanimes

---

[1] Archives de la Gironde, série L.

applaudissements, il faisait valoir le besoin impérieux de voler à la défense de la patrie. L'auditoire tout entier venait, aux cris de : *Vive la République!* de jurer soumission à la loi de la réquisition, lorsque la députation des autorités constituées fut annoncée. Le plus grand silence s'établit, et la députation, ayant à sa tête M. Saige, maire de Bordeaux, vint prendre place au bureau.

M. Saige s'exprima en ces termes au milieu de l'attention et de la sympathie générales :

« Jeunes citoyens, la loi vous permet de vous rassembler, il est vrai, mais vous ne devez pas ignorer les alarmes répandues au sujet de vos réunions ; les représentants du peuple, trompés sans doute sur votre compte, voient avec peine l'existence de votre Société. Au nom de la patrie et de la tranquillité publique, je vous adjure et je vous supplie, jeunes citoyens, de suspendre vos séances et de vous séparer. Nous ne venons point ici avec la sévérité des magistrats vous défendre de vous assembler; nous y venons guidés par l'amour de la paix, par la bonté paternelle, vous solliciter en amis de tarir la source des bruits alarmants que les malveillants répandent sur votre Société. Vos magistrats vous connaissent trop bien pour croire à ces calomnies; mais la tranquillité de la ville, *celle de vos parents* est menacée : procurez-la leur en suspendant vos séances. Que nul amour-propre mal entendu ne vous retienne : sachez être avec courage et bons fils et bons citoyens. »

Auguste Ravez présidait ce jour-là la séance. Quoique pris à l'improviste, et ordinairement plus logique qu'éloquent, il répondit avec une chaleur et une élévation dignes de la gravité des circonstances [1]. « Ce n'est point, dit-il, parce que les malveillants nous accusent que nous suspendrons

---

[1] H. Chauvot, *le Barreau de Bordeaux*.

nos séances. Assemblés par la loi, il n'y a que la force des baïonnettes qui puisse nous contraindre à nous séparer. Nous savons combattre, et si les misérables qui nous attaquent valaient les brigands de la Vendée, nous leur prouverions que la crainte et la terreur sont des sensations étrangères au cœur des vrais citoyens. La Société de la Jeunesse bordelaise va prendre en grande considération l'objet de votre demande; et gardez-vous de douter que l'amour de la patrie et de l'ordre ne soit le premier mobile de nos délibérations. » Ces paroles furent chaleureusement applaudies, la députation des autorités constituées se retira et la Société de la Jeunesse Bordelaise continua sa séance [1].

Pendant que ceci se passait à Belleville, on célébrait avec pompe, dans la ville, une fête en l'honneur de Marat. Une image grossière de l'*Ami du peuple*, peinte en rouge, était promenée en triomphe à travers les rues, et une masse de Montagnards, dont un grand nombre en haillons, l'accompagnaient en hurlant en son honneur des blasphèmes patriotiques appelés des hymnes [2]. Le cortége se recrutait de tous ceux qui voyaient dans l'application des idées de Marat le piédestal de leur grandeur future.

Parmi eux, on remarquait un acteur du Vaudeville nommé Mayeur, homme bas et cruel, artiste plein de morgue, mais dépourvu de talent.

Tous les coryphées de l'*Ami du peuple* étaient coiffés du bonnet rouge et vêtus de la carmagnole.

Le peuple regardait curieusement passer cette mascarade et applaudissait à l'apothéose du dieu Marat.

Quant aux citoyens qui ne criaient pas *bravo!* ou ne se découvraient pas devant l'image du dieu, ils étaient réputés suspects, et des mains occultes les marquaient pour l'avenir.

(1-2) Sainte-Luce Oudaille, *Histoire de Bordeaux*, etc.

Voilà où on en était arrivé à Bordeaux dans les premiers jours du mois de septembre 1793.

L'inquiétude y était générale et les subsistances y devenaient de jour en jour plus rares. Les autorités faisaient de vains efforts pour approvisionner la ville ; elles envoyaient sans succès des commissaires dans les départements voisins et auprès des représentants du peuple en séance à La Réole et à Périgueux. La famine se présentait avec toutes ses horreurs, et une population affamée se disputait un pain grossier...

C'est à ce moment que les conventionnels Ysabeau et Baudot écrivirent la lettre suivante *aux citoyens composant les sections Franklin n° 14, Républicaine n° 16, de la Liberté n° 21, Beaurepaire n° 22, J.-J. Rousseau n° 26, des Amis de tous ne flattant personne n° 27, et autres sections qui seraient réunies de principes avec celles ci-dessus énoncées :*

« Citoyens, frères et amis, la misère profonde dans laquelle gémissent les bons républicains de Bordeaux a douloureusement affecté nos cœurs, et depuis le moment de notre départ de cette ville, nous n'avons cessé de nous occuper des moyens de soulager vos maux.

» Plusieurs causes ont concouru à arrêter le succès complet de nos efforts :

» 1° La méfiance générale répandue dans presque tous les départements par le souffle empoisonné des malveillants, méfiance dont le résultat a été que toutes les communes agricoles, craignant de manquer au sein de l'abondance, refusent de faire part aux villes du superflu de leur récolte. Pour vous aigrir contre vos frères, on cherche à vous persuader que la haine contre les habitants de Bordeaux est la seule cause du déficit qui se trouve dans vos subsistances : cela est si peu vrai qu'il n'est pas une ville, même parmi les moins peuplées, qui n'éprouve les mêmes embarras, parce qu'ils tiennent à une cause générale.

» 2° L'envoi des commissaires pour l'achat des grains vous a nui dans l'esprit de vos voisins qui ne partagent pas le délire de vos administrations. Le choix en a été si contraire à vos intérêts, que quelques-uns ont prêché hautement la contre-révolution ;

d'autres ont profité de leur commission pour se livrer à leurs vues mercantiles et accaparer divers objets, tels que les vins. Quelle confiance voulez-vous que vos frères puissent avoir dans des hommes aussi corrompus et aussi vils?

» 3° Chacun sait d'où est provenu le changement arrivé depuis peu dans les assignats. La voix publique attribue à quelques maisons de commerce de Bordeaux le monstrueux accaparement des assignats à effigie et le discrédit de ceux qui sont marqués au coin de la République.

» 4° Enfin, il n'est que trop connu et que trop vrai que c'est aux spéculations et à l'avidité de ces mêmes négociants qu'est dû le surhaussement incroyable du prix de toutes les denrées; et il est aisé de voir qu'ils ont gagné des sommes prodigieuses en très peu de temps aux dépens du peuple, et qu'il n'est presque pas une maison de capitalistes qui n'ait doublé sa fortune depuis deux ans.

» Joignez à cela la Commission populaire, la force départementale, les mensonges et les calomnies imprimés et propagés avec fureur contre la Convention nationale, et cette foule d'agents disséminés à grands frais dans tous les départements pour les soulever contre l'autorité nationale; joignez-y les relations connues des meneurs de votre ville avec celles qui ont levé l'étendard de la rébellion, et vous aurez une juste idée des motifs qui ont tari quelques-uns des canaux par lesquels les subsistances vous parvenaient.

» Il est malheureux que de tout temps le peuple ait été la victime des fureurs ambitieuses de ceux qui veulent le dominer. Lorsqu'on a vu la guerre civile se préparer dans vos murs, qu'est-il arrivé? On a pensé que les chefs de la conspiration n'étaient pas assez insensés pour se livrer à des idées de scission et de guerre, sans avoir fait les préparatifs convenables, et surtout sans s'être ménagés de grandes ressources en vivres. On a cru qu'ils laissaient le pauvre peuple manquer de pain, qu'ils visaient à la famine pour ne pas toucher aux précieux amas qu'ils tiennent cachés, et le refus constant de visites domiciliaires, exercées sévèrement et dans toutes les maisons, a fortifié ces soupçons. De là le bruit répandu que Bordeaux recélait des subsistances pour un temps considérable.

» Tous ces bruits peuvent être faux. Il est de fait que le peuple souffre, et sous un gouvernement libre et équitable, ceux qui en tiennent les rênes doivent commencer par soulager la misère publique, sauf à découvrir les vrais coupables et à les livrer à la vengeance des lois.

» Aussi la Convention nationale, toujours attentive aux besoins des malheureux, a-t-elle décrété une somme de deux millions pour cet objet.

» Citoyens, frères et amis, nous vous annonçons que ces fonds viennent d'être mis à notre disposition; mais nous croirions manquer au plus saint de nos devoirs si nous ne prenions pas des mesures pour qu'ils ne soient livrés qu'à des mains pures et fidèles. L'emploi doit en être déterminé de manière que la classe indigente et laborieuse du peuple ait la première part à ce bienfait.

» Pleins de confiance dans le patriotisme pur et constant dont vous avez donné des preuves éclatantes, nous vous appelons à la commission honorable d'alimenter vos frères. Que les bons républicains qui habitent les autres sections ne soient pas formalisés de l'espèce d'exclusion qui semble leur être donnée. Ils savent aussi bien que nous qu'elles sont encore dominées par quelques intrigants qui ont eu l'art de s'en emparer et d'étouffer les voix et l'élan des sincères patriotes. Qu'ils se prononcent en faveur des principes que vous professez, et nous les admettrons avec plaisir à partager la tâche honorable que la patrie vous impose par notre organe. Au reste, nous les prévenons que la distribution des grains sera faite également dans toutes les sections, sans autre différence que celle des besoins.

» En conséquence, nous arrêtons ce qui suit :

» ARTICLE PREMIER. — Les sections de la ville de Bordeaux ci-dessus nommées, et celles qui se seraient réunies à leurs principes, s'assembleront aussitôt après la réception du présent arrêté et nommeront chacune trois commissaires.

» ART. 2. — Immédiatement après leur nomination, les commissaires se formeront en comité chargé spécialement de surveiller l'emploi des deux millions accordés par la Convention nationale pour les subsistances de la ville de Bordeaux; d'acheter sur ces fonds les grains nécessaires, de les faire moudre et d'en surveiller le transport et la distribution.

» ART. 3. — Le Comité nommera dans son sein deux citoyens chargés de résider auprès de la caisse qui renferme les deux millions et d'acquitter les mandats que tireront sur cette caisse les commissaires chargés des achats.

» ART. 4. — Le Comité nommera également le nombre de commissaires qu'il jugera convenable pour faire les achats de grains et farines : ces commissaires seront munis des réquisitions des représentants du peuple pour assurer le succès de leurs opérations.

» ART. 5. — Le Comité correspondra exactement avec les représentants du peuple, les commissaires auprès de la caisse et ceux envoyés pour les achats, et fera tous les quinze jours un rapport imprimé et affiché aux lieux accoutumés.

» ART. 6. — Il sera alloué une indemnité aux commissaires qui ne pourront pas se livrer aux occupations que le présent arrêté leur assigne, sans faire un tort évident à leur famille (1). »

La publicité donnée à cette lettre et aux mesures qu'elle prescrivait causa une joie universelle à Bordeaux. On crut y voir la fin des maux terribles qu'engendrait la famine. Cette espérance ne permit pas de remarquer l'exclusion injurieuse dont les conventionnels frappaient les autorités de la ville dans l'organisation résultant de leur arrêté. — Qu'importait après tout! Le malheur et les dangers créent souvent l'égoïsme et l'indifférence, et pourvu qu'il eût du pain, le peuple ne se souciait plus des hommes qu'il avait autrefois soutenus et qu'on ne cessait de lui signaler comme les seuls auteurs de ses maux présents. L'ingratitude est fréquemment l'apanage des peuples.

Pendant qu'Ysabeau et Baudot venaient ainsi en aide aux Bordelais mourants de faim et qu'ils refusaient publiquement, et non sans arrière-pensée, toute confiance à la municipalité, J. Pinet, Paganel et Tallien, alors à Périgueux, adressaient une proclamation aux départements environnant celui de la Gironde; cette proclamation, relative à l'approvisionnement de Bordeaux en grains et farines, signalait les difficultés que rencontrait cet approvisionnement, les citoyens arrêtant les grains destinés à cette cité, sous le prétexte qu'on ne voulait point alimenter les habitants *d'une ville rebelle,* qui ne reconnaissait ni la Convention nationale, ni les lois émanées d'elle. Tout en avouant *qu'il était naturel de se refuser à venir au secours de ceux qui étaient en contre-révolution ouverte avec les autorités légitimes,* les représentants ajoutaient qu'il serait barbare de faire supporter à l'universalité des citoyens la peine du crime de quelques intrigants, et ils conjuraient les citoyens de protéger, par tous les moyens

(1) Archives de la Gironde, série L.

en leur pouvoir, la libre circulation des grains envoyés à Bordeaux.

Puis, pour unir leurs efforts à ceux d'Ysabeau et de Baudot, les mêmes représentants adressaient aux citoyens de cette ville une proclamation qui rentre dans le cadre de notre histoire et que nous n'avons trouvée dans aucune des publications faites jusqu'à ce jour sur les événements de Bordeaux à l'époque de la Révolution. Ils s'exprimaient ainsi :

« Frères et amis, chargés par la Convention nationale de la mission importante d'organiser dans les départements le grand mouvement que la France entière veut enfin opérer pour exterminer à la fois ses ennemis extérieurs et intérieurs, nous nous empressions de nous rendre au poste qui nous était assigné; nous nous étions d'abord déterminés à aller directement à Bordeaux, dont nous connaissions les besoins pressants en subsistances. Déjà nous étions aux portes de cette grande cité et nous concevions le doux espoir de voir bientôt couronner nos opérations par un heureux succès, lorsque nous avons appris, avec étonnement et indignation, que nos collègues *Ysabeau* et *Baudot,* qui s'étaient transportés au milieu de vous pour le même objet, y avaient été insultés, maltraités, que leur vie même avait été menacée, et qu'ils avaient été obligés de fuir une ville où la représentation nationale était avilie et méconnue.

» En apprenant les dangers qu'avaient courus nos collègues, nous prîmes d'abord la résolution d'aller les partager et venger l'injure faite à la majesté nationale; mais réfléchissant que ce crime ne pouvait être celui de la majorité des citoyens de Bordeaux, et n'était au contraire que le résultat des perfides suggestions de quelques intrigants qui voudraient faire de Bordeaux ce que les royalistes et les aristocrates ont fait de Lyon et de Marseille, *des monceaux de cendres,* nous avons, à regret il est vrai, préféré de nous éloigner un instant de cette ville, où nous n'allions porter que des paroles de paix, de concorde et de fraternité.

» Nous n'avons pas même voulu que notre éloignement, nécessité par les circonstances, pût être nuisible aux bons citoyens.

» Le premier acte de notre mission, que nous nous sommes empressés de remplir parce qu'il était dans nos principes et dans ceux de la Convention nationale, a été d'adresser aux citoyens des départements environnant celui de la Gironde une proclamation par laquelle nous les invitons à protéger la libre circulation des grains destinés pour Bordeaux. Nous ne nous bornerons pas à cela ; nous allons nous occuper sans relâche des moyens de faire refluer une partie de la récolte de ces départements vers Bordeaux.

» Ainsi, pendant qu'une faction contre-révolutionnaire égare une portion des citoyens de cette ville et nous empêche d'aller y serrer dans nos bras des frères, des amis, nous allons employer tous les moyens que la Convention nationale a remis entre nos mains, pour arracher ces braves patriotes aux horreurs de la famine que les ennemis de la liberté leur préparent : aucune peine, aucun sacrifice ne seront épargnés.

» Mais nous ne pouvons vous le dissimuler, citoyens de Bordeaux ; si vous persistez plus longtemps dans votre égarement ; si vous vous refusez à exécuter les lois rendues par la Convention nationale, relativement aux actes de rébellion que se sont permis quelques-uns de ces hommes audacieux qui ont voulu vous séparer de la République pour vous livrer peut-être à quelque *puissance étrangère;* si vous ne rentrez bientôt dans l'ordre, alors nous serons forcés de nous réunir à ceux qui ne veulent pas pourvoir aux besoins d'une ville en état de contre-révolution ; car, nous vous le disons avec franchise, partout on veut bien venir au secours de *Bordeaux soumise aux lois, à l'unité et à l'indivisibilité de la République;* mais nulle part on ne veut laisser passer une mesure de grains pour *Bordeaux rebelle ou fédéraliste.*

» Bons citoyens de Bordeaux, nos frères et nos amis, ne persévérez donc pas plus longtemps dans le système contre-révolutionnaire que quelques *meneurs* vous ont fait adopter. Ne soutenez pas plus longtemps ces hommes qui vous trompent journellement, et qui ne se disent aujourd'hui vos amis que pour vous vendre plus chèrement aux despotes et vous donner des fers plus pesants encore que ceux que vous avez si généreusement brisés en 1789.

» Remettez-vous-en à la Convention nationale du soin de distinguer l'homme vraiment coupable d'avec celui qui n'a été qu'égaré. Si elle veut que le glaive de la loi frappe le criminel, elle veut aussi être juste envers l'innocent et indulgente envers l'homme trompé. Les *chefs* de la conspiration, voilà ceux qui seront punis ; voilà les auteurs de tous vos maux.

» Ah ! chers concitoyens, qu'ils nous tarde d'être au milieu de vous, d'entendre vos réclamations, d'y faire droit, de réparer les injustices de vos oppresseurs et de vous prouver que les représentants du peuple savent compatir aux besoins des malheureux, rendre justice à tous, et qu'il leur en coûte toujours d'exercer des actes de sévérité.

» Hâtez donc, citoyens, l'instant où nous pourrons, réunis tous par les sentiments de la plus douce fraternité, jurer ensemble de mourir pour la défense de l'unité et de l'indivisibilité de la République.

» Tous les moyens de préparer ce beau moment sont entre vos mains : faites-en usage (1). »

Les menaces et les conseils n'étaient pas négligés; l'exécution du décret du 6 août et la soumission de la ville, tel était le but poursuivi d'un commun accord par les représentants; les moyens, ils ne les dissimulaient plus : chasser les meneurs, les livrer au glaive des lois.

Quant aux tendresses de Tallien pour ses bons amis et frères les Bordelais, elles se traduisirent plus tard par des actes sanglants de vengeance. Nous les raconterons avec impartialité, mais non sans frémir.

Cependant le Club national, rétabli par un décret du 27 août précédent, s'était installé dans le local de la ci-devant église Saint-Projet. Le 8 septembre, les sans-culottes qui le composaient, notifiaient sèchement à la municipalité qu'ils se réuniraient le lendemain aux ci-devant Jacobins *pour y rouvrir leurs travaux patriotiques.*

Le premier acte du Club national fut une dénonciation contre la Société de la Jeunesse bordelaise aux représentants du peuple, et une adhésion entière et sans réserve aux actes, aux sentiments, aux principes d'Ysabeau, de Baudot et de leurs collègues.

Il est vrai qu'au même moment, les conventionnels recevaient de Bordeaux des lettres anonymes pleines de menaces et où on leur disait que c'était vainement qu'ils gorgeaient le peuple d'assignats, que la ville resterait ce qu'elle avait toujours été. On comprend que ces écrits anonymes, inintelligents et coupables à la fois, n'étaient pas de nature à calmer l'irritation des représentants contre les Bordelais.

Un certain Dorgueil, que nous retrouverons parmi les

(1) Archives de la Gironde, série L.

terroristes les plus forcenés, était dès lors un partisan dévoué de la Montagne; il était du nombre de ceux qui poursuivaient de leur haine la *Société muscadine des Bordelais,* comme il le disait dans une lettre à sa femme. Nous aurons à constater plus tard les rapines de toutes sortes dont Dorgueil se rendit coupable pendant la Terreur.

Ici doit se placer un incident très grave et qui était évidemment la conséquence des excitations contenues dans les communications des proconsuls aux sections de la ville.

Le 9 septembre, vers une heure de l'après-midi, les membres de la section Franklin se transportèrent en masse à la municipalité; ils étaient une centaine environ. Ils remirent au Conseil général de la commune une pétition impérieusement et laconiquement rédigée, par laquelle ils sommaient la municipalité de faire exécuter dans le délai de douze heures le décret du 6 août, faute de quoi ils se chargeraient de l'exécuter eux-mêmes avec l'aide des *bons citoyens* de la ville.

Cette démarche audacieuse causa une assez vive émotion.

Le Conseil général de la commune délibéra, séance tenante, et considérant que le décret du 6 août ne lui était pas officiellement parvenu; que les termes généraux dans lesquels il était conçu enveloppaient non seulement toutes les autorités constituées, mais encore la majorité des habitants de la Gironde; que les représentants du peuple Ysabeau et Baudot avaient solennellement promis l'inexécution de ce décret jusqu'au retour des commissaires envoyés par les sections auprès de la Convention nationale pour en demander le rapport, il décida qu'il ne pouvait s'occuper de l'exécution du décret du 6 août, et que la délibération serait communiquée aux vingt-huit sections pour énoncer leurs vœux.

Puis, comme la démarche de la section Franklin, bientôt connue en ville, y avait jeté du trouble, semé des appréhensions, et qu'on pouvait avoir à redouter des désordres, la municipalité mit sur pied une partie de la garde nationale.

A la réception de la délibération du Conseil général de la commune, la section Franklin, loin de se laisser intimider, se mit en rébellion et provoqua le soulèvement des campagnes. Le danger était imminent.

C'est à ce moment que le Conseil général, craignant des conflits entre les sections montagnardes et la Société des Jeunes gens, se décida à prendre une délibération *pour inviter et, partant que de besoin, requérir (sic)* la Société populaire de la Jeunesse bordelaise de se dissoudre.

C'était un moyen terme à l'aide duquel on espérait atténuer aux yeux des représentants le refus d'exécution du décret du 6 août; on disait, d'ailleurs, que des ordres formels et secrets, envoyés de La Réole à la municipalité, avaient condamné irrévocablement la Société de la Jeunesse.

L'arrêté, affiché dans les divers quartiers de la ville, fut un coup terrible pour les sections qui n'avaient pas encore subi l'influence des proconsuls [1].

Les jeunes gens se réunirent, et une discussion orageuse s'engagea sur l'ordre donné par la municipalité. Auguste Ravez, qui présidait la séance [2], fut d'avis qu'il ne fallait point se soumettre à la mesure édictée, avant de s'être assuré des sentiments de la population. Sur ses conseils, la Société se déclara en permanence et des délégués furent envoyés dans les sections et auprès des divers corps administratifs.

M. Dupont (mort conseiller à la cour de Bordeaux) alla haranguer la municipalité, et le procureur de la commune Vielle lui répondit.

M. Dégranges-Bonnet (mort président de Chambre à la Cour de Bordeaux et dont le Palais garde le souvenir) se

---

[1] H. Chauvot, *le Barreau de Bordeaux*.
[2] V. *Éloge de Ravez*, par M. Sauzet.

rendit au département, où le président Sers se fit l'organe de l'assemblée.

M. Ladonne, envoyé au district, eut une entrevue avec le président Bernada.

Lorsque les délégués eurent rendu compte de leur mission et de l'accueil bienveillant qu'ils avaient reçu partout, la Société déclara qu'elle ne se dissoudrait pas et chargea Ravez de répondre à l'arrêté du Conseil général de la commune du 9 septembre.

Ravez, le même que nous avons vu plus tard occuper des positions éminentes qu'il honora par son beau caractère et ses talents, celui que ses pairs de notre barreau surnommèrent le *grand Ravez*, rédigea en ces termes la réponse des Jeunes gens; un pareil document émané d'un tel homme devait trouver ici sa place :

« Magistrats, la Société populaire de la Jeunesse bordelaise venait de se réunir pour délibérer sur la proclamation qui l'invite et, partant que de besoin, la requiert de se dissoudre, lorsqu'un cri d'alarme, frappant à la fois toutes les parties de cette vaste cité, a annoncé que la tranquillité publique était menacée : Volons au poste où le danger et l'honneur nous appellent, se sont écriés tous les membres de cette Société ; allons offrir dans nos sections, dans nos compagnies respectives, et nos bras et nos lumières, et ne nous occupons de nous que lorsque nous n'aurons plus à craindre pour la chose publique.

» Magistrats, si nos alarmes ne sont pas entièrement calmées, elles sont du moins suspendues. La section égarée qui avait oublié qu'une portion du souverain n'est pas le souverain lui-même, et qui voulait s'arroger un pouvoir qui n'appartient qu'aux ministres mêmes de la loi, paraît avoir reconnu la funeste erreur dans laquelle des mains *étrangères* et perfides l'avaient entraînée. Nous pouvons donc un instant quitter le champ de l'honneur pour nous réunir dans le temple de la Liberté, et notre premier objet doit être de répondre à votre proclamation.

» Vous nous invitez, magistrats, *et, partant que de besoin*, vous nous *requérez de nous dissoudre*. Mais nous sommes citoyens français, nous sommes libres, nous sommes assemblés en vertu de l'acte constitutionnel que vous nous avez vous-mêmes présenté; nous avons rempli toutes les formalités prescrites par la loi, et à ces titres nous avons le droit de vous demander : sur quels fondements repose l'invitation ou la réquisition que vous nous faites? L'arbitraire est pour jamais banni de la France : la loi seule peut ordonner ; la loi seule peut exiger notre obéissance. Les Français ne connaissent plus d'autre maître que la loi et les magistrats qui parlent en son nom.

» Quelle est donc la loi, magistrats, qui vous autorise à requérir notre dissolution? Quelle est du moins la loi que nous avons violée et dont la violation puisse servir de base à la réquisition que vous nous adressez?... Ici la malveillance et la calomnie sont elles-mêmes muettes et confondues ; et ce silence, preuve énergique de leur honte, est aussi le gage du triomphe que la loi assure à tous ceux qui en sont les fidèles sujets.

» Vous invoquez, magistrats, *le salut du peuple comme loi suprême*. Ce grand principe n'est gravé nulle part en caractères plus ineffaçables que dans les cœurs ardents et sensibles de la jeunesse bordelaise. Mais ne craignez-vous pas vous-mêmes que les fauteurs du désordre et de l'anarchie ne profanent bientôt cette sublime vérité en la faisant servir à leurs sinistres projets? Ne craignez-vous pas que les désorganisateurs qui semblent vouloir punir la cité de Bordeaux de l'heureuse paix dont elle jouit au sein des orages révolutionnaires qui ont agité, bouleversé, ensanglanté même toutes les autres parties de notre malheureuse France, n'exigent aussi, comme mesure de salut public, de douloureux sacrifices, et n'amènent au milieu de nous, *au nom du salut public,* ces malheurs et ces forfaits sur lesquels la justice et l'humanité verseront des larmes éternelles?

» Le salut du peuple est la suprême loi sans doute. Mais ce principe dont on a tant abusé, il ne faut l'invoquer que lorsque les lois écrites sont sans force, les magistrats sans autorité, les citoyens sans vertus. Sommes-nous donc dans cette affreuse situation? Non ; les lois sont toujours la règle du peuple bordelais, ses magistrats sont toujours ses guides et ses pères, les vertus sont toujours chères à son cœur. Vous le savez, magistrats ; vous en avez fait plus d'une fois la convaincante expérience, et l'opinion que vous avez dû prendre du peuple bordelais aurait dû, nous devons vous le dire avec franchise, vous tracer en ce moment la marche que vous aviez à tenir.

» Avez-vous dit à ce peuple que l'acte constitutionnel nous permet de nous rassembler, et que des lois postérieures punissaient les magistrats et les fonctionnaires publics qui porteraient atteinte à ce droit précieux? Lui avez-vous dit que nous ne nous assemblions que pour maintenir les lois qui nous gouvernent, défendre les propriétés de nos pères, de nos amis, de nos concitoyens, protéger les personnes injustement compromises, et anéantir les tyrans sous quelque forme qu'ils se déguisent? Lui avez-vous dit que ni vous, ni aucun autre citoyen, n'avez encore d'autre droit que celui de nous surveiller et non de nous dissoudre, et que cette surveillance même est en quelque sorte inutile pour une Société de jeunes gens qui veulent tenir leurs séances en public, qui feront imprimer à des époques périodiques le résultat sommaire de leurs travaux, et qui déjà (pesez bien ces mots) ont invité leurs magistrats à venir dans leur sein pour être les témoins de leurs paisibles opérations?

» N'en doutez pas, magistrats, si vous eussiez tenu ce langage au peuple bordelais, il eût eu le succès que la voix de la vérité aura toujours auprès de lui, et vous ne vous fussiez pas mis vous-mêmes en opposition avec la loi.

» Vous avez inséré dans votre proclamation *une partie* de la lettre que vous avez reçue des commissaires de la Convention en séance à La Réole : « Cette lettre, dites-vous, ne laisse aucun doute sur
» l'improbation des représentants du peuple à l'égard d'un établis-
» sement qu'ils regardent comme dangereux. » Magistrats, nous ne sommes pas les seuls qui avons été calomniés auprès des représentants du peuple ; mais le règne de la calomnie est aussi court qu'il est honteux ; et la réponse que nous allons faire à la partie de leur lettre qui nous concerne ramènera sûrement leur opinion en notre faveur. Les représentants du peuple ont dit dans cette lettre qu'une partie de la Jeunesse ne s'assemblait que *pour s'opposer à la loi qui la met en réquisition*. Depuis que cette Société existe, il n'a pas été un seul instant question du recrutement ; nous offrons de communiquer nos procès-verbaux à tout magistrat, à tout citoyen qui voudra s'en convaincre.

» Cette lettre parle encore de notre Société *comme d'un moyen de guerre civile*. Une inculpation aussi grave suppose des faits certains, des projets connus, des intentions manifestes. Quels sont ces faits, ces projets, ces intentions? Nous défions ici nos détracteurs les plus acharnés ; et ce défi auquel ils ne répondront certainement pas, achève de démontrer que les représentants du peuple ont été trompés eux-mêmes par les envieux secrets qui redoutent l'aspect de la Jeunesse bordelaise, réunie sous l'étendard de la loi.

» Existe-t-il, d'ailleurs, dans la lettre des représentants du peuple une réquisition de dissoudre notre Société? Et comment existerait-elle? Les représentants du peuple n'auraient pu la faire sans violer la loi, qui est leur ouvrage, et sans tenir une conduite qu'ils devraient punir dans les autres? Quand ils seront mieux instruits, quand ils sauront que nous sommes assemblés *paisiblement et sans armes*, quand ils apprendront que nous n'avons d'autre objet que d'opposer, en défendant les lois, les personnes et les propriétés, un rempart insurmontable aux anarchistes, ils regretteront sans doute d'avoir écouté trop facilement nos ennemis; ils nous vengeront eux-mêmes en applaudissant aux vues qui nous animent.

» La réquisition que vous nous avez adressée est donc votre propre ouvrage. Or, pouvez-vous faire une pareille réquisition? Devons-nous y déférer? Magistrats, requérez-nous au nom de la loi, placez la loi à côté de votre réquisition, alors nous cesserons d'exister. Mais déférer à une réquisition qui n'est pas conforme à la loi, qui en est une violation expresse, c'est abjurer la qualité de citoyen français, c'est renoncer à sa liberté, c'est faire plier des têtes libres sous le joug que la Révolution a brisé. D'autres Sociétés populaires existent en cette ville : l'une, sous le nom de *Société des Amis de la Liberté et de l'Égalité;* l'autre, sous celui de *Club national;* une troisième, sous le titre de *Surveillants.*

» La liberté et les lois n'existeraient-elles que pour ces Sociétés? Si c'est un crime de le penser; si la liberté est un bien commun à tous les hommes; si les lois sont égales, notre Société doit donc exister aussi, elle ne doit pas se dissoudre; et personne au monde, pas même vous, magistrats, n'avez le droit d'en requérir la dissolution.

» Nous redoutons peu les vaines menaces dont les ennemis de la loi, qui seront toujours les nôtres, cherchent à nous effrayer. Jamais les magistrats et les fonctionnaires publics, dont nous sommes les amis; jamais la brave garde nationale, dont nous partageons et les sentiments et les dangers; jamais les citoyens, dont nous sommes les enfants et les camarades, ne se laisseront assez aveugler par les malveillants pour exercer aucun acte de violence contre une Société *paisible et sans armes,* qui ne veut qu'user d'un droit que le despotisme seul pourrait lui ravir. Qu'ils apprennent, du moins, que la Jeunesse bordelaise, ferme et intrépide sous le drapeau de la liberté, les attendra avec le calme qui convient à sa cause, et que, couverte sous l'égide de la loi, elle ne cessera d'exister qu'avec la loi même.

» Il nous reste, magistrats, un autre devoir à remplir. Tous les citoyens ont le droit imprescriptible de se plaindre d'une infraction à la loi et de la dénoncer aux autorités supérieures. Votre proclamation est une infraction de ce genre. Nous déclarons donc que nous allons la déférer à l'Administration du district et du département, et que nous en poursuivrons la cassation par tous les moyens que la loi nous autorise, nous ordonne même d'employer. »

Ainsi parla Ravez, ou, pour être plus exact, ainsi s'exprima la Société de la Jeunesse bordelaise en réponse à la délibération du Conseil général de la commune.

Cette réponse, qui était signée par Auguste Ravez, *président,* Ladonne fils, Dégranges, Dupont jeune et Paris fils, *secrétaires,* fut portée à la municipalité, au district et au département, et imprimée pour être envoyée dans toutes les sections et à la garde nationale [1].

Les esprits étaient très agités par ces incidents, dont la gravité n'échappait à personne. Si les jeunes gens avaient des adhérents nombreux, les détracteurs ne leur manquaient pas.

La lutte était engagée entre les représentants des principes girondins et les adeptes de la Montagne. L'issue n'en paraissait pas douteuse : le peuple de Bordeaux n'était plus *girondin;* il craignait la famine, et ses tendances égoïstes le portaient vers le plus fort, c'est-à-dire vers la Montagne et la Convention.

D'un autre côté, les proconsuls de La Réole soutenaient ardemment le Club national, la section Franklin et toutes celles qui étaient en communauté d'idées avec ces deux Sociétés.

Le 10 septembre, le citoyen Dancemont, député des sections, écrivait de Paris au président du Comité des sections de Bordeaux, pour rendre compte de son entrevue avec le Comité de Salut public à l'occasion du décret du 6 août; il faisait connaître que Marandon, Duvigneau et Lavau-Gayon devaient subir le coup de ce décret; que satisfaction devait être donnée à Ysabeau et Baudot pour les excès auxquels des malveillants s'étaient portés envers leur voiture; que la cavalerie bordelaise devait partir sur le champ pour les frontières; que les bataillons rentrés de la Vendée devaient y être immédiatement remplacés par deux autres bataillons; que Grangeneuve, Guadet, Leroy et Buzot, signalés comme présents à Bordeaux devaient être

---

[1] Nous possédons un exemplaire en placard, imprimé chez P. Phillipot, Fossés de Ville, 1793.

arrêtés, et qu'enfin le Club national devait être réinstallé sans retard. Au même moment, Ysabeau et Baudot écrivaient de leur côté *aux citoyens composant le Club national de Bordeaux* :

« Citoyens, nos frères et nos amis, rien ne pouvait faire tant de plaisir à des républicains montagnards que d'apprendre le rétablissement d'une Société qui est devenue chère aux bons Français, à proportion des services qu'elle a rendus et des persécutions dont elle a été l'objet.

» La République entière a les yeux ouverts sur votre conduite; elle attend de vous de grandes choses, et dignes de votre réputation : elle aimerait à vous devoir le rétablissement de l'ordre et le règne des lois.

» Vous êtes, dès ce moment-ci, le point de ralliement de tous ceux qui aiment sincèrement la patrie. Élevez-vous, frères et amis, à la hauteur de vos destinées; opérez dans vos murs une heureuse révolution; terrassez, par la force de l'opinion, la faction qui vous opprime. Forts de votre union entre vous et avec toutes les Sociétés républicaines, ne craignez pas de vous prononcer avec hardiesse. Nous sommes là pour vous soutenir avec toute la puissance d'une nation qui a juré de ne jamais rétrograder en révolution.

» Nous nous honorons d'être membres de votre Société : puissions-nous vous communiquer toute l'énergie dont nos âmes sont dévorées! Puissions-nous bientôt nous trouver au milieu de vous et participer à vos travaux civiques [1]. »

Les représentants, on le voit, avaient hâte d'obtenir la soumission de Bordeaux. Ils y poussaient de tout leur pouvoir; ils s'en faisaient un point d'honneur, et après avoir excité les courages, ils disaient : *Nous sommes là pour vous soutenir.*

---

[1] Archives de la Gironde, série L.

Ce n'est pas tout encore : d'après un contemporain, M. Daguzan aîné, ils avaient remis aux députés de la section du 10 août une adresse bientôt publiée par cette section, et disant très distinctement aux membres des sections qui, seules, suivant eux, étaient restées fidèles au salut de la République : « Armez-vous de poignards, et observant que nous sommes en septembre, devenez autant de septembriseurs. » De pareilles excitations seraient odieuses si elles étaient vraies; mais nous avouons n'en avoir trouvé l'indication nulle part ailleurs que dans la lettre de Daguzan; l'adresse à laquelle il fait allusion et qu'il qualifie *d'insultante pour les citoyens à qui elle était envoyée,* n'a pas passé sous nos yeux.

D'ailleurs, des nouvelles de toute nature étaient mises en circulation pour effrayer les esprits : on disait notamment que les troupes allaient partir pour Blaye; que de nouveaux proconsuls étaient attendus pour faire exécuter la loi sur la réquisition de la jeunesse, etc., etc.

Il est facile de se rendre compte, d'après ce qui précède, de la surexcitation générale qui régnait à Bordeaux vers cette époque.

La jeunesse bordelaise menaçait les sections et celles-ci se préparaient à la résistance.

Le 11 septembre, et en vertu d'un ordre des représentants, Charles, assisté du citoyen Jacob et d'autres membres de la section Franklin, se rendit au Château-Trompette et se fit remettre un canon et des munitions. Les commissaires des sections dévouées et du Club national, et des énergumènes qualifiés du titre de *bons citoyens,* étaient réunis dans le local de la section Franklin, au ci-devant Grand Séminaire, rue du Palais-Gallien (hôtel des Monnaies actuel). Dès que Charles eut rapporté les munitions enlevées au Château-Trompette, les sectionnaires se barricadèrent dans les cours du ci-devant Grand-Séminaire, le canon fut chargé à mitraille, ils le pointèrent en face de l'entrée, mèche allumée ⁽¹⁾, et ils attendirent.

On n'osa pas les attaquer, dit Tustet. Toutefois l'alerte avait été vive.

Les *citoyennes Amies de la Liberté et de l'Égalité* avaient envoyé une nouvelle députation à La Réole; elle en revint avec la lettre suivante signée d'Ysabeau seul :

« Citoyennes, nous vous avons déjà exprimé les véritables sentiments de nos cœurs, inaccessibles à toute vengeance particulière, incapables de se livrer à d'autre passion qu'à celle du bien public.

» Votre députation auprès de nous est un nouveau gage des principes qui vous attachent à la République et à la Convention nationale, qui la représente. Continuez de propager de tout votre pouvoir les principes sacrés auxquels sont attachés le salut de la patrie et celui de la ville que vous habitez. Il est bien malheureux qu'une partie de vos concitoyens soient encore livrés à des illusions qui auraient dû se dissiper depuis longtemps, et persévèrent dans son opposition à la loi. Que demandons-nous, au nom de la République, sinon que les lois règnent, règnent seules dans toute leur intégrité; que toutes les factions disparaissent devant l'acte constitutionnel qui doit rallier tous les esprits et toutes les opinions; que le peuple, qui souffre par la vexation des riches et par leur odieux monopole, vive du fruit de son travail et soit délivré du monstre de l'accaparement et de l'agiotage qui le dévore; enfin, que les subsistances, qui sont devenues la proie d'un petit nombre de spéculateurs et de gros propriétaires, puissent circuler librement et arriver jusqu'à la chaumière du pauvre?

» Tels sont nos vœux les plus chers, tel est le but de notre mission et de nos travaux, et voilà pourquoi nous

---

(1) Tustet, *Tableau de Bordeaux*, etc.

sommes en butte aux persécutions, aux calomnies et même aux poignards des aristocrates et des faux patriotes. Les misérables savent bien que si la droiture de nos intentions était connue, nous serions entourés des bénédictions de ce même peuple auprès duquel ils nous représentent sous les couleurs les plus noires.

» Mais rien au monde ne sera capable de nous arrêter dans notre carrière bienfaisante, et on connaîtra à la fin quels étaient les oppresseurs du peuple et quels étaient ses véritables et sincères amis !

» Notre dernier arrêté concernant les subsistances vous est déjà connu; nous en attendons les plus heureux succès et nous devons vous dire qu'il n'est pas de jour où, en vertu des ordres que nous avons donnés, il ne passe plusieurs bateaux chargés de blé.

» Vous appartenez, citoyennes, à cette partie du peuple, laborieuse et pauvre, par qui et pour qui la révolution a été faite. Vous pouvez, par l'ascendant que vous donnent vos vertus, hâter la fin de cette révolution, en invitant tous les bons citoyens à écouter la voix de la patrie en danger, à marcher à son secours et à se tenir attachés invariablement au centre de l'unité républicaine [1]. »

Cette lettre et toutes celles des représentants que nous avons insérées dans ce chapitre sont entièrement inédites et publiées pour la première fois. Nous aurions peut-être dû les renvoyer à l'*Appendice,* mais elles nous ont paru si curieuses à tant de titres, elles éclairent et complètent si bien la marche des événements que nous avons jugé ne pas devoir les passer sous silence, au risque de ralentir un peu la marche de notre récit. Elles contiennent la pensée intime des proconsuls de La Réole et dévoilent une partie des moyens qu'ils employèrent pour arriver à la soumission de Bordeaux.

---

[1] Archives de la Gironde, série L.

La lettre du citoyen Dancemont et les conditions imposées à la ville par le Comité de salut public ayant reçu de la publicité, le Conseil général du district de Bordeaux jugea nécessaire de présenter à la Convention un mémoire justificatif qui se terminait par une démission en masse.

C'était une abdication, et la section Franklin se réjouit d'une pareille décision qui, en affaiblissant les autres autorités constituées, accroissait la puissance et l'influence des sectionnaires.

Ce fut peut-être une faute de la part du Conseil général du district.

Des démarches actives, en effet, étaient tentées à Paris par Dancemont et Joseph Ségalié, et celui-ci écrivait, le 15 septembre, à Bernada : « Nous avons à lutter contre la calomnie et les fautes qu'on nous attribue des quatre coins de la République. C'est une situation aussi malheureuse que fâcheuse. Je ne saurais assez vous inviter à la plus grande modération et à tâcher de vous concilier l'esprit des deux représentants du peuple qui sont à La Réole. Faites-leur des députations pour les engager à revenir sur le compte des Bordelais... C'est de leur manière d'écrire à la Convention que nous devons beaucoup attendre. »

Hélas! les illusions étaient permises à Ségalié, qui était à Paris; elles ne l'étaient pas à Bordeaux, où on s'attendait d'un moment à l'autre à des événements d'une importance capitale et qui, depuis plus d'un mois, étaient activement préparés par les menées de la section Franklin et du Club national, et par les manœuvres des émissaires secrets des proconsuls.

Ces événements ne tardèrent pas à éclater, comme nous allons le voir dans le chapitre suivant.

CHAPITRE V

LA RÉVOLUTION DU 18 SEPTEMBRE A BORDEAUX.

On décide le remplacement de la municipalité par des commissaires des sections. — Initiative de la section Franklin à ce sujet. — Les postes de la garde nationale sont relevés. — Les sections en permanence. — Prise de possession de la municipalité. — Les conventionnels sont priés de rentrer à Bordeaux. — Lettre à ce sujet. — Réponse des conventionnels. — Proclamation de la nouvelle municipalité. — Elle ordonne l'exécution du décret du 6 août. — Suppression du département et du district. — Visites domiciliaires. — Règlement pour la distribution du pain. — Adresse du Conseil général de la commune à la Convention. — Arrestations. — La Société de la Jeunesse bordelaise est à son déclin. — La section Franklin et la municipalité provisoire envoient des députés aux conventionnels. — Lettre de ceux-ci à la municipalité. — Programme révolutionnaire. — Proclamation à la Jeunesse bordelaise. — Adresse du Conseil général de la commune aux Parisiens. — Dissolution de la Société des Jeunes gens. — Anarchie à Bordeaux. — Création des cartes de sûreté. — L'avocat Marie de Saint-Georges. — Lettre que lui écrit Ysabeau. — Les tableaux de Rigaud à la Chambre de commerce. — Misère des Bordelais. — Lettre d'Ysabeau à la municipalité. — Lettre de Tallien aux Jacobins de Paris. — Adresse des citoyennes Amies de la Liberté et de l'Égalité à la Convention nationale. — On se maratise. — Le premier Comité de surveillance. — Objurgations de Boissel à la nouvelle municipalité. — Celle-ci sort de son apathie et prescrit diverses mesures révolutionnaires. — Des délégués du Club national vont républicaniser les communes du département. — Arrestations faites par le Comité de surveillance. — La Commune de Paris envoie des délégués à Bordeaux. — Les prisons se remplissent de prêtres et de suspects. — Lettre d'Ysabeau au Comité de salut public. — Guadet et ses compagnons à Bordeaux. — Vitrac et Fontanes. — Troubles à la porte des boulangers. — On annonce le retour des conventionnels. — Joie publique à cette nouvelle. — On plante des arbres de la liberté. — La Convention ordonne le désarmement des hommes suspects de Bordeaux. — Tiraillements au sein de la municipalité. — Lettre d'Ysabeau à ce sujet. — Arrestations de suspects. — Tallien et Lacombe. — On suspend la délivrance des passeports. — Lettre de Tallien à la Commune de Paris. — Les conventionnels font acheter des grains pour approvisionner Bordeaux. — Leur lettre à ce sujet. — Réunions décadaires au Temple de l'Être Suprême. — Les arrestations redoublent. — Mesures contre la disette des subsistances. — Mme Marandon. — Adresse de la Société des

Amies de la République à la Convention. — Les bonnets-rouges et le portrait de Marat. — Rentrée des conventionnels à Bordeaux. — L'armée révolutionnaire et les généraux Brune et Janet. — Honneurs rendus au Club national. — Une soirée au théâtre de la République. — Soumission définitive de la ville de Bordeaux.

« Opérez dans vos murs une heureuse révolution, avaient écrit Ysabeau et Baudot aux montagnards bordelais; …. nous sommes là pour vous soutenir [1]. »

Leur conseil fut suivi.

De concert avec le Club national, la section Franklin intrigua si vivement auprès des autres qu'elle fit décider, comme mesure urgente de salut public, le remplacement de la municipalité par deux commissaires élus dans leur sein. C'était un acte hardi; mais la section Franklin avait fait ses preuves à cet égard, et rien n'était de nature à surprendre de la part des hommes qui dirigeaient ses délibérations. Composée d'une grande partie du faubourg Saint-Seurin, dont presque tous les habitants, dit Bernada, étaient alors des petits artisans ou des gens de journée [2], cette section formait une plèbe audacieuse et turbulente toujours prête, sous l'influence de ses chefs, à fomenter des mouvements populaires.

Le triomphe du parti de la Montagne était assuré par la décision des sections qui lui obéissaient. Sans perdre un instant et afin de faciliter l'exécution de cette mesure révolutionnaire, le bataillon Franklin releva immédiatement de son autorité privée les divers postes occupés par la garde nationale et fit, jusqu'à nouvel ordre, un service de jour et de nuit [3].

L'alarme était grande dans la ville, et les allures de la section Franklin étaient loin de calmer les appréhensions des habitants; on craignait que la tranquillité publique ne

[1] Ch. IV, p. 346.
[2] *Histoire de Bordeaux*, ch. V.
[3] Sainte-Luce Oudaille.

fût troublée, et une espèce d'anxiété s'était emparée de tous les esprits. Mais les sectionnaires avaient fraternisé, et, il faut bien le dire, la majorité du peuple, afin d'obtenir un soulagement à ses misères, paraissait disposée à adhérer à toutes les exigences.

C'est ainsi que des députations d'un membre par section partirent en corps, l'une pour La Réole, l'autre pour Périgueux, et allèrent demander à Ysabeau et Tallien de venir à Bordeaux pour y accomplir l'œuvre dont ils étaient chargés par la Convention nationale [1].

On ne discutait plus...

Le 18 septembre au matin, les sections réunies adoptèrent définitivement, sous la pression de l'une d'elles (Franklin), les propositions arrêtées dans l'assemblée des commissaires tenue l'avant-veille. Il fut, en outre, décidé qu'elles resteraient en permanence jour et nuit et qu'elles auraient chacune un piquet de douze hommes de garde.

Chaque section nomma sans désemparer deux commissaires devant concourir à former la nouvelle municipalité.

Dans l'après-midi, ces commissaires se réunirent dans le local Franklin et en partirent pour l'Hôtel de Ville, escortés par la section en armes.

Le Conseil général de la commune était en permanence depuis le matin ; les commissaires pénétrèrent sans difficulté dans la salle des délibérations, et l'un d'eux s'exprima en ces termes : « La volonté souveraine du peuple s'est manifestée dans les vingt-huit sections de cette commune, et nous sommes chargés par nos concitoyens de prendre les rênes de l'administration civile et politique de cette ville. En conséquence, nous vous intimons l'ordre du peuple souverain d'avoir à nous céder sur-le-champ un dépôt que vous ne pouvez plus garder [2]. »

(1) Lettre de Daguzan aîné, du 18 septembre.
(1) Bernadau et O'Reilly.

La municipalité ne fit aucune résistance; elle se retira, laissant ses fauteuils aux envoyés du peuple souverain.

La municipalité révolutionnaire s'installa et entra immédiatement en fonctions.

Son premier acte fut de députer quatre de ses membres pour aller annoncer aux proconsuls de La Réole la révolution accomplie à Bordeaux, et les supplier de se rendre dans cette ville. Ces députés étaient porteurs de la lettre suivante :

« *Les membres composant la municipalité provisoire de Bordeaux, aux citoyens Baudot et Ysabeau, représentant du peuple, en séance à La Réole.*

» Citoyens représentants, l'union la plus parfaite règne dans la cité de Bordeaux : les vingt-huit sections ont unanimement arrêté de remplacer la municipalité par deux commissaires de chaque section; ils se sont réunis et forment, dans ce moment, la municipalité provisoire. Ils ont juré un attachement inviolable à la République une et indivisible, un respect inviolable pour les lois, et promis de veiller à la sûreté des personnes et des propriétés. Nous nous faisons un devoir de remplir ce serment; il importe au maintien de la tranquillité publique et au bonheur de nos concitoyens, qui nous ont honorés de leur confiance. Venez au milieu de nous, représentants, seconder nos efforts et vous assurer par vous-mêmes des sentiments vraiment républicains qui animent la majorité des habitants de cette grande cité.

» En attendant que vous remplissiez notre vœu le plus cher à cet égard, nous croyons essentiel de vous inviter de la manière la plus pressante à donner les ordres les plus prompts et les plus précis pour faire relâcher les farines achetées par le Comité des subsistances et que vous savez être arrêtées tant à Aiguillon que dans d'autres lieux; nos besoins ne sauraient être plus urgents, puisque nous n'avons pas de farine pour la distribution de demain.

» Au moment de notre installation, nous sommes avertis qu'il se fait devant le port un chargement de matières d'argent, surtout de la monnaie; nous nous sommes fait représenter les ordres que vous avez donnés au citoyen Lhoste, qui continue à les exécuter. Nous présumons, citoyens représentants, que lorsque vous connaîtrez la révolution qui vient de s'opérer dans notre cité, et qui doit faire disparaître toutes vos craintes sur la sûreté de ce dépôt important, vous jugerez peut-être, dans votre sagesse, devoir changer les dispositions que vous avez données au citoyen Lhoste pour le dépôt de ces matières, et d'éviter les risques qu'il courrait dans le transport à Cadillac, et son retour, si vous proposez que le dépôt à Cadillac ne soit que momentané, et nous vous prions instamment de vouloir nous faire connaître, à cet égard, vos intentions, par le retour de notre courrier. En attendant, nous avons pris toutes les mesures nécessaires pour que le chargement se continue sous bonne et sûre garde, que nous venons de mettre, tant à bord du bateau qu'à la Monnaie.

» PASQUIER, *président provisoire,*
 CHAUSSADE et SAINT-AMAND, *secrétaires provisoires* (1). »

Cette lettre, qui ne brillait ni par le style, ni par l'élan du patriotisme, fut remise aux destinataires à Agen. Avec eux se trouvaient, en ce moment, dans cette ville, Chaudron-Roussau, J. Pinet aîné, Leyris, Tallien, Dartigoeyte, Paganel et Monestier (du Puy-de-Dôme). La communication de la municipalité révolutionnaire bordelaise fut examinée par cette réunion de conventionnels; peu satisfaits, dit O'Reilly (2), de la rédaction et du manque d'énergie de cette première lettre, ils y firent, séance tenante, une réponse ainsi conçue :

«Agen, le 19 septembre 1793, l'an II de la République une et indivisible.

» Citoyens, il est bien douloureux pour les représentants du peuple de retrouver, dans la première lettre des municipaux provisoires de la cité de Bordeaux, les mêmes principes, le même style et la même marche qu'ont employés jusqu'à ce jour les anciens officiers municipaux. Il n'y a pas, dans votre lettre, un mot pour la Convention; il n'y a pas un mot sur le décret du 6 août.

» Nous vous déclarons, citoyens, sous quelque titre que vous existiez, que nous ne croirons au respect des Bordelais pour les lois que lorsque ce décret sera exécuté en son

---

(1) Archives municipales de Bordeaux.
(2) *Histoire de Bordeaux*, 2º partie, t. Iᵉʳ, p. 361.

entier; nous ne croirons à la sollicitude des municipaux sur les subsistances, que lorsque les visites domiciliaires auront été faites scrupuleusement en présence des commissaires du peuple, bons sans-culottes, choisis par la section Franklin; nous ne croirons à la tranquillité de votre cité que lorsque vos grenadiers, vos chasseurs, votre jeunesse, se seront transportés sur vos frontières; lorsque nos canons ne seront plus à la disposition de vos administrateurs rebelles; lorsque vous aurez restitué le numéraire volé à la République; lorsque vous aurez livré au glaive de la loi tous les ci-devant nobles, tous les prêtres réfractaires, tous les émigrés qui couvrent le pavé de Bordeaux; lorsque vous aurez chassé de vos murs tous les Anglais, les Espagnols et Hollandais que la nation a cru devoir expulser; enfin, lorsque vous aurez remis à la Convention ceux de ses anciens membres qu'elle a mis en arrestation et les nouveaux traîtres qui se sont réfugiés auprès de vous. Nous vous prévenons, citoyens, que nous écrirons aujourd'hui au citoyen Lhoste, pour le louer de sa légitime résistance. Nous arrêtons, de plus fort, que l'arrêté de nos chers collègues Ysabeau et Baudot, sur le transport du numéraire et matières d'or et d'argent de Bordeaux à Cadillac, sera mis à pleine exécution. Au surplus, citoyens, assurez le bon peuple de Bordeaux que son sort nous est cher; que nous nous occuperons sérieusement de l'améliorer, — surtout lorsque nous aurons brisé les nouvelles chaînes que les fédéralistes lui ont forgées.

« *Les représentants du peuple* : Dartigoeyte, Leyris, Tallien, Baudot, Chaudron-Roussau, J. Pinet aîné, Paganel, C.-Alex. Ysabeau et Monestier (du Puy-de-Dôme) [1]. »

Les ordres des représentants étaient catégoriques. Comme

[1] Archives municipales de Bordeaux.

on peut le voir, d'ailleurs, par leur lettre, le mouvement révolutionnaire accompli à Bordeaux le 18 septembre fut mal apprécié par eux dans les premiers moments. Nous ne pouvons en trouver les motifs que dans la communication, dépourvue du lyrisme révolutionnaire alors en usage pour les moindres événements politiques, faite aux conventionnels par la municipalité provisoire.

La section Franklin n'avait pas encore parlé sans doute, et les représentants, mal informés, attribuaient au seul besoin des subsistances les causes de la révolution du 18 septembre ; ils ne croyaient pas à la sincérité du changement opéré et qu'on leur notifiait en termes si modérés et si peu d'accord avec l'événement lui-même. Peut-être ne se trompaient-ils pas d'une manière absolue. Il est certain, en effet, que ce n'est pas le seul amour de la Montagne qui avait tout à coup converti le peuple bordelais : on avait spéculé sur sa misère, on lui avait dit que sa soumission à la Convention ramènerait l'abondance; il l'avait cru : les malheureux sont crédules et se laissent facilement aller à l'espérance. « Bordeaux manquant de vivres n'a pas cru devoir faire une plus longue résistance, écrivait un contemporain ; c'est pourquoi il s'est décidé à subir la loi qu'on voudra lui imposer [1]. »

Le 19 septembre, ayant choisi un maire, un procureur de la commune et un secrétaire greffier, le Conseil général provisoire ainsi formé adressait à ses concitoyens une proclamation qu'il faisait parvenir en même temps à la Convention nationale, aux communes du département de la Gironde, à tous les départements et aux armées de la République.

Après y avoir rappelé les circonstances qui avaient compromis la réputation de la ville de Bordeaux et de ses

---

[1] Lettre de Pébernad à son frère.

habitants, et la nécessité où s'étaient trouvés les bons citoyens d'*expulser des corps constitués qui avaient perdu leur confiance en dépassant la ligne qui leur était tracée*, le Conseil général provisoire de la commune disait :
« C'est d'après ce vœu bien prononcé et d'après le mode fixé par les représentants du peuple français Baudot et Ysabeau que les sections ont nommé chacune deux commissaires pour former une municipalité provisoire. Ces commissaires se sont rendus en corps à la maison commune, accompagnés d'une force imposante; là ils ont invité la municipalité à se dissoudre, et à remettre, entre les mains des nouveaux élus du peuple, les pouvoirs qu'elle avait reçus. Cette opération faite, la nouvelle municipalité provisoire s'est constituée; elle a pris en main les rênes de l'administration, et le service public n'a pas été suspendu un seul instant... »

En terminant, le Conseil général disait :

« Citoyens Bordelais, les magistrats que vous venez d'investir de votre confiance sont à la hauteur de la révolution; leur zèle est sans bornes... [1]. »

Ils ne tardèrent pas à le prouver. Dès le 20 septembre, en effet, stimulés sans doute par la lettre des conventionnels du 19, et jaloux de donner des gages de leur républicanisme, ils ordonnèrent l'exécution immédiate du décret du 6 août, l'arrestation de tous les individus atteints par ce décret, l'enlèvement des canons existant au Département et leur mise en dépôt dans la maison commune, l'apposition des scellés sur les papiers du Département et du District, et prescrivirent des visites domiciliaires pour découvrir les gens suspects et parvenir à connaître les accapareurs de subsistances. Ils décidèrent, en outre, qu'un courrier extraordinaire serait expédié sur-le-champ aux représentants

---

[1] Proclamation du 19 septembre.

du peuple pour les prévenir de toutes ces mesures et les inviter instamment à se rendre à Bordeaux pour être les témoins du patriotisme brûlant des citoyens [1].

S'occupant ensuite de la question si grave de la disette, la municipalité provisoire adopta un projet de règlement pour une nouvelle distribution du pain, proposé par le bureau des subsistances et accueilli par les sections. Ce projet devait avoir pour résultat une égale répartition du pain entre tous les citoyens. Dans une proclamation aux habitants, le Conseil général de la commune disait avoir « pensé que toujours c'était faire un pas vers le bien, que de remédier en partie aux maux du peuple; il ne s'est pas dissimulé, ajoutait-il, que le projet proposé n'offrirait pas l'abondance, que par son moyen une plus grande quantité de matières seraient mises en travail; non, citoyens, nous nous plaisons à le croire, vous ne serez pas exigeants au point de penser que votre municipalité provisoire ait pu, dans les deux fois vingt-quatre heures de son installation, pourvoir aux moyens de vous rendre tellement satisfaits que vous n'ayez plus rien à désirer; vous le savez, cela n'est pas possible... [2]. » Un règlement en vingt-cinq articles accompagnait la proclamation du Conseil général.

Il faut lire ces documents pour se rendre compte de la misère publique au mois de septembre 1793.

Ayant ainsi donné satisfaction aux conventionnels et au peuple de Bordeaux, le Conseil général de la commune songea à réparer l'oubli des premiers jours, si amèrement signalé dans la lettre écrite d'Agen par Ysabeau et ses collègues. Il ne crut pouvoir mieux le faire qu'en s'adressant à la Convention elle-même.

« Citoyens législateurs, Bordeaux vient de reconquérir la liberté; il est digne de la République. Le peuple bordelais, qui n'a

[1] Délibération du 20 septembre.
[2] *Id. Subsistances.*

cessé de la chérir, est maintenant rendu à ses droits et à sa patrie; usant du droit sacré de l'insurrection, il a recomposé sa municipalité, et parmi les nombreux devoirs qu'il vient d'imposer à ses nouveaux magistrats vraiment populaires, le plus doux, sans doute, est celui que nous remplissons dans cet instant, en vous annonçant l'heureuse révolution qui s'est opérée dans nos murs; il est doux de vous annoncer qu'enfin les lois sont exécutées parmi nous : les vrais républicains triomphent, et les conspirateurs qui nous ont si longtemps asservis, les corps administratifs qui ont comprimé jusqu'ici les élans des bons sans-culottes de notre cité, dont le cœur n'a cessé de vous bénir et de se rallier à vous, sont mis en état d'arrestation : le décret du 6 août est exécuté, et nous laissons à votre prudence et à votre justice, à distinguer d'avec les vrais coupables que la loi seule veut frapper, ceux qui ne sont coupables que d'un événement (1) momentané, et qui sont dignes de votre indulgence : notre jeunesse, requise par votre décret, s'organise, et deux bataillons vont partir sur-le-champ : notre cavalerie est aux ordres du ministre; tous nos cœurs sont à vous, tous nos bras sont à la patrie; et ce qui met le comble à notre joie, c'est que tous ces mouvements ont lieu au milieu des acclamations d'un peuple immense, qui se voit enfin délivré des auteurs de tous ses maux, et qui pourra désormais exprimer sans crainte à ses législateurs, à cette Convention tant calomniée et toujours si digne de notre amour et de notre admiration, ses sentiments d'estime et de dévouement sans réserve à la République, une et indivisible.

» BERTRAND, *maire*,
BASSETERRE, *secrétaire-greffier.* »

Afin de mettre ses actes d'accord avec ses paroles, la municipalité provisoire procéda immédiatement aux arrestations et aux visites domiciliaires. Des escouades de la garde nationale, précédées d'officiers municipaux, parcouraient la ville pendant la nuit, et toutes les maisons suspectes étaient investies et fouillées rigoureusement.

Les hommes les plus compromis dans les événements qui avaient suivi la chute des Girondins avaient pris la fuite ou s'étaient cachés. Ils avaient compris qu'ils seraient les premières victimes du mouvement révolutionnaire organisé

---

(1) Je pense qu'il faut lire *égarement*.

par la section Franklin et qui avait réussi au delà de toute espérance. Aussi Sers, Roullet, Bernada et les autres furent infructueusement recherchés. Cette proie échappait aux municipaux provisoires; ils arrêtèrent toutefois un grand nombre d'hommes suspects à des titres divers, et notamment Lemoine fils, l'avocat Albespy, Dudon père, de Brezets, Von-Döhren, Louis-Guillaume Du Roy, Ducourneau, Wormeselle, Lacombe-Puyguereau, de Libourne, et beaucoup d'autres personnes parmi lesquelles figuraient des Anglais et des Espagnols.

Pendant que la municipalité révolutionnaire se mettait en relations avec la Convention, les représentants du peuple écrivaient d'Agen, le même jour, à leurs collègues, et en leur annonçant les changements survenus à Bordeaux, ils disaient : « Cette mesure serait un grand acheminement au retour de l'ordre, si nous n'avions tout lieu de croire que ce mouvement est une nouvelle tournure de la faction qui n'a pas encore perdu l'espérance d'exciter la guerre civile [1]. »

Nous verrons bientôt les conventionnels revenir sur ces appréciations défavorables à la révolution du 18 septembre.

Au milieu de ces événements divers, la Société de la Jeunesse bordelaise n'avait pas cessé de se réunir; mais supposant bien que les dangers n'étaient pas passés pour elle, qu'ils étaient au contraire devenus plus graves et plus imminents, elle chargea trois commissaires, Bulliod-Lacorée, Gary et La Roche, de faire des démarches auprès de la nouvelle municipalité et d'obtenir d'elle le retrait des ordres donnés par l'administration précédente.

Les trois commissaires remirent le 20 septembre une adresse aux officiers municipaux. Après avoir sommairement rappelé les calomnies auxquelles la Société avait été

---

[1] O'Reilly, 2e partie, t. Ier, p. 363.

en butte et les mesures arbitraires prises à son égard par des *magistrats peu dignes de ce titre,* ils ajoutaient : « Nous vous prions de faire parvenir nos réclamations aux représentants du peuple et de les inviter à manifester leur intention positive sur notre existence, car ils ne l'ont point encore fait : ils ont seulement témoigné des inquiétudes qui doivent être levées par notre profession de foi et nos actes publics. Il est peut-être digne de votre sagesse et de votre prudence de signaler les premiers moments de votre administration par votre respect pour les lois, en maintenant à la Jeunesse bordelaise le droit de s'assembler paisiblement et sans armes, jusqu'à ce que les représentants du peuple aient cru devoir la priver du bénéfice d'une loi dont elle n'a point abusé. »

Nous devons dire que malgré la démarche de Bulliod-Lacorée, Gary et La Roche, la Société de la Jeunesse bordelaise était bien déchue : la révolution du 18 septembre lui avait porté un coup fatal; Brochon, Ravez, Degranges, Cornu qui en avaient été l'âme, se cachaient pour éviter des persécutions; il ne restait plus que des comparses à qui manquait l'unité de vues et de direction propres à la faire vivre. Elle avait d'ailleurs soulevé contre elle des haines puissantes; ses ennemis étaient au pouvoir, et tout permettait de supposer que sa dernière heure était venue.

Quelques jours plus tard, en effet, elle cessait d'exister.

Émues à juste titre des doutes exprimés par les représentants du peuple dans leur lettre du 19 septembre, la municipalité provisoire et la section Franklin leur envoyèrent des députés chargés de fournir des explications sur la révolution accomplie le 18 et sur sa portée véritable. On avait rempli leurs désirs, leurs volontés; la section Franklin avait tout conduit, tout mené. Pourquoi hésitaient-ils ? Qui pouvait leur faire croire que le mouvement du 18 septembre *était une nouvelle tournure de la faction qui n'avait pas encore perdu l'espérance d'exciter à la guerre civile* [1]? Ils se trompaient ou on les trompait; il leur fallait soutenir les nouveaux venus. Ne l'avaient-ils pas promis?...

Les commissaires de la municipalité et de la section Franklin entrèrent à cet égard dans des détails aussi complets et aussi satisfaisants que possible. On avait eu soin, d'ailleurs, de choisir des hommes connus des représentants et pouvant leur inspirer toute confiance.

L'effet des démarches faites par eux fut excellent; les représentants revinrent sur leurs premières appréciations et, dès le 21 septembre, ils écrivaient à la municipalité provisoire :

« Citoyens, d'après le rapport de vos députés, il paraît que vous avez fait une démarche éclatante et telle que nous devions l'attendre de vrais républicains comme vous. Elle a dû vous donner le sentiment de vos forces et vous prouver que le peuple n'a qu'à vouloir pour faire rentrer dans la poussière ses ennemis les plus insolents. Il vous reste encore quelques pas à faire pour atteindre le but; hâtez-vous de parcourir cette honorable carrière; profitez de vos avantages, et songez que le joug qui pèse encore sur vos têtes serait rendu mille fois plus pesant si vous n'aviez pas le courage de le briser sans retour.

» Nous vous avons indiqué, dans notre première lettre, des mesures propres à assurer votre indépendance et le règne des lois. Nous entrerons ici dans quelques détails qui rendront votre marche plus assurée, si, fermant l'oreille aux intrigues et aux considérations personnelles, vous n'écoutez que la voix de la patrie et l'intérêt de vos concitoyens :

» 1° Vous vous êtes plaints avec raison que jamais les visites domiciliaires, pour la recherche des grains et farines,

---

(1) Lettre des Représentants du peuple à la Convention, du 20 septembre.

n'avaient été faites avec exactitude et sans distinction dans votre cité. Que les premiers jours de votre administration populaire soient signalés par cette visite, qui s'étendra jusqu'aux vaisseaux. Il en résultera, ou la conviction intime d'une disette réelle, ou la découverte d'un amas précieux de subsistances ; et dans ces deux cas le peuple de Bordeaux sera soulagé, ou par les secours qu'il trouvera dans l'enceinte de ses murs, ou par ceux que les représentants du peuple et les départements voisins s'empresseront de lui faire parvenir. Si vos découvertes sont heureuses, vous en profiterez en faisant distribuer le pain aux pauvres à trois sous la livre.

» 2° L'audace de vos ennemis n'était appuyée que sur les forces dont ils avaient eu l'art de s'entourer. Pendant que toute la France s'ébranle pour voler aux frontières, n'est-il pas scandaleux de voir dans les rues de votre cité une cavalerie, composée de gens suspects, faire éclater son luxe, son arrogance et la résistance aux réquisitions légales qui lui ont été faites ? Ce corps ne peut laver que dans le sang des Espagnols la tache imprimée sur lui ; qu'il parte sur-le-champ ou qu'il cède à des patriotes les moyens et l'honneur de combattre les tyrans. Il est du devoir des vrais républicains d'ôter à de pareils hommes les moyens de nuire à la patrie. Il n'est que trop démontré que plusieurs compagnies de vos grenadiers ont souillé l'honneur de ce nom glorieux en servant de satellites à la faction. Vous les connaissez, citoyens ; vous ferez punir les coupables ; et en faisant rentrer les autres dans le sein de la garde nationale, vous conserverez les principes de l'égalité, et vous vous serez acquis des camarades qui partageront vos travaux.

» Lorsque les citoyens paisibles exercent, à l'abri de la confiance du peuple, les fonctions administratives, ils n'ont pas besoin de s'entourer de l'appareil des armes : ôtez ces canons braqués sur le peuple par ses ennemis et placez-les sous la garde des sans-culottes au Château-Trompette, à la maison commune et à l'atelier du Grand-Séminaire.

» 3° Vous n'ignorez pas que les corps administratifs, par leur funeste ambition, par leurs intrigues multipliées, ont allumé le flambeau de la guerre civile dans le midi de la France et provoqué le fédéralisme. Un crime si horrible et si avéré ne peut pas rester impuni. Que votre respect pour la loi et pour la Convention nationale se manifeste en mettant en état d'arrestation tous les membres de la municipalité, du Conseil général de la commune, du département de la Gironde et du district de Bordeaux.

» 4° La garde importante de votre cité ne peut pas être confiée avec sûreté seulement aux riches; mais, d'un autre côté, il n'est pas juste que les sans-culottes sacrifient à cet acte de patriotisme la subsistance de leur famille. Nous déclarons que les citoyens qui n'ont d'autre fortune que leurs bras recevront une indemnité de quarante sous par jour, chaque fois qu'ils seront commandés pour la garde. Les membres de la municipalité ou du Conseil général de la commune recevront aussi une indemnité de trois livres par jour, lorsque leur présence aux délibérations sera constatée et qu'ils ne pourront pas faire le sacrifice de leur temps aux affaires publiques.

» Citoyens, les mesures que nous vous dictons sont conformes aux lois et doivent assurer votre bonheur et votre tranquillité. Ne craignez pas de développer toute votre énergie. Nous sommes là pour vous soutenir avec tout le poids de l'autorité nationale. Des bataillons, braves et exercés, marchent à votre secours. Nous nous unirons tous pour briser vos chaînes et pour soulager votre misère. Notre premier soin sera, non seulement de vous procurer des grains, mais de faire en sorte que le pauvre ne paie pas son pain au delà de trois sous la livre. L'impôt progressif sur les riches sera établi avec une juste sévérité et servira à payer l'indemnité aux boulangers.

» Signé : Tallien, C.-Alex. Ysabeau, Dartigoeyte, J.-B.-B. Monestier (du Puy-de-Dôme), Paganel, M.-A. Baudot, Chaudron-Roussau, Leyris, J. Pinet aîné. »

Tel était le programme des conventionnels : visites domiciliaires, envoi de la cavalerie aux frontières, arrestation de tous les membres des anciennes autorités constituées, indemnité aux sans-culottes pauvres de la garde nationale et de la municipalité, et enfin, comme couronnement de leur système démocratique, impôt progressif sur les riches afin de donner au peuple le pain à trois sous la livre.

De pareils projets annonçaient de mauvais jours pour la ville de Bordeaux. Armée de cette lettre, la municipalité, en effet, redoubla d'activité, et la masse de la population, émue par des perquisitions incessantes et des arrestations qui frappaient indistinctement toutes les classes de la société, fut effrayée à bon droit. Les meneurs de la section Franklin, du Club national et de la municipalité provisoire, qu'elle s'était donnés pour maîtres, s'inspiraient servilement des idées des conventionnels et préparaient le terrain des prochaines immolations révolutionnaires.

La ville prit alors une nouvelle physionomie; la démagogie en bonnet rouge s'empara de toutes les places, de tous les emplois et régna despotiquement sur les citoyens.

En même temps que les conventionnels écrivaient à la municipalité la lettre qu'on vient de lire, celle-ci adressait une proclamation à la jeunesse bordelaise pour l'appeler aux armes et la convoquer au Champ de Mars : «Accourez à la voix de vos pères, disait-elle, jeunes citoyens; venez puiser dans leurs bras cet enthousiasme sacré qui doit faire de vous autant de héros, et volez aux frontières montrer à la patrie satisfaite que vous êtes dignes d'elle et que vos pères sont dignes de pareils enfants... Vos magistrats vous attendent demain au Champ de Mars, jeunesse intéressante : vous êtes Bordelais, et ils comptent sur vous. »

Bordeaux, qui avait déjà fourni dix bataillons de volontaires à la République, en envoya de nouveaux aux frontières et paya ainsi sa dette à la patrie.

Puis, afin de se concilier les Jacobins de Paris, le Conseil général de la commune faisait une adresse aux Parisiens pour leur annoncer que *les lois et la liberté venaient d'obtenir à Bordeaux le triomphe le plus éclatant*, et pour resserrer les liens de fraternité qu'un instant d'erreur avait malheureusement relâchés. « Croyez-en nos cœurs, disait le Conseil général, cette faute sera réparée de manière à faire douter si cette erreur, que nous nous reprochons amèrement, ne fut pas une faute heureuse. »

S'étant ainsi mis en règle avec les lois sur la réquisition et avec les Parisiens, le Conseil général s'occupa de la Société de la Jeunesse bordelaise. Sur un foudroyant réquisitoire du procureur de la commune Boissel, cette Société reçut l'ordre de se dissoudre sans retard, et il fut arrêté en outre que les personnes suspectes faisant partie de cette Société seraient mises sur-le-champ en état d'arrestation.

Ravez, Brochon, Degranges, Cornu, Dupont, Paris et quelques autres étaient les principales victimes désignées par le Conseil général aux recherches des sans-culottes de la municipalité et des sections dévouées.

La municipalité, d'ailleurs, ne cessait de donner des gages à la Révolution : elle cherchait à mériter la confiance des représentants du peuple et à satisfaire les rancunes de la section Franklin.

Tout allait au gré des démagogues : la Société de la

Jeunesse bordelaise n'existait plus, une municipalité révolutionnaire fonctionnait avec ardeur, les sections étaient en permanence et des députations voyageaient sans cesse sur la route de La Réole, conjurant les conventionnels de revenir à Bordeaux, où ils étaient attendus. Leurs réponses verbales étaient conformes à leurs lettres : « Nous n'irons point à Bordeaux, disaient-ils, avant qu'on ait arrêté les principaux chefs de la Commission populaire, de la force départementale *et en général tous ceux qui ont troublé l'ordre* [1]. »

Un bruit effrayant s'accrédita alors : Bordeaux allait être bombardé, et on assurait qu'une armée arrivait sous les ordres du général Brune. Le moyen de prévenir les derniers malheurs, disait-on, était d'exécuter le décret du 6 août. Hélas! ceux qui en étaient l'objet avaient pris la fuite déjà et mendiaient, sous la livrée de la misère, un pain trempé de larmes [2].

Bordeaux était dans l'anarchie la plus complète; il n'y existait plus d'autre autorité que la municipalité provisoire, qui remplissait les fonctions attribuées aux divers corps administratifs supprimés ou disparus.

Le 22 septembre, et afin de faciliter la recherche et l'arrestation des hommes les plus compromis, le Conseil général de la commune ordonnait la création de cartes de sûreté. Tous ceux qui n'en seraient pas porteurs devaient être considérés comme suspects et immédiatement incarcérés.

Le peuple, en général, ne voyait pas sans inquiétude ce qui se passait; il attendait encore les bons résultats promis à sa soumission, mais rien n'arrivait : le pain était toujours rare, et les agitations étaient fréquentes. Des intrigues secrètes travaillaient les esprits, et la ville était signalée

---

(1-2) Sainte-Luce Oudaille.

comme étant remplie de prêtres, d'émigrés et de nobles qui poussaient à la contre-révolution [1].

D'un autre côté, des figures nouvelles apparaissaient à Bordeaux; on y voyait arriver journalellement, dans d'élégantes berlines, des hommes coiffés du bonnet rouge, « moustachus », fumant la pipe et armés de longs sabres. On disait que c'étaient des émissaires envoyés de La Réole pour juger la situation de Bordeaux et en rendre compte aux représentants [2].

Le système des dénonciations, si largement appliqué plus tard durant la Terreur, commençait dès lors. Au Conseil général de la commune, dans les sections, dans les sociétés populaires, partout enfin, on dénonçait!... On s'essayait, non sans succès, à manier cette arme terrible des lâches, et qui devint comme une sorte d'institution d'ordre public.

Un homme qui a joué un rôle à Bordeaux sous la Terreur et qui a péri sur l'échafaud révolutionnaire [3], Marie de Saint-Georges, esprit indépendant, ne cessa, au milieu des événements qui transformaient la cité, de mettre son dévouement et son ministère d'avocat à la disposition des victimes que frappait le régime nouveau; il avait écrit à diverses reprises au représentant du peuple Ysabeau pour lui exposer ses vues relativement à la ville de Bordeaux.

Ysabeau lui répondit le 26 septembre : « Vous ne devez attribuer notre silence, citoyen, qu'à des occupations si multipliées, qu'il nous est impossible de pouvoir suffire à tout. Je ne vous tairai pas même que vous ne jouissez pas

---

[1] Lettre de Baudot du 23 septembre.
[2] Sainte-Luce Oudaille.
[3] Marie de Saint-Georges, auteur d'un travail intitulé : *Recherches historiques sur l'office de maire de Bordeaux,* était avocat au Parlement, où il avait éprouvé des persécutions de la part de ses confrères. (V. la remarquable Introduction du *Livre des Bouillons,* p. xviii.)

d'une grande réputation de civisme parmi les patriotes connus de Bordeaux.

» Cependant, il faut rendre justice aux vues que vous détaillez dans vos différentes lettres. Elles sont excellentes, pures et conformes en tout à ce que je me propose de faire avec mes collègues. Bordeaux est revenu de trop loin pour opérer tout à coup et sans gradation une révolution complète. Elle aura lieu, n'en doutez pas. Je suis bien résolu, en mon particulier, de ne laisser aucune trace de l'odieux fédéralisme qui a pensé perdre tout le midi de la France et dont le foyer était dans vos murs. Le temps des considérations et des ménagements est passé. De perfides amnisties n'ont servi qu'à aigrir davantage ceux que la clémence nationale avait épargnés. Tout ce qui était corrompu sera renouvelé. Du reste, nous savons par quatre années d'une cruelle expérience quelle foi nous devons ajouter à des protestations et à des serments mille fois prêtés, mille fois trahis.

» Votre nom m'est connu, citoyen, j'ai été élevé au collége d'Auxerre, et je suis bien trompé si vous n'êtes pas un de mes contemporains, neveu, je crois, d'un citoyen Marie, dont la maison touche à celle de mon père, à Gien. J'aurai d'autant plus de plaisir à vous voir et à causer avec vous sur le temps passé. »

Cette lettre curieuse, et entièrement inédite, contient la pensée intime du conventionnel sur la ligne de conduite qu'il se proposait de suivre à l'égard de Bordeaux. Elle offre, sous ce rapport, un véritable intérêt historique, et nous devions la placer sous les yeux de nos lecteurs. « Le temps des ménagements est passé, » disait le conventionnel; puis il ajoutait : « Tout ce qui était corrompu sera renouvelé. »

Ainsi s'annonçait l'avenir, et un avenir prochain.

Dès cette époque, la peur et la misère exerçaient une grande influence sur les citoyens et amollissaient les courages les mieux trempés. Nous allons en citer une preuve remarquable.

La Chambre de commerce, dit M. O'Reilly [1], possédait une suite de portraits de nos rois et princes et de plusieurs personnages de distinction, peints par Rigaud et autres célébrités artistiques de l'époque. Cette précieuse collection lui venait, soit comme un don de ces personnages eux-mêmes, soit comme legs du financier Beaujon; on la gardait avec soin. Mais 1793 arriva : il fallut se montrer à la hauteur des circonstances et, jacobin par force, oublier et effacer les souvenirs que la gratitude envers les donateurs devait raviver toujours. Nous allons voir en quels termes les citoyens composant le Tribunal de commerce de Bordeaux en écrivirent au Conseil général de la commune :

« Citoyens magistrats, la France républicaine a dû, comme à Rome, faire disparaître tous les signes de la royauté, et c'est dans cet esprit que le Tribunal de commerce a substitué dans son enceinte les emblèmes de la liberté à tout ce qui pouvait rappeler les souvenirs de la féodalité et de la servitude. De même, les portraits de rois, de reines et de ci-devant princes furent relégués, par nos prédécesseurs, dans la poussière d'un galetas de la Bourse, comme le leur prescrivait alors la loi. Mais ces portraits existent, et à peine en avons-nous eu connaissance que, d'une main révolutionnaire, nous allions en faire justice. Nous n'aurions pas été arrêtés par les regrets des artistes, qui répugneraient à la destruction de ces ouvrages, qu'ils savent être, pour la plupart, des morceaux finis; mais on nous a fait observer que ce n'est pas à nous qu'il appartient d'en disposer, vu que, provenant en grande partie d'un legs du financier Beaujon, en faveur de la ci-devant Chambre de commerce, qui est supprimée, ce doit être aujourd'hui une propriété nationale.

» Vous reconnaîtrez tout ce que peut et doit notre zèle dans la dénonciation que nous nous empressons de vous faire de ces portraits. Nous vous prions de l'accueillir et d'en faire registre, en témoignage des vrais sentiments *des républicains, membres du Tribunal de commerce.*

» JOURNU-AUBERT, *président,*
GRAMMONT et CROZILLAC. »

---

[1] *Histoire de Bordeaux*, 2ᵉ partie, t. Iᵉʳ. p. 247 et suivantes.

« Ainsi, la faiblesse d'une part, la peur de l'autre, la loi même faite et exécutée par les Jacobins, dominaient entièrement des hommes souvent honorables et les rendaient malgré eux complices des turpitudes, des lâchetés et des monstruosités de ces temps néfastes. On n'était plus soi; la liberté n'était qu'un mot. Un courant irrésistible entraînait presque tous les hommes... »

Nous n'avons rien voulu changer au style de M. l'abbé O'Reilly; mais nous pouvons ajouter qu'au moment où le Tribunal de commerce sacrifiait sur l'autel du sans-culottisme des œuvres dont la perte est regrettable au point de vue de l'art, des inspecteurs des voies publiques parcouraient la ville et ses environs, recherchant, signalant, dénonçant les signes aristocratiques, les blasons, écussons, armoiries, etc., qui décoraient les maisons, et dont l'existence pouvait compromettre le salut de la République... Tristes temps! On ne peut se lasser de le répéter!

Quant aux tableaux *dénoncés* par le Tribunal de commerce, leur trace s'est perdue, et l'on ignore s'ils existent encore ou s'ils ont été détruits par les vandales de 1793.

Le peuple que ces extravagances démocratiques pouvaient amuser un moment, le peuple cependant faisait entendre des plaintes très vives; les subsistances étaient aussi rares qu'autrefois; le pain manquait et une grande fermentation existait dans la ville. Le Conseil général provisoire de la commune, qui succombait sous le poids et les embarras de la situation, en référa aux proconsuls; il leur envoya des commissaires pour leur faire connaître la position périlleuse de Bordeaux et demander leur retour dans cette ville.

Leur retour! c'était le dernier mot de toutes les aspirations alors. On était partout convaincu que la présence des conventionnels ramènerait l'abondance et ferait cesser tous les maux. Une cruelle expérience ne tarda pas à apprendre le contraire aux Bordelais.

« Citoyens, frères et amis, répondit Ysabeau au Conseil général de la commune, vos commissaires vous rendront compte des soins infatigables que nous employons à pourvoir à vos subsistances. Vos inquiétudes auraient déjà cessé sur cet objet essentiel, si notre arrêté du 6 septembre eût reçu son entière exécution. Hâtez-vous d'organiser et de donner une existence solide et active au nouveau Comité de subsistances, et vous pouvez être assurés qu'elles arriveront en abondance.

» Notre impatience de nous trouver au milieu de vous est au moins égale à la vôtre. Frères et amis, nous voyons le retour de Bordeaux aux vrais principes avec une satisfaction qui ne peut être sentie que par des âmes républicaines. Qu'il nous tarde d'entendre, dans l'enceinte que vous occupez, ces cris de patriotisme et d'union qui y retentissent maintenant, au lieu des cris féroces qui, le mois dernier... Oublions tous cette époque fatale; ne nous occupons que d'établir le bonheur du peuple et le règne des lois sur des bases qu'aucune faction ne puisse désormais ébranler. Croyez que notre voyage n'est retardé que par des circonstances qui tiennent à vos intérêts. Encore quelques jours, et les obstacles auront disparu, et nous irons vous assurer de vive voix des sentiments d'amitié qui unissent les représentants du peuple à tous les enfants de la patrie [1]. »

Au moment où Ysabeau s'exprimait ainsi, Tallien, à la même date, écrivait de Lescar à la Société des Jacobins de Paris :

« Je vous adresse, citoyens, des exemplaires de divers arrêtés pris relativement à Bordeaux. Lisez surtout la correspondance que nous avons tenue avec cette ville et vous y verrez qu'elle est loin d'être rentrée dans l'ordre.

---

[1] Archives de la Gironde, série L.

Méfiez-vous des intrigues de la faction girondine; car elle emploiera tous les moyens pour vous tromper. N'ajoutez foi qu'à ce que nous vous écrivons. Ysabeau et moi sommes chargés de l'exécution des décrets contre cette ville rebelle; soyez sûrs que nous serons ici ce que nous étions à la Montagne, toujours inébranlablement attachés aux principes, ne composant jamais avec personne, et voulant faire triompher partout la cause du peuple en anéantissant l'aristocratie et le fédéralisme... [1]. »

Il y a des différences d'appréciation dans ces deux lettres, mais elles sont faciles à expliquer. Ysabeau était à La Réole et en contact suivi avec les Bordelais; Tallien, en voyage pour les nécessités de la mission commune, était dans les Basses-Pyrénées et ne savait qu'imparfaitement ce qui se passait à Bordeaux.

Les citoyennes de cette ville *Amies de la Liberté et de l'Égalité*, dont nous n'avons pas eu à nous occuper depuis longtemps, éprouvèrent le besoin de parler et de faire parler d'elles. Elles suivaient avec ardeur le mouvement révolutionnaire, se mêlaient aux événements et motionnaient, comme de véritables sans-culottes, dans leur club de la ci-devant Intendance.

Le 28 septembre, elles écrivaient à la Convention nationale :

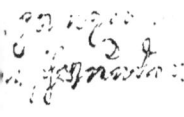

« Représentants du peuple français, nous habitons une ville dont le civisme fut plusieurs fois cité pour exemple à la République, et qui pouvait prétendre à la reconnaissance de ses concitoyens. Ces beaux jours se sont éclipsés par des machinations dont nous ne connaissons pas toute l'étendue. Les ennemis de la République s'y sont permis de faire prévaloir, pendant un temps malheureusement trop long, le mépris des lois, l'oubli de la patrie, et, portant l'atrocité à son comble, ils ont outragé la majesté du peuple dans la personne de ses représentants. L'énormité de ces crimes nous a fait frémir et nous en désirons la juste punition, bien convaincues que vous ne

---

[1] *Moniteur* du 4 octobre 1793.

confondrez pas l'innocent avec le coupable, et que Bordeaux, purgé des scélérats qu'il renferme, reprendra son rang dans les villes qui ont bien mérité de la patrie.

» O Montagne courageuse, daignez agréer la prière que nous vous faisons de ne pas abandonner le timon de la République, que vous ne l'ayez entièrement sauvée du péril où elle est, en terrassant tous ses ennemis. Vous connaîtrez, législateurs, par notre profession de foi politique, si nous sommes dignes d'être comptées au nombre des vraies républicaines.

» Nous jurons de vivre et mourir libres, de défendre la Constitution que nous avons acceptée le 10 août dernier, de rester inviolablement attachées à la Convention nationale, d'exécuter les lois et décrets qui émaneront d'elle, d'employer tous nos moyens pour les faire respecter et exécuter. Nous adhérons de tout notre cœur aux journées des 31 mai, 1er et 2 juin ; nous vouons à l'exécration universelle les royalistes, fédéralistes, conspirateurs, cabaleurs, accapareurs, et nous jurons encore de dénoncer ceux que nous connaîtrons être dans ces principes abominables.

» Donné, *présidente,*
Bruxon et Colet, *secrétaires* (1). »

Tel était le style des clubistes mâles et femelles! On se *sans-culottisait,* selon l'expression alors à la mode. La section Simoneau ayant voulu changer son appellation contre celle de *Marat,* les autres sections s'y opposèrent. On n'a pas oublié que la section Simoneau fut une des dernières à soutenir la Commission populaire de salut public : « Avant de vous décorer du beau nom de ce véritable ami du peuple, lui dit-on, il faut donner des preuves répétées et non équivoques de républicanisme et de sans-culottisme; jusque-là ce serait une usurpation. » Quelques jours plus tard, elle conquérait son nouveau nom par un hasard heureux.

Dans une autre section, le sans-culotte Jean-Louis Benoît demanda à renier publiquement ses patrons *saint Jean* et *saint Louis,* qui rappelaient le fanatisme et la royauté, pour s'appeler désormais *Fargeau-Benoît,* en

(1) Archives de la Gironde, série L.

mémoire de Lepelletier-Fargeau, martyr de la liberté. Sa demande et son abjuration furent accueillies par les applaudissements unanimes de la section [1].

Cependant le provisoire qui régnait à Bordeaux ne pouvait durer; la municipalité révolutionnaire offrait certainement des garanties aux conventionnels; mais, il faut bien le dire, elle comptait dans son sein des hommes que l'on pouvait considérer comme tièdes et n'approuvant pas tacitement tout ce qui se faisait avec leur concours et sous leurs yeux.

Ysabeau et Tallien ne l'ignoraient pas; les dénonciations *pleuvaient* à La Réole.

Il fallait, tout en respectant la municipalité, placer à côté d'elle un pouvoir jeune et fort, capable de stimuler les dévouements et d'inspirer une crainte salutaire. La loi armait à cet égard les conventionnels; ils en profitèrent pour créer à Bordeaux le premier comité révolutionnaire de surveillance et ils en nommèrent d'office les membres.

Ce Comité, qui devait exercer dans toute l'étendue du département les pouvoirs attribués au Comité connu sous le nom de Sûreté générale et de Salut public par les différents décrets de la Convention nationale, fut *recruté*, selon l'expression des représentants, *d'hommes purs, incorruptibles et d'une fermeté reconnue.*

C'étaient Duvernay, Fontanes, Marcel, Rideau fils aîné, Gueyraud, Tustet, Dutasta, Cogorus, Chaussade, Grignon, Casteran et Le Moal, qui tous ont joué un rôle plus ou moins important dans la Terreur à Bordeaux.

Le Comité entra immédiatement en fonctions, et sa première réunion eut lieu chez Duvernay le 3 octobre. Rideau fut nommé président, Marcel secrétaire, et chacun des membres prêta individuellement le serment suivant :

---

[1] O'Reilly, *Histoire de Bordeaux*, 2ᵉ partie, t. Iᵉʳ, p. 367.

Je jure de n'agir ni par haine, ni par crainte, mais constamment d'après l'impulsion intime de mon âme et conscience, de tenir le plus grand secret sur les opérations du Comité et de maintenir, au péril de ma vie, l'unité et l'indivisibilité de la République française. Le Comité de surveillance choisit le Grand-Séminaire pour y tenir ses séances ultérieures (1).

La municipalité ne restait pas inactive. Sur les réquisitions de Boissel, le Conseil général de la commune arrêtait, le 1ᵉʳ octobre, que la loi du 29 mars 1793 enjoignant à tous propriétaires de faire afficher, à l'extérieur de leurs maisons, les noms, prénoms, âge et profession de tous les locataires, serait exécutée dans un délai de vingt-quatre heures ; que l'affiche serait écrite en caractères de six lignes de hauteur et placée à six pieds d'élévation du sol, et que les sections seraient invitées à faire parvenir au secrétariat de la maison commune un double de toutes les déclarations qui, aux termes de la loi, devaient leur être faites. »

Le même jour, Boissel disait au Conseil général de la commune :

« Vous vous étiez élancés avec vigueur dans la carrière administrative et révolutionnaire, et, après quelques pas, vous vous êtes arrêtés comme épuisés par l'effort que vous veniez de faire. Je vous le dis au nom de la patrie, au nom de vos concitoyens que vous devez arracher aux horreurs de la famine et de la guerre civile, si vos mains sont trop faibles pour tenir les rênes de l'administration dans les circonstances orageuses où vous vous trouvez, si vos âmes pusillanimes craignent le danger, retirez-vous ; cédez vos places à des citoyens fermes, qui sauront se mettre à la hauteur de leur mission, et qui, au lieu de délibérer éternellement, sauront agir et frapper les coups sous lesquels doivent expirer enfin le royalisme et le fédéralisme.

» Depuis huit jours vous n'êtes pas encore organisés ; tout se délibère et rien ne s'exécute. Quel est donc le génie malfaisant qui assimile encore vos destinées à celles du corps contre-révolutionnaire

---

(1) Hôtel des Monnaies, rue du Palais-Gallien.

que vous avez expulsé! Quelles sont donc les influences malignes qui vous frappent d'engourdissement et arrêtent le coup terrible qu'attendent de vous et la patrie et la liberté, si longtemps outragées dans votre malheureuse ville! Tremblez, citoyens, le glaive qui doit frapper les têtes criminelles est suspendu sur les vôtres, prêt à venger d'une manière éclatante l'inexécution des lois et l'impunité des coupables.

» Vos rues, vos places publiques, les spectacles, les lieux publics sont fatigués du poids des gens suspects, des contre-révolutionnaires et des fédéralistes, que votre inactivité encourage, et dont la présence fait gémir les lois et les vrais républicains.

» Vos caisses sont vides; vos ressources sont nulles, et vos dépenses s'accroissent à chaque instant: les vrais citoyens sont pauvres et supportent presque seuls le poids de la Révolution, tandis que les agioteurs, les accapareurs, ces vampires qui ne se nourrissent que de sang et d'or, étalent un luxe insolent, fruit des fortunes les plus scandaleuses.

» Vous êtes entourés de contre-révolutionnaires qui vous détestent, qui empoisonnent toutes vos démarches, et qui feront manquer toutes vos mesures de sûreté générale: cette tourbe insolente d'agents de toute espèce, cette nuée de commis dévoués à l'esclavage de l'ancien régime, tout entrave vos opérations et paralyse le mouvement que vous aviez imprimé à la machine.

» Les représentants du peuple, en séance à La Réole, ne cessent de demander des commissaires; ils en avaient demandé depuis le 6 septembre: l'ancien Comité des subsistances n'avait pas la confiance des représentants du peuple, et le nouveau, effrayé sans doute de l'importance, de la complication et de la multiplicité des opérations qui lui étaient confiées, ne s'est mis en activité que par une invitation formelle de la municipalité provisoire, le lendemain de son installation : cependant le peuple souffre, les subsistances n'arrivent que goutte à goutte; et ce Comité, semblable à un malade en délire, s'agite tumultueusement et ne produit aucun résultat.

» Plusieurs d'entre vous, citoyens, et je le dis avec cette franchise austère que j'ai déployée tant de fois contre les intrigants, plusieurs d'entre vous ne sont pas dignes de la confiance dont ils ont été honorés, par l'insouciance et l'inactivité qu'ils mettent à remplir les devoirs sévères qu'on leur a imposés.

» Voilà, citoyens, le tableau de votre situation actuelle, et vous vous endormez au bord d'un abîme profond prêt à vous engloutir. N'êtes-vous donc plus responsables sur votre tête de tous les malheurs qui menacent vos concitoyens, et que vous devez prévenir par la rigueur de vos démarches? Ne devez-vous plus un compte rigoureux de votre conduite à la République entière qui a les yeux fixés sur vous ? N'êtes-vous plus ces hommes dont l'attitude fière et prononcée avait effrayé les conspirateurs, même au milieu des satellites dont ils s'étaient entourés ? Citoyens, je vous en conjure, sauvons nos concitoyens, sauvons-les des déchirements affreux d'une guerre civile ; qu'aux accents du républicanisme nos âmes brisent les obstacles qui les arrêtent, et que la révolution soit consommée (1). »

Ainsi s'exprimait Boissel. Galvanisé par ces paroles et par les lettres d'Ysabeau et de Tallien, le Conseil général arrêta, le 1er octobre, une série de mesures révolutionnaires qu'il importe de rappeler pour indiquer la situation et l'état des esprits :

Il ordonnait : 1° l'entière et pleine exécution de toutes les lois émanées de la Convention nationale, notamment de celle du 3 septembre 1793, relative à *l'emprunt forcé;* de celles des 12 et 17 septembre 1793, relatives à *l'arrestation des personnes suspectes;* de celle du 1er août 1793, relative à la *confiscation de toutes les maisons, édifices, parcs, jardins, enclos, qui porteraient des armoiries;* de celles des 21 et 23 avril 1793, relatives à *l'arrestation et à la déportation, à la Guyane française, des ecclésiastiques séculiers, réguliers, frères convers et laïcs, n'ayant pas prêté le serment de maintenir l'égalité et la liberté;*

2° L'exécution des différents arrêtés des représentants du peuple en séance à Agen et à La Réole ;

3° L'adjonction au Comité des subsistances de deux officiers municipaux provisoires pour accélérer et surveiller les opérations ;

4° L'envoi aux vingt-huit sections des noms de tous les membres du Conseil, des agents et commis de la commune, pour y subir la censure publique ;

5° La constatation de la présence ou absence des officiers municipaux aux séances du Conseil pour en être référé aux sections ;

(1) Archives municipales de Bordeaux.

6° L'évacuation immédiate, sauf indemnité aux locataires, des maisons nationales jugées nécessaires pour y mettre en état d'arrestation les personnes désignées par les décrets de la Convention ;

7° La destruction et le remplacement par des signes républicains de toutes les effigies royales, de toutes les marques de féodalité, sous quelque forme qu'elles existent, dans les édifices publics et maisons nationales ;

8° Le *convertissement* en canons de toutes les cloches, à l'exception d'une seule pour chaque paroisse ;

9° La destruction et le convertissement en piques et en boulets de toutes les portes de la Ville, des chaînes de la place Nationale et de toutes les grilles et autres ornements en fer existant dans les maisons nationales ;

10° La création d'une force armée révolutionnaire de sans-culottes, avec une paie à chaque volontaire de quarante sous par jour [1].

Le Conseil général de la commune invitait, en outre, le Comité de surveillance à redoubler de zèle et d'activité pour déjouer tous les complots et signaler tous les traîtres.

Nous raconterons bientôt les résultats produits par l'application de ces mesures.

La nouvelle de la révolution accomplie à Bordeaux s'était répandue dans les départements environnants et y avait été accueillie favorablement ; des félicitations arrivaient de toutes parts aux nouveaux municipaux ; elles n'étaient pas toutefois sans réserves. Ainsi, le Comité de surveillance d'Angoulême écrivait :

« Nous avons appris avec bien de la satisfaction l'heureuse révolution qui vient de s'opérer dans vos murs ; il a été bien doux pour nous de retrouver parmi vous des frères que de vils et lâches intrigants avaient pu aveugler un instant, mais qu'ils n'ont

---

[1] On devait demander des fonds au ministre de la guerre pour la solde de cette armée.

pu séduire malgré leurs machinations perfides. Nous ne vous dissimulerons pas cependant que la connaissance que nous avons eue de votre correspondance avec les représentants du peuple et commissaires de la Convention de présent à Agen, ne peut nous permettre de croire à votre sincère résipiscence qu'autant que vous emploierez tous les moyens qui sont en vous pour mettre sous le glaive de la loi les chefs de la conspiration ourdie dans votre ville, et tous ceux qui pouvaient favoriser leurs infâmes projets. Nous nous plaisons à croire, citoyens, que vous ratifierez, par des mesures aussi sages et aussi urgentes, les dispositions dans lesquelles vous avez annoncé être à la Convention nationale. Votre propre gloire, l'honneur de la ville de Bordeaux, l'intérêt de la République, devant qui tout doit céder, l'exigent impérieusement (1). »

La municipalité, on vient de le voir, avait devancé les conseils qui lui étaient envoyés d'Angoulême ; mais il est facile de comprendre qu'enlacée dans les liens de la situation qui lui était faite et pressée par des excitations émanées de sources différentes, elle devait tôt ou tard accomplir une évolution qui la rapprocherait de la Terreur.

Ces excitations n'étaient pas particulières à Bordeaux ; elles venaient aussi des localités voisines et lui faisaient une loi de subir l'entraînement général. Les communes du département de la Gironde, par exemple, avaient plus ou moins suivi l'impulsion partie du sein de la section Franklin et du Club national. Afin d'y ranimer le patriotisme affaibli, quelques sections, et notamment le Club national, avaient envoyé des délégués en mission dans les campagnes. L'un de ces délégués, rendant compte de ses opérations au Club, disait, le 2 octobre : « La commune de Cadaujac est dans les meilleurs sentiments et j'y ai développé les principes républicains qui fructifieront, on peut l'espérer. Il n'en est pas de même dans quelques autres communes, où la Société a envoyé des délégués

---

(1) Lettre du 1er octobre 1793.

pour y enseigner l'amour de la République; ils s'acquittent fort mal de leur mission : ils vont dîner chez les riches et négligent les sans-culottes, dont la marmite n'est pas si bien garnie... (1). »

Dîner chez les riches! quinze jours plus tard, c'eût été un crime justiciable de l'échafaud; on n'en était pas encore là, et dans la pénurie où se trouvait la ville il n'y avait rien d'étonnant à ce que les missionnaires du Club national profitassent de leurs tournées républicaines pour manger du pain, qu'on ne connaissait plus à Bordeaux. Il y arrivait peu de froment, et dans les campagnes environnantes on avait été obligé de prendre jusqu'au grain de la semence pour nourrir la population (2), tant la disette était grande. En employant ces moyens ruineux, on avait pu ne pas manquer de pain jusqu'à ce moment.

La première réquisition de dix-huit à vingt-cinq ans venait d'avoir lieu, et quatre bataillons étaient à la veille de partir, ainsi que la cavalerie, cette cavalerie aux *habits dorés* qui avait excité l'indignation d'Ysabeau et de Baudot. « Bordeaux, écrivait un contemporain, s'est déjà rangé du parti de la tyrannie; les emprisonnements des gens suspects sont commencés et cela marche bien (3). »

Installé le 3 octobre, comme nous l'avons dit, le Comité de surveillance fonctionna sans délai, et, dans la nuit du 3 au 4, ses agents et ceux de la municipalité, escortés de membres du Conseil général de la commune, procédèrent à des arrestations nombreuses.

Parmi les plus remarquables, on doit citer celles du représentant Duchâtel, de Rioufte, qui a laissé des Mémoires bien connus, et de l'Espagnol Marchéna, cachés à Bordeaux depuis plus d'un mois, mais qui n'avaient pu échapper aux Montagnards, grâce aux dernières mesures

---

(1) Archives de la Gironde, série L, reg. 178.
(2-3) Lettre de Pébernad du 2 octobre 1793.

prescrites par la municipalité. Duchâtel, Riouffe et Marchéna furent transférés à Paris [1].

Dans la journée du 4 octobre, l'organisateur du Comité insurrectionnel de Lyon, le représentant du peuple Biroteau, arriva à Bordeaux, où il venait chercher un refuge, hélas! bien précaire. Il fut l'objet d'une ovation et de marques de sympathie toutes particulières [2], mais il ne tarda pas à son tour à tomber entre les mains des sans-culottes, alors maîtres de la ville.

Donnant suite à une proposition formulée par quelques uns de ses membres, la Commune de Paris avait envoyé deux délégués à Bordeaux pour fraterniser avec la ville; c'étaient Viallard et Dunouy, officiers municipaux, qu'une lettre de Chaussade et Couteau avait précédés à Bordeaux.

Le 4 octobre, à huit heures du soir, on vint annoncer au Conseil général de la commune que Viallard et Dunouy avaient mis pied à terre à la cale de La Bastide. Ils arrivèrent bientôt dans la salle du Conseil, entourés et suivis d'une foule de citoyens et de citoyennes qui se précipitèrent dans les tribunes, envahirent la salle et refluèrent jusqu'auprès du bureau.

Les commissaires de la Commune prirent place à droite et à gauche du maire, et l'un d'eux, après avoir lu la délibération de la Commune de Paris, adressa à l'assemblée un discours rempli de sentiments fraternels et républicains. Ce discours fut accueilli par des applaudissements et des cris répétés de : *Vive la République! Vive la Montagne! Vivent les Parisiens! Vivent les sans-culottes!*

Dunouy et Viallard remirent ensuite sur le bureau une écharpe tricolore *ayant servi dans la mémorable journée du 10 août*, et une médaille de bronze chargée des emblèmes de la Liberté, de la chute des attributs de la

---

[1] Riouffe, *Mémoires*, collection Barrière, p. 394.
[2] H. Chauvot, *le Barreau de Bordeaux*.

royauté et de la tyrannie. Ces deux objets étaient offerts par la Commune de Paris comme le gage assuré de l'amitié et de la fraternité unissant les Parisiens et les Bordelais.

Le maire Bertrand remercia les envoyés de la Commune et leur demanda le baiser fraternel, dit le procès-verbal de la séance. De nombreuses accolades, applaudies par les tribunes et par les citoyens qui entouraient le bureau, furent échangées entre les commissaires et tous les membres du Conseil général.

Le maire présenta ensuite à chacun des deux commissaires une branche d'olivier, symbole de la paix devant toujours régner entre le peuple de Paris et celui de Bordeaux.

Le procureur de la commune Boissel ne pouvait laisser échapper une aussi belle occasion de parler. Il le fit en termes chaleureux et révolutionnaires, exposa « les sentiments dont étaient animés les *vrais* républicains et sans-culottes de Bordeaux, leur amour sans bornes pour la Convention nationale, leur attachement inviolable pour leurs frères et leurs amis les Parisiens, enfin leur soumission pleine et entière aux lois décrétées par l'auguste Assemblée, qui a retiré la France du précipice où voulaient la plonger les aristocrates, les royalistes, les fédéralistes, les accapareurs et les agioteurs. »

Il est inutile de dire que ce discours fut fréquemment interrompu par d'unanimes applaudissements.

Averties de l'arrivée des commissaires, les sections Michel-Montaigne, du Dix-Août, de la Loi, de la Parfaite Union, de la Fraternité, Brutus et du Champ-de-Mars envoyèrent des députations à la Commune pour saluer Dunouy et Viallard et les inviter à vouloir bien se transporter au milieu d'elles.

Les commissaires répondirent en termes pleins d'effusion à ces députations diverses et leur donnèrent l'accolade fraternelle.

Une députation du Club national fut aussi introduite, et l'orateur s'exprima en des termes *qui font toujours l'éloge du civisme brûlant de la Société qu'il représentait.*

Le Conseil général, sur le réquisitoire du procureur de la commune, délibéra, au milieu des cris de : *Vive la République!* et avec l'assentiment de tous les citoyens présents, qu'il serait frappé une médaille en mémoire de la révolution du 18 septembre; que l'une de ces médailles serait offerte, avec une des écharpes révolutionnaires, à la Commune de Paris en signe de l'union qui devait régner entre toutes les communes de la République, et que les citoyens Dunouy et Viallard étaient invités à assister le dimanche suivant à la promenade civique qui devait avoir lieu pour l'inauguration du buste de Marat [1].

Enivrés de l'accueil qu'ils avaient reçu à Bordeaux, Dunouy et Viallard écrivirent le 5 octobre, à la Commune de Paris, une lettre que nous ne pouvons, malgré sa longueur, passer sous silence.

« Nos chers collègues, disaient-ils, nous avons marché jour et nuit pour arriver plus promptement à Bordeaux; nous y sommes entrés hier à huit heures du soir. La municipalité est venue au devant de nous, de l'autre côté de la rivière, pour nous ramener dans un brigantin que l'on avait décoré exprès pour nous; elle nous y attendait depuis midi, jusqu'à notre arrivée.

» A notre descente, nous vîmes une quantité considérable de gardes nationales qui étaient sous les armes et un peuple innombrable qui nous attendait, et au milieu duquel nous fûmes conduits à la maison commune, aux acclamations mille fois répétées de *Vive la Convention! Vive la République! Vivent les Parisiens!* L'allégresse la plus grande fut partout manifestée; notre arrivée fut un jour de fête; le peuple nous a témoigné de toutes les manières son entier retour à la liberté. Sa confiance est telle dans les Parisiens, qu'il se persuade que nous pouvons le délivrer de tous les maux qui l'accablent; la misère est encore plus grande qu'à Paris : on a distribué aujourd'hui du biscuit de mer et des féveroles, n'ayant que peu de pain, encore est-il plus noir que celui qu'on donne aux chiens.

---

[1] Procès-verbal du 4 octobre 1793. Archives municipales de Bordeaux.

» Entrés dans la salle d'assemblée, nous fûmes placés aux côtés du président; bientôt le silence le plus profond régna dans l'assemblée pour nous entendre. Dès que nous eûmes présenté, au nom de la Commune de Paris, la médaille et le ruban tricolore, chacun nous témoigna les regrets de son erreur et son amitié pour les Parisiens; nous fûmes embrassés de presque tous ceux qui étaient présents, ou, pour mieux dire, nous ne cessâmes de l'être depuis notre débarquement jusqu'à la *maison commune*.

» A la nouvelle de notre arrivée, toutes les sections à l'envi nous envoyèrent des députations pour nous féliciter de notre entrée dans leurs murs et nous inviter de nous rendre dans leur sein afin d'y recevoir, pour les Parisiens, les embrassements de l'amitié et l'expression de leurs sentiments pour cette Commune, qu'ils reconnaissent authentiquement avoir sauvé la France et la liberté, et contre laquelle ils ont été abusés quelques instants.

» Il fut arrêté par la Commune, aux cris mille fois répétés de: *Vivent les Parisiens!* qu'il serait frappé une médaille au sujet de la réunion des Parisiens et des Bordelais, en signe de la reconnaissance de la démarche que nous avons faite auprès d'eux, et qu'ils regardent comme l'époque la plus digne de transmettre à la postérité et leur erreur et la franchise de leur retour à cette liberté sainte qu'ils n'ont jamais cessé de chérir. Le peuple de Bordeaux est, comme celui de Paris, bon et de bonne foi; mais, moins aguerri contre les suggestions perfides, il a besoin d'être fortement stimulé pour se porter aux actions de vigueur qui sont ici plus nécessaires qu'en aucun lieu de la République, à raison de l'adresse avec laquelle l'aristocratie a su profiter de l'apathie où elle avait amené le peuple; mais aujourd'hui qu'elle se trouve atterrée par le premier coup de massue que le peuple lui a porté, il ne faut pas lui laisser le temps de se relever, et il faut profiter promptement de l'instant d'effervescence, si j'ose dire, patriotique où elle a amené le peuple de Bordeaux par l'excès de misère où elle l'a réduit. Mais les moyens employés pour l'amener à la contre-révolution seront ce qui le sauvera. L'on craint déjà notre départ avant que toutes les grandes mesures de salut public soient prises pour cette ville.

» Les Bordelais ressemblent en ce moment à des enfants qui commencent à se tenir debout, et qui ont besoin de quelqu'un pour les soutenir. L'esprit de la Commune de Paris nous a devancés; et, par l'opinion qu'ils ont de nous, nous ne pouvons nous dispenser de séjourner quelques jours dans cette ville bien précieuse à la République par sa population, sa situation et son commerce; et, nous osons le dire avec franchise, la ville de Paris, en nous envoyant, a rendu un service très éminent à la République; nous osons vous assurer que Bordeaux, sous très peu de temps, sera l'émule de Paris, et qu'elle sera, dans le point où elle est, un des plus fermes appuis de la République.

» L'on attend avec la plus grande impatience les représentants du peuple Baudot et Ysabeau; il est temps qu'ils arrivent; nous comptons les voir demain ou après-demain dans ces murs; ils pourront, par quelque acte de vigueur, assurer pour jamais la liberté dans cette ville.

» Nous sommes sans cesse dérangés par les députations des sections et des différents corps armés, qui viennent à nous comme si nous étions revêtus de tous les pouvoirs de la représentation nationale.

» Nous ne cesserons de vous faire part de tout ce que nous ferons pour cimenter immuablement l'union des Bordelais avec les Parisiens (1). »

Les appréciations des délégués de la Commune de Paris n'étaient pas défavorables aux Bordelais, comme on peut le voir par cette lettre; un pareil témoignage n'était pas à dédaigner, et si l'on considère les honneurs rendus à Viallard et Dunouy et l'accueil sympathique qu'ils reçurent, on peut dire que, lassée des maux qu'elle éprouvait depuis si longtemps et dont le terme ne pouvait être prévu, la population était prête à se jeter dans les bras des premiers venus qui lui apporteraient la plus légère espérance.

Pendant qu'on fêtait les délégués parisiens et qu'on *mangeait, à défaut de pain, du biscuit de mer et des féveroles,* les prisons se remplissaient de suspects et de prêtres assermentés. On faisait des arrestations jour et nuit et la ville était mise en coupe réglée, si nous pouvons nous exprimer ainsi.

Déjà le représentant du peuple Duchâtel, Riouffe, Marchéna et d'autres avaient été dirigés sur Paris, et le 6 octobre les proconsuls requéraient le Comité de surveillance de faire traduire par devant le tribunal révolutionnaire de la capitale les citoyens Wormeselle, Ducourneau et

---

(1) *Moniteur* du 12 octobre 1793.

Theillard, compromis dans les événements qui avaient agité la ville [1].

On paraissait marcher révolutionnairement à Bordeaux, et Ysabeau écrivait, le 8 octobre, au Comité de salut public : « Dans l'absence de Tallien, qui est parti avec un détachement de cavalerie pour arrêter plusieurs conspirateurs, je m'empresse de vous annoncer que nous venons de faire arrêter, au milieu de Bordeaux, l'ex-député Duchâtel, un secrétaire de Brissot, Espagnol de naissance, nommé Marchéna, et un autre réfugié du Calvados, avec la femme de Puisaye, général du roi Buzot, défait à Verdun. Nous vous promettons de livrer dans peu à la vengeance des lois des coupables plus fameux. Nous avons la preuve authentique que presque tous les députés fugitifs du Calvados et de la Vendée, ainsi que les généraux et leur état-major, sont à Bordeaux ou dans les environs. Un jeune homme nommé Mahon, que j'ai reconnu ici pour avoir été attaché à Félix Wimpffen, et que j'ai fait arrêter, nous a donné tout le fil de la conjuration, qui allait son train, malgré la conversion subite et apparente des fédéralistes, avec lesquels les conjurés sont en relation intime. Nous travaillons jour et nuit, soit à purger le pays des scélérats qui y abondent, soit à procurer des vivres à la ville de Bordeaux, qui souffre depuis longtemps de la disette [2]. »

De son côté, Tallien, écrivant à Pache pour l'informer des arrestations faites à Bordeaux, *non par les soins de la nouvelle municipalité, qui feignait d'ignorer, mais bien par les nôtres et ceux de quelques braves sans-culottes,* disait : « Nous avons la certitude que Guadet, Pétion, Buzot, Grangeneuve, Girey-Dupré et plusieurs autres sont, soit à Bordeaux, soit aux environs; et la muni-

---

[1] Arrêté du 6 octobre.
[2] *Moniteur* du 16 octobre 1793.

cipalité et les autorités ne font rien pour parvenir à les arrêter [1]. »

Les représentants étaient bien renseignés. Guadet, en effet, était venu à Bordeaux le 24 ou le 25 septembre, mais il n'avait trouvé dans cette ville ni appui, ni secours, et il en était reparti l'âme brisée pour rejoindre à Saint-Émilion, chez son père, les compagnons d'infortune qui l'y avaient précédé. C'étaient Pétion, Buzot, Louvet, Salles, Barbaroux, Valady et un ami de ce dernier. Nous aurons à raconter plus tard la mort déplorable de quelques-uns de ces illustres représentants du parti de la Gironde.

Nous venons de voir que Tallien les recherchait activement.

On a dit que Fontanes, membre du Comité de surveillance et l'un des plus fidèles appuis des conventionnels, trouvait comme eux la municipalité un peu *tiède*. Il se rendait tous les jours à la Commune et stimulait le zèle des municipaux ; il parlait de trois mille arrestations à faire, d'emprunts à lever sur les riches, etc., etc. L'officier municipal Vitrac, fatigué des observations de Fontanes, lui demanda un jour à connaître ses pouvoirs. Mal lui en prit : Fontanes alla à La Réole le dénoncer, et, à son retour, Vitrac était mis en état d'arrestation [2].

Ce Fontanes, qui fut un des terroristes les plus redoutés, avait, dit-on, conseillé aux représentants du peuple de canonner les Chartrons et d'immoler tous les négociants.

Fontanes avait tort de se plaindre, car, si quelques membres de la municipalité étaient *tièdes* et modérés, d'autres, au contraire, tels que Charles, Martial, Barsac, Chaussade, etc., déployaient une activité toute révolutionnaire. Les visites domiciliaires et les arrestations

---

[1] Lettre du 9 octobre 1793. Bibliothèque nationale, supplément français 3274.
[2] *Journal du Club national* du 8 nivôse an III.

marchaient bon train. Les sections, grâce au scrutin épuratoire qui y fut introduit, devinrent un foyer de délations et donnèrent un nouvel essor au civisme ardent des démagogues de la municipalité.

Sainte-Luce Oudaille raconte qu'une députation de la section *Simoneau* s'étant présentée à la municipalité pour lui remettre une délibération relative aux subsistances, un des officiers municipaux, entendant le nom de *Simoneau*, demanda avec indignation comment il pouvait se faire qu'un accapareur de blé eût donné son nom à une section qu'il croyait être révolutionnaire. La députation écouta en silence la sortie du municipal, puis elle le pria de lui désigner un nom à substituer à celui qui provoquait ainsi son indignation. « Eh! quoi, s'écria-t-il, les sections de Bordeaux sont au nombre de vingt-huit, et pas une ne porte le nom du grand Marat!... » On comprit à demi-mot et désormais la section Simoneau s'appela la section Marat [1].

Encore si des modifications de cette nature avaient eu pour résultat de donner du pain au peuple! Mais il n'en était rien, et le 5 octobre une collision avait eu lieu à la porte d'un boulanger entre des citoyens et la garde nationale. Vers neuf heures du matin, quelques hommes de la légion du Sud s'étaient rendus en armes chez Deyries, boulanger, place des Augustins, 42, pour y protéger la distribution du pain. Une foule considérable et affamée envahissait la place; un engagement eut lieu entre des citoyens et les gardes nationaux qui avaient voulu s'interposer dans cette rixe : deux soldats furent assez grièvement blessés, et le capitaine du détachement envoya sur-le-champ prévenir la municipalité. Un officier municipal, accompagné d'une escouade de grenadiers, arriva bientôt, et sa présence rétablit le calme un instant troublé.

---

(1) *Histoire de Bordeaux pendant dix-huit mois*, etc.

Ces scènes étaient malheureusement fréquentes, et l'ordre public courait chaque jour les risques les plus sérieux.

Vers cette époque, le bruit se répandit tout à coup que les représentants du peuple allaient enfin rentrer à Bordeaux. L'un des commissaires envoyés à La Réole avec le député Gouly (de l'Ile-de-France) en apportait, disait-on, la nouvelle. Aussitôt, les sections s'assemblèrent dans l'église Saint-André, et le peuple écouta dans un religieux silence le commissaire, que l'on avait invité à assister à la réunion. Celui-ci confirma la nouvelle : les représentants étaient décidés, assurait-il, à revenir, et la prochaine décade les verrait sans aucun doute dans nos murs.

A ces mots, des applaudissements retentirent sous les voûtes du temple, les visages s'illuminèrent et l'espoir rasséréna les cœurs. On aurait du pain! car, à vrai dire, le sentiment intime qui régnait dans la masse du peuple, c'était la pensée que la présence des conventionnels ramènerait l'abondance au milieu d'une population affaiblie par les horreurs de la famine...

Des arbres de la liberté furent, dit-on, plantés à cette occasion, en signe de joie publique.

Le 6 octobre, Hérault de Séchelles disait à la Convention : « Le patriotisme vient de se ranimer à Bordeaux; mais pour assurer dans cette ville la durée de son règne, il est nécessaire de prendre deux mesures vigoureuses. La première est de désarmer les hommes suspects et ceux qui tenaient aux anciennes associations, pour distribuer leurs armes entre tous les vrais républicains sans-culottes; la seconde est d'annuler les passeports donnés à ces hommes suspects par les municipalités de Bordeaux et de Libourne. Ces passeports ne sont autre chose que de véritables brevets d'incivisme [1]. »

---

[1] *Moniteur* du 8 octobre 1793.

Ces propositions furent adoptées : elles étaient trop bien dans l'esprit général qui animait la Convention pour ne pas être accueillies sans opposition. On ne tarda pas, comme nous le verrons, à appliquer dans Bordeaux le décret provoqué par Hérault de Séchelles.

Mais la diversité d'opinions et de vues qui existait dans le Conseil général de la commune y causait des tiraillements incessants. Les modérés trouvaient qu'on allait trop vite; les hommes dévoués à la Montagne prétendaient, au contraire, qu'on manquait d'activité et d'énergie et qu'il importait, dans l'intérêt du peuple et de la ville, d'accélérer le mouvement révolutionnaire et de donner aux proconsuls de la Réole toutes les satisfactions de nature à mériter leur confiance et à leur prouver la soumission définitive de Bordeaux. C'est au milieu de cette divergence d'idées que la municipalité s'agitait dans une impuissance relative. Les ennemis de la Révolution en profitaient pour chercher à exciter les esprits contre la Convention et ses envoyés. Cette mésintelligence et les bruits répandus par la malveillance arrivèrent jusqu'à La Réole, et, le 6 octobre, Ysabeau écrivit au Conseil général de la commune pour s'en plaindre en termes amers et pour se justifier; il disait :

« La voix publique nous apprend que la calomnie a osé faire entendre ses cris contre nous dans votre enceinte, et qu'il y a été mis en délibération si nous ne serions pas dénoncés par vous à la Convention nationale.

» Que les royalistes, les fédéralistes et les conspirateurs du Calvados et de la Vendée, qui, malgré votre surveillance, existent encore parmi vous, emploient toutes leurs perfides ressources pour nous décrier, cela est juste; leurs clameurs honorent des Montagnards qui ont juré la perte des scélérats, et qui tiendront leurs serments.

» Mais que des magistrats du peuple, investis de sa confiance immédiate, témoins de ce que nous avons souffert pour la cause et des efforts heureux que nous avons faits pour l'arracher à l'oppression et à la misère, mêlent leurs voix à celles des ennemis de la patrie, voilà ce que les bons citoyens auront de la peine à concevoir et à expliquer.

» L'objet des subsistances est devenu, dans la main des contre révolutionnaires, un instrument terrible avec lequel ils se sont flattés d'amener le peuple à adopter leurs projets criminels. Au sein d'une récolte abondante, le pain nous a manqué tout à coup, parce que les grains se sont trouvés en majeure partie dans la main des riches, opposés au système de l'égalité. La ville de Bordeaux s'est ressentie plus que toute autre de ce fléau général. Ce n'est pas ici le lieu d'en développer les raisons : nous ne sommes comptables à la nation et aux citoyens de Bordeaux que des moyens que nous avons employés depuis la fin du mois d'août, où a commencé notre mission, jusqu'à cette époque, pour faire parvenir des grains à une ville qui en manquait totalement.

» Le 26 août nous publions une proclamation que nous avons envoyée à tous les départements, districts, municipalités et sociétés populaires de la République, dans laquelle nous requérons tous les bons citoyens, dans les termes les plus touchants, de venir au secours de la ville de Bordeaux, menacée d'une horrible famine. Une foule de réquisitions particulières, adressées aux villes qui retenaient des grains ou des farines destinées à Bordeaux, prouvent que tous nos instants ont été consacrés à cet objet essentiel.

» Comme nous sentions la nécessité d'organiser au plus tôt un Comité des subsistances qui réunît au plus haut degré la confiance du peuple et la nôtre, nous avons écrit le 6 septembre à plusieurs sections de Bordeaux, pour qu'elles formassent sans délai ce Comité, auquel nous devions remettre les fonds envoyés par la Convention nationale... Qui nous expliquera pourquoi, malgré nos instances, il s'est écoulé *vingt et un jours* entre notre proclamation et la nomination de ces commissaires? Quelle intrigue a présidé à ce retard funeste? Et sur qui doit retomber l'indignation du peuple? Quelle est la main barbare qui, pour conduire le peuple à une disette extrême, a repoussé le pain que nous lui tendions?

» Citoyens, nous ne voulons pas faire un parallèle odieux ; mais c'est ainsi que les riches et les négociants de Toulon ont conduit un peuple égaré par la faim à recevoir d'une main ennemie du pain et des fers.

» Honneur immortel aux respectables sans-culottes de Bordeaux qui ont supporté leur misère avec une patience vraiment républicaine! ils ont su résister aux suggestions des calomniateurs ; ils savent que les pères du peuple partagent leurs douleurs et emploient tous leurs efforts pour les soulager.

» Vous dites que les subsistances n'arrivent pas à Bordeaux avec abondance, comme vous vous y attendiez, et vous osez attribuer ce retard aux représentants du peuple! Nous en appelons avec confiance à tous ceux de vos concitoyens qui sont venus à La Réole, et qui, témoins de nos travaux continuels, n'ont pu voir sans attendrissement nos sollicitudes à cet égard : nous en appelons à ces commissaires que vous avez envoyés trop tard. Ils vous diront que nous avons vaincu toutes les difficultés, que nous avons été au devant de leurs désirs ; qu'enfin, nos réquisitions et nos lettres ont eu tout le succès qu'on pouvait en attendre; nous rendriez-vous responsables aussi de ce que la sécheresse extrême arrête les moulins et entrave la navigation? C'est pourtant dans ce moment-ci le seul obstacle qui s'oppose à l'arrivée d'une grande quantité de farines qui sont acquises.

» Une observation qui ne doit pas échapper aux bons citoyens, et qu'on ne saurait trop mettre sous les yeux du peuple pour qu'il apprenne à connaître ceux qui le trompent : c'est que depuis deux mois il ne parvient à Bordeaux que des farines provenant d'un blé d'une qualité supérieure et sans mélange; quels sont donc ces monstres qui altèrent ces farines ou qui ont l'art de les soustraire pour y substituer des matières impures dont les animaux refuseraient de se nourrir? Hommes si zélés pour les intérêts du peuple, qu'avez-vous fait pour découvrir ce mystère d'iniquité? En vain nous vous demandons une explication sur ce fait, vous ne faites pas semblant de nous entendre; nous viendrons à bout de connaître cette manœuvre infernale, qui tendait à empoisonner les braves sans-culottes. Malheur alors à ceux qui auront commis ce forfait! malheur aussi à ceux qui l'auront souffert!

» NOTRE SÉJOUR PROLONGÉ à La Réole vous effarouche; et vous cherchez à en tirer des inductions défavorables contre nous ; que n'avez-vous pas fait pour persuader aux citoyens que la Convention nationale nous retirait nos pouvoirs et vous envoyait d'autres commissaires.

» Cette nouvelle ruse d'une faction que nous avons abattue ne nous a pas surpris; qu'importe au surplus à des Montagnards d'être à la Convention nationale ou dans les départements? Ils sont assurés que, quel que soit le poste que la patrie leur assigne, ils y rempliront leur devoir franchement et sans crainte.

» Vous feignez d'ignorer les raisons qui nous retiennent encore, quoique nous ne vous les ayons pas cachées; c'est l'intérêt du peuple, seul mobile de toutes nos actions, qui enchaîne nos pas, lorsque nous brûlons du désir de serrer dans nos bras des frères, des amis dont l'attachement pour nous n'a pas diminué, malgré les clameurs des malveillants. Irons-nous parmi ce peuple, qui nous est si cher, avant d'avoir entièrement assuré sa subsistance? Ne sommes-nous pas ici plus à portée de vaquer à ce soin, que dans une ville où le tourbillon des affaires qui nous attendent consommerait tous nos instants? Du poste où nous sommes établis, nous surveillons les achats et les transports; nous arrêtons tout ce qui est pour le compte des spéculateurs, pour le tourner au profit du peuple; nous voyons arriver l'instant heureux où nous pourrons nous réunir à nos frères les sans-culottes, et ce ne sera pas sans une émotion bien douce que nous partagerons leur empressement et que nous jouirons du fruit de nos travaux.

» Cette lettre, citoyens, sera la dernière réponse que nous ferons aux calomniateurs; lorsque notre mission sera terminée et que nous rendrons publique notre correspondance, on y lira la justification complète des représentants montagnards, qui ne sont coupables que d'avoir fait le bien avec persévérance (1). »

Cette lettre causa une vive émotion au sein du Conseil général de la commune et intimida pour quelque temps les détracteurs des conventionnels.

Cependant les persécutions continuaient à Bordeaux, et le 6 octobre, Delormel, Peycam, Mazois, Lubbert père et fils, le chirurgien Revors, de Gercy, directeur des douanes, et une multitude d'autres étaient mis en état d'arrestation comme suspects à des titres divers et allaient grossir le nombre des détenus.

Pendant qu'Ysabeau écrivait et qu'on arrêtait à Bordeaux les citoyens les plus honorables, Tallien, qui semblait être chargé de la partie active de la mission, se rendait dans le Libournais, escorté d'une trentaine de cavaliers de l'armée révolutionnaire campée sous La Réole. Il recherchait Guadet, Salles, Pétion, Barbaroux, que des avis secrets ou de lâches dénonciations avaient signalés comme étant cachés dans cette partie du département. Ses perquisitions furent vaines. Il fit toutefois arrêter, tant à Libourne qu'à Saint-Émilion, un grand nombre de citoyens, mit sous la garde de deux soldats le père de Guadet et prononça la confiscation des biens du conventionnel (2).

(1) Archives de la Gironde, série L.
(2) Guinodie, *Histoire de Libourne*.

C'est dans cette tournée que Tallien rencontra Lacombe. La connaissance fut bientôt faite entre ces deux hommes. Accablé de flatteries par le maître d'école, le conventionnel, étonné de sa faconde révolutionnaire et devinant un instrument d'autant plus dévoué que l'ambition et le désir d'arriver *à quelque chose* débordaient chez cet homme, se lia avec lui, apprécia ses instincts et ses qualités et lui promit sans doute de ne pas l'oublier.

Malheureusement pour les Bordelais, cette promesse sinistre fut tenue.

Le 7 octobre, le Conseil général de la commune ordonnait que tous les citoyens compris dans la réquisition de dix-huit à vingt-cinq ans et qui ne s'étaient pas présentés pour être incorporés dans les bataillons de nouvelle levée, seraient tenus de le faire dans un délai de trois jours; que ceux des citoyens déjà incorporés, qui s'étaient absentés pour une cause quelconque, seraient tenus de se présenter à leurs corps respectifs dans le même délai; et que, ce délai passé, les uns et les autres seraient déclarés déserteurs et punis comme tel.

La municipalité prescrivait en même temps des mesures sévères à l'égard des suspects.

Elle invitait les comités de surveillance des sections à redoubler de zèle et d'activité, à dresser une liste de tous les gens suspects résidant dans l'étendue de leur territoire et à les faire arrêter sur-le-champ.

Les détenus devaient être gardés à vue, avec défense de communiquer au dehors.

Elle suspendait la délivrance des passeports jusqu'à l'arrivée des représentants.

Comme indice du moment, il est utile de transcrire, dans son éloquent laconisme, l'article 7 de l'arrêté de la municipalité : « La Commission des travaux publics reste chargée de faire mettre à exécution la précédente délibération, qui ordonne l'évacuation des maisons nationales pour y recevoir les gens suspects. »

Telle était la situation à Bordeaux le 7 octobre. Au nom de la République et de la liberté, on créait de nouvelles prisons !

Certes, Chaudron-Roussau et Baudot avaient raison en écrivant de Toulouse, le 8 octobre, à la Convention nationale : « Bordeaux est enfin rendu à la patrie; toutes les autorités constituées sont hors de fonctions; un grand nombre de membres de la Commission populaire ont été arrêtés, et bientôt l'armée de La Réole mettra le complément à cette situation. Les *muscadins* de Bordeaux sont dans l'impossibilité de faire aucune résistance, et ils seront républicains, quoi qu'ils en aient dit. Le décret salutaire du 6 août y sera exécuté complètement... »

Il était toutefois difficile à la Convention d'avoir une idée bien exacte de ce qui se passait à Bordeaux. Les contradictions les plus singulières, en effet, régnaient, le lecteur a pu s'en apercevoir, dans les diverses correspondances écrites au sujet de cette ville, soit par les représentants du peuple, soit par les délégués de la Commune de Paris. Quelle était la cause secrète de ces contradictions ? Peut-être un sentiment de jalousie de la part des conventionnels et le désir d'établir et de prouver que la soumission de Bordeaux serait leur œuvre et non celle d'envoyés étrangers à la Convention ? Nous l'ignorons.

Quoi qu'il en soit, Tallien écrivait le 9 octobre à la Commune de Paris : « Ce n'est pas sans étonnement que nous voyons à Paris la manière dont on prend la prétendue révolution bordelaise. Quoi ! les Parisiens seront toujours la dupe des fripons et des agioteurs ? Je vais vous dire la vérité, car la Convention, les Jacobins et la Commune de Paris sont trompés sur cet objet.

» Vous croyez à Paris que la ville de Bordeaux est soumise aux lois, que Bordeaux ne renferme plus de contre révolutionnaires et que le girondisme y est entièrement étouffé ; eh bien ! vous vous trompez. Aucune des lois révolutionnaires ne sont exécutées à Bordeaux ; les muscadins qui composent les compagnies de grenadiers et la cavalerie nationale se promènent encore insolemment dans cette ville ; ils viennent de pousser l'impudeur jusqu'à enrôler parmi eux le traître, Biroteau, l'ex-député Duchâtel, etc.... Plusieurs contre-révolutionnaires viennent d'être arrêtés par nos soins. L'on compte à peine douze patriotes énergiques sur cinquante-six membres qui composent la nouvelle municipalité... On célèbre, il est vrai, des fêtes en l'honneur de Marat, mais ce sont de pures grimaces. La faim et la peur ont seules rallié pour un instant les vingt-huit sections de Bordeaux ; mais il n'y en a pas plus de quatre qui soient dans les bons principes...

» Cette prétendue révolution à laquelle vous avez applaudi, n'est qu'un mouvement *feuillantin,* dirigé par les aristocrates, afin d'éviter celui que nous méditons avec les sans-culottes pour tuer le modérantisme et le fédéralisme ; car il ne faut pas vous laisser ignorer que c'est à Bordeaux que tous les complots révolutionnaires ont été tramés, que c'est Lavau-Gayon qui a livré Toulon. Ce scélérat était encore, il y a quelques jours, président de la Société des Récollets... Ces meneurs de Bordeaux avaient une correspondance avec Lyon, Marseille, Caen, Toulouse, la Vendée... et nous pourrions croire au changement subit des Bordelais ! Croyez, au contraire, qu'ils conspirent dans l'ombre. Nous arriverons sous peu de jours à Bordeaux, mais avec une force qui puisse imposer aux malveillants, et avec des provisions abondantes en grains.

» Nous sommes ici dans une ville patriote (La Réole) ;

nous courons tout le département et nous extirpons les germes du fédéralisme [1]. »

Tallien avait mélangé dans sa lettre le vrai et le faux avec une dose égale d'exagération dans un sens comme dans l'autre; sur certains points, à la vérité, il touchait juste.

De son côté, le conventionnel Roux-Fasillac écrivait d'Angoulême, vers la même époque, qu'il avait appris, par une lettre des commissaires de la Commune de Paris dans la ville de Bordeaux, que la révolution opérée dans cette cité n'était pas une vaine comédie, mais qu'elle était très réelle, et que le triomphe des sans-culottes y était assuré [2].

Qui fallait-il croire?

Piquée au vif d'avoir été trop crédule, la Commune de Paris rappela immédiatement les commissaires Dunouy et Viallard.

Ysabeau et Tallien durent être satisfaits : ils avaient le champ libre et le bénéfice du succès leur était acquis.

Ayant mis dans leurs projets de rentrer prochainement à Bordeaux, ils voulurent, pour conquérir la faveur publique, essayer de ramener au moins momentanément l'abondance au sein de cette cité si éprouvée par la disette; ils déléguèrent des commissaires pour aller dans la Charente-Inférieure faire des achats de grains et farines, et remirent à Bujac et Dussau, désignés pour cette mission par le Comité des subsistances, la lettre suivante destinée à faciliter leurs opérations :

« Citoyens, vous n'apprendrez pas sans le plus vif intérêt qu'une heureuse révolution a commencé à s'opérer dans les murs de Bordeaux. Les administrateurs coupables ont cessé leurs fonctions; plusieurs fédéralistes sont arrêtés, le nom de la Montagne se prononce hautement : tout annonce qu'avec quelques efforts de plus, le règne des lois

---

[1] *Moniteur* du 16 octobre 1793.
[2] *Id.* du 13 octobre 1793.

républicaines sera solidement établi dans le foyer même des intrigues qui tendaient à la renverser.

» Un nouveau Comité de subsistances composé de vrais sans-culottes a succédé sous nos auspices à l'assemblée d'agioteurs qui portait ce nom.

» Vous pouvez donc prendre toute confiance aux commissaires de ce nouveau comité, qui se rendront auprès de vous munis de notre réquisition pour procurer du grain aux pauvres, aux ouvriers, aux sans-culottes de Bordeaux qui gémissent dans la plus affreuse détresse. Vous pouvez être assurés que les grains que vous fournirez à vos frères iront à leur véritable destination sans passer par les mains des infâmes spéculateurs, et que le peuple recueillera tous les fruits des bienfaits de la Convention nationale.

» Je vous invite par ces motifs et par ceux de la fraternité à favoriser de tout votre pouvoir les achats, transports des grains qui seront acquis dans l'étendue de votre ressort par les Montagnards du nouveau Comité. Les besoins sont grands, les secours doivent être prompts.

» Salut et fraternité.

» C.-Alex. YSABEAU, TALLIEN. »

Cette mission ne fut pas heureuse. Lequinio et Laignelot à Rochefort, Bourbotte à Angers, et Guimberteau à Tours, déclarèrent *qu'étant dans une pénurie absolue, ils avaient la cruelle douleur de ne pouvoir satisfaire les commissaires,* qui parcoururent, sans obtenir de meilleurs résultats, les départements de la Charente-Inférieure, de Maine-et-Loire, du Loiret, d'Eure-et-Loir, d'Indre-et-Loire, etc.

Dans la nuit du 9 au 10 octobre, huit prisonniers furent extraits des prisons de Bordeaux et dirigés sur Paris, où ils devaient être traduits devant le tribunal révolutionnaire. C'étaient MM. Dudon père, de Gercy, l'abbé Hollier,

Delormel, Serrier, Lemoine fils, Lacombe-Puyguereau et Lemelle.

La plupart périrent sur l'échafaud parisien. Comme on s'occupait d'eux un jour à la Convention, le représentant du peuple Baudot dit qu'il fallait *huit minutes pour les juger*.

Nous avons déjà indiqué et nous aurons encore à constater l'immixtion fréquente du Club national dans les affaires de la cité. Le 11 octobre, un membre du club montait à la tribune : « Ce matin, disait-il, les citoyens se sont rendus en foule au temple de l'*Être suprême;* ils n'y ont vu paraître ancun fonctionnaire public, sinon le citoyen Clochard, accompagné de l'un de ses collègues. Je demande que le Club national nomme douze de ses membres qui se rendront chaque décade au temple, munis chacun d'un discours qu'ils prononceront; je demande aussi que notre Comité d'instruction publique rédige un résumé de nos délibérations les plus intéressantes, et que ce résumé soit lu publiquement dans le temple. Il y a lieu de croire que les citoyens réunis trouveront un charme patriotique dans ces douze discours brûlants de civisme et dans le résumé de nos séances [1]. »

Cette motion fut adoptée avec enthousiasme.

Ne fallait-il pas réchauffer l'esprit public et le tenir en haleine ?

Une mesure importante, qui annonçait l'arrivée prochaine des représentants à Bordeaux, émut vivement les esprits. Le Conseil général de la commune adressa aux citoyens de la ville une proclamation ainsi conçue :

« Vos magistrats viennent avec confiance vous demander encore une nouvelle preuve de vos sentiments fraternels et républicains; les représentants du peuple séant à Agen et à La Réole se rendent enfin à nos vœux; ils viennent au milieu de nous jouir du spectacle

[1] Archives de la Gironde, série L, registre 178.

touchant que vous y donnez chaque jour; ils viennent accompagnés de 3,000 de nos frères, et nous désirerions que la République entière fût avec eux pour se convaincre de la pureté et de la chaleur du patriotisme qui anime la grande masse des citoyens de Bordeaux.

» Les logements qui doivent recevoir ces 3,000 hommes sont prêts ou vont l'être; mais il nous manque les choses les plus essentielles, des lits et du linge; tout ce que nous en avions a été mis en réquisition pour l'armée des Pyrénées, et il nous serait impossible de pourvoir à ce qui nous manque à cet égard si nous ne comptions sur ce dévoûment généreux que vous avez toujours fait éclater dans toutes les grandes occasions où la Patrie réclamait de vous quelques sacrifices.

» Nous nous persuadons aisément qu'il eût été plus doux pour vous de voir au milieu de votre famille, et de compter au nombre de vos enfants, nos braves frères d'armes qui viennent avec les représentants du peuple; mais les circonstances et des raisons d'une importance majeure nous ont commandé cette mesure, et la douce certitude de vous trouver toujours dignes de vous-mêmes nous a pleinement rassurés sur son exécution.

» Nous invitons donc, au nom de la Patrie, tous ceux à qui leurs facultés le permettent, de porter dans les endroits ci-après désignés les lits et le linge dont ils pourront disposer. Tous les effets seront numérotés, étiquetés; ils seront parfaitement soignés et rendus aux propriétaires très exactement. »

En trois jours, plus de 1,500 lits furent fournis par les citoyens avec un empressement véritablement patriotique.

Les représentants arrivaient enfin; et la population était prête aux plus grands sacrifices pour hâter leur présence!

Quant aux lits qui devaient être rendus *très exactement* à leurs propriétaires, on ne les revit plus, malgré des promesses formelles, et les citoyens en furent dépouillés. Ce fait fut reproché plus tard à la municipalité provisoire comme une dilapidation à ajouter à bien d'autres.

Et d'ailleurs qu'importait cette spoliation? Les Bordelais avaient à redouter des calamités bien autrement terribles! La révolution du 18 septembre, qui devait les sauver, n'avait fait qu'ajouter d'autres maux à leurs maux anciens. La sécurité politique, si nous pouvons ainsi parler, n'existait plus; le 11 octobre, un contemporain écrivait : « Bordeaux se trouve dans des circonstances critiques; les arrestations se font toutes les nuits avec une activité incroyable. L'on en arrête quelquefois jusqu'à 300 par jour. Les affaires sont toutes suspendues; on a apposé les scellés chez beaucoup de négociants et de capitalistes. On compte environ 3 à 4,000 personnes emprisonnées, et toutes les nuits, comme je vous l'ai dit, on en arrête beaucoup [1]. »

Pour exécuter les ordres du Comité de salut public et des proconsuls de La Réole, on avait placé la population bordelaise sous le régime de la loi des suspects. Tels étaient les bienfaits du système politique dont on préparait la venue!

L'officier municipal Vitrac a dit que les principales arrestations avaient eu lieu d'après une liste apportée de Paris par Chaussade et Couteau, officiers municipaux provisoires. Cette liste, contenant les noms de soixante-dix personnes environ, avait été dressée, à ce qu'on assure, par Desfieux, Pereyra, Courtois et Delclou, qui ne cessèrent de calomnier le département de la Gironde auprès des divers comités de la Convention et au sein du club des Jacobins. Voici, au surplus, comment s'exprima Vitrac : « Le jour du retour de Chaussade de Paris, on nous retint une douzaine de membres de la commune; on nous fit souper, et ensuite, fermant la porte, on nous dit : Il s'agit d'une grande mesure qu'il faut exécuter sur-le-champ; et l'on nous présenta la liste. C'était un chiffon de papier large d'environ quatre pouces sur un pied de long, sans signature. Chaussade et Couteau étant allés à Paris, quelques membres de la Convention leur dirent : Vous venez nous annoncer la régénération de Bordeaux, mais il y a des meneurs qu'il faudra arrêter; on vous en donnera la liste. Chaussade la reçut, en effet, le lendemain des mains

---

[1] Lettre de Guille, du 11 octobre 1793.

de Desfieux. Elle avait été dressée, assure-t-on, par ce dernier. Chaussade présenta aux membres de la Commune ci-dessus cette liste comme étant un relevé fait dans les bureaux du Comité de salut public. Toutes les objections furent inutiles et les arrestations immédiatement résolues [1]. »

Les principaux promoteurs de ces arrestations, qui plongèrent la ville dans le deuil et la consternation, furent Martial, Barsac, Charles, Cogorus et d'autres que nous pourrions nommer.

L'officier municipal Vitrac prétendit plus tard que s'il avait procédé à des arrestations, c'était afin d'*adoucir à ceux qu'il avait choisis et qui étaient ses amis, le coup qu'on leur portait.*

Martignac père, activement recherché alors, fut assez heureux pour se soustraire au zèle de Barsac et autres.

Bordeaux, on peut en juger, marchait hardiment dans la voie révolutionnaire; et cependant bien des calomnies étaient encore répandues dans la France sur le compte de cette ville. C'est ainsi que Gasparin et Salicetti écrivaient le 11 octobre : « Le commerce de Bordeaux, le commerce de Marseille, sont prêts à partir pour Naples, pour y aller prendre le comte d'Artois, Monsieur et l'évêque de Toulon [2]. »

C'était bouffon à force d'invraisemblance, et, pour nous servir du mot de Voltaire, nous dirons : c'était ainsi que l'on écrivait l'histoire.

Quelques esprits rêvaient certainement la contre-révolution à Bordeaux, mais la ville soumise et affamée était aux pieds des conventionnels et demandait merci.

La pénurie des subsistances y était telle, au moment même où on la calomniait ainsi, que, pour y rémédier et sur les instances de la municipalité, les représentants du

---

[1] *Journal du Club national de Bordeaux* du 8 nivôse an III.
[2] *Moniteur* du 23 octobre 1793.

peuple, par un arrêté du 13 octobre, autorisèrent celle-ci à extraire partie des biscuits qui se trouvaient sur les vaisseaux frétés pour le compte de la République, ou d'autres subsistances, pour les distribuer aux sections par égale portion.

On annonçait en même temps que 30,000 boisseaux de farine devaient arriver incessamment à Bordeaux venant de Toulouse et de divers autres points de la République.

En transmettant leur arrêté à la municipalité, Ysabeau et Tallien écrivaient : « Nous vous envoyons, par le retour de votre courrier, l'arrêté que vous nous demandez. Vous en trouverez peut-être les conditions un peu sévères; mais comme cette démarche est hors la loi et peut préjudicier en quelques points aux intérêts de la République, il est certain qu'il ne faut user de la ressource qu'elle présente qu'autant qu'elle sera commandée par l'extrême nécessité.

» Nous avons l'assurance d'une grande quantité de farines; il ne manque que des sacs : ceux qu'on a envoyés de Bordeaux exigent des réparations qui en retardent l'envoi. Veillez à ce que ces opérations si importantes soient faites avec plus d'exactitude, car il semble qu'il manque toujours quelque chose au bien qui devrait s'opérer pleinement et sans obstacle [1]. »

Peut-on penser sérieusement dans ces circonstances que le commerce de Bordeaux, s'il existait encore, eût les projets que lui prêtaient Salicetti et Gasparin dans leur lettre du 11 octobre [2] ? Non, sans doute.

Marandon, rédacteur du *Courrier de la Gironde*, dont nous avons déjà parlé [3], figurait sur la liste de

---

[1] Archives de la Gironde, série L.
[2] V. *supra*, p. 404.
[3] V. Livre I, chap. III, p. 73.

proscription envoyée de Paris. Il était activement recherché par la municipalité. Guidée par le sentiment de l'amour conjugal, sa femme s'était rendue à La Réole pour solliciter les représentants en faveur de son mari. Renseignés par leur entourage, Ysabeau et Tallien prirent à l'égard de cette dame une mesure monstrueuse : ils la firent appréhender comme otage de son mari et l'envoyèrent au Comité de surveillance de Bordeaux avec invitation *de la mettre en état d'arrestation dans son domicile jusqu'à ce que le citoyen son mari se fût constitué prisonnier entre les mains des représentants du peuple, qui se réservaient de statuer définitivement sur son sort.* Le 14 octobre, à neuf heures du soir, Marandon, informé par des amis de ce qui s'était passé et de l'arrestation de sa femme, se présenta au Comité de surveillance et fut écroué à la maison commune (1). Il expia plus tard ses erreurs politiques sur l'échafaud bordelais.

Nous avons signalé des contradictions existant entre les diverses correspondances officielles relatives à la situation politique de Bordeaux à l'époque des premiers jours d'octobre. Robespierre lui-même s'expliqua à cet égard, et dans la séance de la Société des Jacobins du 14 de ce mois, il dit, à l'occasion d'une discussion sur un rapport de Jullien (de Toulouse) ayant trait aux départements fédéralistes : qu'on cherchait à compromettre la municipalité de Paris, qu'on avait induite en erreur et à qui on avait fait faire une fausse démarche auprès de celle de Bordeaux qui, malgré ses belles apparences, était l'ennemie née de la ville de Paris, et le serait, relativement à son commerce, de la République (2).

Il est vrai qu'au même moment Dunouy et Viallard annonçaient, par une lettre du 14 octobre, que le patrio-

---

(1) Archives de la Gironde, série L, registre 490 *bis*.
(2) *Moniteur* du 17 octobre 1793.

tisme se prononçait dans cette ville et que les aristocrates n'avaient plus la même influence qu'auparavant [1].

Si un document officiel pouvait être invoqué à l'appui de l'opinion des commissaires de la Commune de Paris, nous dirions que les femmes même s'étaient associées au mouvement révolutionnaire. A cet égard, nous reproduisons, en y rétablissant seulement les lois violées de l'orthographe, la curieuse et singulière adresse envoyée le 15 octobre à la Convention nationale par la *Société des Amies de la République française séante aux ci-devant Jacobins* :

« Législateurs, disaient ces citoyennes, l'égarement où les intrigants avaient plongé notre cité, a fait frémir d'indignation les vraies amies de la République. Nous avons vu le précipice entr'ouvert sous nos pieds, et nos regards aussitôt se sont portés vers vous. Nous avons applaudi du premier moment aux journées des 31 mai, 2 et 3 juin, mais la tyrannie et un pouvoir usurpé par des hommes captieux et traîtres nous empêchaient de dire la vérité. Les bons patriotes étaient forcés de se taire devant les agitateurs et les fédéralistes de notre ville, car les incarcérations étaient pour ceux qui avaient le courage de se prononcer et de manifester leurs opinions; mais aujourd'hui que Bordeaux, éclairé du flambeau de la vérité, abjure ses erreurs et que cette vérité, longtemps persécutée, triomphe, nous nous empressons de vous dire ce que le pur patriotisme nous a toujours dicté.

» Législateurs, nous ne vous parlerons pas avec éloquence, mais avec franchise : une faction royaliste siégeait au milieu de la Convention. L'intrigue et la conjuration agitaient les départements ; il nous fallait des hommes dignes du caractère de représentant du peuple pour terrasser les méchants.

» C'est vous, Montagne, qui les avez enfantés ces hommes vertueux qui ont eu le courage de dévoiler aux yeux de la République étonnée les infâmes complots de la caste liberticide. Grâces vous en soient rendues! Journées des 31 mai, 2 et 3 juin, nous vous rappellerons toujours avec joie et nous transmettrons votre précieux souvenir aux siècles qui nous suivront!

» Législateurs, frappez du glaive de la loi tous ces hommes masqués de patriotisme! Que la vengeance nationale retombe sur la tête de tous les conspirateurs! Que le sol de la liberté ne soit plus

---

(1) *Moniteur* du 16 octobre 1793.

souillé par ses ennemis, et vous conserverez à la République une grande cité et des hommes dignes de servir leur patrie !

» Défenseurs de l'unité et de l'indivisibilité de la République française, le salut de cette même patrie, au nom de laquelle nous vous parlons, exige de vous de rester à votre poste, et nous vous invitons, nous vous conjurons, par tout ce qui est de plus cher à des âmes républicaines, de ne point l'abandonner jusqu'à la paix.

» Vous avez fait le bonheur du peuple en lui donnant une Constitution que nous soutiendrons au péril de notre vie : le peuple français vous devra tout son bonheur et sa tranquillité.

» Notre cité se régénère et se méfie des faux patriotes, honnit la troupe muscadine et prend enfin des mesures vigoureuses.

» Quelques intrigants avaient voulu jeter de la défaveur sur les représentants à La Réole, Ysabeau et Baudot; mais la sage conduite de ceux-ci et leurs bienfaits continus ont démonté la calomnie. Nous espérons que la surveillance du Club national et des sans-culottes bordelais abattront tout à fait le monstre sanguinaire de l'aristocratie, et que notre cité, purgée de tous les coupables factieux qui la déchiraient, ne sera habitée que par des vrais montagnards et des franches républicaines, qui, à votre exemple, sauront sacrifier leurs talents et leurs vies pour le maintien de la République française une et indivisible.

» Nous sommes très cordialement les citoyennes, etc.

» Signé : DORBE aînée, *présidente*;
DORBE cadette, *archiviste*;
Veuve LARRIEUX et veuve JUVÉ, *secrétaires* [1]. »

Telle était l'ébullition révolutionnaire que provoquaient la peur et la faim; car nous ne saurions attribuer à d'autres mobiles la violence du langage d'un sexe habituellement étranger aux choses de la politique.

Au milieu des maux de toutes sortes qui assiégeaient la population, les dénonciations pleuvaient au Comité de surveillance. Elles y étaient toujours bien accueillies et les arrestations allaient bon train [2].

Sans doute on préparait ainsi le terrain pour la réception des proconsuls de la Convention. Ils étaient, en effet, attendus à toute heure, et la municipalité s'efforçait de

---

[1] Archives de la Gironde, série L.
[2] Archives de la Gironde, série L, registre 490 *bis*.

prendre une attitude véritablement révolutionnaire, tandis que les sections se tenaient sur le qui-vive aux cris de *Vive Marat* (1)!

Il n'est pas sans intérêt d'indiquer ici qu'une des principales branches du commerce de Bordeaux à ce moment consistait dans la vente de bonnets rouges et du portrait de Marat...

Tout le monde se démocratisait par peur, et Bordeaux avait courbé la tête sous l'omnipotence audacieuse de la section Franklin et du Club national. Cela ne suffisait pas, et les Jacobins de Paris se disposaient à envoyer vingt commissaires à Bordeaux, pour coopérer avec les représentants du peuple à former l'esprit public de cette ville (2).

Enfin, ce jour longtemps attendu, longtemps désiré, était venu. C'était le 16 octobre 1793 (3).

Les conventionnels étaient en route pour Bordeaux et ils allaient entrer dans cette ville. Dès le matin la nouvelle s'en était répandue, et plus de 20,000 citoyens s'étaient portés au-devant d'eux. Les habitants, dit Tustet, furent en foule et sans armes à leur rencontre pour les accueillir et leur témoigner leur allégresse (4). Ils avaient à la main des branches de laurier.

Vers quatre heures de l'après-midi, les représentants Ysabeau, Baudot, Chaudron-Roussau et Tallien firent leur entrée dans Bordeaux, en passant par une brèche faite au mur de ville près la porte Sainte-Eulalie ou de Berry.

La ville était *conquise*.

Un contemporain a raconté que des cris de joie et d'enthousiasme annoncèrent l'arrivée des quatre commissaires de la Convention (5). D'autres prétendent qu'ils furent accueillis par un morne silence.

(1-5) Sainte-Luce Oudaille, *Histoire de Bordeaux*, etc.
(2) *Moniteur* du 21 octobre 1793.
(3) Ce même jour on guillotinait la reine Marie-Antoinette à Paris.
(4) Tustet, *Tableau des événements*, etc.

La vérité est certainement entre ces deux appréciations. Les hommes de la Gironde avaient tout à redouter de la présence des conventionnels, et ils durent se tenir à l'écart le 16 octobre; mais la masse de la population, que ne pouvaient diriger les mêmes craintes et qui voyait dans Ysabeau et ses collègues la personnification de l'abondance et la cessation des maux de la disette, la masse de la population, disons-nous, les accueillit avec une satisfaction à laquelle les intrigues des meneurs surent donner l'apparence d'une fête et d'une manifestation de la joie publique.

Précédés et suivis d'une armée révolutionnaire de 3,000 hommes, sous le commandement des généraux Brune et Janet, le premier ami et le deuxième neveu de Danton, les conventionnels, impassibles et calmes en apparence, s'avançaient au milieu de la foule du peuple dans des calèches découvertes. Ils avaient revêtu pour la circonstance leur costume traditionnel.

L'artillerie et deux pièces de canon ouvraient la marche; puis venaient les voitures, autour desquelles caracolaient des aides de camp chargés d'en assurer la libre circulation.

L'air retentissait des cris de *Vive la Nation! Vive la République! Vivent les Représentants! Vive Marat! Vive la Sainte-Montagne!* et des hommes coiffés de bonnets rouges chantaient l'hymne des Marseillais, comme on disait alors. Les chants étaient interrompus de temps à autre par les cris sinistres : *A bas les Girondins!*

C'était un spectacle curieux et qui a laissé de profonds souvenirs parmi ceux qui en furent les témoins désintéressés.

A la suite des représentants, on remarquait leur secrétaire, Peyrend d'Herval, commissaire des guerres, ancien secrétaire de Couthon. On le disait chargé d'épier leurs actes et leurs démarches pour le compte du Comité de salut public. C'était un homme dangereux et méchant, et qui profita de sa position et de son influence pour se venger cruellement des mauvais traitements qu'on lui avait fait éprouver à Bordeaux deux mois auparavant [1].

Les commissaires de la Convention descendirent au Grand-Séminaire [2], où leurs appartements avaient été préparés et où une partie de l'armée révolutionnaire s'installa avec eux. La ville de Bordeaux, définitivement soumise, allait subir le joug de la Montagne.

Disons ici quelques mots des proconsuls qui avaient été chargés de réduire cette ville.

Chaudron-Roussau, avocat à l'époque de la Révolution, en embrassa la cause avec enthousiasme et devint procureur syndic du district de Bourbonne-les-Bains. Il avait été élu en septembre 1791 député de la Haute-Marne à l'Assemblée législative, où il siégea au côté gauche, et fut nommé après la journée du 10 août membre de la Convention nationale. Il y vota la mort de Louis XVI et reçut de nombreuses missions dans les départements. Il fut sous l'Empire inspecteur des forêts à Bourbonne-les-Bains.

Baudot était médecin à Charolles en 1789. Il avait été envoyé comme suppléant à la Législative et plus tard comme député à la Convention par le département de Saône-et-Loire. C'était un caractère énergique et emporté. Après avoir demandé un décret d'accusation contre Dillon, Maury, Courvoisier et Choiseul-Gouffier, il vota la mort de Louis XVI, fit décréter que les cloches seraient converties en canons, et fut envoyé en mission dans le midi de la France.

Ysabeau était un ancien oratorien; il avait, selon une expression bien connue, jeté le froc aux orties, et ses concitoyens d'Indre-et-Loire l'avaient nommé député à la Convention nationale, où il vota la mort de Louis XVI. C'était un homme instruit, mais insouciant et occupé des plaisirs de la table.

---

[1] V. livre II, chap. IV.
[2] Hôtel actuel des Monnaies, rue du Palais-Gallien.

Tallien, le plus jeune des quatre commissaires, avait une personnalité plus tranchée; fils du portier d'un grand seigneur auquel il avait dû son éducation, il fut successivement homme d'affaires du marquis de Bercy, clerc de procureur, employé dans les bureaux de commerce et de finance, copiste du député Brostaret durant l'Assemblée constituante, et enfin prote dans les ateliers du *Moniteur*. En 1791, il créa sans succès l'*Ami des Citoyens,* et devint secrétaire général de la Commune de Paris le 10 août. Il commença dès lors à jouer un rôle plus considérable et fut accusé d'avoir participé aux massacres de septembre. Élu député de Seine-et-Oise à la Convention nationale, il vota la mort de Louis XVI et reçut ensuite des missions dans les départements.

Tels étaient les hommes qui, singeant l'entrée de Montmorency à Bordeaux, venaient de prendre possession de cette ville au nom de la Convention.

Dès le lendemain de leur arrivée, les représentants descendirent [1] au Comité de surveillance, où ils furent accueillis avec un enthousiasme inexprimable. Le président Rideau leur fit connaître dans un langage ému les sentiments dont étaient pénétrés pour eux les cœurs de tous les membres du Comité. Les représentants remercièrent en quelques mots, déclarant qu'ils étaient venus à Bordeaux pour s'occuper du bonheur du peuple et qu'ils y consacreraient toutes leurs veilles.

Du Comité de surveillance, les représentants se rendirent au Club national. Les membres s'étaient réunis dans le local ordinaire de leurs séances à l'église Saint-Projet, et le président venait d'annoncer que la Société allait se transporter à l'ancien musée, lorsque Tallien, Ysabeau, Baudot et Chaudron-Rousseau arrivèrent, escortés du

---

[1] Les bureaux du Comité de surveillance étaient au Grand-Séminaire, où demeuraient les conventionnels.

général Brune, de Peyrend d'Herval et d'un détachement de l'armée révolutionnaire.

Les représentants se mirent en tête de la Société et l'installèrent dans le local où avaient longtemps siégé les *Amis de la Liberté et de l'Égalité*.

De nombreux discours furent prononcés dans cette circonstance. Tallien, notamment, exalta le patriotisme du Club national; il l'engagea à continuer sa glorieuse mission : « Les sans-culottes, désormais, ne doivent rien craindre, dit-il, car la représentation nationale et la guillotine sont là pour venger les outrages par lesquels on essaierait de les ralentir dans leur marche vers le sommet où ils doivent s'élever [1]. »

Cette installation fut suivie de fraternelles agapes avec les Montagnards bordelais.

Le soir de ce jour, le théâtre de la République, ci-devant Molière, recevait la visite d'Ysabeau et de Tallien. On jouait la *Plantation de l'arbre de la liberté,* pièce patriotique.

Une affluence considérable de citoyens, attirés par la présence des conventionnels, remplissait la salle. Des cris et des bravos éclataient à chaque instant à leur adresse et troublaient la représentation.

Tallien se leva : « Gardez vos applaudissements, citoyens, s'écria-t-il; quand nous aurons fini notre mission, quand l'ordre et la tranquillité seront rétablis dans votre ville, alors vous nous témoignerez votre allégresse par le bonheur dont vous jouirez; mais souvenez-vous bien que nous ne sommes ici que de simples citoyens comme vous. »

Ces paroles calmèrent l'enthousiasme populaire, et la représentation put continuer tranquillement.

L'hymne des Marseillais termina le spectacle, mais il

---

[1] H. Chauvot, *le Barreau de Bordeaux.*

y eut une correction faite à l'un des couplets par un capitaine de l'armée révolutionnaire. Quand l'acteur chanta :

> Français, en guerriers magnanimes,
> Portez ou retenez vos coups !
> Épargnez ces tristes victimes,
> A regret s'armant contre vous.....

— Non, non, s'écria le capitaine en interrompant le chanteur...

Le silence se fit, tous les regards cherchèrent l'interrupteur, on écouta :

— Nous ne voulons épargner personne, continua-t-il ; guerre à mort aux despotes, aux aristocrates, aux fédéralistes, guerre à mort ! Le couplet n'est plus à l'ordre du jour.....

Ces mots horribles furent accueillis par des applaudissements, et un cri général de *guerre à mort* retentit dans toute la salle.

Guerre à mort! tel était le cri formidable du moment...

La ville de Bordeaux était réduite ; il restait à y organiser la Terreur. Ysabeau et Tallien s'en occupèrent sans délai, et le génie de la destruction et de la mort ne tarda pas à planer sur cette ville en deuil !

Nous allons, le cœur serré, raconter, avec l'impartialité de l'historien, les funèbres hécatombes de l'an II de la République dans la patrie des Girondins.

Selon la parole de M. Louis Blanc, « c'est un récit lamentable à jamais que celui que nous allons aborder [1]. »

---

[1] *Histoire de la Révolution française*, t. IV, chap. IV : *les Proconsuls*.

FIN DU Ier VOLUME.

APPENDICE

NOTE I, p. 18.

LISTE DES QUATRE-VINGT-DIX ÉLECTEURS.

MM.
Alphonse père.
André.
Battanchon.
Bazanac père.
Béchade père.
Bergeret.
Bernadau-Lamarche.
Bolle.
Borel.
Boudin.
Bourdier.
Broca.
Brochon père.
Campaignac.
Carle père.
Cazejus.
Chaigneau-Joffret.
Chandru.
Chicard.
Chicou-Bourbon.
Comet.
Constant.
Crozilhac.
Dambielle père.
Descats père.
Desèze.
Darmagnac.
Détan aîné.
Dubreuil.
Dufour.

MM.
Duranteau père.
Duthil père.
Fabre.
Fadeville.
Fauché aîné.
Faurie père.
Feuilherade.
Fléché.
Fourcade.
Fournier.
Fourraignan.
Gachet-Delisle.
Ganucheau.
Gassies.
Gaube.
Gauvry père.
Gerbier.
Gibaudau.
Gibert.
Gradis.
Journu.
Laclaverie.
Laclotte père.
Lafargue.
Lafargue aîné.
Lafon.
Lagarde.
Lapeyre.
Laporte.
Larré.

MM.
Latuillière.
Latus.
Légé.
Lemesle.
Lévêque.
Leydet.
Manville.
Marion.
Mercier.
Monnerie.
Moulina.
Nairac.
Plantevignes père.
Rabeau.
Rabaud.
Ravesies fils aîné.
Reveillet.
Roger.
Roullet.
Roussillon.
Royer.
Sabrier.
Sandré.
Séjourné aîné.
Séjourné jeune.
Sers père.
Soulignac père.
Tarteyron (J.).
Trapé.
Villotte.

NOTE II, p. 23.

ARRÊTÉ
des
QUATRE-VINGT-DIX ÉLECTEURS DE LA VILLE DE BORDEAUX.

Les électeurs des communes de Bordeaux, honorés de la confiance de leurs concitoyens, ont cru ne pouvoir mieux répondre jusqu'à ce jour, qu'en prenant toutes les mesures que leur prudence a pu leur suggérer, pour prévenir les troubles et les désordres qui sont trop souvent la suite des premiers mouvements, lors même qu'ils n'ont pour objet que le bien général et l'intérêt de la cause commune. C'est dans les mêmes vues qu'ils se sont occupés de ce qui pourrait à l'avenir porter atteinte à la tranquillité publique, et qu'ils ont délibéré et arrêté ce qui suit :

1º Tous les citoyens sont invités à continuer de vaquer aux occupations ordinaires de leur état.

2º Tous les ouvriers, compagnons ou autres, sont avertis de rentrer dans leurs ateliers respectifs, de s'occuper de leurs travaux et d'éviter tout attroupement. Les maîtres sont invités de veiller à ce que les ouvriers se tiennent dans l'ordre prescrit par les règlements de police.

3º Tout citoyen doit s'interdire d'appliquer aucun placard injurieux ou séditieux, à peine d'être réputé perturbateur de l'ordre public.

4º Tous les piquets, détachements ou compagnies des troupes patriotiques de Bordeaux, sont invités à enlever les placards de ce genre qu'ils pourraient trouver, et ils dénonceront les coupables qui seraient surpris en flagrant délit.

5º Personne ne se permettra d'insulter aucun citoyen, habitant, étranger ou voyageur, ni de porter atteinte à la liberté individuelle.

Fait et arrêté dans l'assemblée des 90 électeurs des communes de Bordeaux, le 23 juillet 1789.

VILLOTTE, *président;*
LAGARDE, *secrétaire.*

(Bibl. de Bord., nº 26005, A2.)

NOTE III, p. 27.

Je profite d'un courrier extraordinaire pour vous donner de nos nouvelles. Ce courrier est envoyé par tous les bons citoyens pour porter à l'Assemblée nationale une adresse contre un arrêt rendu par la Chambre des vacations. Dans cet arrêt qu'ont occasionné les troubles de la province, troubles au reste qui ne subsistent plus, on se permet d'avancer que nos représentants n'ont jusqu'à présent *fait que des maux qu'il serait difficile d'énumérer.* Il n'y a eu qu'un cri contre cette coupable irrévérence. Nous espérons que l'Assemblée nationale en fera justice.

Déjà notre fougueuse jeunesse, au café de M. Saige, a brûlé publiquement cet arrêt incendiaire et a lu sa sentence en plein spectacle.

(Lettre de M. Charles Géraud (1) à M. Terrier, médecin.)

NOTE IV, p. 29.

Robespierre faisait un jour l'éloge d'un nommé *Desfieux*, homme noté pour son improbité et qu'il a sacrifié dans la suite. « Mais votre *Desfieux*, lui dis-je, est connu pour un coquin. — N'importe : c'est un bon patriote. — Mais c'est un banqueroutier frauduleux. — C'est un bon patriote. — Mais c'est un voleur. — C'est un bon patriote. » Je n'en pus arracher que ces trois paroles.

(Meillan, représentant du peuple, député par le département des Basses-Pyrénées. *Compte-rendu*, germinal an III.)

NOTE V, p. 34.

Notre fédération..... s'est faite le 17 de ce mois..... Que cette cérémonie était auguste! Le Jardin public est totalement changé. En conservant les allées de côté et le bois qui est dans le fond, en comblant le bain qui était au milieu, en faisant disparaître toutes ces plates-bandes, on a fait un champ-de-mars immense. C'est au milieu qu'on avait élevé un autel à la patrie et c'est là qu'on a juré au Dieu régénérateur de l'empire français de s'aimer, de se secourir et de défendre la Constitution. Le silence le plus profond, malgré l'immensité du peuple, régnait au moment du serment, et chacun était profondément pénétré d'un respect religieux.

(Ch. Géraud, Lettre à son fils Edmond, du 19 juin 1790.)

---

(1) Nous devons à Mme Jardel-Laroque la communication de l'intéressante correspondance de M. Géraud, son père. Nous lui en exprimons toute notre reconnaissance.

NOTE VI, p. 38.

A la requête de Monsieur Emmanuel-Céleste-Augustin de Durfort, chevalier de l'ordre militaire de Saint-Louis, maréchal des camps et armées du Roi, demeurant à Bordeaux sur le grand cours de Tourny, paroisse de Saint-Dominique,

Soit déclaré à Monsieur l'accusateur public établi près le tribunal du district de Bordeaux,

Que le greffier vient de faire lecture à mondit sieur requérant d'un jugement, en date de ce jour, par lequel il a été déclaré que le tribunal, attendu ce qui résulte du décret de l'Assemblée nationale du 15 de ce mois, ne peut continuer la procédure commencée contre mondit sieur requérant, et a ordonné que les portes de la prison lui seront ouvertes.

Mondit sieur requérant déclare que plein des sentiments patriotiques qui l'ont toujours animé, fier d'avoir pu, dans des circonstances critiques, être de quelque utilité à la ville de Bordeaux, toujours chère à sa famille, il ne saurait envisager qu'avec peine, l'application qu'on veut lui faire d'une loi d'indulgence, que les circonstances ont pu rendre nécessaire à ceux qui ont eu le malheur de s'égarer.

En conséquence, mondit sieur requérant déclare que quoiqu'il ait lieu de penser que la lecture faite publiquement ce matin de la procédure commencée contre lui, a dû annoncer à tout le public qu'il n'y a aucune charge qui puisse le faire présumer coupable, il ne va sortir des prisons, avant que sa justification ait été prononcée d'une manière légale, que parce que l'autorité publique l'a commandé. Mais qu'il proteste formellement d'établir son innocence par tous les moyens que les lois laisseront à sa disposition, et qu'il ne jouira d'aucune tranquillité jusqu'à ce qu'il ait prouvé à tous les honnêtes citoyens qu'il n'avait pas mérité les soupçons et les outrages que la calomnie a accumulés sur sa tête, dont acte.

Signé : DURFORT.

Signifié le 21 septembre 1791 l'acte ci-dessus à Monsieur l'accusateur public près le tribunal du district de Bordeaux, aux fins qu'il ne l'ignore. Fait..., etc. Signé : Valance, huissier.

(Plaquette de 2 p. sans l. ni d.)

NOTE VII, p. 43.

Circulaire de la Commune de Paris du 27 septembre.

Frères et amis, un affreux complot, tramé par la cour, pour égorger tous les patriotes de l'empire français, complot dans lequel un grand nombre de membres de l'Assemblée nationale sont compromis, ayant réduit, le 9 du mois dernier, la commune de Paris à la cruelle nécessité de se servir de la puissance du peuple pour sauver la nation, elle n'a rien négligé pour bien mériter de la patrie. Après les témoignages que l'Assemblée nationale venait de lui donner elle-même, eût-on pensé que dès lors de nouveaux complots se tramaient dans le silence, et qu'ils éclataient dans le moment même où l'Assemblée nationale, oubliant qu'elle venait de déclarer que la commune de Paris avait sauvé la patrie, s'empressait de la destituer, pour prix de son brûlant civisme? A cette nouvelle, les clameurs publiques élevées de toutes parts ont fait sentir à l'Assemblée nationale la nécessité urgente de s'unir au peuple, et de rendre à la commune, par le rapport du décret de destitution, les pouvoirs dont elle l'avait investie.

Fière de jouir de toute la plénitude de la confiance nationale, qu'elle s'efforcera de mériter de plus en plus ; placée au foyer de toutes les conspirations, et déterminée à périr pour le salut public, elle ne se glorifiera d'avoir rempli pleinement son devoir, que lorsqu'elle aura obtenu votre approbation, qui est l'objet de tous ses vœux, et dont elle ne sera certaine qu'après que tous les départements auront sanctionné ses mesures pour le salut public ; et professant les principes de la plus parfaite égalité, n'ambitionnant d'autre privilége que celui de se présenter la première à la brèche, elle s'empressera de se soumettre au niveau de la commune la moins nombreuse de l'empire, dès qu'il n'y aura plus rien à redouter.

Prévenue que des hordes barbares s'avancent contre elle, la commune de Paris se hâte d'informer ses frères de tous les départements qu'une partie des conspirateurs féroces, détenus dans les prisons, a été mise à mort par le peuple, actes de justice qui lui ont paru indispensables pour retenir par la terreur les légions de traîtres renfermés dans ses murs, au moment où il allait marcher à l'ennemi, *et sans doute la nation, après la longue suite de trahisons qui l'a conduite sur les bords de l'abîme, s'empressera d'adopter ce moyen si utile et si nécessaire ;* et tous les Français se diront, comme les Parisiens : Nous marchons à l'ennemi, et nous ne laissons pas derrière nous des brigands pour égorger nos femmes et nos enfants.

Signé : Duplain, Panis, Sergent, Lenfant, Marat, Lefort, Jourdeuil, *administrateurs du Comité de salut public constitué à la mairie.*

NOTE VIII, p. 43.

DÉPARTEMENT DE LA GIRONDE.

Assemblée électorale tenue à Libourne en exécution de la loi du 12 août 1792, pour la nomination des députés à la Convention nationale.

LISTE DES ÉLECTEURS DU DÉPARTEMENT.

DISTRICT DE BORDEAUX.

Bordeaux.

MM.
Bradshaw.
Philippe Thierriot.
Louis Brisson.
Boyer neveu.
Cheyrau.
Louis Lartigue.
O'Quin.
Greffier.
Marc Daguzan, curé de Saint-Louis.
Jean-Baptiste Dubos.
Paul Duret fils.
Jean Mandron fils.
Jean Monville.
Jacques Lamarque.
Christophe Gernon.
Boyer-Fonfrède aîné.
Jean Oré aîné.
Antoine Jacques Guibaut.
Izaac Merzeau.
Augustin Bellot.
Jean Grangeneuve jeune.
Jean Charrier oncle.
Marc-Antoine Mazois.
Gabriel Feuilherade.
Louis-Charles Géraud.
Louis Alphonse.
Georges-Guillaume Boué aîné.
Pierre Breton.
Antoine Bonus.
Moyse Sabrier aîné.
Henry Perrens.
Jacques Duranthon.
Jean-Baptiste Ducos père.
Jean-Baptiste Lapeyre.

MM.
Isaac Tarteyron.
Claude Béchade.
Pierre Drignac.
Thomas Langoiran, vic. métrop.
Jean Ducuron.
Louis-Antoine Boiteau aîné.
Jacques Bellamy.
J.-B. Lacombe, instituteur.
Jean-Gabriel Lalanne.
G. Perrin, juge du tribunal civil.
Benoît Boulan.
François Nauté.
Louis Azéma.
Jean Gardera.
Jacques-Antoine Lagasse.
Noël Laujacq.
André Battut.
Jean Fourcade jeune.
Jean-Henry Samouillan.
Joseph Béraud.
George-Frédéric Emmerth.
François-Marie-Alexandre Labrouste
Pierre-Louis Ducournau.
Pierre Broüillaud.
Antoine Broc fils.
Jean Montrau aîné.
Pierre Lavau-Gayon fils.
Pierre-François Darvoy père.
Louis Chamontain.
François Lefèvre.
Arnaud Massé.
Joseph Pujol.
Jean Dufau.
Bruno-Gabriel-Edouard Marandon.
Jean-Baptiste Lartigue.

MM.
Jean-François Vernhes.
Jean-Pierre Bardon.
Manassès Azevedo aîné.
Lopès-Dubec.
Jean-Baptiste Nairac.
Jacques-Paul-Fronton Duplantier.
Abraham Furtado.
Jean Lafon.
Abraham Carvallo.
Pierre Gautier.
Jean Gauvry.
Pierre Dierx aîné.
François Girard.
Charles Biberon.
Jean-David Rozet.
Jean-Jacques Rabaud.
Gratien-Lalande, curé de St-Michel.
Philippe Mauriac.
Jean-Alexandre Béchaud.
Jean Laporte.
Jean-Baptiste Itey-Peyrounin.
Jean Thiac.
Jean Berniard aîné.
Jean Delas.
Pierre Poitevin cadet.
Odon Satire-Léris.
Charles Bigney.

Section de La Bastide.

Pierre-Paul Rivière.
Bobin, greffier.
Jean Fourteau, maire de Bouilhac.
Elies Dumas, maire de Carignan.
Pierre Favareille Placial, maire de Cenon La Bastide.
Jean Graves, citoyen de Florac.
Jean Rieu, citoyen de Bouillac.

Section de Bègles.

Pierre Brun aîné.
Arnaud Destriblet.
Raba, l'américain.
Jean Sagelet.

Section du Bouscat.

Pierre Perey.
Jean Bert.
Claude Liautau.

MM.
Jean David.
Jean Lacou.

Section de Lormont.

Mathurin Musset cadet.
Antoine Béraud.
Pierre Tilhard-Pontgaudin.
Pierre Toussaint Ferrand aîné.
Jean-Baptiste Riortier.
Pierre Jamain fils.
Giraud Lassègue.
Jacques Barbou.

Canton d'Ambarès.

Martin Barre aîné.
Charles Princeteau.
Arnaud Barre jeune.
Gabriel Bernatet.
Maillac.
Pierre Coussicot.
Dominique Laxalde.

Canton de Belin.

Michel Giraudeau.
Etienne Bedouret.
Pierre Dupuch-Lapointe.
Jean Cazeau.
Pierre Cazauvieilh-Petiton.
Jérôme Baillet.
Joseph Cleyssac jeune.
Fort Lanuc fils.

Canton de Blanquefort.

Jacques Rondeau.
Mathieu Miqueau.
Jean Bonnard.
Maurice Jantet.
Pierre Dussaut.
Jacques Eymet.
Pierre Lanau.
Jean-Antoine Dardan.
Jean-Thomas Bahr.
Jacques-Louis-Alexis Godard.
Michel Lacaussade.
Jean Maisonnove.

Canton de Castelnau.

Pierre Roux.
Paul-Marie-Catherine Duval.

MM.
François Paillou, curé de Castelnau.
François Lalinde.
Jean Barre.
Jacques Verriere.
Pierre Gastaut.
Raimond Bacquey.

Canton de La Teste-de-Buch.

Etienne Turpin.
Pierre Cravey, maire.
Gérard Dergonds jeune.
Jean Nouaux aîné.
Nicolas Cravey fils.
Jean Fleury fils aîné.
Raimond Bordillé.
Jean Mandain.
Caupos.
Antoine Glangé.
Pierre Hazera.

Canton de Macau.

Ignace-Alexandre Guillotin.
Audigey.
Cartau fils.
Mathias Dougey.
Lemoine fils.

Margaux.

Jean Déjean.
Mathieu Marcou.
Zacharie Gaudal.
François Gondet.
Jean Monpontet.
Pierre-Bernard Paluchau.

Canton de Pessac.

Pierre Marchand.
Jean Bernon jeune.
Jacob Vernes.
Elies Nairac.
François Bernon, curé.
Jean Dutasta.

MM.
Jean-Conrad Schalch.
Antoine Merle.
Adrien Dubois-Martin.

Canton de Pompignac.

Daniel Bertin.
Jean Guillon.
Pierre Roussillon.
Jean Laporte.
Pierre Vinatier.
Pierre Rives.

Canton de Quinsac.

Jean Dupuch.
Raymond Bourdieu.
Pierre Castaignet.
George Simon.
Léonard Beyron aîné.
Beyon jeune.
Pierre Ribeyrote.
Jean Gayon.
Jean Gendreau.
François Ribeyrote.
Guillaume Ganet.

Canton de Saint-Loubès.

Laurent Rousseau.
Mathieu Bequey.
Pierre Baptiste père.
Louis Armenaut cadet.
Jean Croiset aîné.
Guillaume Rivière.

Canton de Saint Médard d'Eyrans.

Jean Gassiot fils.
Mathurin Laconfourque.
Etienne-Michel Pasquier, professeur
Philippe Trigant.
Jean Giraudeau.
Guillaume Lestournière.
Antoine Darlan.
Jean Rouqueys.

DISTRICT DE LIBOURNE.

Libourne.

Jean Fontémoing cadet.
Jean Badin.

Bertrand Roy.
Ardouin Tranchère.
Charles Lulé-Déjardin.

MM.
Jean Chauvin fils.
Lacaze fils aîné, administrateur.
Pisson, maire de Libourne.
Bertrand Raimond.
Jean Salvané.
Antoine Machureau.
Jean Chiron.
Léonard Vacher.
Jean Bossuet.
Pierre-Marc Boisset.
Jean Plantey.
Paul Dufau.
Pierre Rabeaud.
Pierre Moulinet.
Pierre Brunet.

Brannes.

Rose Lamousuerie.
Jacques Gaussens.
Jean-Louis Villatte.
Guillaume Ichon.
Jean Eyquard.
François Eyquard.
Félix Montouroy.
Joseph Guiraude.
Blaise Gauthier.
Favereau-Gasneau.
Jean Reynaud.
Vital Merlet.
Jean Robin.

Castillon.

Jean-Jacques Lavaich.
Pierre Biot.
Jean-Jacques Roy.
Jean Héricé.
Pierre-Benoît Penaud.
Jean Maureau.
Jean Duvillé.
Pierre Dupuy.
Follardeau.
Pierre Dihars.
Mathieu Lavignac.
Pierre Barreyre.
Pierre Chalon.
Pierre Thibaut.

Coutras.

MM.
Chaperon.
Deluze-Laplace.
Deluze-Létang.
Gérard Dabzac.
Samson Gabriel Bonnin.
Pierre Barrau-Létang.
Jean Allard.
François Veillon.
Trigant Duchalaure.
Emeric Richon.
Bernard Coste.
Jean Perrier.
Antoine Riveraud.

Fronsac.

Charles Ducasse.
Baptiste Crugneau.
Jean Gossain aîné.
Jean Puchaud.
Jean Clémanceau.
Pierre Gaspard jeune.
Pierre Guérin jeune.
Philippe Marthieu.
Jean-Baptiste Guérin aîné.
Jean Latour-Dumoulin.
Etienne Chaumet.
Pierre Bonnet.
Jean Tonnelier.
Jean Faure.
Bertrand Surin.
Jean Bernière.

Galgon.

Jean Dublaix.
Jean Levier.
Arnaud Largetau.
Bertrand Bourricaud cadet.
Jean Grugier, maire.
Louis Morange-Blouin.
Arnaud Dureau.
Alexis Crespin, curé.
François Bonneval, curé.
Gabriel Moure.
Thomas Dupas.
Pierre Guillorit.
Etienne Desages.
Jean Morange.

Gensac.

MM.
Lajaunie-Lapeyre.
Jean Dumas aîné.
Jean Dumas jeune.
Sudre.
Jean Icard, juge de paix.
Fouignet-Verboule.
Jean-Pierre Taupier.
Pierre Lapouyade.
André Labarde.
Pierre Fourcaud.
Jean Durège, de Pessac, curé de Saint-Louis.

Guîtres.

Jean-Alexandre Ducourech.
Barthélemy Laval.
Pierre Loiseau.
Jean Masson.
Etienne Maurice.
Jean-Baptiste Alezais.
Jean Jay.
Pierre Richon.
Jean-Mathurin Richon.

Lussac.

Pierre Deymène.
Pierre-Bertrand Lapolan.
Pierre Chambrière.
Jean Gardelle.
Jean Queyreau.
Pierre Rousseau.
Jean Breton.
Jean Courret.
Jean-Simon Moreau.

Puynormand.

Guillaume Pauillac.
Jean Vieillefont.
Jean Duclion cadet.
Jean Dussandier-Devergne.
Jean Virol-Larrest.
Pierre Deseymeris.
Jean-Simon Lacombe-Puygueraud.

Pujols.

Jean Antoine.
Jean Espert.

MM.
Jérôme Ducarpe, juge de paix.
Mathieu Vincens.
Jean Ducarpe
Pierre Chevrière.
Pierre Goursiès.
Pierre Hugois.

Rauzan.

Bertrand Faugerolles, maire.
Jean Dupuy, notaire.
Philippe Platon, commandant.
Jean Dubos-Ducorros, cultivateur.
Jacques Savariaud aîné, artiste.
Pierre Drillole, juge de paix.

Saint-Émilion.

Guillaume Musset fils.
Pierre Barry-Berthomieu.
François Bouquey-Robert.
Jean Cantenat.
Elie Coste-Cory.
Pierre Duverger.
Berthomieu-Guimberteau.
Jean Petiteau.
Simon Arnaudeau.
Étienne Dubert.
Jean Guadet père.
Joseph Lavalette.
Pierre Berthomieu-Meynot, juge de paix.

Sainte-Foy.

Jean-Pierre Sambelie.
Jacques-Michel Beylard.
Jean-Paul-François Maury.
Antoine Bertrand fils.
Pierre Thomas.
Guillaume Gourgueil.
Étienne Jauge-Baby.
Louis Lagarde.
Jouhanneau.
Simon Meymac.
Pierre Jay-Delille.
Jean Pauvert-Guillebau.
Jacques Lacoudré.
Pierre Micheau.
Louis Durége-Beaulieu.
Jean Gorin-Lacabane.

MM.
Jean Favereau.
Mathias Rivoire.

Vayres.

Louis Bret.
Jean Pausat.
Antoine Lauzier.
Antoine Cieux, juge de paix.

MM,
Jean Laforest.
Pierre Castaing.
Guillaume Brandeau fils.
Bertrand Transon, président de la Commission.
Pierre Lassime.
Dulandrier.
André Rouchon, maire.

DISTRICT DE BAZAS.

Bazas.

Joseph Dartigolles.
Jean Brouch.
Bernard Hermand-Cadillac.
Jean Coustau.
Jean Martin.
Pierre Petges aîné.
Pierre Pau-Delagrange.
Antoine Gistèves.
Silvestre Grenier.
Raimond Lavenue.
Charles Latapie.
Jean Labrousse.
Raimond Bayle.
Hyacintes Descornes.
Pierre Salviac aîné.
Jean Plumeau fils.
Martin Detchegoyen.
Pierre Beaulieu.
J. Arm. du Portail-Rouge.

Aillas.

Pierre Cabanieulx.
Barthélemy Troussilh.
Léonard Duplan.
Jean Duplan.
Jean Bastrate.

Auros.

Pierre Partarrieu-Lafosse.
Jean Mothes.
Jean Lassus fils.
Pierre Dussaux.

Captieux.

Antoine Tauzièdе.
Annet Tauzin.

Jean Bime.
Dominique Dartiailh.
Arnaud Callen.
Raimond Lapeyre.
Guillaume Boas, curé.

Grignols.

Étienne Vigneaux fils.
François Dubalin aîné.
Jean Dutilh.
Thomas Charrier jeune.
Bernard Beziade.
Guillaume Ripes.

Langon.

Nicolas Brethon fils aîné.
Pierre Capdeville.
Pierre Labat.
Jean Périguey.
Jacques Pierret.
Antoine Becquet.
Jean Lafargue jeune.
André Lafargue aîné, de Toulènc.
Pierre Saint-Blancard.

Noaillan.

Jean Dumey.
François Duprat.
Jean Dubourdieu.
Joseph Bousquet.
Bernard Fontans.
Jean Dubernet fils.
Jean Descazaux.
Michel Dartigoles.

Préchac.

Jean Viamouret.
Jean Audinet.

MM.
Pierre Dussillot.
Pierre Caubit.
Berthélemy Lalanne.
Étienne Martin-Travet.
Arnaud Calin.
François Caubit.
George Espagnet fils.

Saint-Symphorien.

MM.
Jean Martin aîné.
Pierre Martin-Petiton.
Jean Caubit.
Étienne Martin-Travet.
Jean Martin jeune.
Arnaud Duprat aîné.

DISTRICT DE LA RÉOLE.

La Réole.

Constantin Faucher.
Augustin Albert.
Étienne Antony.
Michel Cournau.
Simon Perpezat.
Blaise Andrieu.
César Faucher.
André Montaugey.
André Melon, curé.
Antoine Rambaud.
Joseph Couci.
Jean Guitet.
Jean Bordeneuve.
Antoine Balias.
Jean Durand-Lavison fils.
Dominique Barrère, instituteur.
Jean Bertrand.
Jean Ducros-Ézemar.

Blaximont.

Jean Faurie, notaire.
Jean Ardurat.
Paul Grandpré.
Michel Taulis.
François Faurie fils.
Jean Jeanty-Dutilh.
Jean Saint-Jean Laula.

Castelmoron.

Jean Rougier-Lagouraude.
Pierre Nau-Belisle.
Arnaud Richard fils aîné.
Henri Banizette.
Pierre Nau Saint-Omer.
Jacques Laroze.
Jean Cailleton.

Pierre Vergnon aîné.
Jean Barbe aîné.
Gratien Merlet.

Castets.

André Dubourg aîné.
Jacques Rasteau.
Jean Rabat.
Arnaud Dubourg.
Jean Rideau Cadet.
Antoine Jarousse.
Antoine Couthereau.

Cauderot.

Pierre Papon.
Jacques Ithier, curé.
Jean Sudreau.
Bernard Lafite.
Marc Monnereau.
Raimond Ferchaud.
Chandeau.

Lamothe-Landerron.

Jacques-Denis Bonnet.
François Cazade.
Pierre Pouvereau fils.
Jean Husseau.
Claude Guerre.
Jean-Baptiste Bertrand.
François-Eléazar Rolle-Terrefort.

Montségur.

François Pelletan, instituteur.
Mathurin Robert jeune.
Jean-Jacques Ramon fils aîné.
Jean Pepin.
Antoine Berthouneau père.
Jean-Pierre Labatut jeune.

MM.
Arnaud-François Grenier.
Jean-Baptiste Dupuy.
Jean Bouilhac, notaire.
Pierre Jousseaume.
Pierre Ithier-Tillot.
Urbain Beausoleil.
Raimond Ilaret.

Pellegrue.

Jean-François Bonnac, juge de paix.
Pierre Bonnac.
Jacques Pacquier.
Pierre Trachère.

MM.
Jean Bonnac.
Vivien Ruffe.
Guy Dutauzia.
Jean Bouleytier.
Jean Durand.

Sauveterre.

Jean Séraffon jeune.
Jean Séraffon aîné.
Jean Balan-Degoutz.
Pierre Billon fils aîné.
Bertrand Cholet, notaire.
François Jourdan.

DISTRICT DE CADILLAC.

Cadillac.

Pierre Gauteyron-Libéral.
Jean-Laurent Fonvieilhe, curé.
Isaac Laspeyrère.
Jean-Baptiste Lacoste.
Jean Boutet.
Noël Redeuilh.
Jean Laville.
Raimond Celse-Dupouy.
François Avy.
Raimond Duvigneau.
Jean-Élie Thibaut.
Jean Lamy-Ferier.

Arbis.

Charles Dézarnaud,
Jean Béchade,
Jean Collas.
Jean-Baptiste Serisier.
Alexandre Barbier,
Pierre Couycault,
Jean Zacharie Rateau.
Jean Desvignes.

Barsac.

Jean Capdeville fils aîné.
Jean Ducau.
Jean Lacoste.
Jean Bayle.
Jacques Bolle.
Bernard Ducasse.
Jean Duprada.

François Fiton.
Jacques Baudichon.
Jean Lanneluc, dit Sanson.
Guillaume-Frédéric Khune.
Pierre Pinsan.

Castres.

Alexandre Deleyre.
Gérard Minguin.
Jean Faye père.
Pierre Trenis, curé.
Pierre Balguerie.
Guillaume Soulard.
Joseph Bedouret.
Jean-Joseph Deleyre.
Antoine Modery.

Créon.

François-Thomas Rey.
Mathurin Lanoy.
Thomas Rey.
François Durand.
Pierre Probert.

Landiras.

Charles Latapy.
Pierre Saint-Blanchard.
Bertrand Dubos.
Jean Dutrénit.
François Ricaud.
Jean-Baptiste Saint-Jean Lestage.
Jean Lacoste.

Langoiran.

MM.
Bernard Lameza.
Jean Roulle.
Bertrand Morin.
Jean Briol.
Élie Dumas.
Jean Foucaud.
Pierre Mandé.
François Compans.
Pierre Fayolle.
Mathieu Martin.

Podensac.

Raphaël Ducau.
Arnaud Napsans.
Jean Beguey.
Hyacinthe Latapy, curé de Virlade.
Guillaume Fourcade.
Jean Decolle.

Saint-Macaire.

François Bergoeing aîné, maire.

MM.
Jean Labarrière cadet.
Jean Merle-Jeanty.
Louis Pujoulx-Larroque fils.
François Pontaix.
Arnaud Monnereau.
Pierre Massieu.
Jean-Jacques Grenouilleau.
Pierre Dupuy.
Pierre Remi-Castets.
Augustin Terrier.
Pierre Cato aîné.

Targon.

Pierre Dupuy, maire.
Pierre Masquin.
Pierre Labory.
Pierre Bedrenne.
Charles Desarnaud.
Jean Dusseau.
Jean Batailley.
Jean Boutet.
Jean Dulugat.

DISTRICT DE BOURG.

Bourg.

Pierre Pillot.
Joseph Gellibert.
Jean Gombaud.
Pierre Charlery, curé.
Sébastien Dupuy.
Jean Pelletan neveu.
Pierre Marcou.
Jacques-Mathias Robert jeune.
Martin Courpon.
Jean Grimard jeune.
Antoine Armingaud, curé.
Pierre Labat.
Jean Castanet jeune.

Blaye.

Fidel Chéry.
Bernard Binaud.
Guillaume Dufrène.
Jacques Calonval.
Louis Moreau.
Louis-Étienne Aladane.
Louis Lemaitre.

Antoine Demars.
François Gaignerot.
Nicolas Lanton.
Pierre Bernard.
Joseph Chaumont.
Jean Arnaud.
Jacques Robin.
Bernard Pauzet.
Pierre Cellon.
Jean Chaumet.
Martin Micheau.
Jean Merlet.

Cézac.

François Merlet.
Julien Micheau.
Pierre Petit.
Pierre-Bertrand Ganucheau.
Pierre Grand.
Guillaume Nau.
Pierre Desgranges.
Pierre Charmois.
Pierre Regnault.

MM.
Arnaud Godrie.
Jean-Poupelin, maire.

Étauliers.

Alain Carles.
Étienne Roux.
Bernard Desaubiès.
Pierre Roux.
Pierre Ransac.
Pierre Tessonneau.
Michel Raboutet.
Pierre Dupont.
Pierre Rabenne.

Saint-André-de-Cubzac.

François Coureau.
Jean Milhet aîné.
Jean-François Mauvignier.
Jean-Baptiste Plumeau.
Joseph Constantin aîné.
Jean Abadie.
Louis Lesnier.
Pierre-Étienne Marcillac.
Jean Juin.
Thomas Debande.
Henri Lignac aîné.
Jean Jarry cadet.
Jacques Ménard.
Luc-Alexandre Lafosse.
Jean Branda.

Saint-Ciers-de-Canesse.

Raimond Duthil.
Étienne Roux.
Philippe Turlès
Pierre Pradet.

MM.
Léonard Sou.
Joseph Groscassan.
André Robin aîné.
Jacques Sou.

Saint-Christoly.

Pierre Duranteau.
Pierre Lamanseau.
Pierre Bernech.
Jean Guichard.
Barthélemi Faure Saint-Hubert.
Joseph Pelletan.
Jean Métayer.
Clément Coustole.

Saint-Savin.

Jean Cornu.
Jean-Gui Chaussé.
François Cavignac.
François Maynard.
Jean Donteau.
Pierre Eyraud.

Saint-Ciers-de-Lalande.

Jean Fradet, dit Cadet.
Louis Bareau.
Pierre Bertrand.
Pierre Tarijot.
Pierre Goribon.
André Chiché.
Pierre Pérodeau.
Jean Chevreu.
Pierre Thibaud.
François Pouzet.
André Lourneau.
Pierre Renaud.

DISTRICT DE LESPARRE.

Lesparre.

Louis Maugeret.
Jacques Bernard.
Germain Duperier.
Pierre Paul.
A. Lambert, de Gaillan.
Pierre Guiraud, assesseur.
Jean-Bernard Faillan.
Pierre Lussac.

Antoine Guisneau.
Guillaume Moreau.

Canton de Civrac.

André Figerou.
Guillaume Servant.
Gabriel Wormeselle.
Jean Berdot.
Jean Lussac.

MM.
Jean Martinon.
Pierre Lussac.
Pierre Augeau.

Section de Lamarque.

Pierre Basiadolic.
Pierre Jeantieu.
Pierre Eyrins.
Pascal Cheret.
Pierre Labuchelle.
Jean Cazenave.
Pierre Aney.

Canton de Pauillac.

François Mondeguerre.
Bernard Raimond Glaudon.
Pierre Mondon.
Pierre Castéja.
Gabriel Clerc.
Jean Labeyrie.
Louis Hossecorne.

Canton de Saint-Estèphe.

François Superville aîné.
Jean Lafon-Rochet.

MM.
François Compte.
Jean Figeroux.
Jean Figeroux-Larougerie.
Pierre Normandin.
Raimond Colombes.
André Delpit.
Élie Hosteins.
Martial Dupont.

Section de Saint-Laurent.

Guillaume Moulenqs.
Jean-François Cayx.
Arnaud Meynieux.
Antoine Gautier, de Benon.
Jean Gauthier, de Saint-Laurent.
Jacques Brillon.
François Hostens fils.

Canton de Saint-Vivien.

Arnaud Guarry.
Jean Dejeans.
Nicolas Bert.
Borningue Dingirard.
Simon Bitot.
Gabriel Dulorans.

NOTE IX (A), p. 43.

Voici en quels termes Siéyès déclina l'honneur de représenter le département de la Gironde à la Convention nationale :

« A Beauvais-sur-Cher, près Tours, ce 14 septembre 1792, l'an Ier de l'Égalité.

» Messieurs,

» C'est avec bien du regret que je me vois dans l'impossibilité de revêtir le titre honorable de votre député à la Convention nationale. Au moment où votre dépêche m'est arrivée, le département de la Sarthe m'avait déjà fait l'honneur de m'adresser la même mission et je l'avais acceptée. Vous croirez facilement, Messieurs, que j'ai ressenti jusqu'au fond de l'âme l'honneur de votre choix. Sans doute il m'eût été doux de m'associer à une députation qui s'est déjà acquis tant de gloire à la législature actuelle ; j'eusse été fier de me présenter au nom de la Gironde, de ce département où les lumières rivalisent celles de la capitale et dont l'esprit public et toutes les vertus qui le composent lui ont mérité d'être proposé comme un modèle au reste de la France. Toute ma vie je veux conserver le précieux souvenir des témoignages glorieux pour moi qui ont accompagné l'offre de votre confiance. Je la reçois et la retiens avec bonheur, cette confiance, quoique forcé de me priver du titre qui la proclame; car je sens que s'il fallait tout perdre, j'en serais inconsolable. Regardez-moi donc, Messieurs, comme affilié à votre département par tous les liens de l'estime la plus respectueuse et de l'affection la plus tendre. Par ces sentiments du moins ainsi que par mon zèle pour la chose publique, j'espère que vous ne me distinguerez point de vos compatriotes et des représentants que vous avez donnés directement à la nation.

» Agréez, je vous prie, Messieurs, l'hommage de tous ces sentiments, de mes regrets et de ma profonde reconnaissance.

» Emm. Siéyès.

» *Messieurs les Électeurs du département de la Gironde.* »

(Archives de la Gironde, série L.)

NOTE IX (B), p. 43.

Voici, d'après une intéressante brochure publiée récemment par M. le pasteur Steeg, comment se répartirent les suffrages des électeurs :

DÉPUTÉS TITULAIRES.

		Votants.	Majorité.	Suffrages.
1.	Vergniaud............	671	336	480
2.	Guadet,.............	686	244	570
3.	Gensonné............	671	336	578
4.	Grangeneuve.........	674	338	372
5.	Jay (de Sainte-Foy)...	646	325	418
6.	Abbé Siéyès.........	653	327	529
7.	Condorcet...........	576	280	520
8.	Ducos fils...........	640	321	494
9.	Barrau (de Sainte-Foy).	645	323	487
10.	Boyer-Fonfrède.......	633	317	408
11.	Deleyre.............	571	286	322
12.	Duplantier...........	513	258	334

DÉPUTÉS SUPPLÉANTS.

		Votants.	Majorité.	Suffrages.
1.	Lacaze fils aîné......	592	297	369
2.	Emmerth............	582	292	394
3.	Berthon.............	633	317	295
4.	Bergoeing aîné.......	647	324	489

NOTE X, p. 43.

EXTRAIT
DES REGISTRES DU CONSEIL GÉNÉRAL
du département de la Gironde,
Du 25 septembre 1792, l'an Ier de la République.

SÉANCE DU SOIR,

où assistaient : MM. *L. Journu*, président; *Labrouste, Couzard, Ferrière, Lardeau, Monbalon, Hollier, Derancy, Pujoulx-Larroque, Peychaud, Villebois, Robert, Duvigneau, Desbarat, Baron*, administrateurs; *Roullet*, procureur général syndic.

Le Conseil général du département à ses concitoyens.

CITOYENS,

La Convention nationale vient d'abolir la Royauté. Nous proclamons ce grand événement; nous vous annonçons, dans les vifs transports de l'amour de la Patrie et de la Liberté, que la France n'aura plus de Rois. Le sceptre de la tyrannie est brisé, l'autorité arbitraire d'un seul disparaît, l'autorité légitime de tous lui succède. Le vil échafaudage du trône tombe et s'anéantit, et le peuple s'élève dans toute sa grandeur. Français, vous remontez enfin à la dignité de l'homme, il n'est plus de souverain pour vous que la Loi; qu'elle soit donc toujours à vos yeux inviolable et sacrée. La Loi est aujourd'hui le résultat de toutes les forces et de toutes les volontés; qu'elle obtienne donc toutes les soumissions et tous les hommages.

Français, vous voulez la République : vous en êtes dignes; mais n'oublions jamais que ce serait peu pour nous d'avoir le Gouvernement des Républicains, si nous n'en avions aussi les mœurs et les vertus; que la République est une famille, une réunion de frères; que les hommes y sont tous égaux et tous amis; que le vrai Républicain porte dans son âme le respect pour les personnes et les propriétés, comme il y porte l'amour de ses enfants et de la patrie; qu'il aime et pratique la tolérance, comme il chérit la liberté même; car la tolérance n'est autre chose qu'un respect immuable pour le libre usage de la pensée et du sentiment; que le Républicain n'use jamais du droit du plus fort, parce que ce droit est odieux, parce que la force du citoyen n'est pas dans ses passions ou dans ses volontés, mais toute dans la Loi; qu'il ne veut que ce qu'il peut par la Loi. Que le vrai Républicain révère l'ordre social autant que celui de la nature, et pense qu'un individu ne peut pas plus violer la Loi qu'il n'est en son pouvoir de changer l'ordre des éléments.

Français, Peuple éclairé, Peuple courageux, c'est vous-mêmes qui gouvernez par vos Délégués; faites donc que votre Gouvernement soit juste et paisible, c'est par là seulement qu'il peut vous honorer. Montrez à l'Europe étonnée que, dans les plus violentes crises d'une Révolution politique, vous n'avez pas oublié un seul instant que l'ordre est le principe et l'âme de tout, et que la plénitude de l'ordre est dans le respect pour la Loi.

Signé : L. JOURNU, *président;*
P^{al} BUHAN, *secrétaire général provisoire.*

NOTE XI, p. 43.

MUNICIPALITÉ DE BORDEAUX.

Le Conseil général de la commune de Bordeaux, à ses concitoyens, concernant la proclamation du décret de la Convention nationale, qui abolit la royauté.

Du 25 septembre 1792, l'an quatrième de la Liberté, et le 1er de l'Égalité.

Citoyens, la Convention nationale a fait l'ouverture de ses séances le 21 de ce mois, à onze heures du matin.

Citoyens, voici les premiers décrets qui émanent de sa sagesse :

PREMIER DÉCRET.

« L'Assemblée nationale déclare, 1° qu'il ne peut y avoir de Constitution, que celle qui est acceptée par le peuple;

» 2° Que les personnes et les propriétés sont sous la sauvegarde de la nation ;

» 3° Que jusqu'à ce qu'il en ait été autrement ordonné, les lois non abrogées seront provisoirement exécutées, que les pouvoirs non révoqués ou non suspendus sont provisoirement maintenus, et que les contributions publiques existantes continueront à être perçues comme par le passé. »

SECOND DÉCRET.

« La Convention nationale décrète, que la Royauté est abolie en France. »

TROISIÈME DÉCRET.

« Le procès-verbal de la séance sera envoyé aux départements et aux armées, par des courriers extraordinaires.

» Le décret qui prononce l'abolition de la royauté, sera proclamé solennellement dans toutes les municipalités, le lendemain de sa réception. »

Citoyens, venez assister à la proclamation des premiers actes de la Convention que la souveraineté nationale vient de former, et qui doit assurer à jamais le bonheur de la France.

Cette proclamation commencera demain, mercredi 26, à neuf heures du matin, par une salve de neuf coups de canon, après laquelle il sera fait une première lecture, tant du procès-verbal que des décrets, sur la place de l'Arbre de la liberté, vis-à-vis la maison commune.

Une seconde lecture se fera en la même forme sur la place d'Aquitaine, qui prendra dès ce moment le nom de Place de la Convention.

Le cortége ira de là à la place du Marché-Neuf;

Puis à la place de la Liberté;

A la première fontaine des Chartrons;

Au Champ de Mars;

Et finalement à la place Nationale, ci-devant place Dauphine.

Citoyens, vivre libres ou mourir, liberté, égalité, soumission à la loi.

Fait à Bordeaux, en la séance du Conseil général de la commune, ouï et ce requérant le Procureur de la commune, le 25 septembre 1792, l'an quatrième de la Liberté, et le premier de l'Égalité.

JAUBERT, *officier municipal, président;*
BASSETERRE, *secrétaire-greffier.*

NOTE XII, p. 128.

PÉTITION
pour
LA RÉOUVERTURE DES ÉGLISES.

A MM. les Administrateurs du Directoire du département de la Gironde.

MESSIEURS,

Lorsque vous ordonnâtes, le 28 janvier dernier, la clôture des églises des maisons religieuses, vous reconnûtes en même temps le droit que nous avions d'exercer notre culte en particulier; et vous nous permîtes d'avoir des églises particulières.

Votre arrêté garantissait que nous trouverions dans ces églises *Paix et Liberté.*

Les citoyens qui provoquèrent par leurs pétitions la clôture des unes, avaient eux-mêmes garanti cette inviolabilité si solennellement promise à l'égard des autres.

Comment est-il donc arrivé que nous ayons été aussi étrangement assaillis dans nos temples? Par quelle fatalité surtout en avons-nous été privés, malgré le bail que la régie nationale des Domaines nous en avait consenti sous votre autorisation?

Il est vrai qu'en nous privant de ces trois oratoires, votre arrêté du 27 février nous laissa le consolant espoir d'une prochaine réintégration. Vous annonçâtes que vous alliez statuer sur les procès-verbaux dressés à l'occasion de ces troubles, et forts de notre innocence, nous n'avions pas à redouter les résultats de cet examen.

Il a dû vous convaincre, Messieurs, que ce n'est point à nous qu'il faut rapporter la cause de cette insurrection criminelle : et puisque les dispositions de votre arrêté ne furent que provisoires, vous vous empresserez sans doute de nous rendre une possession à laquelle est attaché le plus impérieux comme le plus saint des devoirs.

Combien il serait déplorable dans les jours de la solennité pascale où nous entrons, de laisser une masse considérable de citoyens sans temples et sans culte, sous l'empire d'une Constitution qui proclame la liberté indéfinie de toutes les religions!

Mais comme il pourrait y avoir de l'inconvénient ou même du danger à se borner à l'ouverture de nos trois églises, nous vous demandons, Messieurs, de vouloir bien faire ouvrir aussi toutes celles dont votre arrêté du 28 janvier avait ordonné la clôture. Répandues dans les divers quartiers de la ville, elles offrent à une immensité de citoyens plus de ressources pour satisfaire aux devoirs de leur conscience. D'ailleurs, Messieurs, en facilitant à ce grand nombre de fidèles, qui se portaient en foule à nos trois églises, les moyens de se diviser, vous préviendrez les désordres dont cette affluence a pu être l'occasion ou le prétexte.

Une semblable détermination, vous le savez, Messieurs, a rendu le calme aux habitants de Paris. Nous avons donc lieu d'espérer, de votre sagesse et de votre sollicitude pour la tranquillité publique, que vous adopterez avec empressement ce moyen dicté par la raison et justifié par l'expérience.

Nous ne craignons pas que les administrateurs qui nous entendent soient arrêtés par le petit nombre des signataires de la présente pétition. Comme soumissionnaires des trois églises, avoués et reconnus par l'administration, nous avons des titres irréfragables pour en demander l'ouverture et la paisible jouissance, et comme invitant l'administration à rouvrir toutes les églises dans des vues d'ordre public, nous avons pour nous, tous ceux de notre culte, dont les signatures, qui vous ont déjà été présentées, eussent renforcé les nôtres, si le temps l'eût permis, ou que les circonstances l'eussent exigé.

Bordeaux, le 25 mars 1792.

Ont signé :

Jean Vacquié,	Labarbe,
Raymond Boyreau,	B. Lacombe,
Tauzein,	Dufaure de Lajarte,
Ladonne,	Estansan,
Albespy, *homme de loi*,	P. Lacombe,
P. Gauvry,	Bienvenu aîné,
Guimbeau,	Eyquem fils,
Pitras,	Arnoux,
Dugravier,	Brethous,
Lescure,	André Seguin,
P.-R. Chicou-Bourbon,	Bazanac,
Pujol,	Montjon,
François Duchesne,	Joseph Laguire,
Rambault,	Soubran,
Barthez fils,	Chicou Saint-Bris,
Dabadie,	Latour,
L. Gireaudeau,	Peychaud,
Dezarnaud,	Lacaussade,
Dubreulhe,	Gatellet, *notaire,*
Lamothe,	Monreny,
Gressier aîné,	Bigeau,
Moreau jeune,	Gibert,
Lamanseau,	Nauville, *notaire.*

On lit en annotations ou à la suite :

« Renvoyé au district de Bordeaux pour donner son avis après avoir pris celui de la municipalité. — Délibéré en Directoire du département de la Gironde, ouï M. le Procureur général syndic, à Bordeaux, le 25 mars 1792.

» Signés : Lardeau et Labrouste, *administrateurs.* »

« Renvoyé à la municipalité pour fournir ses observations sur la demande des pétitionnaires, locataires des églises de la Merci, Saint Mexant et des Minimes. — Délibéré en Directoire, à Bordeaux, le 27 mars 1792, l'an IV de la Liberté.

» Signés : Monnerie, *président,* et Benoit, *secrétaire.* »

« Les maire et officiers municipaux, Vu la pétition renvoyée par le district et ouï le Procureur de la commune, Estiment que depuis la clôture des églises qui avaient été *ouvertes* aux non-conformistes, les circonstances qui avaient nécessité cette clôture n'ayant point changé, il n'y a lieu de délibérer sur ladite pétition. Fait à Bordeaux, dans la chambre du Conseil, le 28 mars, l'an IV de la Liberté.

» Signés : SAIGE, *maire,* et BASSETERRE, *secrétaire-greffier.* »

« Vu la pétition des sieurs, etc. ;

» Les observations de la municipalité du 28 du courant;

» Considérant que les circonstances qui avaient déterminé la clôture des églises louées provisoirement par les pétitionnaires n'ont point changé;

» Que d'ailleurs la loi permet à tous prêtres, assermentés ou non, de dire la messe dans les églises consacrées au culte salarié par la nation, ce qui laisse aux pétitionnaires la faculté de suivre leurs scrupules sans faire scission;

» Qu'on doit encore attendre du civisme qu'ils ont manifesté dans les observations imprimées qu'ils ont présentées au Directoire, qu'ils adopteront des mesures dont dépendent la paix et la tranquillité publique ;

» Le Directoire du District, ouï M. le Procureur syndic, est d'avis qu'il n'y a lieu de statuer sur la présente pétition.

» Délibéré en Directoire, à Bordeaux, le 29 mars 1792, l'an IV de la Liberté.

» Signés : BERNADA, *administrateur,* et BENOIT, *secrétaire.* »

NOTE XIII, p. 141.

EXTRAIT
du
REGISTRE DES ACTES DE DÉCÈS DE L'AN 1797.

Est mort le 19 fructidor dernier (5 septembre 1797) à six heures du soir, Pierre Pacareau, âgé de quatre-vingt-sept ans, natif de Bordeaux, évêque métropolitain du Sud-Ouest, place Saint-André, n°... ainsi qu'il est établi au verbal du citoyen Gaston Ferbos, commissaire de police, d'après l'attestation des citoyens Bernard Félix Destrade, âgé de quarante-deux ans, prêtre, curé de Saint-Louis, rue Notre-Dame aux Chartrons, n° 25, et Jacques Trémolières, âgé de cinquante-deux ans, curé de Saint-Dominique, place Saint-Dominique, n° 1, qui ont signé audit verbal avec le dit commissaire, qui s'est assuré du décès. Bordeaux, le 5ᵉ jour complémentaire an cinq républicain. Signé au registre : Boulan, officier public.

(Mairie de Bordeaux, Archives de l'état-civil.)

NOTE XIV, p. 142.

Aux Pasteurs des villes et des campagnes.

6 Novembre, l'an Ier de l'Égalité et de la République.

> *Reges obligati sunt, et ceciderunt; nos autem surreximus, et erecti sumus.* (Ps. xix, st. 9.)
>
> Les Rois ont été abattus et ils sont tombés ; mais nous nous sommes relevés, et nous demeurerons fermes.

Si l'on en juge par ce verset, que depuis tant de siècles vous chantez dans nos temples, Pasteurs, les événements de ces temps reculés ne font que se renouveler. *Les rois*, comme alors, *sont tombés, et les peuples se sont relevés*. Mais, *erecti sumus*, nous demeurons fermes, et nous devons proscrire à jamais tout ce qui pourrait manifester un sentiment contraire.

Lorsque la confiance du peuple vous appela au ministère des autels, elle devint pour vous une récompense et une leçon; l'une vous enchaîne à la reconnaissance, l'autre vous trace vos devoirs : le devoir et la reconnaissance vous font donc une loi de concourir, de tous vos moyens, à l'entretien et à la propagation de l'esprit public, au respect et au maintien des principes, du sein desquels doivent sortir un gouvernement sage et durable, et avec lui, l'amour et la nécessité de l'ordre, la religion des lois. Vous ne pouvez méconnaître, encore moins contrarier cet esprit public qui s'élève aujourd'hui majestueusement sur la masse ténébreuse des préjugés, qui en captivait l'effort. Vous ne pouvez ignorer que le vœu national appelle hautement le gouvernement républicain sur les débris hideux d'une monarchie usurpatrice de nos droits; que ce monument usé de notre antique et honteuse servitude est à jamais détruit, et que le nom de *roi* n'est plus, pour la France régénérée, que l'objet d'un souvenir douloureux ou d'un songe pénible qui avait longtemps tourmenté le sommeil de la liberté.

Cessez donc, Pasteurs, cessez de trahir, innocemment sans doute, et nos serments et les vôtres. Nous avons tous adopté la *république*, nous avons répudié les *grands*, aboli la *royauté;* cessez donc, par de vaines oraisons, d'invoquer l'Éternel en faveur des *rois*. Retranchez surtout de votre psalmodie, cette antienne impatriotique, cette invocation presque impie et criminelle aujourd'hui, *Domine, salvum fac Regem*, que le bon peuple chante encore, mais qu'il eût lui-même arrachée de ses *Heures*, si par la plus choquante des contradictions et la plus perfide des combinaisons, on ne l'eût contraint jusqu'à présent de chanter machinalement en *latin* des mots qu'il n'entend pas, tandis qu'il ne devrait s'entretenir avec l'Être suprême que par les épanchements de son cœur, et les exprimer dans sa langue naturelle et la plus usuelle. Notre révolution amènera probablement ces changements salutaires; mais il est instant, et vous le sentirez, dignes Pasteurs, d'effacer, dès à présent, dans vos rituels, le *Domine, salvum fac Regem*.

Vous ne pouvez employer, dans l'exercice du culte, une formule qui, tout à la fois, attesterait votre attachement à des formes abhorrées ou oubliées, et semblerait entretenir dans l'esprit de vos ouailles, des souvenirs et des intentions antipatriotiques.

Voulez-vous que l'influence de la religion sur les mœurs publiques devienne, sous la sanction de la philosophie, une vérité pratique? Rendez cette vérité respectable par son utilité, aimable par ses effets. Ministres de l'Évangile, votre mission est sublime, si vous l'amalgamez en quelque sorte avec celle de nos infatigables législateurs, avec celle du Pouvoir exécutif, qui ne veut et ne peut connaître d'autre gloire, d'autre ambition, d'autre récompense que celle de seconder par son activité, sa vigilance, et surtout par son imperturbable viation sur la ligne de la loi, les travaux de la Convention. Entraînés par le pouvoir de l'habitude, il en est encore parmi vous qui font retentir dans nos temples d'absurdes invocations pour un roi qui ne règne plus, pour des princes qui ne sont plus que nos concitoyens ou nos ennemis. Ces observations, mon invitation fraternelle suffiront, sans doute, pour leur faire sentir que la *Patrie* seule est ce qu'il faut sauver, et que c'est pour elle, pour sa prospérité que nous devons implorer la Providence.

Mais, s'il en était quelques-uns qui s'oubliassent jusqu'à blâmer les décrets des Représentants de la nation, et inciter le peuple à les méconnaître, qu'ils sachent que l'obéissance à la loi est la première vertu du citoyen, et que le prédicateur de la révolte est un insensé qu'on doit arrêter, ou un coupable qu'il faut punir.

Le Ministre de l'intérieur, signé : ROLAND.

NOTE XV, p. 181.

AU NOM DE LA RÉPUBLIQUE FRANÇAISE,

Nous, Représentans du peuple, délégués par la Convention nationale dans les départements de la Gironde et du Lot-et-Garonne,

Conformément à l'article 8 du décret du 28 mars dernier,

Requérons les administrateurs des Directoires de district dans les départements de la Gironde et du Lot-et-Garonne de mettre à la disposition de la nation pour le service des armées les chevaux qui ne servent point à l'agriculture, au commerce ou à des besoins d'une nécessité urgente et reconnue; de retirer de fait les dits chevaux ainsi que toutes les provisions de fourrages et d'avoine qui auraient été faites pour leur nourriture.

Requérons, en outre, l'exécution de l'article 9 de la même loi.

Les états des dits chevaux, contenant leur nombre, leur signalement, leur estimation, de même que les quantités et le prix des fourrages et avoines nous seront adressés par chaque administration de district.

Dans la quinzaine qui suivra la réception de la présente réquisition, les Directoires de district donneront des ordres et prendront toutes les mesures nécessaires pour que les chevaux mis par eux à la disposition de la nation soient conduits, ceux du département de la Gironde, à Libourne, et ceux du Lot-et-Garonne, à Agen. Ils feront aussi transporter dans chacune de ces villes les fourrages et avoines destinés par les propriétaires à la nourriture des dits chevaux dans la proportion des besoins. Les districts d'Agen et de Libourne feront sans délai disposer des écuries capables de contenir les dits chevaux et les greniers pour les fourrages.

Fait et arrêté à Libourne, le 18 avril 1793, l'an II de la République française. Signé : GARRAU, PAGANEL.

Par les citoyens Représentans du peuple, signé : BEYLARD, *secrétaire de la délégation.*

(Archives de la Gironde, série L, Registres du Conseil général du département, n° 4, p. 96.)

NOTE XVI, p. 182.

FORMULE DE CERTIFICAT DE CIVISME.

Vignette-cartouche contenant les mots : *La Nation et la Loi. Liberté. Égalité.*

SECTION N° 17.

Sur la demande faite par le citoyen .... d'un certificat de civisme, vu le certificat de son service dans la garde nationale signé de son capitaine et de huit volontaires,

La section n° 17 a reconnu qu'il est un bon citoyen, et en conséquence a délibéré qu'il lui serait délivré un certificat de civisme.

Bordeaux, le .... 1793, l'an II de la République.

NOTE XVII, p. 183.

Nous, Représentans de la Nation, délégués par la Convention nationale dans les départements de la Gironde et du Lot-et-Garonne

Après avoir entendu le rapport fait au Conseil général du département de la Gironde, par un de ses membres, sur le Château Trompette et ses dépendances;

Considérant que la discussion qui doit suivre ce rapport, sera nécessairement très longue parce qu'elle embrasse des questions de droit, de propriété et de police générale, parce qu'elle nécessite l'examen d'un grand nombre de pièces, parce que les difficultés qu'elle peut faire naître sont très sérieuses; que le Conseil du département jugera sans doute dans sa sagesse ne devoir prononcer définitivement sur cette affaire qu'après les plus mûres réflexions et en tâchant de concilier l'intérêt de la République avec les droits de plusieurs individus;

Considérant que nous sommes spécialement chargés par notre mission de pourvoir dans le plus bref délai à tout ce qui intéresse la défense des côtes de l'Ouest et la sûreté particulière des départements où nous sommes députés;

Considérant que le Château-Trompette a surtout dû fixer notre attention, que nous l'avons trouvé entouré de barraques et d'échoppes bâties en bois;

Que nous avons été frappés des dangers que présente cette réunion de matières combustibles autour d'une place qui renferme un magasin de poudre, et auprès d'une rade toujours couverte de vaisseaux;

Que plusieurs de ces barraques sont adossées aux murs du château, ce qui exposerait cette place aux entreprises des malveillants;

Considérant qu'aucun motif ne doit, dans les circonstances actuelles, retarder les mesures de sûreté générale et qu'on pourra par la suite statuer sur les indemnités de droit, après en avoir conféré avec les membres composant le Comité de défense;

Requérons le Conseil général du département de la Gironde de faire procéder sans délai à la démolition de toutes les barraques et échoppes bâties sur le terrain appelé le *Pré du Château-Trompette*, autres que celles qui sont le long des allées de Tourny depuis la maison Gobineau inclusivement, celles qui sont le long du Grand Cours du Jardin public et du Pavé des Chartrons allant vers la rivière jusqu'à la rue Notre-Dame; de faire enlever les matériaux provenant des dites démolitions, ainsi que les magasins de planches et autres marchandises qui y sont établis; de faire enlever les terreaux et décombres qui obstruent les fossés du château, les ponts, les palissades et autres ouvrages généralement quelconques qui y ont été pratiqués, et enfin de faire rétablir les glacis dudit château et de ses dépendances dans le même état où ils étaient avant la construction des dites barraques et échoppes, sauf aux parties intéressées à se pourvoir devers les corps administratifs à raison des indemnités qu'elles se croient fondées à réclamer.

Fait à Bordeaux, le 30 avril 1793, l'an II de la République.

Signé : PAGANEL, GARRAU.

(Archives de la Gironde, série L, Registres du Conseil général du département, n° 4, p. 107.)

NOTE XVIII (A), p. 187.

Nous, Représentans de la Nation, délégués par la Convention nationale dans les départements de la Gironde et du Lot-et-Garonne,

Considérant que le salut de la République nécessite des mesures promptes, énergiques et très étendues pour se procurer des armes, des munitions de guerre, des affûts, pourvoir à tout ce qui peut intéresser la défense du département et le service des armées, et pour former des établissements indispensables à ces divers objets;

Requérons le Conseil général du département de la Gironde :

1° De requérir de tous les serruriers, forgerons, charrons et armuriers qui sont inscrits comme volontaires pour le recrutement des 300,000 hommes, même ceux de ces diverses professions qui auraient été réformés soit à cause de leur taille, soit à cause de quelque défectuosité, de se rendre dans les divers ateliers ou chantiers qui leur seront désignés, pour y être employés au service de la nation;

2° De requérir tous les armuriers de s'occuper sans relâche de la confection des fusils ou autres armes qui seront jugées indispensables pour le service de la nation;

3° De procurer un local au citoyen Perrié, ou à tous autres, pour faire du salpêtre, autorisant à cet égard la disposition d'une possession nationale;

4° De s'employer à former tous établissements et de faire tous achats qui auraient pour but les moyens de défendre la patrie, et d'armer les mains qui doivent repousser les tyrans et leurs aveugles satellites réunis contre elle;

Autorisons le dit Conseil à faire un emploi momentané des maisons nationales pour ces établissements, parce que le premier devoir est d'assurer l'indépendance de la République;

L'autorisons pareillement, si le cas y échoit, à requérir les hommes exerçant les professions ci-dessus dans les districts ou dans la ville de Bordeaux, de se rendre dans les dits chantiers, ateliers ou établissements;

Et comme ces objets peuvent nécessiter des dépenses extraordinaires, autorisons le Directoire et le Conseil général du département de la Gironde à faire payer les dites dépenses par les Receveurs de districts, qui demeurent requis d'acquitter les mandats qui seront tirés sur eux pour cet objet, lesquels mandats seront fournis par le Directoire du département que nous établissons ordonnateur à cet effet sur les comptes des employés et après avoir été vérifiés par le Directoire du district dans lequel se sera fait le travail.

Au surplus, le Directoire et Conseil général demeure chargé de faire part de toutes ses opérations au Comité de Salut public de la Convention et à nous.

Fait à Bordeaux, le 3 mai 1793, l'an II de la République française.

Signé : GARRAU, PAGANEL.

(Archives de la Gironde, série L, Registres du département, n° 4, p. 113 et 114.)

NOTE XVIII (B), p. 187.

Nous, Représentans du peuple, délégués dans les départements de la Gironde et du Lot-et-Garonne,

Sur la connaissance qui nous a été donnée par le Comité de défense générale du département de la Gironde de divers mémoires relatifs aux moyens nécessaires pour mettre ce département en état de défense,

Considérant que, quoique aux termes de la loi du 4 avril, les départements maritimes soient autorisés à mettre leurs côtes en état de défense, le peu d'extension donnée aux termes de cette loi pourrait entraver les opérations du département dans une infinité d'occasions où la promptitude des mesures ne peut être secondée que par une facile disposition des fonds ;

Considérant que la situation particulière du département et son importance mérite toute notre sollicitude et que nous ne pouvons faire un meilleur exercice des pouvoirs dont nous sommes revêtus que de donner à l'administration le soin et la faculté de défendre cette partie du territoire de la République, dont la surveillance lui est confiée ;

Autorisons le Conseil général et à son défaut le Directoire du département de la Gironde à ordonner la confection des travaux contenus dans les dits mémoires et qui sont relatifs à la défense des côtes et de la rivière, tels que batteries, signaux, redoutes, forts, vaisseaux stationnaires ou batteries flottantes au bas de la rivière, achats de boulets, construction d'affûts, approvisionnements de poudres et autres munitions de guerre, et généralement faire les dispositions propres à rassurer contre toute invasion des ennemis sur les côtes ou dans la rivière, et même celles qui deviendraient nécessaires du côté de l'intérieur, en cas de menaces de la part de l'ennemi dans cette partie ; à l'effet de quoi il demeure formellement autorisé à ordonnancer les fonds nécessaires pour le paiement des dites dépenses sur les revenus de district qui seront tenus d'acquitter les mandats à valoir sur les fonds de toute nature existant dans leur caisse et même sur le payeur général du département à défaut de fonds dans les caisses des receveurs de district, lesquels mandats, motivés sur la présente autorisation, seront reçus pour comptant des receveurs ou payeur par la Trésorerie nationale ; à la charge par le département de mettre dans les dites dépenses l'économie convenable et de s'assurer d'avance de leur nécessité d'après les états de détail et devis estimatifs présentés par les gens de l'art dans chaque partie et discutés dans le Comité de défense générale ; à la charge encore de nous donner connaissance dans les vingt-quatre heures des dépenses pour lesquelles il aura ordonnancé des fonds, et en cas d'absence de notre part, de donner pareille connaissance dans le même délai au Comité de Salut public.

Fait à Bordeaux, en délégation, le 3 mai 1793, l'an II de la République française.

Signé : Garrau, Paganel.

(Archives de la Gironde, série L, Registres du département, n° 4, p. 114 et 115.)

NOTE XIX, p. 223.

SECTION DES SANS-CULOTTES N° 1.

SÉANCE DU 23 MAI 1793.

La Section, pénétrée du serment qu'elle a fait de maintenir la liberté et l'égalité, l'unité et l'indivisibilité de la République, et profondément affligée des retards que font éprouver les ennemis de la chose publique à la confection d'une constitution fondée sur ces principes ;

Considérant que l'état d'anarchie où se trouve la République ne peut qu'opérer une subversion totale qu'il est instant de prévenir, et que les divers écrits qui ont paru jusqu'à ce jour n'ont fait qu'indiquer le mal sans présenter un remède efficace pour le détruire, a cru qu'il était urgent,

1° D'envoyer deux commissaires à la Commune à un jour fixé, pour se réunir aux commissaires des autres sections pour se concerter sur les *mesures* les plus efficaces *à prendre* dans la circonstance présente *pour sauver la chose publique;*

2° Afin de faciliter le travail de ces commissaires, chaque section établira dans son sein un comité de quatre membres, chargé de méditer les moyens les plus sûrs pour parvenir à ce but, et leur travail sera communiqué au Conseil général;

3º D'inviter les vingt-sept autres sections à adopter les mêmes mesures et de faire connaître leurs vœux à la section.

Signé : CLOCHAR, *président;*
PIECK, *secrétaire suppléant.*

(Archives de la Gironde, série L.)

NOTE XX, p. 224.

DÉCRET DU 2 JUIN 1793.

La Convention nationale, sur la motion d'un membre, relative aux dénonciations portées contre un nombre de membres de la Convention nationale, décrète que les députés, ses membres, dont les noms suivent, seront mis en état d'arrestation chez eux, qu'ils y seront tous sous la sauvegarde du peuple français et de la Convention nationale, ainsi que de la loyauté des citoyens de Paris. Les noms des dits députés mis ainsi en état d'arrestation, sont : *Gensonné, Guadet, Brissot, Gorsas, Pétion, Vergniaud, Salles, Barbaroux, Chambon, Buzot, Biroteaux, Lidon, Rabaut, Lasource, Lanjuinais, Grangeneuve, Lehardy, Lesage, Louvet, Valazé, Clavière,* ministre des contributions publiques, et *Lebrun,* ministre des affaires étrangères; auxquels noms il faut joindre ceux des membres de la Commission des Douze, à l'exception de ceux d'entre eux qui ont été dans cette commission d'un avis contraire aux mandats lancés par elle; les noms des premiers sont : *Kervellegan, Gardien, Rabaut Saint-Étienne, Boilleau, Bertrand, Vigée, Mollevault, Henry Larivière, Gomaire, Bergoing;* les deux autres exceptés sont *Fonfrède* et *Saint-Martin.*

Signé : MALLARMÉ, *président;*
DUCOS, POULLAIN-GRANDPREZ, DURAND-MAILLANE et MÉAULLE, *secrétaires.*

NOTE XXI, p. 227.

Extrait d'une lettre écrite de Bordeaux le 4 juin 1793 à Rabaut Saint-Étienne.

« L'auteur fait part à Rabaut des projets de la ville de Bordeaux. Il lui annonce que des commissaires sont partis pour toutes les grandes villes de France afin de les engager à s'unir avec les Bordelais contre la Convention nationale; qu'on se concertera spécialement avec Lyon; que l'on abhorre ici la Commune de

Paris, la Montagne et le ministre Garat; que la convocation des assemblées primaires aura lieu incessamment; enfin que la lettre de Brissot à ses commettans, répandue à Bordeaux, y a fait le plus grand bien. »

(Moniteur.)

NOTE XXII (A), p. 228.

Barère, au nom du Comité de salut public, fait lecture d'une lettre dont voici l'extrait :

Les Administrateurs du département de la Gironde aux citoyens représentants composant le Comité de salut public.

Citoyens représentants, nous nous empressons de vous faire part d'un événement qui nous a occasionné quelques inquiétudes, mais dont l'issue prouve que les citoyens de Bordeaux savent toujours respecter les lois et se rallier aux vrais principes qui doivent régir un peuple libre.

Hier, au milieu des agitations les plus vives, des inquiétudes les plus justes sur le sort de plusieurs représentants du peuple qu'on avait appris avoir été mis en état d'arrestation par un décret arraché à la Convention nationale, le peuple de Bordeaux apprit successivement que deux représentants du peuple, les citoyens Ichon et Dartigoeyte, étaient dans cette ville et se disposaient à partir pour Paris. Une foule de citoyens se portèrent aussitôt autour des maisons où logeaient ces deux députés, et annoncèrent l'intention de s'opposer à leur départ. La municipalité, ayant reçu l'avis de ces mouvements, envoya sur-le-champ des commissaires sur les lieux, en leur donnant l'ordre d'assurer la liberté des citoyens Ichon et Dartigoeyte. Ces commissaires prirent toutes les mesures que la prudence et la fermeté peuvent indiquer en pareil cas, et ils firent les dispositions nécessaires pour que le départ de ces représentants ne fût ni empêché, ni retardé; il nous fut donné avis de ce qui s'était passé à ce sujet, et nous ne pûmes qu'applaudir aux moyens employés par la municipalité. Nous fûmes en conséquence dans l'opinion que les citoyens Ichon et Dartigoeyte avaient continué leur route.

Cependant nous apprîmes, dans l'après-midi, que leur départ avait éprouvé de nouvelles difficultés. Nous nous hâtâmes de demander à la municipalité des renseignements à ce sujet; elle ne tarda point à nous apporter les procès-verbaux qui avaient été dressés de tout ce qui s'était passé! Nous y vîmes, avec satisfaction, que la sûreté des deux représentants n'avait pas été compromise un seul instant, et que les citoyens même qui avaient formé une opposition momentanée à leur départ avaient donné des marques non équivoques de leurs égards et de leur respect pour le caractère dont ils sont revêtus. Nous vîmes que si ces députés avaient voulu partir sur-le-champ, les officiers municipaux auraient pris tous les moyens convenables pour faire exécuter leur volonté.

Dirigés par des motifs de prudence, les représentants préférèrent de céder momentanément au désir des citoyens rassemblés, et de se rendre à la maison commune; ils savaient que les sections de Bordeaux délibéraient sur ce qui s'était passé à leur égard: et ils ne doutaient pas que le résultat de cette délibération ne fût de les faire jouir de toute leur liberté. Ils n'ont point été trompés dans leur attente, puisque dès le soir même nous apprîmes que, sur vingt-cinq sections qui s'étaient occupées de cet objet, il y en avait vingt qui avaient opiné pour que le départ n'éprouvât aucune difficulté; les autres, toujours soumises d'avance au vœu de la majorité, s'étaient empressées de déclarer qu'elles le respecteraient aussitôt qu'il serait connu.

Citoyens représentants, nous croyons devoir dire qu'un peuple qui agit avec ce calme, cette mesure et cette dignité dans un moment où il est convaincu que ses droits les plus chers et les plus sacrés ont été violés ailleurs; dans un moment où, sans aucun égard pour lui, sans aucun ménagement, sans même aucun respect pour l'inviolabilité des législateurs, on a attenté à la liberté morale de tous et à la liberté personnelle de plusieurs; un tel peuple, disons-nous, mérite d'être observé, et son influence politique ne peut pas être méprisée.

D'après ces motifs, nous vous prions de donner la plus grande publicité à ce qui s'est passé à Bordeaux dans cette occasion.

Nous faisons des vœux ardents pour que la voix de la raison et de la justice se fasse entendre à Paris comme ici, et pour que des procédés arbitraires et tyranniques fassent enfin place à une conduite régulière et conforme aux lois.

(*Moniteur* du 14 juin 1793.)

NOTE XXII (B), p. 228.

Paris, le 5 juin 1793, l'an II de la République.

Le Ministre de l'Intérieur

Aux citoyens Administrateurs du département de la Gironde.

J'ai mis, citoyens, sous les yeux du Conseil exécutif la lettre que vous m'avez écrite le 8 de ce mois, relativement à la disposition que le peuple de Bordeaux avait d'abord manifestée de retenir dans cette ville les représentants du peuple Ichon et Dartigoyte, lorsqu'il eut appris que plusieurs députés étaient mis en état d'arrestation en vertu d'un décret de la Convention nationale.

Le Conseil a vu avec beaucoup de satisfaction les mesures sages que les autorités constituées de Bordeaux ont prises pour assurer le respect dû à la représentation nationale et l'entière liberté des citoyens Ichon et Dartigoeyte, et que les personnes même qui avaient formé opposition à leur départ ont témoigné tous les égards qu'elles devaient au caractère dont ils sont revêtus. C'est une justice que l'on doit rendre aux Bordelais : ils peuvent être induits en erreur, mais la raison, la loi les ramènent toujours aux vrais principes. Je ne dois pas laisser ignorer que le Conseil a donné à leur conduite et à la vôtre des éloges mérités.

Signé : GARAT.

(Archives de la Gironde, série L.)

NOTE XXIII, p. 244.

Instruction donnée par la Commission Populaire de Salut public du département de la Gironde, en exécution de son Arrêté du jour d'hier, aux Commissaires envoyés par elle à la Commission Centrale.

Le vœu du Peuple du département de la Gironde est que le premier acte de la Commission Centrale soit une déclaration sur l'état actuel de la Convention nationale.

Elle rappellera les journées des 27, 31 mai, 1, 2 et 3 juin; les outrages que la Convention a reçus, et qui ont avili la Souveraineté Nationale dans la personne des Représentans du Peuple; les décrets arrachés par la force; ceux que la violence a fait rapporter; ceux dont une faction criminelle, liée de vues et d'intérêt avec des Ministres perfides, a suspendu ou paralysé l'exécution; enfin tous les événemens qui ont dévoilé d'affreux complots dirigés contre la Liberté.

Elle déclarera, au nom du Peuple Français, que la Convention nationale n'est plus libre; que le Peuple s'est levé pour la soustraire au joug d'une faction qui l'opprime, et lui redonner une liberté pleine et entière, sans laquelle la Représentation nationale n'est plus qu'un vain nom; qu'il lui demande, pour la dernière fois, de reprendre le libre exercice de sa volonté, en n'usant que de sa propre force; mais qu'une simple déclaration de sa part qu'elle est libre, ne suffira plus au Peuple Français; qu'il lui faut, pour en être convaincu, des actes tels, qu'on ne puisse plus douter désormais que la volonté nationale n'ait été librement exprimée par ses Représentans; que ces actes consistent principalement dans les mesures suivantes :

1º Que les Représentans du Peuple, dont l'arrestation a été

ordonnée, soient sur-le-champ remis en liberté, et rétablis à leur poste, sauf à les mettre ensuite en jugement, s'il y a lieu, dans les formes prescrites par les loix.

2º Que le Tribunal criminel extraordinaire soit supprimé; qu'il soit remplacé par un Tribunal national, siégeant à cinquante lieues au moins de Paris, et formé de Juges et de Jurés choisis parmi le Peuple de tous les Départemens.

3º Que le rapport de la Commission des douze soit envoyé dans tous les Départemens; que les prévenus de conspiration, désignés par ce rapport, soient sur-le-champ traduits devant le Tribunal national.

4º Que tous les décrets rendus depuis le 27 mai, jusques au moment où la liberté d'opinion sera manifestement rendue à la Convention, soient révisés.

5º Que toutes les Autorités administratives et municipales de Paris soient renouvelées, et que toutes Assemblées ou Comités, dits révolutionnaires, soient cassés.

6º Que les auteurs et instigateurs des massacres du 2 septembre, les chefs et complices des conspirations dans les journées des 10 mars, 31 mai et suivantes, et notamment ceux qui ont dirigé ou commandé la force armée contre la Convention, soient arrêtés et jugés sans retard.

7º Que le vol du garde-meuble, et les dilapidations des domaines et effets nationaux soient sévèrement recherchés.

8º Que la Garde Nationale de Paris soit promptement organisée, en conformité des Loix; et que le Décret qui ordonne la levée d'une armée révolutionnaire soit rapporté.

Cette déclaration sera terminée par la protestation solennelle que le Peuple ne sera satisfait qu'à l'instant où ses demandes auront été décrétées et exécutées, et que si la Convention Nationale ne défère pas à cet acte de la volonté du Peuple, il sera démontré qu'elle n'est pas libre: alors la Commission Centrale mettra en usage les moyens qui seront le résultat du vœu des Départemens, pour sauver la chose publique.

Le vœu du Département de la Gironde, dans ce cas, est d'envoyer à Paris, de concert avec les autres Départemens, une force armée qui vienne au secours de la Convention, des bons Citoyens de Paris, et qui enchaîne pour toujours les bras des factieux et des conspirateurs qui y règnent par la terreur et le crime. La force de la Gironde s'organise; elle est prête à marcher au premier signal.

Fait en Commission populaire de salut public du Département de la Gironde. A Bordeaux le 20 juin 1793, l'an deuxième de la République Française.

Signés: Pierre SERS, *président*; DESMIRAIL, *vice-président*;
BERNADA, MONBALON, PERY, JAUBERT, *secrétaires*.

NOTE XXIV, p. 245.

Extrait du registre des délibérations de la Section Simoneau n° 5, séante dans une des salles de la Bourse.

Bordeaux, le 23 juin 1793, l'an II de la République française, une et indivisible.

La section Simoneau, extraordinairement assemblée sur la demande faite au président par 10 de ses membres, délibérant sur les moyens à employer pour prévenir les dangereux effets de la mission des deux Commissaires de la Convention nationale, qui sont annoncés par les papiers publics comme devant se rendre dans cette cité;

Considérant que les motifs qui l'ont déterminée précédemment à déclarer la non-liberté de la Convention nationale, bien loin de s'affaiblir, acquièrent chaque jour une nouvelle force et un nouveau degré d'évidence;

Considérant que les départements qui dans ce moment s'occupent des grandes mesures pour faire recouvrer à la représentation nationale sa liberté et lui rendre son intégrité, ne peuvent et ne doivent, sous aucun rapport, s'en laisser distraire, mais au contraire marcher d'un pas ferme et constant vers ce but salutaire, a unanimement arrêté ce qui suit :

1° La municipalité sera invitée de faire surveiller l'arrivée des dits commissaires, et de donner des ordres aux détachements de gardes nationales, soit à Lormont, soit à La Bastide, de les conduire directement auprès de la Commission populaire de salut public.

2° Aussitôt que la Commission populaire de salut public aura entendu ces dits commissaires, elle est invitée à leur intimer, pour toute réponse, l'ordre de partir sur-le-champ.

3° Et afin qu'il soit notoire que le vœu de la Commission populaire de salut public est aussi celui des citoyens de Bordeaux, chaque section est invitée de nommer un de ses membres chargé de se rendre auprès de la Commission populaire, aussitôt que l'arrivée des susdits députés sera connue, pour, en leur présence, exprimer de nouveau les sentiments de la cité.

4° La municipalité sera invitée de donner une garde à ces députés pendant le peu de temps qu'on leur permettra de rester dans la cité, et la Commission populaire de salut public sera invitée à les faire accompagner jusqu'aux limites du département.

5° La Commission populaire de salut public sera invitée de donner connaissance aux départements voisins des mesures qu'elle aura adoptées à cet égard.

6º La présente délibération sera envoyée à la Commission populaire de salut public, à la municipalité, et communiquée aux 27 autres Sections et à la Société des Amis de la Liberté et de l'Égalité de Bordeaux.

Signé : Lebrun, *président;* P.-A. Chicou-Bourbon, *secrétaire.*

NOTE XXV, p. 259.

Arrêté de la Commission populaire de salut public du département de la Gironde.

Du 26 juin 1793, l'an II de la République française.

La Commission populaire de salut public du département de la Gironde,

Delibérant sur le vœu exprimé par la presque totalité des sections de Bordeaux, à l'instant où l'on y apprit que les citoyens *Mathieu* et *Treilhard* avaient été nommés pour se rendre dans ce département;

Et sur le vœu que plusieurs de ces mêmes sections ont pareillement énoncé depuis qu'elles ont appris le décret du 18 du présent mois, ce dernier vœu ayant pour objet de faire retenir à Bordeaux et d'y garder en état d'arrestation les citoyens *Mathieu* et *Treilhard,* comme des otages qui doivent répondre au Peuple de la Gironde de la sûreté de ses propres Députés envoyés vers les autres départements, pour y concerter les mesures propres à sauver la chose publique;

Considérant qu'aussi longtemps que nous conserverons l'espérance de voir la Convention nationale reprendre sa liberté et se dégager de l'état d'asservissement où la tiennent quelques hommes qui ont usurpé tous les pouvoirs et qui en font l'abus le plus criminel, nous devons aussi user envers tous ceux qui portent le caractère sacré de *Députés* de tous les égards et de tous les ménagements qui sont compatibles avec la sûreté générale de la République;

Considérant qu'il est digne des citoyens de ce département de donner, dans cette circonstance délicate, une nouvelle preuve de leur respect pour la Représentation nationale, lors même qu'elle est violée ouvertement à Paris, et que des hommes pour qui rien n'est sacré, persuadent à une partie du Peuple, égarée ou corrompue par les maximes les plus destructives de tout ordre social, qu'elle peut à son gré arracher à leurs fonctions, sous les plus vains prétextes, des Représentans qui n'appartiennent qu'à la nation entière et qui ne sont comptables qu'envers elle;

Considérant que la sûreté des Députés de la Gironde vers les autres départements de la République est confiée à la loyauté de tous les bons citoyens, et qu'il répugne à toute âme honnête de penser qu'aucune autorité constituée ose attenter à leur liberté, ou permette qu'on y attente sous le prétexte d'obéir à un décret odieux, subversif de tous les principes et dont l'exécution livrerait inévitablement la France à une nouvelle guerre civile;

Considérant que l'objet unique du Peuple de ce département, en se mettant en *insurrection contre l'anarchie,* a é é de concourir, avec les autres départements, à rendre à la Convention nationale sa liberté et sa majesté, et que la mesure d'arrêter des membres de cette Assemblée n'est nullement propre à remplir cet objet; qu'elle pourrait au contraire offrir un champ vaste à la calomnie, et servir de prétexte aux malveillans pour occasionner une division funeste dans les esprits;

Considérant qu'il doit suffire, en ce moment, au Peuple de ce département, d'avoir manifesté ses opinions et ses sentiments aux citoyens *Mathieu* et *Treilhard;* de leur avoir démontré dans une séance très nombreuse, par la bouche de ceux qu'il a investis de sa confiance et de ses pouvoirs, que « d'après une multitude de faits
» notoires, contre lesquels il leur a été impossible de s'élever, il est
» dans l'intime conviction que la Convention nationale n'est point
» *libre;* qu'entre autres faits évidents, qui prouvent cette affligeante
» vérité, il est certain que le lieu de ses séances a été investi de
» canons et d'hommes armés, les 31 mai, 1, 2 et 3 juin; que l'assem-
» blée entière n'a pu se faire obéir par cette force armée, et qu'au
» contraire elle a même été forcée d'obéir à un commandant féroce;
» qu'à la suite de cette violence inouïe, elle fut obligée de livrer
» 32 de ses membres, sans rapports, sans motifs quelconques,
» autres du moins que ceux de sa sûreté et de la crainte qu'imprimait
» l'appareil le plus menaçant;

» Que depuis cette époque, elle n'a rien fait pour reconquérir sa
» liberté et venger la nation des outrages qu'elle avait reçus;

» Que vainement lui demande-t-on, à grands cris, de toutes les
» parties de la France, d'entendre les membres arrêtés sans cause,
» et notamment d'entendre le rapport de cette commission des
» Douze, qui avait annoncé les preuves les plus manifestes d'un
» complot formé contre la Convention nationale; que vainement
» les membres de cette commission des Douze avaient promis, sur
» leurs têtes, de fournir ces preuves et de justifier leur conduite;

» Que ses refus à cet égard ne peuvent être motivés ni justifiés
» que par le défaut de toute liberté; que, dans le cas contraire, ce
» serait une injure faite au Peuple Français, qui devrait lui faire
» perdre toute sa confiance;

» Que de toutes les parties de la République, il lui a été adressé

» les réclamations les plus fortes contre les attentats des 31 mai
» et 2 juin; que le Peuple de la Gironde en a la preuve sous les
» yeux, puisque la Commission populaire a reçu une foule d'adresses
» toutes dans le même esprit, et que jamais le vœu national ne s'est
» manifesté avec plus d'éclat;

» Que cependant on a pris le parti de ne lire à la Convention
» aucune de ces adresses, de ne faire même aucun rapport sur leur
» contenu, tandis qu'on insère avec affectation, dans les Bulletins
» de la Convention, jusqu'à des adresses et à des diatribes de
» quelques individus ou de quelques communes égarées, ou enfin
» d'un très petit nombre de corps administratifs, qui s'expriment
» dans le sens de la faction dominatrice;

» Que cette partialité révoltante, ou plutôt ce mépris caractérisé
» du vœu de la presque totalité des Français, annonce une tyrannie
» dont aucune époque de l'Histoire n'offre d'exemple;

» Que jusqu'à présent on avait, dans le cours de la Révolution,
» respecté la liberté de la Presse, ou que si on y avait porté des
» atteintes passagères, l'ordre naturel et conforme aux lois s'était
» bientôt rétabli; mais qu'aujourd'hui il existe à Paris un système
» d'inquisition mille fois plus affreux que celui que se permirent
» jamais les *Sartine*, les *Lenoir* et autres suppôts de l'ancien régime;

» Que le secret des lettres est violé avec l'impudeur la plus
» révoltante; que le but de la faction paraît être de dégoûter le
» Peuple du système républicain, et de le réduire à un tel état
» de dégradation, de misère et d'opprobre, qu'il se persuade n'avoir
» rien gagné en brisant le sceptre des rois, n'avoir rien de plus
» fâcheux à craindre du retour de l'ancien régime, et par là de le porter
» à se jeter entre les bras du premier tyran qui s'offrira à lui;

» Que si telle est une faible partie du peuple de Paris, il n'en est
» pas de même de la majorité des citoyens de cette ville célèbre, ni
» de ceux des départements;

» Que là, surtout, le Peuple connaît la liberté et ses douceurs,
» parce que les magistrats qu'il s'est donnés, l'aiment sincèrement
» et font exécuter les lois qui protégent le faible et répriment
» l'oppresseur;

» Que là il n'est point corrompu par un salaire journalier, destiné
» à celui qui fait métier de provoquer au meurtre et au brigandage;

» Que là il ne se borne pas à jurer *la République une et indivisible,*
» *la Liberté, l'Égalité, la sûreté des personnes et des propriétés,*
» mais qu'il *veut* toutes ces choses du fond de son cœur;

» Que là il ne se consume pas en vaines jactances contre les
» ennemis du dehors et du dedans; mais qu'il envoie de braves
» soldats à nos armées, en même temps qu'il fournit, par son travail
» et ses sueurs, les objets qui leur sont nécessaires. »

Considérant que ces vérités, que les citoyens Mathieu et Treilhard ont entendues, ils ne pourront s'empêcher de les rendre à la Convention nationale, et que peut-être elles concourront à ranimer le courage et les espérances de cette majorité des Représentans, de laquelle le Peuple Français attendait son salut;

Que les citoyens Mathieu et Treilhard ne pourront, à leur retour à Paris, s'empêcher de convenir qu'à Bordeaux ils ont entendu un langage républicain;

Qu'ils n'y ont vu que l'intention bien formelle d'aller au secours de la Convention nationale opprimée et avilie par une faction, sans cesser de combattre un instant, ni les ennemis du dehors, ni les rebelles de l'intérieur, et que cette troisième espèce de guerre à laquelle les citoyens de ce département se préparent, ne menace que les anarchistes et leurs alliés naturels, les fauteurs du despotisme et de l'aristocratie;

Que le Peuple de ce département, fort de la pureté de ses intentions et de celles qui animent tous les vrais amis de la Patrie, n'a jamais douté du concours de la majorité des départements dans les mesures également fermes et sages qu'il prend pour rendre à la Convention nationale la liberté sans laquelle elle ne peut exprimer la volonté générale, et pour faire respecter la souveraineté du Peuple Français, en mettant ses mandataires à l'abri de toute violence ultérieure.

Par toutes ces considérations, la Commission populaire de salut public arrête :

1º Qu'il n'y a lieu à délibérer sur la demande de diverses sections de la commune de Bordeaux, de mettre les citoyens *Treilhard* et *Mathieu* en état d'arrestation, et de les garder comme des otages pour la sûreté des citoyens qui ont été envoyés, au nom du Peuple de ce département, vers les autres départements de la République;

2º Qu'en conséquence, les citoyens *Mathieu* et *Treilhard* auront toute liberté de reprendre la route de Paris, ainsi qu'ils ont paru le désirer; et que pour le leur annoncer, il leur sera délivré un extrait en forme du présent arrêté.

Fait en Commission populaire de salut public du département de la Gironde. A Bordeaux, le 26 juin 1793, l'an II de la République française.

Signé : Pierre SERS, *président;* DESMIRAIL, *vice-président;* BERNADA, MONBALON, PERY, JAUBERT, *secrétaires.*

FIN DE L'APPENDICE.

TABLE DES MATIÈRES.

Liste des Souscripteurs.. v
Préface.. xvii
Lettre de Mgr le cardinal Donnet, archevêque de Bordeaux........ xxii

LIVRE I.

BORDEAUX POLITIQUE ET RELIGIEUX DE 1789 A 1792.

Chapitre I. — Bordeaux avant 1789. — Coup d'œil rétrospectif..... 1
— II. — Esquisses historiques des années 1789 à 1792....... 16
— III. — La Constitution civile du Clergé à Bordeaux et dans la Gironde.. 45

LIVRE II.

LES PROLÉGOMÈNES DE LA TERREUR.

Chapitre I. — Les premiers mois de l'année 1793................ 143
— II. — Les Girondins... 188
— III. — La Commission populaire de salut public de la Gironde.. 213
— IV. — La Section Franklin et la Société populaire de la Jeunesse bordelaise... 289
— V. — La Révolution du 18 septembre à Bordeaux......... 351

Appendice.. 415

Bordeaux. — Imp. G. Gounouilhou, rue Guiraude, 11.

PRINCIPALES PUBLICATIONS DE LA LIBRAIRIE FERET & FILS
COURS DE L'INTENDANCE, 15, A BORDEAUX

DROIT INTERNATIONAL MARITIME. Traité des Assurances Maritimes en France et à l'Étranger (Polices internationales comparées, Unités, Réformes), par M. LABRIQUE-BORDENAVE, avocat à la Cour d'appel de Bord. In-8°, 273 p. fr. 5 »
Cet ouvrage a obtenu le prix Montesquieu le 4 décembre 1874.

Variétés Bordeloises (réimpression) ou Essai historique et critique sur la topographie ancienne et moderne du diocèse de Bordeaux, par l'abbé BAUREIN, édit. de luxe accompagnée d'une Préface sur la vie et les œuvres de l'abbé Baurein, par M. G. M..., d'une biographie complète de M. l'abbé Baurein, par M. R. de C..., et d'une Table générale alphabétique et détaillée par M. le marquis de C... d'E.., 3 beaux volumes, in-18°.. fr. 22 50
150 ex. numérotés, tirés sur papier de Hollande, au prix de...... 45 »

Recherches sur la ville de Bordeaux (Mémoires, Essais et Dissertations), par l'abbé BAUREIN. Œuvres inédites, avec une Introduction par M. Georges MÉRAN, avocat. 1 beau volume in-8° relié (tome IV et complément des Œuvres de l'abbé Baurein)..... fr. 7 50

Toussaint-Louverture, général en chef de l'armée de St-Domingue, surnommé le *Premier des Noirs*, par M. GRAGNON-LACOSTE, lauréat de l'Académie de Bordeaux. 1 beau volume in-8°, orné d'un portrait de Toussaint-Louverture...... fr. 6 »

Statistique générale du département de la Gironde, topographie, sciences, administration, histoire, archéologie, agriculture, commerce, industrie. 3 vol. grand in-8°. Prix pour les souscripteurs, 36 fr. — La *partie agricole et vinicole* est en vente. 1 vol. grand in-8° de 950 pages, orné de 250 gravures séparément........ fr. 14 »

Histoire du Commerce et de la Navigation à Bordeaux, principalement sous la domination anglaise, par FRANCISQUE-MICHEL, correspondant de l'Institut. 2 vol. in-8° avec carte. fr. 15 »

Montaigne (Michel de), nouvelle édition publiée par MM. H. BANCKHAUSEN et R. DEZEIMERIS, contenant la reproduction de la 1re édition, avec les variantes des 2e et 3e éditions. 2 vol. in-8° de luxe. (Publication de la *Société des Bibliophiles de Guienne*)... fr. 15 »
160 exempl. sur papier vergé de Hollande................ fr. 50 »

Bordeaux et ses Vins classés par ordre de mérite, par Ch. COCKS. 3e édit. entièrement refondue, par Edouard FERET, 1 fort vol. in-18 jésus, orné de 250 vues de châteaux....... fr. 6 »

Le Médoc et ses Vins, guide pittoresque et vinicole de Bordeaux à Soulac, par MM. Th. MALVEZIN et Edouard FERET, 1 vol. in-18 jésus, illustré et orné d'une nouvelle carte du Médoc... fr. 2 50
Ce volume destiné aux consommateurs des vins comme aux négociants, contient un chapitre sur les soins à donner aux vins et la classification des principaux vignobles du Médoc.

Les Grands Vins de Bordeaux, poème par M. P. BIARNEZ, précédé d'une Leçon du Dr BARABIS, intitulée: *De l'influence du vin sur la civilisation.* In-8° raisin illustré........ fr. 6 »

Carte vinicole et routière du département de la Gironde, par M. COUTANT, agent-voyer, pour faire suite à *Bordeaux et ses crus.* 1 feuille grand-aigle, imprimée en 3 couleurs et coloriée par contrées vinicoles..... fr. 6 »

Carte routière du département de la Gironde, par M. COUTANT, format grand-aigle........ fr. 2 50

Carte géologique du département de la Gironde, dressée par M. Victor RAULIN, professeur à la Faculté des sciences de Bordeaux, d'après son esquisse de décembre 1848. 1 feuille grand-aigle...... fr. 6 »

Nouveau Plan de la ville de Bordeaux, à l'échelle de 10.000e, dressé par M. DELEAU........ fr. 1 50
— Le même, colorié et divisé par paroisses ou par arrondissemts de police. fr. 2 »

Arcachon et ses environs, monographie historique, par Oscar DEJEAN, 1 vol. in-18, orné d'une carte du bassin d'Arcachon........ fr. 3 »

Manuel de l'Oiseleur et de l'Oisellier, contenant la manière de conserver et de faire produire tous les petits oiseaux de cage ou de volière, par Célestin CHAPELLE. 1 joli volume in-18 jésus........ fr. 3 50

La Vigne, leçons familières sur la gelée et l'oïdium, leurs causes réelles et les moyens d'en prévenir les effets, par N. BASSET, professeur de chimie appliquée à l'agricult. 1 vol. in-12. fr. 5 »

Hygiène de la Vigne, moyen de lui rendre la santé sans le secours d'aucun remède. — Taille raisonnée et soins à donner aux vins, par J. VIGNES, propriétaire. 2e édition. In-8°, 40 pages et 4 planches............ fr. 2 »
Cet ouvrage a obtenu une médaille à l'Exposition universelle de 1867.

Cours théorique et pratique de la langue commerciale de l'archipel d'Asie dite Malaise, telle qu'elle se parle à Sumatra, Singapoor, Bornéo, les Célèbes, les côtes de Chine, du Cambodge (Saïgon), de Siam, de Java, etc., etc., par Léonce RICHARD. 2 vol. in-8°, contenant l'un la *Grammaire*, l'autre le *Dictionnaire*. fr. 10 »

Bordeaux. — Imp. G. GOUNOUILHOU, rue Guiraude, 11.